亚洲开发银行卷

国外贷援款项目审计资料选编

审计署外资运用审计司
审计署国外贷援款项目审计服务中心 编著

中国时代经济出版社
China Modern Economic Publishing House

目　录

普通业务贷款规则[①]

(2001 年 7 月 1 日)

目　录

① 适用于以伦敦同业拆借利率（LIBOR）为基础并由亚行普通资金来源融资的贷款。

第一条 宗旨 适用于贷款协定和担保协议

第1.01节 宗旨。本规则的宗旨是为由亚行普通资金来源融资的贷款制定普遍适用的条款和条件。

第1.02节 规则的适用。与亚行达成的任何贷款协定，以及就由亚行普通资金来源融资的贷款、与亚行达成的任何担保协议均应规定缔约双方必须接受本规则的规定。本规则适用于规定范围内的任何此类协议，并对协议双方的权利和义务具有约束力，应视同协定和协议的组成部分，具有同等效力。对任何此类协议而言，本规则的修订和作废都需要双方书面同意才具有法律效力。

第1.03节 与贷款协定和担保协议的差异。如果贷款协定或担保协议的任何规定与本规则之规定出现差异，则以贷款协定或担保协议为准。

第二条 定义 解释

第2.01节 定义。除非上下文另行规定，否则在本规则或本规则适用的任何贷款协定或担保协议中使用时，下列术语的含义如下：

（1）“亚行”意指亚洲开发银行。

（2）“批准币种”意指亚行就币种转换而批准的任何币种。

（3）“资产”包括财产、收入和任何性质的要求权。

（4）“银行日”就欧元外的任何贷款币种而言是指伦敦银行日，而就欧元而言则指目标结算日。

（5）“借款人”指贷款协定的一方，亚行据此协定同意发放贷款。

（6）“转换”意指经借款人申请并经亚行接受，对贷款的全部或部分条款所做的任何下列修改：

①利率转换；②币种转换；③对浮动利率制定利率上限或利率区间规定；每一项都在贷款协议中有规定。

（7）“转换日”意指就转换而言，转换生效的付息日（或者，如果是对贷款中未提取的金额进行币种转换，则为亚行决定的其他日期），依照《转换指南》中的具体规定

（8）“《转换指南》”意指就转换而言，《贷款条款转换指南》或亚行不时发布并在上述转换发生时具有效力的其他指南。

（9）“转换期”意指就转换而言，自转换日（含转换日）起到该转换期限终止所在计息期最后一天（含最后一天）止的一段时间；倘若仅在该转换的批准币种支付最后一次本息情况下，此期限可于上述最后一个适用的计息期结束日后的下一付息日结束。

（10）“可转换币种”意指亚行在任何时间指定的任何币种。

（11）“交易对方”意指亚行为了实现转换而与之进行衍生产品交易的一方。

（12）某个国家或地区的“币种”意指该国家或地区在特定时间用于支付公共和私人债务的法定货币。

（13）“币种转换”意指全部或部分已提取或未提取的贷款本金的贷款币种变更为另一种批准币种。

（14）“货币掉期交易”意指就币种转换而言，亚行与交易对方自“执行日期”起达成的一笔或多笔货币掉期交易，必须与《转换指南》相符并与此币种转换相关。

（15）“美元”或“＄”符号均指美国的法定货币。

（16）“生效日期”意指“贷款协议”及“担保协议”（如果有）依据第10.03节产生效力的日期。

（17）“欧元”或“€”符号均指欧盟成员国的法定币种，它是依据建立欧共体的条约以及欧盟条约的修订所采用的单一币种。

（18）“欧元银行同业拆借利率”意指就任何计息期而言，贷款币种六个月期存款的欧元银行同业拆借利率，以年度百分比表示，该计息期的参考利率将在调整日布鲁塞尔时间上午11：00显示于相关Telerate页面上。如果此利率未在相关Telerate

页面上显示，亚行将向亚行在相关金融中心所选择进行欧元存款的四大银行的各自主营业所提出要求，请其提供上述计息期的参考利率（调整日布鲁塞尔时间上午11：00左右），在欧元银行同业市场向主要银行拆借上述贷款币种六个月期存款时的利率报价。如果至少提供了两个此类报价，该计息期的利率应为这些报价的算术平均值（由亚行决定，而且在必要时四舍五入取最接近百分之一的十六分之一）。如果选择的银行中对此类利率报价的少于两家，则该计息期的欧元银行同业拆借利率应等于该计息期之前一个计息期生效的欧元银行同业拆借利率。

（19）“执行日期”意指就转换而言，亚行应采取所有必要行动使该转换生效的日期，由亚行合理确定。

（20）“金融中心”意指：

①就欧元以外币种而言，指相关货币的主要金融中心。

②就欧元而言，指采用欧元的任何欧盟成员国的主要金融中心。

（21）“固定利率”意指：

①由浮动利率进行利率转换时，该转换涉及的贷款金额适用的固定利率等于以下任一项：

• 该利率能反映亚行依据与上述转换相关的利息套期保值交易应支付利息的固定利率（如果该浮动利率与亚行依据上述利息套期保值交易应收之利息的可变利率存在差异，将按照《转换指南》进行调整）；

• 屏幕利率/汇率，如果亚行按照《转换指南》如此决定。

②在进行币种转换时，如果该部分贷款金额在转换期内适用固定利率，此部分贷款金额适用的固定利率等于以下任一项：

• 该利率能反映亚行依据与上述转换相关的货币套期保值交易应支付利息的固定利率；

• 屏幕利率/汇率的利率部分，如果亚行按照《转换指南》如此决定。

（22）“固定利差”意指亚行的利差（以年度百分比表示），包含于浮动利率内，于贷款协定签署日的马尼拉时间上午12：01生效并通知借款人，该利差在贷款期限内固定不变。

（23）“浮动利率”意指已提取且未偿还贷款本金适用的可变利率，等于下列各项之和原始贷款币种的参考利率加上固定利差，前提是：

①由固定利率进行利率转换时，该转换涉及的贷款金额适用的可变利率等于以下任一项：

• 下列各项之和：贷款币种的参考利率；加上亚行依据与上述转换相关的利息套期保值交易应付（如果有）的与参考利率之间的利差（如果该固定利率与亚行依据上述利息套期保值交易应收利息的固定利率存在差异，将按照《转换指南》进行调整）。

• 屏幕利率/汇率，如果亚行按照《转换指南》如此决定。

②未提取的贷款金额向批准币种进行币种转换时，以及提取任何此类金额时，此类金额适用的可变利率等于以下各项之和：该批准币种的参考利率；加上固定利差。

③已提取的贷款金额向批准币种进行币种转换时，如果此贷款金额于转换期内应产生可变利率的利息，此金额适用的可变利率等于以下任一项：

• 下列各项之和：该批准币种的参考利率加上亚行依据与上述转换相关的货币套期保值交易应付（如果有）的与参考利率之间的利差。

• 屏幕利率/汇率的利率部分，如果亚行按照《转换指南》如此决定。

（24）“外币”意指除本币外的任何货币。

（25）“外币支出”意指除本币支出外的任何支出。

（26）“融资成本盈余”意指亚行在任何周期内，通过借款为贷款融资，以贷款货币（或批准货币）计算，相对于相关参考利率的平均成本盈余，将由亚行于每期结束后公布。

（27）“担保”包括成员国按照具体情况的要求以亚行为受益方或为了亚行的利益提供的任何反担保、赔偿或具有担保、反担保或赔偿效力的任何其他协定。

（28）“担保协议”意指为贷款提供担保的具体担保协议（如果有），此类协议适用本规则并可不时进行修改；而且此术语包括本规则适用部分、对担保协议的所有增补协议以及担保协议的所有附录。

（29）“担保人”意指向亚行担保偿还贷款并支付贷款协议中所有待偿金额的担保协议方（如果有）。

（30）“利息套期保值交易”意指就利率转换而言，亚行与交易对方自“执行日期”起达成的一笔或多笔利率掉期交易，必须与《转换指南》相符并与该利率转换相关。

（31）“付息日”意指贷款协定中规定于签署贷款协定之日或之后应支付利息的每个日期。付息日应为任何月份的第一天或第十五天，间隔六个月。

（32）“计息期”意指自贷款协定签署之日（含签署日）起至随后的首次付息日（不含此付息日）止的首期期限，以及首期后自付息日（含付息日）起至随后的下次付息日（不含下次付息日）止的每期期限。

（33）“利率上限”意指就浮动利率而言，对该浮动利率的最高限度封顶。

（34）“利率区间”意指就浮动利率而言，采用封顶和封底相结合对该浮动利率设定最高和最低限度。

（35）“利率转换”意指全部或部分贷款本金适用的利率基础由浮动利率变更为

固定利率，反之亦然。

（36）“伦敦银行同业拆借利率（LIBOR）”意指就任何计息期而言，对贷款币种六个月期存款的伦敦银行同业拆借利率，以年度百分比表示并于该计息期的参考利率调整日伦敦时间上午11：00显示于相关Telerate页面上。如果此利率未在相关Telerate页面上显示，亚行将向四大银行的各自伦敦主营业所提出要求，请其提供上述计息期的参考利率调整日伦敦时间上午11：00左右，在伦敦银行同业市场向主要银行拆借上述贷款币种六个月期存款时的利率报价。如果至少提供了两个此类报价，该计息期的利率应为这些报价的算术平均值（由亚行决定，而且在必要时四舍五入为最接近百分之一的十六分之一）。如果按要求提供的报价少于两个，该计息期的利率应为亚行在相关金融中心所选四大银行于上述计息期的参考利率调整日上午11：00左右，在上述金融中心向主要银行拆放上述贷款币种六个月期贷款的利率报价算术平均值（由亚行决定，而且在必要时四舍五入取最接近百分之一的十六分之一）。如果选择的银行中对此类利率报价的少于两家，则该计息期伦敦银行同业拆借利率应等于该计息期之前一个计息期生效的伦敦银行同业拆借利率。

（37）“留置权”包括任何种类的抵押、质押、押记、优先受偿权和优先权。

（38）“贷款”意指在贷款协定中规定的贷款。

（39）“贷款账户”意指亚行在其账簿上以借款人名义开立或准备开立的账户，贷款金额已贷记或将贷记到此账户。

（40）“贷款协定”意指具体的贷款协定，此类协定适用本规则并可不时进行修改；而且此术语包括本规则适用部分、对贷款协定的所有增补协议以及贷款协定的所有附录。

（41）“贷款关闭日期”意指由亚行指定的日期，不晚于贷款协定的分期还款计划中所示的首次还本日期，或由亚行和借款人就此目的而达成一致的其他日期。

（42）“贷款币种”意指在任何时候表示贷款本金全部或任何部分的货币，当贷款表示为多个币种时，此术语应分别用于每个币种。

（43）“本币”意指执行项目所在成员国的货币。

（44）“本币支出”意指以本币发生或将发生的支出，用于支付在执行项目所在成员国生产的货物和提供的服务，不包括此类货物和服务的进口发生或将发生的支出。

（45）“伦敦银行日”意指伦敦商业银行开放办理普通业务（包括外汇交易和外币存款）的任何营业日。

（46）“成员”意指亚行的成员体。

（47）“普通资金来源”的含义与《建立亚洲开发银行协定》第7条中对“普通资金来源”这一表述的定义相同。

(48)“还本日”意指贷款协定中规定应支付贷款本金全部或任何部分的每个日期。

(49)“项目”意指亚行按照贷款协定以及亚行与借款人之间不时经协商进行的修改所述，同意为之提供贷款的项目或计划。

(50)“项目协议”意指亚行与项目执行机构之间达成的项目协议或一揽子协议(如果有)，即贷款协定中所提及的项目协议或一揽子协议，此类协议可依照其条款不时修改；而且此术语包括对项目协议的所有增补协议以及项目协议的所有附录。

(51)“项目执行机构”意指按照贷款协定中的规定负责执行项目的任何实体。

(52)“退息”意指对于任何贷款币种（或批准币种），按照第3.06节计算，亚行应向借款人支付的金额。

(53)“参考利率”就欧元以外的任何贷款币种而言，指伦敦银行同业拆借利率，而就欧元而言则指欧元银行同业拆借利率。

(54)“参考利率调整日”意指：

①对于欧元以外的任何贷款币种，为相关计息期起始日之前两个伦敦银行日的日期，或：

• 在首次计息期的情况下，为签署贷款协定的月份第一日或第十五日之前两个伦敦银行日的日期，以二者中贷款协定签署日紧随其后者为准；倘若贷款协定签署日为此月的第一日或第十五日，则参考利率调整日应为贷款协定签署日之前两个伦敦银行日的日期。

• 如果未提取的贷款金额向欧元以外的任何批准币种进行币种转换的日期为付息日之外的日期，则该批准币种的首次参考利率调整日应为上述转换日所处月份第一日或第十五日之前两个伦敦银行日的日期，以二者中上述转换日紧随其后者为准；倘若上述转换日为此月的第一日或第十五日，则该批准币种的参考利率调整日应为上述转换日之前两个伦敦银行日的日期。

②对于欧元，为相关计息期起始日之前两个目标结算日的日期，或：

• 在首次计息期的情况下，为签署贷款协定的月份第一日或第十五日之前两个目标结算日的日期，以二者中贷款协定签署日紧随其后者为准；倘若贷款协定签署日为此月的第一日或第十五日，则参考利率调整日应为贷款协定签署日之前两个目标结算日的日期。

• 如果未提取的贷款金额向欧元进行币种转换的转换日为付息日之外的日期，则该批准币种的首次参考利率调整日应为上述转换日所处月份第一日或第十五日之前两个目标结算日的日期，以二者中上述转换日紧随其后者为准；倘若上述转换日为此月的第一日或第十五日，则该批准币种的参考利率调整日应为上述转换日之前两个目标结算日的日期。

③尽管有前述①款和②款的规定，但如果向批准币种的币种转换时，亚行应根据参考利率调整日市场惯例决定日期，而不是上述两款中规定的日期，则参考利率调整日为此类其他日期；《转换指南》中将作进一步规定。

(55)“相关 Telerate 页面”意指：

①对于伦敦银行同业拆借利率，指道琼斯 Telerate 服务上指定用于显示贷款币种拆借的伦敦银行同业拆借利率的显示页面（或者可以替代这类页面提供服务的其他页面，或者亚行选择作为信息提供商的其他服务方式，用于显示与伦敦银行同业拆借利率可比的利率或价格）；

②对于欧元银行同业拆借利率，指道琼斯 Telerate 服务上指定用于显示贷款币种拆借的欧元银行同业拆借利率的显示页面（或者可以替代这类页面提供服务的其他页面，或者亚行选择作为信息提供商的其他服务方式，用于显示与伦敦银行同业拆借利率可比的利率或价格）；

(56)“屏幕利率/汇率”意指：

①对于由浮动利率转为固定利率的利率转换，屏幕利率指亚行在执行日确定的固定利率，该利率的确定基础是上述浮动利率和由确定的信息提供商显示的市场利率，这些利率反映了此转换涉及的转换期、贷款金额和还款规定；

②对于由固定利率转为浮动利率的利率转换，屏幕利率指亚行在转换执行日确定的浮动利率，该利率的确定基础是上述固定利率和由确定的信息提供商显示的市场利率，这些利率反映了该转换涉及的转换期、贷款金额和还款规定；

③对于未提取的贷款金额的币种转换，屏幕汇率指该转换前的贷款币种与批准币种之间的即期汇率，由亚行根据规定的信息提供商显示的市场汇率于执行日期确定；

④对于已提取的贷款金额的币种转换，指以下各项：

- 该转换前的贷款币种与批准币种之间的即期汇率，由亚行根据规定的信息提供商显示的市场汇率于执行日期确定。

- 固定利率或可变利率（以二者中适用于该转换者为准），由亚行根据上述转换前此类金额适用的利率以及规定的信息提供商显示的，反映适用上述转换的贷款金额的转换期、货币金额和偿还规定的市场利率，依照《转换指南》于执行日期确定。

⑤对于转换的提前终止，指亚行为了计算截至此提前终止日前的清退金额，根据规定的信息提供商显示的，反映适用上述转换和此类终止的贷款金额的剩余转换期、货币金额和偿还规定的市场利率，依照《转换指南》采用的每种利率/汇率。

(57)“周期”意指每个于每年 6 月 30 日和 12 月 31 日结束的六个月期限。

(58)“代用贷款币种”意指第 4.04 节中规定的代用贷款币种。

(59)“附加费”意指对任何贷款币种（或批准币种），按照第 4.04 节计算，借款人应向亚行支付的金额。

(60)“目标结算日”意指泛欧自动实时总清算高速转账系统向欧元结算开放的任何营业日。

(61)“税”包括任何性质的征费、税赋、费用和关税，无论其是在贷款协定或担保协议签署日即有效（如果有），还是在随后予以征收的。

(62)“清退金额”意指涉及转换提前终止时：

• 借款人应向亚行支付的金额，等于亚行依据其为终止该转换而进行的交易所应付的总净金额，如果未进行此类交易，则为亚行根据屏幕利率/汇率确定的金额，等值于此类总净金额；

• 亚行应向借款人支付的金额，等于亚行依据其为终止该转换而进行的交易所应收的净总金额，如果未进行此类交易，则为亚行根据屏幕利率/汇率确定的金额，等值于此类净总金额。

(63)“日元”或“JPY”均指日本法定货币。

第 2.02 节 解释。除非上下文另行规定，否则（1）所指发生债务包括债务的承担和担保；（2）本规则中引用的条或节均为本规则的条和节；（3）条和节的标题以及目录仅为便于参考而插入，并非本规则的一部分；（4）单数形式包括复数形式，反之亦然；（5）所提及的任何性别均包含其他性别。

第三条 贷款账户 利息和其他费用 偿还 支付地点 贷款出售

第 3.01 节 贷款账户。贷款本金应贷记到贷款币种的贷款账户上并依照贷款协定和本规则的规定从中提款。任何时候，如果贷款以多个币种表示，贷款账户都应划分为多个子账户，每个贷款币种一个账户。

第 3.02 节 利息。

（1）已从贷款账户上提取且未偿还的贷款本金应支付利息。对于每个计息期，利息应按照浮动利率计算，此类利率可依据第五条之规定不时修改。利息应从每笔金额分别从贷款账户中提取之日起产生。

（2）任何时候，倘市场惯例变化影响到贷款本金全部或任何部分适用的浮动利率之决定，亚行若据此确定其采用与贷款协定和本规则之规定不同的标准确定浮动利率是符合借款人整体和亚行的利益，则亚行可以在提前三个月通知借款人和担保人在新的前提下修改决定此类浮动利率的标准。新标准应于通知期终止时生效，除非借款人或担保人于此期限内就该标准向亚行提出异议，在后一种情况下，此类修改不得应用于该贷款。

第3.03节　承诺费、先征费。

（1）借款人应按照贷款协定中规定的费率和条款对未提取的贷款金额支付承诺费。

（2）借款人应按照贷款协定中的规定支付先征费。

第3.04节　利息和其他费用的计算。利息和其他费用应以每年十二个月、每月30天、共计360天为基础计算。

第3.05节　偿还和提前偿还。

（1）从贷款账户提取的贷款本金应按照贷款协定中的规定予以偿还。

（2）借款人向亚行发出不少于四十五天时间的书面通知后，有权在到期前于亚行可以接受的日期［只要借款人于此日前支付了贷款协定中规定的所有金额，包括按照本节（3）款计算的任何提前偿还升水］提前偿还：当时待偿的所有贷款本金；多笔到期贷款之一的全部本金。部分提前偿还应采用以下方式：①如果贷款协定对贷款本金指定的支付金额（此术语如贷款协定中之定义）的分别摊提进行了规定，则应按照该支付金额的相反顺序进行此类提前偿还，最后提取的支付金额应首先偿还，且该支付金额期限最短者应首先偿还；②在所有其他情况下，应以贷款到期的相反顺序进行此类提前偿还，最晚到期者最先偿还。

（3）依照本节（2）款对提前偿还任何贷款金额应付的提前偿还升水应为亚行合理确定的数额，以反映亚行自提前偿还之日起至此金额到期日止对拟提前偿还的金额进行重新调配的任何成本；

（4）就拟提前偿还的任何贷款金额而言，如果已经有某个转换生效而且该转换的转换期在提前偿还时仍未终止：①借款人应支付有关提前终止该转换的交易费用，并按照亚行不时公布且在亚行收到借款人的提前偿还通知时有效的金额和费率支付；②借款人或亚行（根据实际情况而定）应依照《转换指南》支付有关提前终止该转换的清退金额（如果有）。本款规定的交易费用以及借款人遵照本款应付的任何清退金额应在提前偿还日后六十天内支付。

第3.06节　退息。

（1）亚行公布适用于新贷款的固定利差降低后，亚行应向任何适用较高固定利差的待偿贷款之借款人支付退息。确定退息金额应将待偿贷款适用的固定利差与新贷款将采用的固定利差之间的差异（以年度百分比表示），乘以在新贷款将采用的较低固定利差公布后的周期内，借款人于付息日（以及所有随后的付息日）为其付息的待偿贷款本金。亚行应于收到上述利息后将此退息金额贷记到借款人名下，而且此类退息应在随后的下一个付息日借款人应付的利息中扣减。

（2）亚行公布其任何贷款币种（或批准币种）的融资成本在任何周期内实现盈余后，亚行均应向借款人支付退息。确定退息金额应将融资成本盈余（以年度百分比表示）乘以借款人于计算融资成本盈余所在周期后一个周期内的付息日为其付息的贷款本金。亚行应于收到上述利息后将此退息金额贷记到借款人名下，而且此类退息应抵扣随后的下一个付息日借款人应付的利息。

第 3.07 节 附加费。

（1）亚行公布适用于新贷款的固定利差增加后，任何适用较低固定利差的待偿贷款之借款人应向亚行支付附加费。确定附加费金额应将新贷款将采用的固定利差与待偿贷款适用的固定利差之间的差异（以年度百分比表示），乘以在新贷款将采用的较高固定利差公布后的周期内，借款人于付息日（以及所有随后的付息日）为其付息的待偿贷款本金。亚行应将附加费金额借记到借款人名下，而且此类附加费应添加到随后的下一个付息日借款人应付的利息中。

（2）亚行公布其任何贷款币种（或批准币种）的融资成本在任何周期内使亚行产生额外成本后，借款人应向亚行支付附加费。确定附加费金额应将融资成本盈余（以年度百分比表示）乘以借款人于计算融资成本盈余所在周期后一个周期内的付息日为其付息的贷款本金。亚行应将附加费金额借记到借款人名下，而且此类附加费应添加到随后的下一个付息日借款人应付的利息中。

第 3.08 节 支付地点。贷款的本金（包括升水）、利息和其他费用应于亚行合理要求的地点支付。

第 3.09 节 贷款出售。亚行可按照亚行认为适当的条款和条件向第三方出售贷款的任何部分，但不得在借款人和购买方之间造成任何契约关系，而且不得影响亚行和借款人之间的契约关系。

第四条 币种规定

第 4.01 节 提款币种。从贷款账户每次提取贷款金额时，均应以贷款币种提款，用于支付由贷款资金融资的货物和服务成本。

第 4.02 节 付款币种。借款人依照贷款协定应付的所有金额均应以贷款币种支付，具体规定见《转换指南》。

第 4.03 节 货币购买。亚行应按照借款人的要求并根据亚行决定的条款和条件，尽最大努力购买借款人所需的任何币种，使其有充足资金的一种货币或多种货币（亚行不时规定）偿还本金以及支付升水、利息和贷款协定规定借款人在付款时应付的其他费用。在购买所需货币时，亚行应作为借款人的代理人，而且只有当亚行收讫所需币种的付款后方可视借款人已经支付了贷款协定规定的所有款项。

第 4.04 节 临时货币替代。

（1）如果亚行合理判断出现了特别情况，致使亚行在任何时间无法以贷款币种为贷款融资，亚行可按照其选择提供上述贷款币种的代用币种（代用贷款币种）。在此类特别情况期间，应以代用贷款币种偿还本金以及支付利息和贷款协定的其他费用，而且应按照亚行合理判断的原则适用其他相关的财务条款亚行应将此类特别情况的发生、代用贷款币种及其相关贷款的财务条款及时通知借款人和担保人。

（2）收到亚行依照本节（1）款发出的通知时，借款人可在随后三十天内通知亚行，选择亚行可接受的其他币种作为代用贷款币种。在此情况下，亚行应将该代用贷款币种适用的财务条款通知借款人，此条款依照亚行合理制订的原则确定。

（3）在本节（1）款所指特别情况期间，尽管有第3.05节（3）款的规定，但提前偿还贷款不需支付提前偿还升水。

（4）一旦亚行能够重新提供贷款币种，亚行应按照借款人的要求，依照亚行合理制订的原则将代用贷款币种更改为贷款币种。

第4.05节 货币估价。无论何时，倘出于贷款协定和担保协议之目的，必须确定一种货币折合另一种货币的价值，该价值应由亚行合理决定。

第4.06节 付款方式。

（1）贷款协定和担保协议规定以任何国家的货币向亚行支付的任何款项，均应符合该国法律对支付此类款项的规定，通过亚行在该国的开户银行将此类货币存入亚行账户币种所允许的方式和币种支付。

（2）当借款人或担保人为成员国时，该成员国应确保支付贷款的本金（包括升水）、利息和其他费用，该成员国不会施加或在其境内不存在任何性质的限制。当借款人和担保人均非成员国时，借款人应于生效日期前从执行项目所在成员国获得并向亚行提供令亚行满意的证据，证明支付贷款的本金（包括升水，如果有）、利息和其他费用，该成员国不会施加或在其境内不存在任何性质的限制。

第五条　贷款条款的转换

第5.01节 一般规定。

（1）如果贷款协定中有此规定，借款人为了便于进行审慎的债务管理，可随时按照贷款协定中的规定申请利率转换或币种转换。每次申请均应由借款人依据《转换指南》向亚行提出，并且在亚行接受申请时，所申请的转换应视为出于本规则目的的转换。

（2）在亚行接受转换申请时，亚行应依照《转换指南》采取所有必要行动以实现上述转换；但利率转换的期限可能受到亚行按照《转换指南》之规定在市场中实行利率套期保值交易能力的限制。凡是对贷款协定中提取贷款资金的规定所做之任何修改必须对上述转换生效时，此类规定应视为自转换日起已修改。亚行应于每次转换的执行日期后及时通知借款人和担保人该贷款的财务条款，包括修订后的任何还款规定以及修改后对提取贷款资金的规定。

(3) 除《转换指南》中另行规定外，借款人应以亚行不时决定并于执行日期有效的金额或费率对每次转换支付交易费用。本款规定的交易费用应于执行日期后六十天内支付。

第5.02节 利率转换或币种转换后的应付利息。

(1) 利率转换。在利率转换涉及贷款本金全部或任何部分时，借款人在转换期内的每个计息期应对已提取且未偿还的本金按该转换适用的浮动利率或固定利率支付利息。

(2) 未提取金额的币种转换。在未提取的贷款本金全部或任何部分转为批准币种的币种转换时，借款人在转换期内的每个计息期应对随后提取且未偿还的本金按浮动利率以批准币种支付利息。

(3) 已提取金额的币种转换。在已提取的贷款本金全部或任何部分转为批准币种的币种转换时，借款人在转换期内的每个计息期应对所有未偿还的本金按浮动利率或固定利率（以适用于该转换者为准）以批准币种支付利息。

第5.03节 币种转换后的应付本金。

(1) 未提取金额的币种转换。如果未提取的贷款金额向批准币种进行币种转换，转换的贷款本金由亚行通过将转换前币种的要转换金额乘以当前汇率来确定。借款人应依照贷款协定之规定偿还随后以上述批准币种提取的本金。

(2) 已提取金额的币种转换。如果已提取的贷款金额向批准币种进行币种转换，转换的贷款本金由亚行确定，依据的方法是将转换前币种的要转换金额乘以下项之一：①反映亚行依照与该转换相关之货币套期保值交易应以批准币种支付的本金金额的汇率；②如果亚行依照《转换指南》决定，则为屏幕利率/汇率的汇率部分。借款人应依照贷款协定之规定以上述批准币种偿还此本金。

第5.04节 最终贷款期限前转换期的终止。如果部分贷款适用的币种转换之转换期于其最终期限前终止，此贷款待偿部分本金仍应在转换终止时以贷款币种偿还，其金额由亚行如下确定：

一是将该转换之批准币种的上述金额乘以该转换期最后一天批准币种与贷款币种之间进行结算的即期或远期汇率；二是以《转换指南》中规定的其他方式。借款人应依照贷款协定之规定以上述贷款币种偿还此本金。符合此第5.04节规定的币种转换终止后，借款人应依照贷款协定之规定以贷款币种支付每个计息期的利息。

第5.05节 利率上限、利率区间。

(1) 利率上限。对浮动利率制定利率上限时，借款人在转换期内的每个计息期，应按上述转换自己不时提取待偿的贷款本金适用的浮动利率支付利息，除非此浮动利率在上述转换期内的任何参考利率调整日超过该利率上限，后一种情况下，借款人在上述参考利率调整日相关的计息期应按与利率上限相等的利率支付该本金的利息。

（2）利率区间。对浮动利率制定利率区间时，应按该上述转换自己不时提取待偿的贷款本金适用的浮动利率支付利息，除非此浮动利率在上述转换期内的任何参考利率调整日：①超过该利率区间的上限，在此情况下，借款人在上述参考利率调整日相关的计息期应按与该上限相等的利率支付该本金的利息；②跌破该利率区间的下限，在此情况下，借款人在上述参考利率调整日相关的计息期应按与该下限相等的利率支付该本金的利息。

（3）利率上限或上下限升水。制定利率上限或利率区间时，借款人应向亚行支付上述转换自己已提取待偿贷款本金适用的升水，其计算依据为：①亚行为了制定上述利率上限或利率区间而向交易对方购买利率上限或利率区间所应付的升水（如果有）；②《转换指南》中规定的其他方式。借款人应于执行日期后六十天内支付此升水。

（4）提前终止。除非《转换指南》中另行规定，在借款人提前终止任何利率上限或利率区间时，借款人应按照亚行不时确定并且在亚行收到借款人的提前终止通知时具有效力的金额和费率支付与提前终止相关的交易费用；而且借款人或亚行（根据实际情况而定）应依照《转换指南》支付与此提前终止相关的清退金额（如果有）。本款规定的交易费用以及借款人遵照本款应付的任何清退金额应于此类提前终止生效日后六十天内支付。

第六条　贷款资金的提取

第6.01节　从贷款账户提款。

（1）借款人遵照贷款协定中规定的任何条件或限制，有权从贷款账户提取为项目必需的货物和服务合理成本以及任何其他已付且贷款协定规定应予融资的支出，或在亚行同意的情况下准备支付此类款项所需的金额。

（2）除亚行和借款人另行约定外，不得因下项提款：①生效日期前的支付；②在任何非成员国境内的支出或为此类国家生产的货物或提供的服务发生的支出。

第6.02节　亚行出具承诺函。亚行可应借款人的要求出具承诺函，承诺支付贷款协定规定应予融资的货物和服务成本，且不因其后的任何中止或取消而受到影响。

第6.03节　申请提款。当借款人希望从贷款账户提取任何金额或要依照第6.02节要求亚行出具承诺函时，借款人应按照亚行合理要求的形式向亚行提交申请书并包含亚行合理要求的声明、陈述、担保和协议。除亚行和借款人另行约定外，提款申请书以及本条中下文规定的必要凭证应在发生项目支出时及时提交。

第6.04节　提款申请人的授权证据。借款人应向亚行提交足够的证据，证明签署提款申请书的授权人的权限，并提供此人的签字样本。

第6.05节　凭证。借款人应按照亚行的合理要求向亚行提交支持提款申请的凭证和其他证据，可在亚行允许申请书中要求的提款发生之前或之后提交。

第6.06节　申请书和凭证的充分性。每份提款申请和随附凭证以及所有其他证据在形式和内容上都必须是充分的，使亚行相信借款人符合从贷款账户提取申请金额的资格而且准备从贷款账户中提取的金额将仅仅用于贷款协定中规定的用途。

第6.07节　亚行支付。亚行支付借款人有权从贷款账户提取的金额时应支付给借款人或按借款人要求支付。

第七条　特别约定

第7.01节　协作。亚行、借款人和担保人应通力合作，确保贷款的宗旨得以实现。

第7.02节　保险。

（1）借款人应向负责任的保险公司投保并缴纳保费或进行令亚行满意的其他安排，按照与正常惯例相符的险种和金额投保。

（2）在不限制上述通则的前提下，借款人应对项目要进口且由贷款资金融资的货物在购买、交易和发运至使用或安装地过程中的风险意外投保或促使其被保险，而且此类保险的任何赔偿均应以能够自由用于更换或维修此货物的币种支付。

第7.03节　记录。借款人应留存或促使留存适当的记录和账目，足以确定由贷款资金融资的货物和服务以及其他支出项目、表明其在项目中的用途并记录项目进展（包括其成本），而且足以根据一贯遵守的合理会计准则反映借款人的经营和财务状况。

第7.04节　报告和信息。

（1）借款人和担保人应向亚行提供或促使其提供亚行就下项合理要求的所有报告和信息：①贷款以及款项的支出及其服务的维护；②由贷款资金融资的货物和服务以及其他支出项目；③项目和项目执行机构；④借款人的管理、经营和财务状况；⑤与贷款宗旨有关的任何其他事项。

（2）借款人和担保人应该及时将妨碍项目进展、妨碍他们履行贷款协定和担保协议对其规定的各自义务、妨碍项目执行机构履行项目协议对其规定的义务、妨碍实现贷款宗旨或维护其服务的情况或者有可能妨碍的情况及时通知亚行；而且对于借款人并非成员国的贷款而言，借款人应提前及时通知亚行有关借款人或其资产的拥有权或控制权的任何主张更改或任何具有或可能具有此类效力的交易或协定。

（3）在不限制上述通则的前提下，借款人应向亚行提交有关项目执行以及项目设施运营和管理的定期报告。此类报告应按照亚行合理要求的形式、详细资料和期限提交，而且其中应说明在审核周期内取得的进展和遇到的问题、为矫正这些问题已采取或拟采取的步骤以及对下个周期提议的行动计划和预计进展。

（4）借款人于项目实际完成后，应就项目的执行和初次运作，包括其成本、借款人对此贷款协定规定之义务的履行情况以及贷款宗旨的实现情况，按照亚行合理要求的形式和详细资料，及时制作并向亚行提交报告，但在任何情况下不得迟于三个月或借款人与亚行可能为此目的而达成共识的较迟日期。

第7.05节　交换观点。亚行、借款人和担保人应在其中任一方的要求下，不时通过其代表就任何与项目、项目执行机构和贷款相关的事宜交换观点，包括依照第7.04节向亚行提供的任何信息。

第7.06节　访问和数据。

（1）倘借款人或担保人为成员国，该成员国应向亚行代表提供为贷款相关目的访问其境内任何地区的合理机会。

（2）倘借款人或担保人为成员国，该成员国应按照亚行的合理要求向亚行提供关于其国内财政和经济状况的所有信息，包括其国际收支和外债，也包括其行政或管理部门的此类信息，由该成员国或任何此类部门拥有或控制或为其利益经营之任何实体的此类信息，以及为该成员国行使中央银行或外汇稳定基金功能或类似功能的任何机构的此类信息。

第7.07节　负抵押条款。

（1）如果借款人产生或允许产生对其任何资产的任何留置权作为外币债务的担保，借款人应明确承诺，此类留置权根据事实对支付贷款的本金、利息和其他费用将具有同等效力。借款人的任何资产若产生任何法定留置权（如下文定义）作为外币债务的担保，借款人应向亚行授予令亚行满意的等值留置权。

（2）本节（1）款之规定不适用于：①购置房产时仅作为支付该房产购置价格的担保而产生的任何房产留置权；②在正常银行交易过程中为交易日期后一年内到期的债务提供担保而产生的任何留置权。

（3）本节（1）款中所用术语“借款人的资产”包括借款人的任何行政部门或任何机构之资产、此类行政部门的任何机构之资产以及由借款人或任何此类行政部门或机构拥有或控制或为其利益经营之任何实体（包括为借款人行使中央银行功能的任何其他机构）的资产。

第八条 免 税

第8.01节 免税。

（1）倘若借款人或担保人为成员国，该成员国应确保：①贷款的本金（包括升水）、利息和其他费用免除并且在支付时不得扣除由该成员国征收或在该成员国境内征收的任何税；②贷款协定、担保协议和项目协议免除由该成员国或在该成员国境内对其执行、交付或注册征收或因与其执行、交付或注册相关而征收的任何税。

（2）当借款人和担保人均非成员国时，借款人应于生效日期前从执行项目所在成员国获得并向亚行提供令亚行满意的证据，证明：①贷款的本金（包括升水）、利息和其费用将免除并且在支付时不会扣除由该成员国征收或在该成员国境内征收的任何税；②贷款协定、担保协议和项目协议将免除由该成员国或在该成员国境内对其执行、交付或注册征收或因与其执行、交付或注册相关而征收的任何税。

第九条 中止 取消 提前到期

第9.01节 由亚行中止。如果在贷款协定签署日后及其存续期间内的任何时间发生下列任何事件，亚行可于通知借款人和担保人后中止借款人从贷款账户中提款的全部或部分权利：

（1）借款人未能支付（即便已由担保人或第三方支付亦不例外）本金（包括升水）、利息或下列任何其他费用：①贷款协定规定的费用；②与亚行之间的任何其他贷款协定或担保协议规定的费用；③亚行经借款人同意将任何性质的任何担保或其他财务义务扩大到第三方而产生的费用。

（2）担保人未能支付本金（包括升水）、利息或下列任何其他费用：①贷款协定规定的费用；②与亚行之间的任何其他贷款协定或担保协议规定的费用；③亚行经借款人同意将任何性质的任何担保或其他财务义务扩大到第三方而产生的费用。

（3）借款人或担保人未能履行贷款协定或担保协议对其各自规定的任何其他义务。

（4）项目执行机构未能履行项目协议对其规定的任何义务。

（5）如果借款人或担保人未能履行与亚行之间任何其他贷款协定或任何相关担保协议对其规定的任何义务，亚行将中止借款人或担保人按照与亚行之间的任何其他贷款协定提款的全部或部分权利。

（6）倘若某种情况发生或发展，使亚行合理认为其将要或可能导致项目不可能成功实行或借款人、担保人或项目执行机构不可能履行贷款协定、担保协议或项目协议对其规定的任何义务。

(7) 项目执行所在成员国的亚行成员资格被中止或不再是亚行成员国，或者已发出通知要从亚行撤出。

(8) 借款人或担保人遵照贷款协定或担保协议所做的声明或其提供、旨在使亚行依赖于此发放贷款的任何声明存在任何重大错误，或者在借款人非成员国的情况下，借款人如此声明的借款人条件将使亚行合理产生重大不利变动。

(9) 在借款人非成员国的情况下，当债务到期或者当借款人或其他人通过采取任何诉讼或法律程序在债权人之间分配或可能分配借款人之任何资产时，借款人无力偿还债务。

(10) 在借款人非成员国的情况下，项目执行所在成员国或任何具有司法管辖权的其他机构采取任何行动解散借款人、让渡或转让其任何资产（正常商务过程除外）或中止其经营权。

(11) 任何具有司法管辖权的机构采取任何行动解散项目执行机构、让渡或转让其任何资产（正常业务过程除外）或中止其经营权。

(12) 发生贷款协定中出于本节之目的而规定的任何其他事件。

借款人从贷款账户中提款的权利将持续地全部或部分（按具体情况而定）中止，直到亚行合理认为造成此类中止的事件不再存在，或直到亚行通知借款人全部或部分恢复其提款权利，以二者中时间在前者为准。

第 9.02 节　由亚行取消。如果：(1) 借款人从贷款账户提取任何贷款金额的权利持续中止达 30 天；(2) 亚行于任何时间经与借款人磋商后决定，项目的用途不再需要贷款中的某笔金额；(3) 截至贷款协定中规定的贷款关闭日期时，某笔贷款金额仍未从贷款账户中提取；(4) 亚行于任何时间确定，对于任何应由贷款资金全部或部分融资的合约，借款人、担保人或贷款之任何受益人的代表在货物或服务采购、顾问选择或合约执行过程中从事贪污或欺诈行为（由亚行决定），借款人或担保人未对此类情况及时采取令亚行满意的适当补救行动；(5) 亚行于任何时间确定，应由贷款资金融资的任何货物或服务的采购与贷款协定中规定之程序不符，亚行可于通知借款人和担保人后终止借款人提款此类金额的权利。发出此类通知时，此类贷款金额将被取消。

第 9.03 节　由借款人取消。经与亚行磋商并经担保人同意后，借款人可于通知亚行后取消借款人于发出此通知前尚未提取的任何贷款金额。

第 9.04 节　受承诺函约束的金额。中止或取消均不适用于亚行依照第 6.02 节出具的任何承诺函项下之金额，此类承诺函中明确规定者除外。

第 9.05 节　取消的发生。除亚行和借款人另行约定外，任何取消均应发生于该取消日后到期且亚行未出售或未同意出售之贷款本金的剩余到期日，按比例计算。

第9.06节 中止或取消后的条款效力。无论发生任何中止或取消，贷款协定、担保协议和项目协议的所有规定应保持全部效力，本条特别规定者除外。

第9.07节 提前到期。

（1）如果下文规定的任何事件发生并持续一段规定的时间（如果有），亚行可于其持续期内随后的任何时间经通知借款人和担保人后，宣布届时尚未偿还的贷款本金连同产生的所有利息和其他费用到期并应立即支付，而且此类本金、利息和其他费用应于任何此类宣布时立即到期并支付：

①第9.01节（1）款或（2）款规定的任何事件发生并持续30天。

②第9.01节（3）款或（4）款规定的任何事件发生并于亚行就其向借款人和担保人发出通知后持续60天。

③第9.01节（8）款、（9）款、（10）款或（11）款规定的任何事件发生。

④贷款协定中出于本节目的规定的任何其他事件发生并持续一段贷款协定中规定的时间（如果有）。

（2）如果在任何转换之转换期内依照本节（1）款发出任何提前到期通知：①借款人应按照亚行不时公布并于此通知日有效的金额或费率支付有关提前终止该转换的交易费用；②借款人或亚行（根据实际情况而定）应支付有关提前终止该转换的应付清退金额。

第十条 效力 终止

第10.01节 生效条件。向亚行提供令亚行满意的下列证据后，贷款协定和担保协议方可生效：

（1）代表借款人签署和提交贷款协定已通过所有必要的企业和政府行为正当授权或批准；

（2）若有担保协议，代表担保人签署和提交担保协议已通过所有必要的企业和政府行为正当授权或批准；

（3）若有项目协议，代表项目执行机构签署和提交担保协议已通过所有必要的企业、行政和政府行为正当授权或批准；

（4）若借款人并非成员国，倘若亚行要求提供此类证据，须证明贷款协定签署之日向亚行声明的借款人条件在该日期到借款人与亚行就本节目的达成一致的日期之间未发生重大不利变动；

（5）若借款人和担保人均非成员国，须满足第4.06节（2）款和第8.01节（2）款之要求；

（6）贷款协定中作为生效之补充条件规定的所有其他事件已发生。

第10.02节 法律意见书。作为依照第10.01节应提供的证据之一部分，借款人应向亚行提供或促使提供由亚行可接受的律师出具并令亚行满意的意见书，说明：

（1）代表借款人，即贷款协定已获得借款人正当授权或批准、其签署和提交均代表借款人进行并依照其条款对借款人具有法律约束力；

（2）代表担保人，即担保协议已获得担保人正当授权或批准、其签署和提交均代表担保人进行并依照其条款对担保人具有法律约束力；

（3）有项目协议的情况下代表项目执行机构，即项目协议已获得项目执行机构的正当授权或批准、其签署和提交均代表项目执行机构进行并依照其条款对项目执行机构具有法律约束力；

（4）贷款协定中规定的其他事项。

第10.03节 生效日期。除亚行和借款人另行约定外，贷款协定和担保协议应于亚行向借款人和担保人派发通知，表示接受第10.01节规定的证据之日起生效。

第10.04节 未能生效导致的终止。如果贷款协定未能于贷款协定中出于本节目的所规定之日期前生效，贷款协定和担保协议以及依据其规定的各方所有义务应终止，除非亚行经考虑延迟原因后出于本节目的制定了较迟的日期。亚行应将此较迟日期及时通知借款人和担保人。

第10.05节 全部支付时的终止。如果全部贷款本金已从贷款账户中提取，对提前偿还贷款的升水以及贷款产生的所有利息和其他费用均已支付，则贷款协定和担保协议以及依据其规定的各方所有义务应立即终止。

第十一条 强制执行力 未行使权利 仲裁

第11.01节 强制执行力。

（1）贷款协定规定亚行和借款人享有的权利和义务以及担保协议规定亚行和担保人享有的权利和义务，其有效性和强制执行性应与其条款相符，而且倘若借款人或担保人为成员国，亦不受其任何国家或行政部门与此相反之法律的影响。

（2）亚行、借款人或担保人均无权在本条规定的任何法律程序中提出贷款协定或担保协议的任何条款因《建立亚洲开发银行协定》的任何规定或任何其他原因而失效或不可强制执行的主张。

第11.02节 担保人的义务。担保协议对担保人规定的义务不得免除，除非通过履行义务而且在此情况下亦仅限于履行范围内。就借款人的任何违约行为而对借款人发出的任何提前通知、提出的任何要求或采取的任何行动或者对担保人发出的任何提前通知和提出的任何要求对此类义务均无约束力，而且此类义务不得因下列任何行为而受到削弱：向借款人提供的任何延期、债务偿还期的延展或让步；针对借款人或就任何贷款担保提出或未提出或延迟提出任何权利、权力或救济主张；贷款协定的条款已预期对其规定进行的任何修改或增补；或借款人未能遵守项目执行所在成员国或该成员国任何行政部门或机构的任何法律、法规或法令的要求。

第 11.03 节　未行使权利。任一方对任何违约行为延迟行使或不行使贷款协定或担保协议规定的任何权利、权力或补救，均不得削弱此类权利、权力或补救或者被视为对其的放弃或对此类违约的默许；此方对任何违约行为采取的行动或对任何违约行为的默许，亦不得影响或削弱此方对任何其他或后续违约行为的任何权利、权力或补救。

第 11.04 节　仲裁。

（1）贷款协定双方或担保协议双方之间的任何争议以及任一方依照贷款协定或担保协议对另一方主张的索赔若无法通过双方协商解决，应提请下文规定的仲裁庭进行仲裁。

（2）此类仲裁的双方应以亚行为一方，而借款人和担保人为另一方。

（3）仲裁庭应由如下指定的三名仲裁员组成：一名仲裁员由亚行指定；第二名仲裁员应由借款人和担保人共同指定，或在其双方无法达成一致时由担保人指定；第三名仲裁员（下文中有时称为首席仲裁员）应由双方协商指定，或在双方无法达成一致时由国际法院院长指定，或在其无法指定时由联合国秘书长指定。如果任何一方未能指定仲裁员，该仲裁员将由首席仲裁员指定。若依照本节指定之任何仲裁员辞职、去世或不能行使职责，应以此处就指定原仲裁员规定的相同方式指定继任仲裁员，而且此继任者具有原仲裁员的所有权力和职责。

（4）一方通知另一方依照本节的规定提起仲裁程序。该通知应包含一份声明，阐明拟提请仲裁的争议或索赔之性质、寻求的救济之性质以及由提请此程序一方指定的仲裁员之姓名。另一方应于发出该通知后 30 天内，将由此另一方指定的仲裁员之姓名通知提请程序的一方。

（5）如果在发出提请仲裁程序的通知后 60 天内，双方未就首席仲裁员达成一致，任何一方均可申请按照本节（3）款之规定指定首席仲裁员。

（6）仲裁庭应于首席仲裁员确定的时间和地点召开。其后，应由仲裁庭决定其开庭时间和地点。

（7）仲裁庭适用的法律应为国际公法，出于此类目的，其来源应包括：

①对双方具有相互约束力的任何相关条约义务。

②任何国际公约和条约的适用规定（无论是否对双方具有直接约束力），只要公认其已录入法典或已成为国家或国际机制采用的习惯法的约束准则。

③其他形式的国际惯例，包括国家或国际机构建立法律义务的普遍性、一致性

和持久性惯例。

④适用的一般法律原则。

(8) 根据本节的规定，除非双方另行约定，仲裁庭应决定与其能力相关的所有问题并确定其程序。仲裁庭的所有决议均应以多数票决定。

(9) 仲裁庭应为各方提供平等的听证会并以书面形式作出仲裁裁决。此类裁决可于缺席情况下作出。由仲裁庭多数签字的裁决书将构成此仲裁庭的裁决。签字后的裁决书副本将送达各方。依照本节规定作出的任何裁决均为最终裁决，并对贷款协定和担保协议的双方具有约束力。各方应遵照执行由符合本节规定的仲裁庭作出的任何裁决。

(10) 双方应确定仲裁员和进行仲裁程序所需的其他人士的报酬金额。如果双方在仲裁庭召开前无法就此金额达成一致，应由仲裁庭按实际情况确定合理金额。各方应自行承担其在仲裁程序中的支出。仲裁庭的费用应以亚行为一方，借款人和担保人为另一方分摊。有关仲裁庭费用划分或此费用之支付程序的问题应由仲裁庭确定。

(11) 本节中所列的仲裁规定应取代解决贷款协定和担保协议双方之间争议以及一方据此对另一方进行任何索赔的所有其他程序。

(12) 如果仲裁裁决副本送达双方后 30 天内未遵守该裁决，任何一方均可于任何有管辖权的法院就该裁决对另一方提出判决申请或提起强制执行程序，并可强制执行此判决，也可要求另一方为该裁决以及贷款协定和担保协议规定的强制执行承担任何其他适当补偿。尽管有上文之规定，本节并未批准对作为成员国的任何一方提起判决或强制执行裁决，除非以本节规定之外的原因使用此类程序。

(13) 任何通知或处理服务若与本节规定的任何程序相关或（在可以补救的范围内）与依本节做出的任何裁决的执行程序相关，可按照第 12.01 节中规定的方式进行。贷款协定和担保协议的双方放弃对任何此类通知或处理服务的任何及所有其他要求。

第十二条　其他规定

第 12.01 节　通知和申请。依照贷款协定或担保协议以及贷款协定或担保协议预期的各方间达成的任何其他协议，要求或允许发出或提出的任何通知或申请均应为书面形式。除第 10.03 中另行规定外，当此类通知或申请通过亲自送达或通过邮政信件、电报、海底电报、电传、传真或电子邮件送达其要求或允许对方发出或提出的在贷款协定或担保协议中规定的地址时，或送达对方以通知发出或提出申请的方式指定的其他地址时，均应视为已经发出或提出。

第 12.02 节 采取行动的权利。依照贷款协定或担保协议并代表借款人或担保人（按照实际情况而定），要求或允许采取的任何行动以及要求或允许签署的任何文件，均可由贷款协定或担保协议中出于本节目的而指定的借款人或担保人的代表或该代表书面授权的任何人士采取或签署。对贷款协定或担保协议之规定的任何修改，均可由如此指定的代表或该代表书面授权的任何人士通过代表借款人或担保人（按照实际情况而定）签署的书面文件，代表借款人或担保人达成协定；倘若该代表或其他人士认为此类更改在此情况下合理而且不会实质性增加借款人的贷款协定义务或担保人的担保协议义务（按照实际情况而定），亚行可接受该代表或其他人士签署任何文件，只要能确切证明该代表或其他人士认为，该文件中所涉及对贷款协定或担保协议之规定的任何更改在此情况下合理而且不会实质性增加借款人或担保人在其中承担的义务。

第 12.03 节 授权的证据。借款人和担保人应向亚行提供充分的证据，证明将要分别代表借款人或担保人采取借款人依照贷款协定或担保人依照担保协议要求或允许采取的行动或签署借款人依照贷款协定或担保人依照担保协议要求或允许签署的任何文件的授权人的权限，并提供每人的签字样本。

第 12.04 节 暂扣对成员国的股份支付。

（1）如果执行项目所在成员国将终止亚行成员资格，只要依照贷款协定或担保协议或者依照与亚行之间的任何其他贷款协定或担保协议，该成员国、其中央银行或其任何机构、部门或行政部门仍对亚行负有债务，则因亚行购回该成员国股份而应向其支付的任何金额均应暂扣，且该金额可根据亚行的选择于任何此类债务到期时使用。

（2）如果亚行资产进行分配，执行项目所在成员国在偿还对亚行负有的全部债务前无权获得在该分配中的股份，债务包括其依照贷款协定或担保协议或者依照与亚行之间的任何其他贷款协定或担保协议所应承担的债务。

第 12.05 节 副本的签署。贷款协定和担保协议可签署多份副本，每份副本均应视为原件。

贷款支付手册

（2007 年 1 月）

译文声明：

为扩大读者范围，特将该报告由英文翻译为中文。亚洲开发银行（亚行）尽力确保翻译的准确性。但英语是亚行的官方语言，因此，该文件的英文原版为唯一具有权威性的（即正式的和授权的）文本。任何对该文件内容的引用，必须以其英文原版内容为准。

前　言

《贷款支付手册》（以下简称《手册》）编入了亚洲开发银行的支付政策、指南、惯例和程序，该《手册》可以为亚洲开发银行职员、各发展中成员体借款人、项目执行与管理的官员及职员在项目实施中提供有效的参考指导。

提高支付操作效率的四个主要因素是：（1）资金流结构；（2）支付安排；（3）人员能力和体系；（4）内部控制。对亚洲开发银行支付政策、指南、惯例和程序的充分理解有助于这四个主要因素的有效构建。本《手册》致力于完善这种需求，以对项目的实施给予有力的支持。

本《手册》均适用于亚洲开发银行贷款和赠款的项目。

本《手册》取代所有的老版本，并立即生效。本手册的电子版在贷款财务信息系统网站（http：//lfis. adb. org）上也可找到，亚洲开发银行主计局将根据需要更新本《手册》，并在上述网站上发布更新的版本，因此建议阅读者定期访问该网站，以确保有最新的版本。

缩　写

ADB	亚洲开发银行
ADF	亚洲开发基金
ADTA	咨询技术援助
AFS	财务报告的审计意见
APA	经审计的项目贷款账户

AU	澳大利亚国家银行分行代码
BIC	银行识别代码
BL	德国银行
CL	承诺函
C&F	成本和运费
CIF	到岸价（成本，保险和运费）
CFS	补充融资计划
CH	纽约清算所银行同业支付系统统一识别码
CTL	主计局
CTLA	贷款管理处
CTLA - FIS	贷款管理处 - 财务系统资料组
CTLA - LA	贷款管理处 - 贷款会计组
DFI	开发性金融机构
DMC	发展中成员体
EA	执行机构
EAL	紧急援助贷款
ERPS	汇率风险库机制
Euribor	欧洲银行同业拆借利率
FAW	自营工程
FMCL	固定利率多币种贷款
FW	美联储通信系统路径代码
GNP	国民生产总值
I/A	周转金账户
IA	实施机构（业主）
IBAN	国际银行账号
IPD	付息日
JSF	日本特别基金
LBL	基于伦敦同业拆借利率的贷款
LC	信用证
LCL	本国货币贷款
LFIS	贷款财务信息系统
LIBOR	伦敦同业拆借利率
MBL	市场利率贷款
OCR	普通资金来源

PCG	部分信用担保
PCR	项目完工报告
PCSS	采购合同汇总表
PCUS	采购合同更新表
PITA	项目实施技术援助
PMCL	总库制多币种贷款
PO	采购单
PPER	项目绩效评估报告
PPIAF	公众/私营基础设施咨询业务
PPPA	项目工程进度
PPTA	项目准备期技术援助
PRG	政治风险保障
PSCL	总库制贷款
PSOD	私营部门业务局
RC	周转信用
RETA	区域性技术援助
RM	代表处
RRP	行长报告及建议书
SAW	同时申请子贷款批准和提款
SC	英国国内分类代码
SDR	特别提款权
SFR	特别基金来源
SGIA	周转金二级账户
SOE	费用清单
TA	技术援助
TASF	技术援助特别基金
TD	资金局
TDTS	资金管理处
TFFP	贸易融资促进计划
WA	提款申请书

目　录

4.9 合格/不合格费用

4.10 拒绝/不支付

4.12 利息、先征费和其他费用本金化

4.13 返款

4.17 质量保证金和银行担保

4.18 项目贷款账户和财务报告的审计

4.20 对审计中发现的性质严重的问题采取的后续措施

4.21 延迟提交项目贷款账户或财务报告的审计意见

5. **贷款提款指令**

5.1 授权签字

5.2 贷款资金的分配

5.4 提款币种

5.6 支付币种

5.7 支付指令

5.8 其他指令

5.11 PCSS 号码

5.13 表格样本

5.14 支付审批

6. **支付程序**

6.1 四种主要类型

6.2 归垫程序下简化的凭证要求

6.3 建议使用的支付程序

6.4 贷款支付的模式

7. **直接支付程序**

7.1 描述

7.2 基本要求

7.4 凭证

7.5 其他特点

检查清单

8. **承诺函程序**

8.1 描述

8.5 基本要求

8.6 凭证

8.7 承诺函的开立

8.10 接受承诺函

8.11 对商业银行的付款

8.13 信用证的修改

8.18 需事先经亚洲开发银行批准的信用证修改

8.20 亚洲开发银行承诺的限制条件

8.21（信用证的）不符点

8.22 信用证与承诺函的联用

检查清单

9. 归垫程序

9.1 描述

9.4 基本要求

9.5 凭证

9.6 简化的凭证

9.7 流程图

9.8 费用清单程序（SOE）

9.14 使用费用清单程序的条件

9.15 费用清单程序的批准

9.17 使用费用清单的限制

9.19 不合格付款

9.20 审计安排

9.21 亚洲开发银行的检查

9.22 暂停使用费用清单

9.23 自营工程程序

9.24 使用自营工程程序的条件

9.25 证明文件

9.27 同时申请子贷款批准和提款程序

9.29 使用申请子贷款批准和提款程序的条件

9.30 汇总表的内容

检查清单

10. 周转金程序

10.1 描述

10.2 目标

10.3 使用周转金程序的条件

10.4 周转金程序的批准

15. 亚洲开发银行承诺函
16. 亚洲开发银行付款或归垫和其他指令
17. 申请批准修改信用证的函
18. 信用证修改函的批准书
19. 借款人关于延长信用证到期日和装运日的通知
20. 承诺函程序的描述
21. 归垫程序的描述
22. 费用清单（适用于金额等于或小于 10 万美元的合同）
23. 费用清单（适用于金额超过 10 万美元的合同）
24. 费用清单（适用于经营成本）
25. 费用清单（自由格式）
26. 自营工程证明（第一部分和第二部分）
27. 自营工程项目实际完工进度表
28. 同时申请批准子贷款批准和提款（SAW）汇总表
29. 费用估算表
30. 周转金账户调节表（IARS）
31. 周转金预付款的清算
32. 周转金账户安慰信样本
33. 周转金二级账户调节表（SGIARS）
34. 周转金程序的描述
35. 规划贷款支付（附于提款申请书后的支持性文件的格式）
36. 任职及授权证明
37. 私营部门贷款提款申请书
38. 支付收据
39. 本票
40. 有保留条款的承诺函
41. 子贷款汇总报告
42. 偿付申请未得到支付的通知
43. 共担通知
44. 共担通知表
45. 贷款支付月报表
46. 贷款支付半年报表（贷款类别余额和周转金预付款状况表）
47. 贷款财务信息系统网站访问申请

1. 关于《贷款支付手册》

目的

1.1 《贷款支付手册》（以下简称《手册》）的内容是关于亚洲开发银行的贷款支付政策和程序，主要用于指导借款人①及其项目执行机构（EAs）从贷款账户中提取贷款②资金。

1.2 下述文件为本《手册》的补充文件：

- 普通业务贷款通则
- 特殊业务贷款通则
- 特殊业务赠款通则
- 亚洲海啸基金赠款通则
- 巴基斯坦地震基金赠款通则
- 亚洲开发银行基于伦敦同业拆借利率的贷款产品市场化金融中介
- 基于伦敦同业拆借利率的贷款产品转换指南
- 采购指南
- 亚洲开发银行采购政策、实务和程序手册
- 亚洲开发银行及借款人聘用咨询专家手册
- 亚洲开发银行融资项目的财务管理指南

1.3 本手册替代所有以前的有关贷款支付手册及指南。

范围

1.4 本手册的原则和程序适用于：当项目的全部或部分贷款或赠款资金由亚洲开发银行普通资金来源或特别基金来源提供时包括亚洲开发银行联合融资项目，本《手册》不适用于技术援助的资金支付。

查询

如需进一步的资料，请访问我们的网站：www. adb. org，或按以下地址询问或直接与亚洲开发银行驻各国代表处联系。

亚洲开发银行　主计局　局长

Asian Development Bank 6 ADB Avenue, Mandaluyong City 1550 Metro Manila 信箱：P. O. Box 789 1550 Manila, Philippines

电话：(632) 632 - 4444

---

① 本手册中的“借款人”一词系指借款人、赠款的受款人和/或他们的项目执行机构。

② 本手册中所使用术语“贷款”也指赠款，除非上下文另有要求。

电传：42205 ADB PM（ITT）

传真：(632) 636－2586/636－2595

电子邮箱：lfis@ adb. org

SWIFT 地址：ASDBPHMM

亚洲开发银行学院（ADBI）

8th Floor，Kasumigaseki Bldg. 2－5 Kasumigaseki，3 Chome，Chiyoda－ku Tokyo 100，Japan

电话：(81－3) 3593－5500

传真：(81－3) 3593－5571

网址：www. adbi. org

驻阿富汗代表处（AFRM）

126 Street 2，Haji Yaqoub Square Shar－e－Now，P. O. Box 3070，Kabul Afghanistan

电话：(93－20) 210－3602

传真：(93－85) 535－204

电子邮箱：afrm@ adb. org

网址：www. adb. org/AFRM/

驻阿塞拜疆代表处（AZRM）

96 Nizami St.，4th Flr. The Landmark Building，Baku AZ1010 Azerbaijan

电话：(994－12) 496－5800

传真：(994－12) 465－9990

电子邮箱：adbazrm@ adb. org

网址：www. adb. org/AZRM/

驻孟加拉代表处（BRM）

PlotJHJ E－31，Sher－e－Bangla Nagar Dhaka－1207，Bangladesh

电话：(880－2) 815－6000－16

传真：(880－2) 815－6018－19

电子邮箱：adbbrm@ adb. org

驻柬埔寨代表处（CARM）

29，Suramit Street（268/19）Sangkat Chaktomok，Khan Daun Penh，Phnom Penh，Cambodia

信箱：P. O. Box 2436

电话：(855－23) 215－805/215－806/216－417

传真：(855 - 23) 215 - 807

电子邮箱：adbcarm@ adb. org

网址：www. adb. org/CARM/

驻欧洲代表处（ERO）

Rahmhofstrasse 2 - 4，60313 Frankfurt am Main，Germany

电话：(49 - 69) 2193 - 6400

传真：(49 - 69) 2193 - 6444

电子邮箱：adbero@ adb. org

网址：www. adb. org/ERO/

驻苏门答腊联络处（SMS）

Tiara Convention Center，Ground Flr.，J1. Cut Mutiah，Medan 20152，Sumatera Utara，Indonesia

电话：(62 - 61) 456 - 3058

传真：(62 - 61) 456 - 2939

驻马尔代夫联络处（EMM）

2 Floor Hithiogasdoshuge Aagee，Hakuraa Golhi，Heinveiru Male 20094

电话：(960) 3341 - 909/3341 - 910

传真：(960) 3341 - 911

电子邮箱：wmenninger@ adb. org

驻印度代表处（INRM）

Plot 4，San Martin Marg，Chanakyapuri，P. O. Box 5331，New Delhi 110021，India

电话：(91 - 11) 2410 - 7200

传真：(91 - 11) 2687 - 0955/2419 - 4273

电子邮箱：adbinrm@ adb. org

网址：www. adb. org/INRM/

驻印度尼西亚代表处（IRM）

Gedung BRI II，7th Floor，J1. Jend Sudirman Kav. 44 - 46，Jakarta 10210，Indonesia，P. O. Box 99 JKPSA，Jakarta 10350A，Indonesia

电话：(62 - 21) 5798 - 0600

传真：(62 - 21) 5798 - 0700

电子邮箱：adbirm@ adb. org

网址：www. adb. org/IRM/

驻日本代表处（JRO）

Yamato Seimei Building，1－7 Uchisaiwaicho 1－Chome，Chiyoda－ku Tokyo 100－0011，Japan

电话：（81－3）3504－3160

传真：（81－3）3504－3165

电子邮箱：adbjro@ adb. org

网址：www. adb. org/JRO/

驻哈萨克斯坦代表处（KARM）

12 Samal Microdistrict 10 Flr.，Astana Tower Business Center Astana，473000，Kazakhstan

电话：（7－3172）325－053/054

传真：（7－3172）328－343

电子邮箱：adbkarm@ adb. org

网址：www. adb. org/KARM/

驻吉尔吉斯斯坦代表处（KYRM）

52－54 Orozbekov St.，Bishkek，Kyrgyz Republic

电话：（996－312）627－343，（996－612）900－445

传真：（996－312）627－344

电子邮箱：adbkyrm@ adb. org

网址：www. adb. org/KYRM/

驻老挝民主共和国代表处（LRM）

Corner of Lane Xang Ave. and Samsenthai road，Vientiane，Lao People’s Democratic Republic

信箱：P. O Box 9724

电话：（856－21）250－444

传真：（856－21）250－333

电子邮箱：adblrm@ adb. org

网址：www. adb. org/LRM/

驻蒙古代表处（MNRM）

MCS Plaza，2nd Floor，4 Natsagdorj St.，Ulaanbaatar 46，Mongolia

电话：（976－11）313－440/323－507/329－836

传真：（976－11）311－795

电子邮箱：adbmnrm@ adb. org

网址：www. adb. org/MNRM/

驻尼泊尔代表处（NRM）

Srikunj Kamaladi Ward No. 31，P. O. Box 5017 K. D. P. O.，Block 2/597，Kathmandy Metropolis，Nepal

电话：(977 - 1) 422 - 7779

传真：(977 - 1) 422 - 5063

电子邮箱：adbnrm@ adb. org

网址：www. adb. org/NRM/

驻哈萨克斯坦阿拉木图办公室（KARM）

20A Kazibek Bi Street，Arai Bldg，4th Flr，Almaty 050000 Almaty，Kazakhstan

电话：(7 - 3272) 582 - 223

传真：(7 - 3272) 918 - 670

驻太平洋联络和协调办公室（PLCO）

1 Margaret Street，Suite 1802 Leve 18，Sydney，New South Wales 2000，Australia

电话：(612) 8270 - 9444

传真：(612) 8270 - 9445

电子邮箱：adbplco@ adb. org

网址：www. adb. org/PLCO/

驻巴基斯坦代表处（PRM）

Overseas Parkistanis Foundation Building（OPF），Sharah - e - Jamhuriyat G - 5/2，Islamabad，GPO Box 1863，Islamabad，Pakistan

电话：(92 - 51) 282 - 5011 至 16/208 - 730

传真：(92 - 51) 282 - 3324/227 - 4718

电子邮箱：adbprm@ adb. org

网址：www. adb. org/PRM/

驻巴布亚新几内亚代表处（PNRM）

Level 13，Deloitte Tower，P. O. Box 1992，Port Moresby，National Capita Districe，Papua New Guinea

电话：(675) 321 - 0400/3231 - 0408

传真：(675) 321 - 0407

电子邮箱：adbpnrm@ adb. org

网址：www. adb. org/PNRM/

驻北美代表处（NARO）

815 Connecticut Avenue，NW，Suite 325，Washington DC 20006，USA

电话：(1－202) 728－1500

传真：(1－202) 728－1505

电子邮箱：adbnaro@ adb. org

网址：www. adb. org/NARO/

驻菲律宾国家办公室（PHCO）

6 ADB Avenue，Mandaluyong City；0401 Metro Manila，Philippines

电话：(63－2) 683－1000

传真：(63－2) 683－1030

电子邮箱：phco@ adb. org

网址：www. adb. org/PHCO/

驻南太平洋地区代表处（SPSO）

5th Floor，Ra Marama Building，91 Gordon Street，Suva，Fiji Islands

电话：(679) 331－8101

传真：(679) 331－8074

电子邮箱：adbspso@ adb. org

网址：www. adb. org/SPSO/

驻东帝汶特别办公室（SOTL）

ADB World Bank Building Avenida Dos Direitos Humanos，Dili，Timor－Leste

电话：(670－3) 324－801

传真：(670－3) 324－132

驻斯里兰卡代表处（SLRM）

49/14－15 Galle Road，Colombo 3，Sri Lanka

电话：(94－11) 2387－055/5331－111

传真：(94－11) 2386－527

电子邮箱：adbslrm@ adb. org

网址：www. adb. org/SLRM/

驻中国代表处（PRCM）

北京招商国际金融大厦D座7层，北京西城区复兴门内大街156号

电话：(86－10) 6642－6601

传真：(86－10) 6642－6606

电子邮箱：adbprcm@ adb. org

网址：www. adb. org/PRCM/

驻乌兹别克代表处（URM）

1，A，Khodjaeva Street，Tashkent 700027，Republic of Uzbekistan

电话：(998－71) 120－7921/22/24/25

传真：(998－71) 120－7923

电子邮箱：adburm@ adb. org

网址：www. adb. org/URM/

驻塔吉克斯坦代表处（TJRM）

107－5，Nozim Hikmat Street，Dushanbe 734001，Tajikistan 734001

电话：(992－372) 235－314/235－315/210－558

传真：(992－372) 244－900

网址：www. adb. org/TJRM/

驻泰国联络处（TRM）

23rd Floor，The offices at Central World，999/f9 Rama 1 Road，Wangmai，Pathhumwan，Bangkok，10330，Thailand

电话：(662) 263－5300

传真：(662) 263－5301

电子邮箱：jpverbiest@ adb. org

网址：www. adb. org/TRM/

驻越南代表处（VRM）

Units 701－706，Sun Red River Building，23 Phan Chu Trinh Street，Hoan Kiem District，Hanoi，Viet Nam

电话：(84－4) 933－1374

传真：(84－4) 933－1373

电子邮箱：adbvrm@ adb. org

网址：www. adb. org/VRM/

2. 亚洲开发银行

介绍

2.1 亚洲开发银行（ADB）是一家多边开发金融机构，成立于1966年，致力于促进亚太地区发展中成员体的社会与经济发展。截止到2006年第2季度，亚洲开发银行共有66个成员体（见附录1）。

2.2 亚洲开发银行的主要职能是：

- 提供贷款；
- 提供赠款；
- 提供技术援助和咨询服务；
- 促进开发性投资；
- 帮助协调发展中成员体的发展政策和计划。

2.3 贷款的支付由主计局贷款管理处负责。关于贷款的还本付息和账单事宜，请咨询主计局贷款管理处贷款会计组。

亚洲开发银行业务

2.4 亚洲开发银行业务包括普通业务和特别业务：

（1）普通业务由亚洲开发银行普通资金来源融资，资金来源为成员体缴纳的股本金、储备积累以及从公开市场上的借款。

（2）特别业务由特别基金来源融资，包括：

亚洲开发基金：以优惠条件借给或提供赠款给更贫穷的发展中成员体，用于优先开发的工程和项目；

技术援助特别基金：提供技术援助；

- 亚洲海啸基金，向受2004年12月26日海啸影响的发展中成员体提供赠款，用于紧急重建、恢复和相关开发活动的投资项目；
- 巴基斯坦地震基金，向巴基斯坦提供赠款，支持急需的重建、恢复和相关开发活 动的投资项目；
- 日本特别基金：提供技术援助，包括亚洲金融危机支持设施和亚洲开发银行机构 特别基金；
- 亚洲开发银行管理和执行的信托基金。

附录2和3分别提供了普通资金来源和亚洲开发基金产品和程序的详细资料。也可参见 www. adb. org/finance/default. asp 中亚洲开发银行贷款产品的最新更新内容。

贷款标准

2.5 贷款标准取决于资金来源的种类。一个发展中成员体能否使用优惠贷款（如亚洲开发基金）主要取决于该国的经济实力，即人均国民生产总值和偿债能力。在决定一国能否使用亚洲开发基金时，对一些属于太平洋岛国的发展中成员体往往予以特别关照。

转贷政策

2.6　当借款人不是亚洲开发银行贷款的直接受益人时，就需要进行转贷。如下图所示，转贷条件取决于受益人的性质：

受益人	转贷条件
政府机构	与亚洲开发银行贷款条件相似
商业化运作的公有公司	更为严格的贷款条件
私营企业	根据外部市场的资金成本以及该国国内现行的借款条件（主要是利率结构）决定

项目周期

2.7　项目立项

通常，项目是在与发展中成员体进行定期磋商时确定的。项目立项前，亚洲开发银行的国别规划团对该国的经济状况、发展计划及优先发展计划进行研究。

2.8　项目准备

亚洲开发银行实况考察团获取有关立项项目各方面的详细资料以确定是否进行下一步行动。

2.9　项目评估

对立项项目的各个方面、所属行业或行业子部门加以审查和分析。

2.10　贷款谈判和批准

当亚洲开发银行认为该项目适合亚洲开发银行融资时，便进入正式的贷款谈判。当谈判圆满结束时，将向亚洲开发银行董事会提交一份批准贷款的建议书。一旦建议获得批准，亚洲开发银行行长与借款人的授权签字人签署贷款协定。

2.11　项目执行

一般而言，贷款签字后90天生效。但是，项目准备工作（包括选择和聘用咨询专家、准备详细设计、准备招标文件、邀标、评标、授标及采购设备）可能需要一些时间来完成。在某些情况下，亚洲开发银行会同意借款人在项目评估阶段进行提前采购的请求，以加速项目的执行。除亚洲开发银行批准的追溯性融资，亚洲开发银行对贷款生效日前所发生的任何费用不予融资，即使提前采购已获批准。亚洲开发银行可以对贷款生效前发生的费用进行融资，但不得早于贷款协定签署12个月以前。如果证明合理，也可以允许对12个月以前发生的费用进行融资（详见条款3.6条）。

2.12　后评估

当完成项目完工报告后，在适当的时候，亚洲开发银行会派出后评估团。后评估团检查项目的准备、设计、评估和执行的各个方面；成本和收益；最初立项目标与最终项目结果的比较。后评估团还将找出应从该项目吸取的教训。后评估团的报告与项目完工报告一起形成项目绩效评估报告的基础。

贷款种类

2.13 项目贷款

项目贷款是向特定的项目提供融资。项目贷款是亚洲开发银行向发展中成员体提供资金的最为重要的一个途径。

2.14 行业贷款行业贷款是指向发展中成员体的某一行业或行业子部门的大量子项目提供融资。

2.15 规划贷款对公共部门的规划贷款是为了支持部门中期（3~5）发展规划，以促进发展中成员体经济的更快发展。

2.16 开发性金融机构贷款

开发性金融机构贷款是指亚洲开发银行直接或通过借款人贷款给一家独立的金融中间机构。该金融机构再将贷款资金转贷给最终受益人。

联合融资

2.17 联合融资是指这样一种安排：即亚洲开发银行的资金和借款国以外的其他资金一起向某一特定的项目或规划提供融资。一般而言，当亚洲开发银行用自有资金向项目提供融资、同时安排其他金融机构参与融资时，就称为联合融资（详见第12章）。

私营部门业务

2.18 亚洲开发银行私营部门业务是通过直接融资和/或风险缓解的方式向私营企业和金融机构提供直接的援助，大多数情况下没有政府担保（详见第13章）。

3. 支付政策

基本原则

3.1 《亚洲开发银行成立章程》（以下简称《章程》）对开发性项目的支付规定了三个主要原则：

- 除非亚洲开发银行董事会特别批准，亚洲开发银行提供的贷款资金、投资或其他融资只能用于成员体内生产的货物和服务的采购［《章程》第14条(9)］。
- 经亚洲开发银行批准后，借款人方能提取款项，用于支付项目实际发生的费用［《章程》第14条（10)］。

- 亚洲开发银行提供、担保或参与的贷款资金只能用于贷款目的，并且要适当考虑经济和效率原则［《章程》第14条（11）］。

3.2　只有当贷款协定生效后借款人方能提款。

贷款或赠款通则

3.3　亚洲开发银行《普通业务贷款通则》《特别业务贷款通则》《特别业务赠款通则》《亚洲海啸基金赠款通则》或《巴基斯坦地震基金赠款通则》对亚洲开发银行贷款的一般期限和条件作出了规定。这些文件的精神在贷款协定中都有明确的体现。如果贷款协定、担保协议或赠款协议上的条款与这些文件里的条款出现差异，则以贷款协定、担保协议或赠款协议上的条款为准。

贷款文件

3.4　一个项目的贷款协定规定了该笔贷款的基本期限和条件。此外，其他一些协议也可能构成贷款的法律文件。例如：

- 《担保协议》—— 指当亚洲开发银行直接向借款国的非政府机构贷款时亚洲开发银行与作为贷款担保人的借款成员体之间签订的协议。
- 《项目协议》—— 指亚洲开发银行与借款人的项目执行机构之间签订的协议；协议详细规定了与项目的具体实施、采购和财务等有关的要求，包括项目账户的维护、周转金和费用清单的使用等。
- 《补充贷款协定》—— 指借款国与其再借款人之间签订的转贷或再转贷协议。
- 私营部门业务范围内，在支付前需要构成法律性文件一部分的其他融资协议，如共同条款协议，参与协议，债权者间协议。

贷款关键日期

3.5　贷款的主要关键日期如下：

- 批准日期 —— 指亚洲开发银行董事会批准贷款的日期。同时还根据这个日期确定贷款的分期还款计划表（如贷款协定中分期还款计划表2所示）。对于多批次贷款下的贷款，批准日期为管理机构批准的子项目/贷款日期。
- 签字日期 —— 指亚洲开发银行与借款人签署贷款协定的日期。对于普通资金贷款而言，贷款签字后第60天即开始计收承诺费。
- 生效日期 —— 指当借款人满足了贷款协定生效所需要的所有条件，并可以从贷款账户提款的日期。此日期由亚洲开发银行决定。
- 项目完工日期 —— 指项目在实物上被认为已经完成的日期。此日期早于贷款的关账日期。
- 贷款关账日期 —— 指亚洲开发银行可终止借款人从贷款账户提款权利的

日期。贷款关账日期之后所发生的任何费用将不能从贷款中融资。在特殊情况下，贷款关账日期之后，亚洲开发银行可能允许最多3个月内，借款人可继续向亚洲开发银行递交提款申请书，或对周转金账户在贷款关账日期之前所发生的费用进行清算，或将周转金账户上的未偿余额归还给亚洲开发银行。

追溯性融资

3.6 追溯性融资是指对贷款协定生效之前发生并已由借款人支付的项目费用进行融资。

3.7 应借款人要求，亚洲开发银行一般会批准对发生在贷款生效日之前但不早于贷款协定签署前12个月的某些费用提供追溯性融资。如果行长报告及建议书中允许并且证明合理，也可以对贷款协定签署前12月以前的费用提供追溯性融资。贷款协定包含一个特别的认可，其中说明了已发生费用的金额和种类，以及合格费用可发生的起始日期。

3.8 追溯性融资适用于亚洲开发银行和借款人之间协商同意的所有合格费用。

贷款资金的重新分配

3.9 亚洲开发银行贷款的资金仅能用于贷款批准的目的。因此，不能直接从贷款协定中“待分配资金”类别提取款项。因项目需要，亚洲开发银行可能同意借款人的申请，将“待分配资金”或其他类别的资金重新分配给其他符合项目用途的类别。一般来讲，经与借款人一起检查项目进度后，亚洲开发银行项目检查团会重新分配贷款资金。

贷款注销

3.10 《贷款通则》③ 中包含了贷款的注销、中止和加速还款规定。其中说明，经和亚洲开发银行协商并取得担保人（如果有担保人）的同意，借款人可采取书面通知亚洲开发银行的形式注销贷款未支付的余额。贷款注销的生效日期为亚洲开发银行收到借款人注销贷款申请的日期。

3.11 根据《贷款通则》，在下列情形之下，经通知借款人和担保人（如果有担保人），亚洲开发银行可以注销④贷款任何未支付的余额：

- 借款人的提款权被中止达连续30天之久；
- 在任何时间并经与借款人协商，亚洲开发银行认为，项目已经不需要任何贷

③ 除非有其他规定，贷款通则参见《普通业务贷款通则》和《特别业务贷款通则》。

④ 贷款注销的生效日期为亚洲开发银行通知借款人的日期，或亚洲开发银行发给借款人的通知书中指定的日期。

款资金；

- 亚洲开发银行认定，在由贷款资金融资的任何一个合同，借款人、担保人或贷款受益人的代表在货物或服务的采购、咨询商的选择或合同执行过程中参与了腐败或欺诈行为，而借款人或担保人没有采取任何措施弥补这一状况；
- 亚洲开发银行认定，由贷款资金融资的货物和服务的采购与贷款协定中规定的程序不符；
- 到贷款关账日期，贷款账户上尚未支付的余额。

一旦发出贷款注销通知，亚洲开发银行将注销贷款的任何未提款项。

中止提款

3.12　根据《贷款通则》规定，在贷款协定日期后，如果出现下列情形，亚洲开发银行可以全部或部分中止借款人从贷款账户提款的权利：

- 未偿还本金、利息或其他任何费用；
- 未履行贷款协定、担保协议或项目协议中规定的任何义务；
- 借款人、担保人或项目执行机构未完成那些保证项目成功执行的任务；
- 借款人成员资格被中止；
- 借款人或担保人做了错误的声明；
- 借款人或项目执行机构解散；
- 贷款协定中规定的其他事项。

贷款提前到期

3.13　如果贷款协定或《贷款通则》中规定的某些事件发生并持续一段时间，亚洲开发银行可能宣布贷款到期，并让借款人立即归还未偿还的本金、利息和其他费用。

4. 支付指南和实务

总则

4.1　借款人负责根据贷款协定和其他协议的规定执行项目。亚洲开发银行则监督项目的执行和检查项目的进展，以确保贷款资金的使用符合协议的要求。

贷款账户

4.2　贷款生效以后，贷款资金并不拨付给借款人；而是以借款人的名义在亚洲开发银行开立一个贷款账户，并把贷款资金贷记到该账户上。只有当条款4.6和4.7的要求满足后，方能得到从贷款账户提款的批准。

关于支付程序的讨论

4.3　在项目评估和贷款谈判阶段，亚洲开发银行和借款人一起对亚洲开发银行不同的支付程序进行详细的讨论。这种讨论很重要，因为通过讨论，可使借款人和亚洲开发银行选择对项目最合适的支付程序。

支付信

4.4 贷款协定签字以后，亚洲开发银行主计局贷款管理处将向借款人发出一封支付信（见附录4），简要说明支付程序和其他与项目财务管理有关的安排。随信还附上一本亚洲开发银行的《支付手册》。

借款人应采取的行动

4.5 一旦贷款生效，为加快贷款支付，借款人应采取以下行动：

项目执行和实施机构招聘合格的会计人员，在机构内部建立良好的内部控制和会计制度；

参看贷款协定第3款。该款规定了亚洲开发银行融资的细节，如金额、融资比例、融资内容和适用的融资条件；

以合同分类账的形式，记录保存所有已签署合同，以备参考；

- 对于金额超过10万美元[⑤]的合同，应向亚洲开发银行（项目处或驻有关国家的代表处）递交两份签过字的合同；对合同金额为10万美元或低于10万美元的合同，只有当亚洲开发银行要求时才递交签过字的合同（见条款9.17）。
- 对于经过亚洲开发银行预先审查，并且合同金额在总数上将增加超过原合同金额[⑥] 15%的合同变更要获得亚洲开发银行的批准。

提款的基本要求

4.6 从贷款账户中提取第一笔款项时，要求：

- 亚洲开发银行宣布贷款已经生效。
- 借款人向亚洲开发银行提交足够的证据，证明代表借款人签署提款申请的授权签字人的权限；同时附上每一位授权签字人真实的签字样本。（授权签字人的更换须立即通知亚洲开发银行，并提供新授权签字人的签字样本）。
- 已满足贷款协定规定的提款条件。

4.7 在编写项目贷款和规划贷款分批提款的终期支付提款申请时，特别是当剩余的未利用余款预计将全部用完时，亚洲开发银行和借款人/执行机构应密切协调配合。

提款申请书

4.8 对所有的提款，亚洲开发银行须收到按规定格式填写的提款申请书。提

---

⑤ 本《手册》中“10万美元”指10万美元或等值10万美元的其他货币。

⑥ 参见2006年4月版的亚洲开发银行采购导则，附录1条款3。

款申请书就是借款人向亚洲开发银行提交的、申请向借款人的贷款账户支付款项的书面要求。提款申请书必须在贷款关闭日前送达亚洲开发银行。

提款申请书包括：

- 书信形式的申请书（见附录5、6和7的样本）；
- 所申请每一个应付类别的汇总表（见附录8和9的样本）；
- 凭证（如有要求）（见附录10）。

合格/不合格费用

4.9 亚洲开发银行只对合格费用进行融资（见附录11）。符合融资条件的费用详列在行报告及建议书中。

拒绝/不支付

4.10 若亚洲开发银行拒绝借款人的提款要求或对提款金额作出调整，亚洲开发银行会以传真或电子邮件的形式向借款人和/或执行机构发一个通知，说明贷款和提款申请书序号、申请的金额以及不支付或部分支付的原因。

4.11 对于不支付或调整支付金额的声明，亚洲开发银行通过加密 SWIFT 或加押电传向议付行或通知行发一个通知，说明承诺函号码、信用证号码以及不支付或调整支付金额的原因。并向执行机构提交一份该通知的复印件。

利息、先征费和其他费用本金化

4.12 如果贷款协定对建设期内发生的先征费、利息和承诺费提供融资，亚洲开发银行将自动从贷款账户中扣除相应的款项以支付到期的利息和费用［见附录2第三部分（一）下边的第3点］。

返款

4.13 所有返款都必须付至亚洲开发银行在其开户行的账户上，并附付款的详细资料如：(1) 相关参考如贷款号；(2) 返款内容或性质；(3) 返款的币种和金额。有关通知须寄到亚洲开发银行资金管理处和贷款管理处。

4.14 如果从贷款账户中提款的金额超过亚洲开发银行融资限额或不符合亚洲开发银行融资条件，借款人须按照亚洲开发银行的指令安排款项的返还。返还的款项一般在到达亚洲开发银行存款账户的当天，贷记到借款人的贷款账户上。

4.15 但是对已关闭账户的贷款，如果第三方应返款的金额较小，亚洲开发银行就会将返款用于还本付息（即利息或本金）。

4.16 对于返款，亚洲开发银行计其现值。有时，亚洲开发银行可能将返款币种折成贷款账户上未偿余额的币种。这种由最初提款进行支付而形成的贷款账户金额与返款金额因币种不同所造成的汇率差异将由借款人的账户消化吸收。

质量保证金和银行担保

4.17 土建工程和采购合同的质量保证金一般是在保证期或调试期结束时，或者在买方发出对调试设备的验收证明后，才给予支付。但是，当质量保证金的应付日期超过贷款关账日期[⑦] 4 个月以上，而且不准备延长贷款关账日期时，只要承包商或供货商向项目执行机构提供一份无条件的银行担保函，亚洲开发银行就可以向承包商或供货商支付该笔质量保证金。无条件银行担保函必须由借款人所在国的一家信誉良好的银行依据借款国政府的金融法律和法规，以亚洲开发银行可以接受的形式开出。

项目贷款账户和财务报告的审计

4.18　亚洲开发银行贷款资金只能用于批准的贷款，并适当考虑经济和效率原则［章程第 14 条（11）］。为了满足上述要求，执行机构要在项目实施期间定期提交经审计的项目贷款账户报告。

4.19　执行机构应按相关贷款协定规定，在财政年度结束后的 6 个月内向项目处或代表处提交经审计的项目贷款账户报告和财务报告，用于审查和采取必要的行动。

对审计中发现的性质严重的问题所采取的后续措施

4.20　如果审计中发现性质严重的问题，例如，挤占、挪用资金，没有提交凭证，将资金用于与项目无关的活动等，执行机构向审计机构和亚洲开发银行报告后，应立即采取适当的措施。

延迟提交项目贷款账户或财务报告的审计意见

4.21　如果到期日后 6 个月内，未收到项目贷款账户和财务报告的审计意见，亚洲开发银行将暂停新合同授予、周转金账户金额的回补、归垫的支付和承诺函的签发。如果到期日后 12 个月内，仍未收到项目审计账户和财务审计报告，亚洲开发银行可以中止借款人的提款权利。但是，亚洲开发银行的承诺函程序下，已发出的信用证所承诺的支付不受影响。该承诺不可撤销，即使贷款已被中止，亚洲开发银行必须进行支付。

5. 贷款提款指令

授权签字

5.1　每份提款申请都应有借款人的授权签字人签字。根据贷款通则和贷款协定规定，亚洲开发银行要求在贷款协定中指定的借款人代表提供充分的证据，证明签署提款申请书的授权人的权限，并提供每个授权签字人的签字样本。上述证明须在借款人提交第一份提款申请书之前送达亚洲开发银行。

贷款资金的分配

5.2　可由亚洲开发银行贷款融资的项目通常都归总成贷款协定项下的各个类

---

⑦　特殊情况下报告期可延长至 9 个月［见项目管理指南（PAI）5.09］。

别。在项目评估阶段，借款人与亚洲开发银行签订的贷款协定已对项目支出的每一类别作了资金分配。类别之间可进行资金的再分配，贷款协定规定不允许项除外。

5.3 对开发性金融机构贷款和行业贷款，通常不在贷款协定中对贷款资金在各个类别间的分配作出规定。这些贷款分别按分贷款和子项目划分。

提款币种

5.4 对于2006年1月1日前收到谈判邀请的亚洲开发基金贷款，提款币种可以是购买货物和服务时已支付或应支付的货币，也可以是亚洲开发银行可随时选择的货币。对于2006年1月1日或之后收到谈判邀请的亚洲开发基金贷款，提款币种只能是构成特别提款权的、且可供亚洲开发银行随时选择的一种或多种货币。

5.5 根据普通资金来源贷款通则规定，提款应采用贷款币种来支付货物和服务的成本。如果亚洲开发银行已合理决定，认为在发放贷款的任何时候出现亚洲开发银行不能提供贷款币种的异常情况，亚洲开发银行可以选择为所述贷款提供一个或多个替代币种。

支付币种

5.6 原则上，支付的币种为购买货物和服务时已支付或应支付的币种。对于以借款人本国货币（当地货币）发生的支出，提款申请书中的申请金额必须以当地货币表示。对每一币种，要求用单独的提款申请书。

支付指令

5.7 为了确保汇款快速安全，支付指令应包含下列详细内容：

- 收款人的全名和地址，以便识别付款；
- 收款人银行的全称和地址，有时还包括分/支行等代办机构；
- 如果收款人银行是SWIFT的成员行，需要提供SWIFT银行识别码（BIC）；
- 收款人账号是必须提供的；
- 对于向欧洲的付款，应提供国际银行账号（IBAN）以及收款人银行对应的SWIFT银行识别码；
- 如果没有收款人银行的SWIFT银行识别码，应提供国家清算系统代码，例如美联储电汇系统路径代码（FW），纽约清算所银行同业支付系统统一识别码（CH），英国国内分类代码（SC），澳大利亚国家银行州分行代码（AU），德国银行账号以及相应的代理行（如果适用）；
- 如果款项要支付给一个不在付款币种所在国的银行，应提供代理银行的全称和地址，如果代理银行是SWIFT的成员，应提供SWIFT银行识别码；
- 如果代理银行没有SWIFT银行识别码，应提供美联储电汇系统路径代码（Fedwire ABA）和纽约清算所银行同业支付系统参与号，以便于美元支付；
- 可提供特殊的指令或参考，以便付款或识别付款（如果适用）。

其他指令

5.8 向亚洲开发银行提交的提款申请书必须是有签字的原件。借款人的授权签字人和/或项目官员应在所附的汇总表上签字。凭证可以提供复印件。为提款申请进行支付所需的凭证汇总详见附录10。

5.9 申请表上如有改动，借款人授权签字人应该在旁边小签。

5.10 除非亚洲开发银行另行批准，每笔提款申请书的最小金额为10万美元。借款人在使用归垫和周转金程序时，应将提款申请合并，以达到此限额要求。

PCSS号码⑧

5.11 采购合同汇总表编号（PCSS）是在某一贷款下借款人批准某一合同并向亚洲开发银行提交时，亚洲开发银行为区别该贷款项下的不同合同而设定的号码。该号码包括如下信息：

- 亚洲开发银行合同号码；
- 合同批准日期；
- 采购方式；
- 承包商或供货商的名称；
- 合同的支付条款和币种；
- 亚洲开发银行融资比例。

5.12 PCSS号码反映在汇总表上。如欲得到该号码，可查阅亚洲开发银行的月报，执行机构称其为合同清单，它可以在贷款财务信息系统网站得到。（请参阅条款15.4和第16章）。

表格样本

5.13 不同的提款程序使用不同的提款申请书格式和汇总表格式。对于直接支付和归垫程序，所使用的表格样式和使用说明见附录5。对于其他程序，见附录6和7。这些表格也可以从贷款财务信息系统网站http：//lfis.adb.org下载。

支付审批

5.14 亚洲开发银行提款申请的审批指南见附录12和附录13。

6. 支付程序

四种主要类型

6.1 对大多数贷款而言，提取贷款资金的程序已经标准化，以方便资金的支付。主要的程序有4种，简述如下：

---

⑧ 对于开发性金融机构贷款，PCSS号码为子贷款号码，应在汇总表中显示。

- 直接支付程序 —— 亚洲开发银行根据借款人要求，直接向指定的受益人付款（详见第 7 章）；
- 承诺函程序 —— 亚洲开发银行根据借款人的要求，向对供货商提供信用证议付的商业银行提供一种不可撤销的归还已付或支付将付资金的承诺。该资金出自借款人的贷款账户（详见第 8 章）；
- 归垫程序 —— 亚洲开发银行将贷款账户的资金支付到借款人的账户上；或者在某些情况下，付到项目账户上。这些资金被用来补偿项目已经发生的、借款人（或项目单位）已用自己的预算分配资金或自有资金支付的合格费用（详见第 9 章）；
- 周转金程序 —— 亚洲开发银行从贷款账户中先提出一笔资金存放在借款人开设的周转金账户上。该账户资金只能用于支付亚洲开发银行分担的合格费用支出（详见第 10 章）。

归垫程序下简化的凭证要求

6. 2　通常，亚洲开发银行要求提交全部凭证。亚洲开发银行在如下特殊情况下接受简化的凭证：

- 费用清单程序：即借款人提供费用清单作为申请书的凭证（详见条款 9. 8 至 9. 22）；
- 自营工程程序：即借款人向亚洲开发银行提供土建工程的阶段性进度证明或完工证明，以此作为归垫申请的凭证（详见条款 9. 23 至 9. 26）；
- 同时申请子贷款批准和提款程序：即当合格的开发性金融机构申请归垫，且亚洲开发银行确认子贷款金额低于设定的限额时，开发性金融机构可提交简化了的凭证（详见条款 9. 27 至 9. 30）。

建议使用的支付程序

6. 3　四种程序通常用于下列情况的付款：

付款性质	亚洲开发银行支付的前提	建议使用的提款程序
主要是大型土建工程、进度款、咨询费、货物采购	付款已到期	直接支付
进口费用	借款人已开出附有以下条款的信用证，即亚洲开发银行将归还议付行已支付给供货商的款项	承诺函
以当地货币计费的费用、小额采购和小型土建工程	借款人已用自有资金支付已发生的费用	归垫
承包商的账单和供货商的发票，繁杂的营运费用，其他合格费用	借款人流动资金不足	周转金

贷款支付的模式

6.4　下图说明了不同的提款程序之间的相互关系（注意周转金和费用清单程序间的联系）。

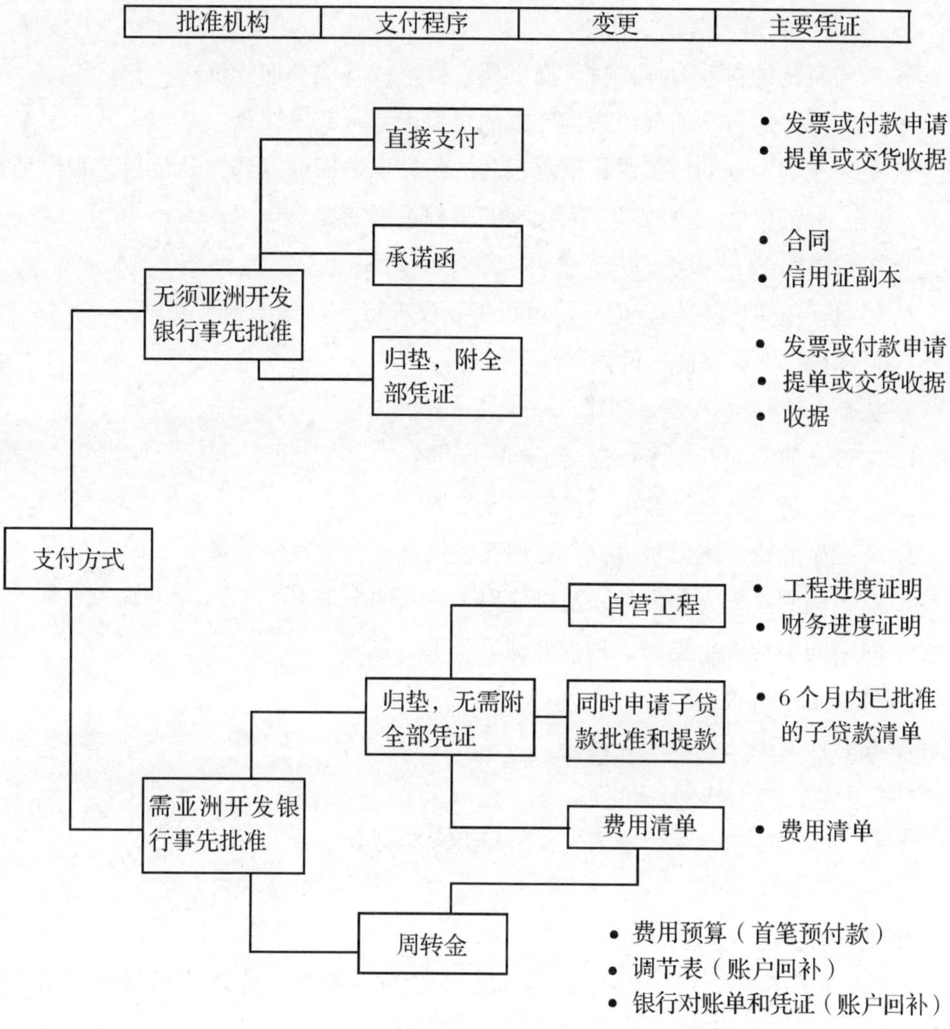

7.　直接支付程序

描述

7.1　直接支付程序指亚洲开发银行按借款人的要求直接付款给指定的受益人。

基本要求

7.2　必须向亚洲开发银行提交一份已签字的提款申请书（见附录5 ADB－DRP/RMP格式），同时附上汇总表（见附录8 ADB－DRP－SS格式）和所要求的凭证。

7.3 对不同的币种，要求提交单独的提款申请书。

凭证[⑨]

7.4 下列凭证必须随提款申请书一起向亚洲开发银行提交：

所有情况下都要求提供合同或已确认的采购单（如果事先未向亚洲开发银行提供），并注明金额和到期日。此外，

- 对于货物的付款需提供供货商发票、提单或其他类似凭证；
- 对于服务的付款需提供咨询专家的付款申请函或发票；
- 对于土建工程的付款需提供承包商的付款申请函或发票，及项目工程师证明的、并经借款人授权签字人批准的工程进度摘要。

其他特点

7.5 如果亚洲开发银行同意，也可将款项直接支付到借款人账户。

7.6 附录14对直接支付程序作了描述。

检查清单

1. 是否已向亚洲开发银行提交了相关合同？
2. 提款申请书是否已经由授权签字人签署？
3. 所发生的费用支出是否符合亚洲开发银行的贷款融资政策？
4. 对不同的收款人和币种，是否使用了独立的申请书？
5. 对不同类别或子类别，是否分别填写了汇总表？
6. 付款指令是否完整？
7. 是否已附上所要求的凭证？

8. 承诺函程序

描述

8.1 在承诺函程序下，亚洲开发银行应借款人要求，作出不可撤销承诺，同意向议付信用证的商业银行归还已付或支付将付款项。

8.2 在此程序下，亚洲开发银行所做出的付款保证以贷款账户中所能支取的资金为限。

8.3 在承诺函程序中，借款人银行（开证行）开立的信用证仅在亚洲开发银行向供货商所在国的通知行或议付行开立承诺函后方可生效。

8.4 在此程序下亚洲开发银行开立的承诺函是不可撤销的，即亚洲开发银行

⑨ 如果凭证是以当地语言开具，应将凭证中的重要词语/内容译成英文（例如，文件的名称，供货商/承包商的名称，货物和服务的内容，金额和日期）。

的义务不因贷款的中止或取消而受到影响。

基本要求

8.5　按 ADB - CL 格式（见附录6）向亚洲开发银行提交已签字的承诺函申请书，并附上承诺函的汇总表（见附录9）及所要求的凭证。对不同的币种，要求分别提交单独的承诺函申请书。

凭证

8.6　与承诺函申请书一起提交给亚洲开发银行的凭证应包括：

- 合同或已确认的采购订单（如果事先未提交给亚洲开发银行）；
- 二份已签过字的、亚洲开发银行承诺函对应的信用证副本。

承诺函的开立

8.7　一旦借款人的承诺函申请书得到批准，亚洲开发银行将向信用证中指定的商业银行出具承诺函（见附录15）。一份承诺函副本将提供给借款人。

8.8　如果信用证中分别注明了通知行和指定的商业银行，亚洲开发银行将向指定的商业银行出具承诺函，并将一份副本提供给通知行。不可注明“任何银行议付”。

8.9　如果装运日期或信用证有效期超过了贷款关闭日，亚洲开发银行将不出具承诺函。

接受承诺函

8.10　在承诺函程序下，指定商业银行的首次付款申请即被视为其已接受了亚洲开发银行承诺函的条款和条件。

对商业银行的付款

8.11　亚洲开发银行在收到指定的商业银行（通常是议付行）确认已按照信用证的条款付款或同意付款的确认函后，将资金从贷款账户中支付给商业银行。

8.12　指定的商业银行还款要求是以加密 SWIFT 或加押电传的形式发出的，需注明：(1)“完全遵守信用证条款”；(2)“单据是在原到期日或展期后的到期日前提交的”；(3)“如有不符点，已向信用证开证行提示并得到其认可”或在还款。要求上注明“CONDIMENT”字样（亚洲开发银行对通知行或议付行的付款指令，见附录16）。

信用证的修改

8.13　借款人收到信用证开证行的信用证修改函后，应立即向亚洲开发银行递交对信用证修改的申请（见附录17）。随申请函须附上已签字的信用证修改函副本。

8.14　亚洲开发银行批准对信用证的修改后，将通过附录18 中所示的格式或通过加密 SWIFT、加押电传或正式批准函的形式，通知指定的商业银行和借款人。

8.15　在情况紧急下，亚洲开发银行允许借款人以传真形式向亚洲开发银行递交批准信用证修改的申请。申请的内容包括贷款号、承诺函号、信用证号以及修改的性质和理由。随申请须附上信用证修改函副本。

8.16 申请文件须说明信用证开证行已对信用证做出了修改，对信用证修改的申请及一份信用证修改函副本已向亚洲开发银行寄出。

8.17 欲延长信用证到期日和装运日期至贷款关账日期而进行的修改，以及除条款8.18内提及的修改以外的修改，无需提交亚洲开发银行批准。借款人只需以标准格式（见附录19）通知亚洲开发银行，并附上一份已签字的信用证修改函副本。这样就可以确保亚洲开发银行在收到指定的商业银行的付款申请后迅速付款。

需事先经亚洲开发银行批准的信用证修改

8.18 以下所述的信用证修改须事先得到亚洲开发银行的批准：

- 延长信用证到期日至贷款协定规定或亚洲开发银行延长的贷款关账日期以后；
- 信用证金额或币种的更改；
- 货物的描述或数量；
- 原产国；
- 受益人；
- 付款方式。

8.19 指定的商业银行应将所有提出的修改抄送亚洲开发银行，以便亚洲开发银行掌握信息或批准修改。

亚洲开发银行承诺的限制条件

8.20 借款人在要求亚洲开发银行出具承诺函时，应在申请书中同意，一旦因汇率波动，亚洲开发银行到期应支付的金额超出了亚洲开发银行承诺函中指明的美元或特别提款权1等值的金额，亚洲开发银行可以用贷款未承诺部分的金额来弥补差额。如果贷款未承诺部分的金额不足，则借款人同意在收到亚洲开发银行通知后，立即支付信用证下的剩余款项。

（信用证的）不符点

8.21 如果货运单据和信用证条款之间存在任何不符，亚洲开发银行将不受理指定的商业银行的付款申请。在这种情况下，指定的商业银行必须通过开证行，取得借款人忽略不符点而同意付款的授权。

信用证与承诺函的联用

8.22 与亚洲开发银行承诺函联用的信用证含有以下条款：

“此信用证是依据亚洲开发银行贷款（号）开立的，并只有当亚洲开发银行向指定的商业银行开立承诺函后方可生效。请遵循承诺函中的指令付款。”

8.23 另一种方式是：信用证无需包含上述条款。信用证将凭借开证行对该笔交易提供融资的承诺而立即生效。如果且当亚洲开发银行开立承诺函后，融资承诺由开证行转移至亚洲开发银行。这种情形下，信用证应包含如下条款：

“此信用证的融资由（信用证开证行）负责。然而，此信用证依据亚洲开发银行贷款（号）开立，如果并当亚洲开发银行向通知行或议付行开立承诺函后，通知行或议付行应遵循该承诺函的条款，向亚洲开发银行索要款项或要求归还垫款。”

8.24　附录20对承诺函程序作了描述。

检查清单

信用证

1. 合同条款是否正确反映在信用证内？

2. 信用证中是否包含与承诺函联用的条款？

3. 信用证中是否包含任何不利于或有利于亚洲开发银行任何成员体的限制性条款（例如货运限制或优先选择）？

4. 信用证到期日/装运日期和保修期是否早于贷款关账日期？

5. 信用证中是否只注明一家通知行？

申请

1. 货物是否从亚洲开发银行成员体采购？

2. 相关合同是否已送交亚洲开发银行？

3. 承诺函申请书是否已由授权签字人签字？

4. 是否为符合亚洲开发银行的贷款融资的合格费用？

5. 对不同的币种，是否分别填写了申请书？

9. 归垫程序

描述

9.1　归垫程序是指亚洲开发银行将款项从贷款账户支付至借款人账户，或者，在有些情况下，支付至项目账户，用于偿还那些已发生的并已由借款人或项目执行机构用自己的预算分配资金或自有资金支付的合格费用。

9.2　在此程序下，亚洲开发银行只向借款人或项目执行机构支付，而不向第三方（如供货商、承包商等）支付。

9.3　通常，此程序要求提交完整凭证。

基本要求

9.4　必须向亚洲开发银行提交一份已签字的提款申请书（格式见附录5 ADB - DRP/RMP），并附上一份汇总表（格式见附录8 ADB - RMP - SS）以及所要求的凭证。

- 不同的币种要分别填写提款申请书。不同的类别和子类别应填写不同的汇总表，同一汇总表下应根据不同合同号下的付款内容分组。
- 费用已发生并已由借款人用自有资金支付。

凭证⑩

9.5 以下凭证应连同提款申请书一起提交亚洲开发银行：

- 合同或已确认的采购单（如果事先未向亚洲开发银行提供）；
- 发票/账单/付款申请及交货收据的复印件；
- 标明有付款金额、收款日期和收款人的凭证或收款收据。

简化的凭证

9.6 当提交所有凭证不切实际、烦琐、量大或成本高时，亚洲开发银行可在下述程序下

接受简化的凭证：

程序	替代完整凭证的简化的凭证
费用清单	费用清单
自营工程	工程完成比例证明和可提款金额
同时申请子贷款批准和提款	同时申请子贷款批准和提款程序下的汇总表

流程图

9.7 附录21对归垫程序作了描述。

费用清单程序（SOE）

9.8 费用清单程序是一种无需提供凭证的简化程序。

9.9 此程序由其所使用的费用清单表格而得名，这种表格须和提款申请书一起提交亚洲开发银行。费用清单代替通常的凭证和汇总表。

9.10 费用清单表格提供有关合同和支付的数据，金额不超过授权限额。

9.11 在费用清单程序下，借款人需证明：

- 费用已经发生，并已按贷款协定的条款和条件付款；
- 相关记录已妥善保管，以备亚洲开发银行支付/检查团和独立审计人员的检查。
- 付款未被划分开，以规避费用清单程序下规定的限额。

9.12 可供使用的费用清单表格有：

- 用于合同金额在10万美元及10万美元以下的费用清单表格（见附录22）；
- 用于合同金额超过10万美元的费用清单表格（见附录23）；

---

⑩ 如果凭证是以当地语言开具，应将凭证的重要词语/内容译成英文（例如，凭证的名称、供货商/承包商的名称、货物和服务的内容、金额和日期）。

- 用于非合同项目，多数与营运和管理费用有关的费用清单表格（见附录24）；
- 对不适用其他费用清单表格的项目，用自由格式的费用清单表格（见附录25）。

9.13 经亚洲开发银行批准，费用清单程序也可用于周转金账户的清算或回补。

使用费用清单程序的条件

9.14 借款人若使用费用清单程序，必须具备下列条件：

- 提交全部凭证不切实际 —— 当提供全部凭证的要求不切实际时，可使用费用清单程序。该程序适用于项目执行机构的营运性开支或在一广大的区域分散的小额支出。
- 借款人的能力 —— 借款人应具备足够的管理和会计能力，能够恰当地编制并保存费用清单记录，以备随时接受检查。
- 审计安排 —— 借款人必须有能力安排对费用清单业务的定期或年度审计，使其作为项目审计的一部分。

费用清单程序的批准

9.15 在项目评估阶段，亚洲开发银行官员将确认是否需要使用费用清单程序。如果批准使用该程序，将在行长报告及建议书及贷款协定中对使用费用清单程序作出规定。

9.16 在项目执行过程中，如需要使用简化的凭证，借款人可向亚洲开发银行申请批准。费用清单程序的申请应寄给亚洲开发银行主计局，在主计局和项目局建议的基础上，由主计局局长批准。（但是，如果项目执行机构事先已经得到亚洲开发银行对使用费用清单程序的批准，或申请提高使用费用清单的限额或申请贷款其他类别也使用费用清单程序，在这些情况下，只要得到相关的主计局助理局长的批准即可）。

使用费用清单的限制

9.17 对于项目贷款，每笔合同的限额是10万美元。对于不同的贷款，亚洲开发银行可能会批准不同的限额。合同的限额将在贷款协定中规定。

9.18 对于非项目贷款（如对开发性金融机构的贷款），费用清单的上限通常与子贷款金额的“免批限额”有关。

不合格付款

9.19 当亚洲开发银行随后发现在费用清单程序下有任何付款凭证不充足或不符合亚洲开发银行融资政策，亚洲开发银行就会在后续的提款中扣减这部分不恰当的或不合格付款的金额，或者要求借款人或项目执行机构将同等金额的款项归还到贷款账户上。

审计安排

9.20 费用清单的记录必须由亚洲开发银行认可的独立和合格的审计师定期审

计。这种审计作为项目执行机构账户年度审计的一部分。独立审计意见书将包含在年度审计报告中。

亚洲开发银行的检查

9.21 亚洲开发银行保留派出支付检查团或项目检查团对费用清单程序下的费用进行抽查的权力。所有文件应保存在项目执行机构的办公室内，以便随时供亚洲开发银行支付/检查团检查或按照亚洲开发银行的要求提供抽样确定的凭证。

暂停使用费用清单

9.22 在下列情况下，亚洲开发银行可以暂停使用费用清单程序：

- 借款人连续申请对不合格费用进行支付；
- 项目执行机构未能在最后期限之前提交审计报告；
- 审计报告表明，在项目实施过程中，在使用亚洲开发银行资金方面存在严重不合规行为；
- 支付/检查团发现在使用亚洲开发银行资金方面存在严重不合规行为。

自营工程程序

9.23 自营工程程序是指归垫借款人因项目需要，完成某个经批准的土建工程而发生的费用。该程序用两个证明代替通常的凭证：第一个是项目的完工进度证明（第一部分），第二个是财务进度证明（第二部分）。（见附录26）。

使用自营工程程序的条件

9.24 这个程序适用于借款人使用自己的工程队、设备和其他资源实施项目的情况。当工程的大小、性质和地点使工程不适合进行竞争性招标时，也可使用自营工程程序。还必须使亚洲开发银行满意：即借款人拥有完备和有效的建筑设施，并且有能力以合理的成本高效、快速地完成工作。

证明文件

9.25 具体的证明文件如下：

	第一个证明	第二个证明
要求	工程完工量的累计百分比	1. 可提款的累计美元金额 2. 以完工百分比为基础确定的本期申请金额
证明及签字人	1. 项目工程师 2. 项目执行机构授权签字人或项目顾问	借款人的授权签字人

9.26 用附录27格式向亚洲开发银行提交一份土建工程进度报告。完工比例应与第一个证明文件一致。

同时申请子贷款批准和提款程序

9.27 亚洲开发银行对开发性金融机构的贷款被转贷给中小企业。开发性金融机构负责中小项目的选择、评估、谈判和监督。通常情况下，经亚洲开发银行同意，开发性金融机构可在某一额度或免批限额内自行批准子贷款。超过限额的子贷需事先得到亚洲开发银行的批准。低于免批限额的子贷款只需在提款前得到亚洲开发银行的确认。

9.28 同时申请子贷款批准和提款程序指的是对合格的开发性金融机构提供归还垫款的程序，这些开发性金融机构在亚洲开发银行授权的免批额度内有数目众多且小额的子贷款。向亚洲开发银行申请提款时，只需签署一份提款申请书，并附上一份汇总表（见附录28），详细列出每一笔子贷款。

使用申请子贷款批准和提款程序的条件

9.29 亚洲开发银行允许开发性金融机构使用申请子贷款批准和提款程序是为了简化这些机构随提款申请书而附上大量文件的麻烦。

汇总表的内容

9.30 汇总表应包括如下细节：

- 子贷款借款人；
- 行业部门；
- 业务性质；
- 子贷款的目的和内容；
- 申请提款的金额；
- 原产国。

检查清单

关于归垫程序概述

1. 是否已向亚洲开发银行提交了相关合同？

2. 提款申请书是否已由授权签字人签署？

3. 对不同币种，是否分别填写了提款申请书？

4. 对不同的收款人，是否分别填写了提款申请书？

5. 对不同的类别或子类别，是否分别填写了汇总表？是否根据合同号下的付款内容分组？

6. 对每个合同，是否在汇总表上注明了亚洲开发银行的 PCSS 号码？

7. 所发生的费用支出是否符合亚洲开发银行的贷款融资政策？

8. 付款指令是否包含了借款人的银行账号、借款人开户行名称及代理行（如适用）名称？

9. 是否附上了发票/账单和交货收据？

10. 是否附上了收据或付款证明？

关于费用清单程序

1. 贷款协定是否规定了使用费用清单程序；或亚洲开发银行是否已批准使用该程序？

2. 费用清单是否已由授权签字人签署？

3. 是否使用了正确的费用清单格式，是否已附上费用清单证明？

4. 费用清单所列出的费用是否都在规定的限额内？

10. 周转金程序

描述

10.1 周转金程序指亚洲开发银行从贷款账户中预付一笔款项至周转金账户（以下称账户），专门用于亚洲开发银行分担的合格费用支出。

目标

10.2 建立账户的主要目的是帮助借款人减少项目融资资金到位之前现金流困难，以利于项目的执行。其他目的还包括：

- 为借款人提供更多的对付款的控制；
- 减少提款申请的数量和相关成本，特别是小额支出的提款申请的数量。

使用周转金程序的条件

10.3 在借款人被允许使用周转金程序前，必须具备下列条件：

- 程序上的需求 —— 借款人应就使用该程序提供正当的理由，指出有效实施项目存在的现金流需求，以及大量支付小额费用的需要。
- 借款人的能力 —— 借款人必须具备足够的管理和会计能力，建立适当的内部控制、会计核算和审计程序，以保证账户的有效使用和运作。
- 审计安排 —— 借款人必须有能力安排亚洲开发银行认可的审计师对周转金账户进行定期的和年度的独立审计。

周转金程序的批准

10.4 在项目评估和检查期间，亚洲开发银行官员应确定是否需要使用周转金程序。如获批准，需在行长报告及建议书和贷款协定中做出规定。上述规定对周转金一级账户和周转金二级账户都适用。如果在项目执行过程中，借款人发现有必要使用这一程序，可以向亚洲开发银行提出申请。此类申请送交亚洲开发银行主计局，由主计局局长和相关项目局局长联合批准。

基本要求

10.5 必须向亚洲开发银行提交一份已签字的周转金账户提款申请书（见附录

7)，并同时按 ADB－IFP－EES 格式（见附录 29）提交就项目支出中亚洲开发银行负责融资部分的费用估算表。

开设账户

10.6　周转金程序要求借款人以自己的名义开设一个独立的银行账户以存入预付款，该账户是活期存款账户，仅能用于项目本身。

账户所在地

10.7　账户可以开在借款人所在国的中央银行；或设在借款人指定的商业银行，但该商业银行需能够：

- 从事外汇和本币业务；
- 开具信用证和进行大额交易；
- 及时提供详细的银行月对账单。

账户币种

10.8　账户币种在贷款谈判中确定，并须在贷款协定中明确。为保证账户价值不受贬值影响，应选择可兑换且稳定的币种。自 2005 年 8 月 25 日起，经亚洲开发银行事先批准，在拥有自由兑换货币的发展中成员体，账户币种可以选择发展中成员体的货币或其他任何可自由兑换的货币。

账户的使用

10.9　借款人使用该账户以本币或外币的形式向承包商、供货商和其他方支付已发生的亚洲开发银行融资部分合格的项目费用。周转金账户预付款仅限用于支付随后 6 个月合格的项目费用。项目执行机构和亚洲开发银行（项目处/代表处和主机局贷款管理处）应严格监督周转金账户的运作和周转率。对于运作缓慢的周转金账户和/或未在合理期限内利用的预付款，应把周转金限额降到一个与项目活动相协调的合理水平，多余的资金应立即返还亚洲开发银行。将周转金用于合格的项目活动以外的活动将导致亚洲开发银行采取其认为合理的纠正措施。

预付款限额

10.10　对项目贷款，预付款总额不能超过随后 6 个月亚洲开发银行融资的合格项目费用的估算额，或贷款额的 10%，以两者中的较低者为准。

10.11　借款人如需提高预付款限额，必须先得到亚洲开发银行批准。更改限额的申请应提交亚洲开发银行，由主计局助理局长、贷款管理处和相关项目处处长批准。

首次预付款

10.12　借款人可根据已批准的合同和项目最初 6 个月的计划费用支出，包括小额信用证在内，要求亚洲开发银行划拨首次预付款到周转金账户。在任何情况下，首次预付款不应超过批准的预付款限额。

10.13 所有的预付款将存入周转金账户。

清算/回补

10.14 当合格费用发生并从周转金账户付款后，借款人通过向亚洲开发银行提交提款申请书和适当的汇总表申请账户的清算/回补，如果要求提交全部凭证，则使用表格见附录8；如批准使用费用清单程序，则使用的表格见附录22－25。相应的银行对账单及周转金账户调节表（见附录30）也应与申请一起提交。提款申请的币种必须是周转金账户的币种。

周转金账户的预付款偿还或最终清算

10.15 当距贷款关账日期不足1年，或当贷款的未支付余额（不包括已承诺未提取的金额）等于预付款金额的两倍时，无论哪种情况先发生，预付款应逐渐减少。

10.16 这样做是为了保证借款人在贷款关账日期前有足够的时间取得凭证清算未结清的预付款金额。所用表格见附录31。

10.17 对于贷款关账时尚未清算的预付款余额，借款人须用账户的币种立即返还亚洲开发银行。

安慰信

10.18 如果周转金账户开设在借款国中央银行以外的其他银行，为保护借款人和亚洲开发银行的利益，则需要一封安慰信（见附录32）。信中确认，该银行不得冲抵、没收或扣押周转金账户中的存款，用于偿还借款人对该银行的债务。

周转金二级账户

10.19 亚洲开发银行仅在特殊情况下并经事先批准，才允许开设周转金二级账户。

10.20 周转金二级账户是以项目实施机构或单位的名义开设的周转金账户，资金来源于周转金一级账户，用于满足项目实施机构发生的项目费用。周转金二级账户是一个仅供项目使用的独立的银行账户。

10.21 使用周转金二级账户的标准包括：

- 对周转金二级账户的明确需求；
- 项目主要执行机构和实施机构对周转金二级账户有适当的会计制度和内部监控能力。
- 借款人应确保每个周转金二级账户的每笔清算和回补附有：(1）周转金二级账户所在的银行开具的银行对账单；(2）周转金二级账户调节表（附录33），

调节上述银行对账单和周转金二级账户的记录。这些凭证应由项目管理组保管，并在亚洲开发银行需要时提供。

审计安排

10.22　需由亚洲开发银行认可的独立和有资格的审计师对周转金账户和周转金二级账户进行定期审计。这种审计作为项目执行机构/项目实施机构账户年度审计的一部分。独立审计意见书将包含在年度审计报告中。

亚洲开发银行的检查

10.23　亚洲开发银行有权派出专门的支付检查团或项目检查团对周转金的支出进行抽查，或要求提交在抽样基础上确定的凭证。

中止回补周转金

10.24　当下列情况发生时，亚洲开发银行可以中止账户的回补：

- 亚洲开发银行宣布中止部分[11]或全部贷款；
- 审计报告或亚洲开发银行检查团指出周转金账户运作过程中存在重大违规情况；
- 账户超过6个月未用，也未提交任何回补申请。

10.25　在中止阶段，不再有预付款入账。但是，仍可以使用账户中的余款用于合格费用。因这些费用所提交的提款申请将被用于清算预付款余额。

流程图

10.26　附录34为周转金程序作出了描述。

检查清单

1. 亚洲开发银行是否批准该贷款使用周转金程序？
2. 提款申请书是否已由授权签字人签署？
3. 申请清算/回补周转金账户是否一并提交了银行对账单和周转金账户调节表？
4. 费用是否符合清算/回补的要求？
5. 对不同类别或子类别，是否分别准备了汇总表？
6. 如果要求，是否附了凭证？
7. 对将在12个月内关账的贷款，是否已遵循条款10.15的要求？
8. 提款申请的币种是否与周转金账户的币种一致？

---

⑪　中止仅适用于受影响的项目执行机构或组成部分。

11. 开发性金融机构贷款 规划贷款以及灾难和紧急援助贷款

开发性金融机构贷款

描述

11.1 开发性金融机构是一个独立的金融中介实体，由借款人授权直接从亚洲开发银行或者从借款人处接受贷款资金，然后转贷给最终受益人。

11.2 开发性金融机构将亚洲开发银行贷款转借给中小型产业、企业或个人，负责对这些子项目的评估和监管。

限额/免批限额

11.3 根据每一个开发性金融机构的能力，通常亚洲开发银行和借款人同意为子贷款确定一个资金限额，在此限额下，子贷款无需得到亚洲开发银行的事先批准。这个限额被称为“免批限额”。

支付程序

11.4 通常采用无需亚洲开发银行事先批准的程序。对低于免批限额的转贷款，亚洲开发银行可以授权金融机构使用同时申请子贷款批准和提款的归垫程序。在此程序下，开发性金融机构向亚洲开发银行申请确认子贷款的批准，并同时申请归还他们已支付给再借款人的合格费用（见条款9.27至9.30以及附录28）。

11.5 对某些合格的开发性金融机构，亚洲开发银行可能同意他们使用周转金程序和费用清单程序。在这两种程序下，预付款的金额不能超过6个月的流动资金费用估算，以满足对再借款人的付款或对已承诺的相关货物和服务的付款。关于费用清单的限额，可将免批限额视为无需提交全部凭证的标准限额。

规划贷款

规划贷款的目的

11.6 亚洲开发银行提供规划贷款，是为了支持发展中成员体的一个行业（或子行业，多个行业）的整体发展，通过中长期的适当政策和机构改进促进行业的绩效。

11.7 规划贷款支付相对较快，可以立刻满足由政策改革产生的调整成本。亚洲开发银行只向发展中成员体政府提供规划贷款。

贷款资金

11.8 如果贷款协定生效后将引入行业政策改革的主要要素，规划贷款将分批次进行。分批次能使亚洲开发银行监督和促进阶段性规划的实施。规划阶段和批次数目将逐案决定。如果贷款协定生效前能够实施最重要的改革，也可考虑不分批次的贷款。在支付第二批次或任一后续批次贷款前须进行进度检查。

支付程序

11.9 对含有不合格进口内容（消极进口清单）的规划贷款，为支持提款申请，借款 人需提交证明（见附录35）。证明需确认：

- 某一时期，该发展中成员体的净进口总量⑫的价值等于或大于申请的提款金额；
- 所申请的款项将用于融资贷款协定中规定的合格采购内容。

11.10 对含有合格进口内容（积极进口清单）的规划贷款，需提交特定的进口文件以支持提款申请。如果亚洲开发银行同意，可使用费用清单程序。

审计安排

11.11 对于所有的规划贷款，仅当亚洲开发银行要求时，才对规划贷款资金进行审计。按条款11.8，亚洲开发银行保留审计任何账户或核实借款人随每个提款申请书所签发的证明的有效性的权利。

灾难和紧急援助贷款

描述

11.12 灾难是指严重干扰社会或社区运行的突发的、不幸的事件。灾难的类型包括自然和非自然的灾难，非自然灾难包括冲突后的状况。在灾难后发生不可预见的紧急状况，需要立即采取措施，而靠当地的能力不足以解决和处理创伤性事件。

灾难和紧急援助政策

11.13 2004年6月，亚洲开发银行批准了最新的灾难和紧急援助政策⑬。新政策的重点从只在灾难发生后作出回应转移到同时也支持一些预测并减缓可能发生的灾难所带来的影响的活动。该政策已提供了下列一些援助手段：（1）项目重组和使用贷款结余资金；（2）紧急援助贷款；（4）正常的开发贷款；（5）灾难和紧急技术援助。

11.14 灾难管理周期由四个主要部分或阶段构成：（1）开展预防阶段；（2）灾难；（3）紧急回应或过渡阶段；（4）恢复。

紧急援助贷款

11.15 紧急援助贷款强调快速批准短期和小额贷款，以便在紧急事件发生后帮助重建高优先级别的实物资产，恢复经济、社会和政治活动。

---

⑫ 净进口总量是用总进口量减去：（1）从非亚洲开发银行成员体的进口量，（2）不合格进口量，（3）由其他官方开发援助机构提供资金的进口量计算而得的。

⑬ R71-04，日期为2004年5月6日。

条款和条件

11.16 紧急援助贷款应在规定的时间内实施，并且一般情况下，对于自然灾害完成期不应超过2年，对冲突后状况完成期为3年，特殊情况下，当被认为破坏极其严重，形势极其混乱时，考虑到发展中成员体被削弱了的吸收能力，最多可以延长2年。

11.17 紧急援助贷款每年的利息为1%，还贷期为40年，包括10年的宽限期，宽限期后的前10年每年归还2%的本金，以后每年归还4%的本金。对于普通资金来源贷款，特别是向C组的发展中成员体的贷款，宽限期不超过8年，还贷期不超过32年。如果借款人的要求合理，可以估算宽限期内的总利息、先征费和承诺费（如适用）并包含在贷款金额中。整个宽限期内估算的总利息、先征费以及承诺费（如适用）可以在划分贷款类别时划入建设期利息项下。特殊情况下，亚洲开发银行的融资有可能超出借款国的成本分担上限。

支付

11.18 紧急援助贷款可能包含一部分快速支付的贷款；但是，它们不是规划贷款。紧急援助贷款的快速支付仅用于对有效恢复规划项目必需的进口货物提供融资。贷款可用来支付高达100%合格的项目费用。加速支付应尽可能使用周转金账户程序，鉴于快速和大量的支付是有效及时紧急救援的关键，应允许提高周转金的限额。也可以按规定使用费用清单程序。

追溯和补充融资

11.19 对于快速的紧急回应状况，追溯融资的支出不应超过贷款资金的30%。费用必须在紧急事件发生后实际发生并且已经付款。在现有贷款资金重新分配的情况下，亚洲开发银行归垫处理的费用应发生在资金重新分配生效日期前。如果正在实施的亚洲开发银行项目由于灾难受到了严重的破坏，可以要求补充融资。如果几个项目都受到影响，开展一个新的修复项目可以有效处理这些工程受到的损坏以及其他地方受到的持续损害。

12. 联合融资业务

描述

12.1 联合融资是指与第三方（项目发起人除外）共同融资于一个以特定交易为基础的，各方共担风险或参与管理，与亚洲开发银行资金相关的项目或规划。融资合伙人之间可以有或没有正式的协调协议。

联合融资的类型

12.2 联合出资 —— 按照协定的采购指南，对共同的货物和/或服务的费用按照商定的比例提供联合融资。通常情况下（但不总是），通过一个由一方或其他正式的合作协议管理的信托账户进行资金的支付。

12.3　平行融资 —— 联合融资人根据他们自己的程序对设计阶段确定的不同货物或服务提供融资。不同于联合出资，平行融资的资金使用可以被绑定。

12.4　直接增值联合融资 —— 融资合伙人之间通过积极协调和正式协议，联合融资产生确定的业主利益，包括亚洲开发银行的合同承诺（例如在信用提升、企业联合，或财务管理方面），以利于动员、管理或参与联合融资。

12.5　渠道融资 —— 一种形式的融资合伙协议，据此由亚洲开发银行将融资合伙人渠道资金用于其实施和管理的特定项目或规划，融资合伙人和这些项目的执行机构间没有直接的运作关系。由此构成一个信托基金建立和运作的法律基础。

12.6　补充融资 —— 亚洲开发银行作为正式贷款人，对补充融资贷款无追索权。这些贷款预售给商业贷款机构。应注意的是补充融资仅限用于协助亚洲开发银行资助的私营部门项目的商业联合融资。

12.7　担保 —— 代表债务人向受益人做出承担付款责任或履约义务的承诺，借此减轻或消除受益人的商业和/或非商业风险。是针对受益人的信用提升和对担保人（保证人）的或有负债。

- 部分信用担保 —— 亚洲开发银行对借款指定部分的所有商业和政治风险提供全面的担保。部分信用担保通常担保还款期后期的债务偿还。这种担保适用于在贷方不愿或无法提供足够长的融资期限以匹配项目现金流的情况。部分信用担保还可以担保整个借款期内的部分本金和应付的利息。
- 政治风险担保 —— 针对特定的政治或主权风险，担保项目全部或部分的债务偿还。政治风险担保主要是为通过公共或私营部门的项目，促进私营部门的发展而设计的。

支付程序

12.8　对亚洲开发银行作为联合融资项目管理方的项目[14]，通常其他联合融资方同意遵循亚洲开发银行采购指南和支付程序，以利于项目的实施和管理。

12.9　在所有情况下，都要求借款人使用联合融资方的表格提交单独的提款申请书申请合格项目费用。

联合融资支付的类型

12.10　由亚洲开发银行持有资金：在这种类型的支付中，联合融资方的资金

---

⑭ 当亚洲开发银行对联合融资贷款提供了财务管理，亚洲开发银行的赠款、贷款和技术援助的董事会文件中会有明确的董事会批件。此外，亚洲开发银行和联合融资方之间将签署一份联合融资协议，说明双方的项目管理义务和责任。

委托并存入亚洲开发银行。收到提款申请后，亚洲开发银行审查、授权和付款。遵循亚洲开发银行的支付程序。

由联合融资方持有资金：亚洲开发银行审查提款申请并通知联合融资方直接付款给受益人。遵循亚洲开发银行的支付程序。在补充融资下，提款申请必须在早于指定的提款日期至少 10 个银行工作日前送达亚洲开发银行。

12.11　对本手册中未涉及的联合融资业务有问题时，请联系亚洲开发银行联合融资业务办公室。更多信息请登录 www.adb.org/Cofinancing/default.asp。

13. 私营部门业务

描述

13.11　在亚洲开发银行私营部门业务下，亚洲开发银行通过融资和/或降低风险的方法直接向私营企业和金融机构提供支持。大多数情况下，不要求相关发展中成员体提供担保。通过以下方式提供支持：

- 股权投资
- 贷款
- 补充融资计划
- 担保
- 技术援助
- 公共/私营基础设施咨询项目
- 贸易融资促进计划

13.12　股权投资 —— 亚洲开发银行有两种不同的股权投资类型，属于私营部门业务局的日常业务。这两种类型为：

- 直接股权投资 —— 直接投资于被投资公司的股权，款项直接投入到被投资的公司。可能会投资于不同类型的股权，例如普通股、优先股，以及单位共同基金。股权投资可采用东道国的币种计价。
- 私募股权投资基金 —— 亚洲开发银行可与其他投资人团体一起投资到一个私募股权投资基金中，通过不同的法律结构持股，最常见的是有限责任合伙协议或有限责任公司。通过交易途径私募股权投资基金反过来投资到经选择的被投资公司中。私募股权投资基金投资大多数以美元计价。

13.13　贷款 —— 亚洲开发银行贷款给项目公司，贷款需遵循亚洲开发银行的支付程序。但是，对于有一个以上联合融资方参与的联合融资，也可以采用标准的商业付款惯例。私营部门贷款可以以东道国的币种计价。

13.14　补充融资计划——在补充融资计划下，亚洲开发银行担任“账面上的借款人”，为诸如银行和保险公司的商业贷款机构提供的资金进行贷款管理服务。补充融资计划贷款可以用于私营部门项目，亚洲开发银行作为直接的参与者。私营部门业务局管理补充融资计划下的补充贷款的支付。

13.15　担保：

- 部分信用担保——亚洲开发银行对商业和政治风险提供全面担保；
- 政治风险担保——亚洲开发银行为主权（或政治）风险进行担保，将商业风险留给私营部门发起方或借款方。

13.16　技术援助——将技术援助资金用于私营部门活动，有利于亚洲开发银行开拓新的地区和新的部门。资助的技术援助活动包括：

- 项目准备技术援助，如果技术援助产生了亚洲开发银行资金援助，这类技术捐助的资金需要全部或部分收回；
- 项目执行技术援助；
- 咨询性技术援助；
- 区域性技术援助。

13.17　公共/私营基础设施咨询项目——公共/私营基础设施咨询项目是一个多方赞助项目，目的是通过私营部门业务帮助发展中成员体改善基础设施。

13.18　贸易融资促进计划——贸易融资促进计划对跟单信用证的开证行和保兑行提供风险化解机制，以加强它们的能力，无需提供主权反担保。该项目包括：

- 与开证银行和保兑银行一起开展部分信用风险循环担保业务
- 与其他国际开发机构签订风险共担协议（或合作协议）
- 与开证银行一起开展循环信贷业务
- 与保兑银行签订风险共担协议

支付程序

13.19　在所有情况下，应在与亚洲开发银行签署的合同协议（即贷款/投资/技术援助/开证行/循环信贷协议）中规定支付程序。

13.20　为开始支付过程，私营部门业务局将为私营部门支付准备授权书，并将完整的贷款/投资文件作为附件。主计局应在早于计划支付日[15]的至少3个工作日之前批准授权书。

13.21　支付可以在规定的日期以预先确定的批次进行，或按通知支付。支付

[15] 法律顾问办公室将对私营部门业务的所有支付的最初授权进行批准，如果主计局局长要求，也要对后继的股权投资支付授权进行批准。

也可通过对被投资公司已经发生的费用进行归垫的形式，或对以供货商为受益人的信用证的保兑行进行偿付。

13.22 亚洲开发银行对私营部门贷款、股权投资、贸易融资促进计划和技术援助的支付条件为：

- 亚洲开发银行已经宣布贷款、股权投资、循环信贷或技术援助协议生效；
- 借款人或受益人（如适用）已向亚洲开发银行提交任职证明，充分证明将代表借款人签署支付申请（详见附录 36 所示格式）的签字人的职权；
- 贷款、股权投资、贸易融资促进计划或技术援助协定中所规定的其他支付条件已满足。

13.23 在支付前，亚洲开发银行要求：

（1）私营部门贷款

①由授权签字人签署的支付申请（详见附录 37 所示格式）。

②一份已签字但未注明日期的支付收据[16]，上面注明借款人收到的金额；当付款起息后，由亚洲开发银行在收据上填写日期（详见附录 38 所示格式）。

③如果是补充融资计划或补充贷款，应提供本票（详见附录 39 所示格式）。

④对于贸易融资促进计划，如果是由亚洲开发银行融资的跟单信用证，应提交有保留条款的承诺函（详见附录 40 所示格式）。

⑤贷款协定规定的其他文件。

（2）股权投资

①由授权签字人签署的股本认购申请；

②股权投资协议中规定的其他文件。

（3）技术援助

①已签字的正式发票；

②技术援助协议中规定的其他文件。

贸易融资促进计划循环信贷的支付程序

13.24 贸易融资

（1）一份授权签字人签署的支付申请（详见附录 37 所示格式）。

（2）一份已签字但未注明日期的支付收据[17]，上面注明借款人收到的金额；当付款起息后，由亚洲开发银行在收据上填写日期（详见附录 38 所示格式）。

（3）建议从支付资金中融资的每笔子贷款的汇总报告（详见附录 41 所示格式）。

（4）循环信贷协议中规定的其他文件。

---

⑯ 法律顾问办公室可逐案确定其适用性。

⑰ 法律顾问办公室可逐案确定其适用性。

贸易融资促进计划部分信用风险循环担保的支付程序

13.25　(1) 在贸易融资促进计划部分信用担保的业务中，在偿付保兑行提出归垫申请前，亚洲开发银行要求提供：

- 支付申请表；
- 偿付申请未被支付的通知（详见附录 42 所示格式），先经过加密 SWIFT 或加押电传发出，然后提交书面文件；
- 开证行协议中规定的其他文件。

(2) 在贸易融资促进计划风险共担协议下，亚洲开发银行向保兑行提供风险共担前，要求提供：

- 共担通知（详见附录 43 所示格式）
- 该通知中规定的其他文件

(3) 在贸易融资促进计划合作协议（风险共担）下，亚洲开发银行提供风险共担前，要求提供：

- 共担的通知（详见附录 44 所示格式）
- 通知中规定的其他文件

其他资料

13.26　如对本手册中未涉及的私营部门业务有任何疑问，请联系亚洲开发银行私营部门业务局。更多信息请登录 www. adb. org/PrivateSector/Finance/default. asp。

14.　支付职责的授权

目的

14.1　贷款支付的职责已授权经选择的代表处承担，目的如下：

- 加强支付业务的效率和成本效益；
- 通过及时地处理提款申请，便利了亚洲开发银行向借款人的资金流动；
- 使借款人便捷地得到亚洲开发银行的支付服务。

授权支付的范围和代表处的职责

14.2　向代表处授权的支付职责已分阶段实施

(1) 第一阶段的授权包括：

- 将收到的提款申请录入贷款财务信息系统
- 处理已授权代表处管理的贷款的提款申请
- 初步筛选未授权的贷款的提款申请
- 与主计局贷款管理处联合监督周转金账户业务

- 与主计局贷款管理处联合核实/审查费用清单

(2) 第二阶段的授权包括第一阶段描述的所有职责，并且包含了所有贷款，包括已授权代表处管理的贷款和未授权管理的贷款。

14.3 在授权的支付范围内，代表处处理提款申请书的职责是通过向主计局贷款管理处发出付款指令来实施的。但是支付凭证的准备和授权职责仍在主计局贷款管理处。授权代表处的贷款支付包括直接支付、归垫和周转金账户程序。而所有其他的业务，包括规划贷款、联合融资贷款、私营部门贷款和股权投资，以及承诺函相关的处理由主计局贷款管理处负责。

负有授权支付职责的代表处

14.4 以下代表处负有授权的支付职责：

- 驻印度代表处
- 驻巴基斯坦代表处
- 驻孟加拉代表处
- 驻印度尼西亚代表处

15. 贷款信息报告[⑱]

15.1 亚洲开发银行用下列常规报告向借款人和项目执行机构提供贷款信息。

项目执行机构报告

15.2 贷款支付半月报表 —— 此报表以15天为周期（即每月的1~14日，15日至每月月末），提供每个贷款下的支付信息以及提款申请的状况，并按时间顺序列出。当报告期间内发生支付时，才产生半月报表（见附录45）。贷款支付半月报表中以美元/特别提款权计值的贷款类别的余额和周转金预付款状况包含了贷款类别和周转金预付款的基本信息（见附录46）。

15.3 提款凭证报表 —— 该报表按提款申请书和授权号分类列出了已确认的支付交易。该报告不包括与申请签发承诺函和贷款还款有关的业务。该报表每月更新一次。

15.4 项目执行机构的合同清单 —— 本报表提供了特定项目执行机构负责的所有贷款下的合同授予和资金利用情况。该报表每月更新一次。

国别报告

15.5 支付比率汇总 —— 该报表按国家和资金来源列出了在本年/期间内的支

⑱ 本章适用于公共部门贷款。

付比率信息。该报表每月更新一次。

15.6 周转金周转率 —— 该报表提供了借款人的周转金账户运行效率的信息，用周转率（每年周转多少次）作为衡量效率的指标。该报表每月更新一次。

15.7 贷款报表 —— 该报表按照资金来源列出了借款国的贷款使用情况。本报表每月更新一次。

15.8 合同授予报表 —— 该报表按照资金来源和亚洲开发银行的项目处列出了贷款的合同授予情况。支付情况以每周、每年和截止日期前的累计金额计算。本报表每周更新一次。

15.9 支付报表 —— 该报表按资金来源和亚洲开发银行的项目处列出了所有执行中贷款（包括在本年内关账的贷款）的支付情况。支付情况以每周、每年和截止日期前的累计金额计算。该报表每周更新一次。

15.10 合同和支付月报表 —— 该报表按地区和资金来源列出了合同授予、子贷款承诺和每笔贷款支付的信息。支付情况以每月、每年和截止日期前的累计金额计算。

15.11 货物、相关服务和土建工程的合同授予信息 —— 该报表按列入亚洲开发银行名册的借款国分类，提供金额在10万美元以上的货物、相关服务和土建工程的合同授予信息。并列出了合同的详细描述。该报表每月更新一次。

贷款财务信息系统网站

15.12 上述报告和其他信息可在贷款财务信息系统网站获得：http://lfis. adb. org。更多信息请参见第16章。

本金化报表

15.13 在某些情况下，亚洲开发银行会同意将借款人在项目执行（建设）期内应付的先征费和其他费用包括在贷款总额中，并用贷款资金支付。在这种安排下，不要求借款人在相应期间内用现金支付这些费用。相反，亚洲开发银行把这些费用当作一笔贷款支付记到贷款账户中（见条款4.12）。对于公共部门贷款，通常在贷款协定第3款中贷款资金分配表的适当类别中，对上述本金化限额作了规定。

15.14 按贷款协定规定的到期日，该报表每半年一次寄给借款人和项目执行机构。随报表附上一份贷款交易历史明细表，显示贷款账户近6个月内的交易汇总。

15.15 借款人及其项目执行机构向亚洲开发银行提供现阶段接收报表的联系人姓名、邮寄地址和电子邮箱地址。如果联系人或地址有变，应立即将联系人的更新名单向亚洲开发银行提交。

16. 贷款财务信息系统网站

贷款财务信息系统网站是以互联网为基础的系统，它将公共部门贷款信息提供给授权使用者。借款人和项目执行机构可以查询其提款申请状况，贷款、合同和支付方面的信息，以及下载和打印报告。该网站还包含了大量的参考资料，如以伦敦同业拆借利率为基础的贷款，货币账面汇率，普通资金来源贷款利率等。

如果本《手册》有任何支付政策和程序上的更新，将会显示在网站上。网址为：http：//lfis. adb. org。

<table>
<tr><td>特征</td><td>查看公共部门贷款数据
查看、打印和下载报告
跟踪已向亚洲开发银行提交的提款申请的状况
查看参考资料
下载表格</td></tr>
<tr><td>贷款数据</td><td>贷款财务信息系统网站提供了关于贷款项目的信息，如：
基本数据：贷款简介，贷款类别清单，贷款类别分类账，贷款部分注销情况，地址和分期还款计划；贷款摘要：贷款情况，合同授予和支付计划
合同：合同列表和合同分类账，承诺函：承诺函列表、承诺函分类账和未偿付的承诺函清单
支付：提款申请书跟踪，已支付申请，处理中的申请，被拒的申请，支付细节，提款凭证，未审计的费用清单支付
预付款：预付款和清算报表，未偿付的预付款费用清单及周转金：采用费用清单的贷款清单，采用周转金预付款的贷款清单；同时采用费用清单和预付款的贷款清单</td></tr>
<tr><td>报告</td><td>可从贷款财务信息系统网站上查看、打印和下载多种报表，如：
贷款报表
合同授予报表
支付报表
提款凭证报表
贷款支付半月报表
账单 —— 亚洲开发基金，普通资金来源，到期金额的汇总表
支付比率汇总
周转金周转率</td></tr>
</table>

续表

<table>
<tr><td>下载亚洲开发银行表格</td><td>一些可供下载的亚洲开发银行表格：
贷款财务信息系统网站访问申请表
季度和年度合同授予/承诺和支付计划工作表
支付计划
直接支付和归垫提款申请书（ADB－DRP/RMP 表格）
直接支付和归垫、回补/清算汇总表（ADB－DRP/RMP/IFP－SS 表）
周转金提款申请书（ADB－IFP）
费用清单表
费用估算表（ADB－IFP/EES）
周转金账户调节表（IARS）
周转金二级账户调节表（SGIARS）
承诺函申请书（ADB－CL）
适用于承诺函程序的汇总表（ADB－CL/SS）
借款人关于延长信用证到期日和装运日的通知
规划贷款支付证明</td></tr>
<tr><td>参考</td><td>参考网站上有很多参考资料，如：
货币账面汇率
组织机构图 —— 主计局
贷款支付手册
基于伦敦同业拆借利率的贷款产品
基于伦敦同业拆借利率的贷款参考利率
采购指南</td></tr>
<tr><td>如何进入网站</td><td>必须填写贷款财务信息系统网站访问申请表并提交亚洲开发银行。亚洲开发银行在收到申请后，将通过电子邮件把用户名和密码发给申请用户。申请表见附录 47</td></tr>
<tr><td>联系人</td><td>贷款财务信息系统网站管理员
贷款管理处 —— 财务信息系统组
主计局
电子邮件地址：lfis@ adb. org</td></tr>
</table>

附　录

附录1　亚洲开发银行成员体

国名	亚洲开发银行成员体代码	成员体顺序号	货币代码	货币名称
阿富汗	AFG	01	AF	阿富汗尼
亚美尼亚	ARM	64	AMD	德拉姆
澳大利亚	AUS	02	AUD/A$	澳大利亚元
奥地利	AUT	03	EUR	欧元
阿塞拜疆	AZE	58	AZM	阿塞拜疆莫纳特
孟加拉国	BAN	38	TK	孟加拉塔卡
比利时	BEL	04	EUR	欧元
不丹	BHU	45	NU	努尔鲁姆
文莱达鲁萨兰国	BND	65	BND	文莱元
柬埔寨	CAM	05	KR	瑞尔
加拿大	CAN	06	C$	加拿大元
中华人民共和国	PRC	47	CHY/RMB	人民币元
库克群岛	COO	42	NZ$	新西兰元
丹麦	DEN	09	DKR	丹麦克朗
斐济	FIJ	34	F$	斐济元
芬兰	FIN	10	EUR	欧元
法国	FRA	35	EUR	欧元
德国	GER	11	EUR	欧元
中国香港	HKG	33	HK$	香港元
印度	IND	12	RS*	印度卢比
印度尼西亚	INO	13	RP*	印尼卢比
爱尔兰	IEP	75	EUR	欧元
意大利	ITA	14	EUR	欧元
日本	JPN	15	Y/JPY*	日元

续表

国名	亚洲开发银行成员体代码	成员体顺序号	货币代码	货币名称
哈萨克斯坦	KAZ	54	T	坚戈
基里巴斯	KIR	41	A$	澳大利亚元
韩国	KOR	16	W*	韩元
吉尔吉斯斯坦	KGZ	55	SOM	索姆
老挝	LAO	17	KL/KN	基普
卢森堡	LUX	62	EUR	欧元
马来西亚	MAL	18	MYR/M$/RM	林吉特
马尔代夫	MLD	43	MRS/RF	罗非亚
马绍尔群岛	RMI	48	USD/US$	美元
密克罗尼西亚	FSM	49	USD/US$	美元
蒙古	MON	50	MNT	图格里克
缅甸	MYA	39	BK	基亚
瑙鲁	NAU	52	AUD/A$	澳大利亚元
尼泊尔	NEP	19	NRS	尼泊尔卢比
荷兰	NET	20	EUR	欧元
新西兰	NZL	21	NZ$	新西兰元
挪威	NOR	22	NKR/NOK	挪威克朗
巴基斯坦	PAK	23	PRS	巴基斯坦卢比
帕劳	PAL	63	USD/US$	美元
巴布亚新几内亚	PNG	36	PK/K	基那
菲律宾	PHI	24	P	比索
葡萄牙	POR	60	EUR	欧元
萨摩亚	SAM	31	ST	塔拉
新加坡	SIN	25	SGD/S$	新加坡元
所罗门群岛	SOL	40	SI$	所罗门群岛元
西班牙	SPA	46	EUR	欧元
斯里兰卡	SRI	07	SRS	斯里兰卡卢比
瑞典	SWE	26	SEK/SKR	瑞典克朗
瑞士	SWI	32	SWF/CHF/SFR	瑞士法郎
中国台北	TAP	08	NTD/NT$/TWD	新台湾元

续表

国名	亚洲开发银行成员体代码	成员体顺序号	货币代码	货币名称
塔吉克斯坦	TAJ	57	TJS	索莫尼
泰国	THA	27	B	泰铢
东帝汶	TIM	61	USD/US $	美元
汤加	TON	37	T $	潘加
土耳其	TUR	51	LT	土耳其里拉
土库曼斯坦	TKM	59	TMM	土库曼马纳特
图瓦卢	TUV	53	AUD/A $	澳大利亚元
英国	UKG	28	GBP/L/STG	英镑
美国	USA	29	USD/US $	美元
乌兹别克斯坦	UZB	56	SUM	苏姆
瓦努阿图	VAN	44	VT	瓦图
越南	VIE	30	VD *	越南盾

注：以上代码、字首缩略词和名称所使用的资料截止 1987 年 6 月。

* 表示计算至十位数，小数点以下四舍五入。

附录 2　普通资金来源（OCR）

一、前言

普通资金来源公共部门贷款的贷款条件接近市场水平，通常提供给具有中等收入、已经达到较高经济发展水平的发展中成员体（DMCs）。在普通资金来源公共部门贷款项目中，一些贷款产品已经取消（目前仍有贷款余额尚在偿还中），如下文所列。目前，可供普通资金来源公共部门和私营部门借款人选择的贷款产品有：基于伦敦银行同业拆借利率（LIBOR）的贷款（LBL）以及本国货币贷款（LCL）。

二、普通资金来源公共部门传统贷款产品

（一）固定利率多币种贷款（FMCL）

固定利率多币种贷款以美元为记账本位币，但是可以以多个币种进行支付和偿还，具体币种由亚洲开发银行选择。贷款利率在贷款期内固定不变。在每一笔贷款下，可以有多个币种的分期还款计划。亚洲开发银行在 1983 年停止了固定利率多币种贷款。

（二）总库制单一日元贷款（日元 PSCL）/ 总库制多币种贷款（PMCL）

亚洲开发银行于 1983 年开始提供总库制多币种贷款产品。总库制多币种贷款采用可变利率，这一利率以亚洲开发银行在各币种下为总库制多币种贷款筹资借入的、未偿还贷款余额的平均成本再加上贷款利差为基础确定。利率每半年调整一次。总库制多币种贷款以美元为记账本位币。尽管贷款账户和分期还款计划以美元为单位，但贷款可以用多种货币进行支付和偿还。亚洲开发银行在 2001 年停止了总库制多币种贷款。为了简化贷款会计核算、还本付息及财务报告，亚洲开发银行在 2004 年将所有未偿还的总库制多币种贷款余额转换为总库制单一日元贷款。在转换之后，贷款账户及分期还款计划也转换为以日元为单位。虽然记账方法改变了，但贷款条款仍保持不变。

（三）总库制单一美元贷款（美元 PSCL）

亚洲开发银行于 1992 年开始提供总库制单一币种贷款。总库制单一美元贷款是其中的一种，该贷款采用可变利率，即以亚洲开发银行为总库制单一币种贷款筹资借入的未偿还的美元贷款余额的平均成本再加上贷款利差为基础确定。利率每半年调整一次。亚洲开发银行于 2002 年停止了总库制单一币种贷款。

亚洲开发银行在 2002 年把一些符合条件的总库制单一币种贷款的未支付贷款余额转换为基于伦敦银行同业拆借利率的贷款。每一笔经转换后的贷款都由具有单独的贷款账户和分期还款计划的两个部分组成：（1）总库制单一币种贷款部分；（2）基于伦敦银行同业拆借利率贷款部分。承诺费合并计算，利息和贷款利差减免则单独计算，而退息仅适用于基于伦敦银行同业拆借利率的贷款部分。

（四）市场利率贷款（MBL）

亚洲开发银行于 1994 年开始提供市场利率贷款。该贷款是以美元、日元或瑞士法郎为单位的单一币种贷款，可以采用浮动利率或固定利率，由借款人选择。浮动利率以贷款货币的 6 个月 LIBOR 加贷款利差为基础确定。固定利率以贷款货币的 6 个月 LIBOR 的等价掉期固定利率加贷款利差为基础确定。亚洲开发银行于 2001 年停止了市场利率贷款。

三、普通资金来源公共部门目前提供的贷款产品

（一）基于伦敦银行同业拆借利率的贷款（LBL）

基于以下原因，亚洲开发银行从 2001 年 7 月 1 日起成为以提供基于伦敦银行同业拆借利率的贷款为主的贷款人：

- 向借款人提供更广泛的初始贷款条款选择；
- 向借款人提供转换初始贷款条款的灵活性并促进借款人的资产负债管理；
- 向借款人提供更多更便捷的风险管理工具和金融工具。

主要特征

1. 货币

最初，LBL 借款人可以在欧元、日元或美元三个币种中选择贷款币种。

2. 本金的分期还款计划

- 在签署贷款协定时确定；
- 与金融机构借款人的实际支付相关联。

在签署贷款协定时确定：

贷款协定中的分期还款计划用百分比或分期付款比例表示。分期付款比例按照年金法和 10% 的贴现率确定。如果支付超过宽限期，贷款协定中的初始分期还款计划将予以调整。已支付金额的货币转换以及部分利率转换也需对分期还款计划进行调整。

与实际支付相关联：

这种分期还款计划仅适用于金融机构借款人。每一利息期的提款额成为一个子贷款，有其特定的分期还款计划。本金等额偿还，并且每笔支付额都有相同的宽限期和偿还期。宽限期从实际支付发生时开始计算。每笔支付额的本金偿还在贷款期的不同时点开始和结束。不过，最后还本日在贷款协定中有明确规定，这个日期不可延长，即使项目实施期间贷款的关账日期被延长。

3. 贷款费用

普通资金来源贷款费用包括先征费、承诺费、利息、提前还款违约金、交易费用及违约金（如果适用）。

（1）先征费

亚洲开发银行对公共部门贷款收取贷款额的 1% 作为先征费。对于 2004 年 1 月 1 日起批准的贷款，先征费全额减免。先征费的减免每年由董事会批准。

（2）承诺费

承诺费对贷款的未支付部分征收，以贷款的记账币种支付。除非在贷款协定中另有规定，否则，在贷款协定签字后的第 60 天即开始计收承诺费。贷款生效后根据贷款协定的规定收取承诺费或将其本金化。

① 对未支付余额全额计提承诺费

公共部门规划贷款对未支付贷款余额每年按 0.75% 的比例征收承诺费。

② 对未支付余额分期计提承诺费

公共部门项目贷款对未支付贷款余额每年按 0.75% 的比例分期征收承诺费，未支付贷款余额的计算如下所示：

- 第一年：贷款额的 15% 扣除累计支付额和贷款注销额（注销额以相同比率扣除）；
- 第二年：贷款额的 45% 扣除累计支付额和贷款注销额（注销额以相同比率

扣除）；

- 第三年：贷款额的85%扣除累计支付额和贷款注销额（注销额以相同比率扣除）；
- 第三年后：未支付余额的100%。

（3）利息

利息对已支付未偿还的贷款余额征收。利息及其他费用按每年360天、每月30天为基础计算。利率的组成如下：基准利率、退息/补息、利差及减免（如果适用）。

① 基准利率

浮动利率贷款的基准利率为：日元和美元贷款为6个月伦敦银行同业拆借利率（LIBOR），欧元贷款为6个月欧洲银行同业拆借利率（Euribor）。基于伦敦银行同业拆借利率的贷款（LBL）利率始于浮动利率，每6个月调整一次。

② 利差

公共部门基于伦敦银行同业拆借利率的贷款（LBL）的整个贷款期内，利差固定不变（目前为每年0.60%）。

③ 退息/补息

根据实际筹资成本确定利率的原则，亚洲开发银行将实际筹资成本低于相关LIBOR的差额退还给LBL贷款的公共部门借款人。亚洲开发银行每年于1月1日和7月1日两次对实际筹资成本进行计算，并予以公布，每期的退息率适用于相关的利息期。补息在亚洲开发银行筹资成本高于LIBOR的情况下发生，这时亚洲开发银行将向借款人补收高出的部分。这一情况不大可能出现。

④ 利差减免/附加费

目前，对于所有普通资金来源公共部门借款人，若无逾期贷款，则该借款人在公共部门贷款上将获得每年0.20%的利差减免。利差减免适用于所有符合条件的、利差为每年0.60%的普通资金来源公共部门贷款。利差减免由亚洲开发银行每12个月宣布一次。

（4）提前还款违约金

提前还款违约金或资金的重新安排成本指的是提前还款额用于重新投资的收益和该款项从提前还款日到下一付息日（IPD）期间的筹资成本的差额。对于基于伦敦银行同业拆借利率的浮动利率贷款，如果在付息日提前还款则免收违约金。对于包含掉期交易并且相应掉期交易必须提前终止的固定利率或浮动利率贷款，如果亚洲开发银行发生了这一成本的话，借款人需要支付解除掉期交易的违约金。

（5）贷款转换的交易费用

亚洲开发银行对某些转换交易或提前终止的转换交易收取交易费用。这一费用须在执行日或提前终止日之后的60天内支付。这一费用可能会被随时修改。亚洲开发银行的网站上可以查到详细的交易费用表。

转换交易费用

（表示为相关本金的百分比）

转换类型	费率（%）
货币转换	
未支付贷款余额的货币转换	1/16
已支付贷款余额的货币转换	1/8
利率转换	
将未偿还贷款余额在不超过贷款期限的期间内进行的初次利率转换	免费*
再次利率转换/再次解除利率转换	1/16
利率上限和利率区间	1/16

* （转换指南）第6.4段中提到的利率转换除外。

4. 转换选择

亚洲开发银行向LBL贷款的借款人提供在贷款期限内变更贷款的某些初始条款的灵活性，以便于借款人的财务风险管理。在贷款生效后，借款人可以在任何时候使用贷款协定中的转换条款，但是，必须符合贷款通则中适用于LBL贷款的相关条款的规定以及转换指南中相关条款的规定。亚洲开发银行提供的转换选择包括：

- 利率转换
- 利率上限和利率区间
- 货币转换

（1）利率转换

在贷款期间的任何时候，借款人可以要求亚洲开发银行把未偿还贷款余额的浮动利率转换为固定利率。借款人可以要求对全部或部分未偿还贷款余额转换为固定利率，也可要求对今后支付的贷款进行定期或定额的利率转换为固定利率（定期利率转换或定额利率转换）。

利率转换的每次申请金额应不低于3百万美元，且不超过5亿美元。

（2）利率上限和利率区间

在贷款期间的任何时候，借款人可以对全部或部分已支付贷款余额购买利率上限或利率区间。利率上限允许借款人在浮动利率上设置一个上限。利率区间则允许借款人在浮动利率上设置一个具有上下限的区间。利率上限和利率区间的每次申请金额不得低于3百万美元，且不超过5亿美元。

利率上限和利率区间交易的贴息费用须预先支付。支付贴息有两种方式可供选择：①现金支付；②用贷款资金支付，即本金化（贷款协定中如有相关规定）。

（3）货币转换

在贷款期间的任何时候，借款人可以通过申请货币转换来变更全部或部分未支付贷款和/或已支付贷款的贷款币种。

①贷款未支付余额的货币转换

- 使用屏幕汇率（即由公认的信息机构提供的市场汇率）；
- 在货币转换后发生的支付，其初始利率为转换后的货币对应的浮动贷款利率；
- 每次申请不做最低或最高金额限制。

②贷款已支付余额的货币转换

- 汇率及利率反映亚洲开发银行在掉期市场上进行该笔套期保值交易的条件；
- 货币转换后的利率可以采用浮动利率，也可采用固定利率，由借款人选择；
- 取决于市场的具体情况，期限可以为10年或更长；
- 每次申请转换的已支付贷款余额的最小金额应不低于3百万美元，且不超过3亿美元。

对于利率转换、已支付且未偿还贷款余额的货币转换，以及利率上限和利率区间，主计局贷款管理处的贷款会计组会同资金局（TD）负责转换的执行。

对于未支付贷款余额的货币转换，贷款管理处的相关支付组会同相关项目处及贷款管理处的借款人服务组负责贷款的分割/划分。

有关转换选择的更多详细情况，请参阅亚洲开发银行转换指南，该文件可以从亚洲开发银行网站 www. adb. org/Documents/Guidelines/LIBOR 下载。

（二）多批次贷款（MFF）

亚洲开发银行在2005年开始提供基于伦敦银行同业拆借利率（LBL）的多批次贷款。多批次贷款适用于由若干相互分立但前后关联的子项目所组成的大型的、独立的项目。多批次贷款就本质而言适合于行业投资规划和金融中介机构在信贷限额机制下的贷款（及担保）。多批次贷款计划的批准额在相当长的时期内有效。资金的实际使用则取决于借款人的申请或承诺及与亚洲开发银行的贷款协定的签署或生效情况。承诺费仅适用于已签署的贷款协定。

（三）本国货币贷款（LCL）

亚洲开发银行在2003推出以所选币种向私营部门借款人提供的本国货币贷款服务。从2005年开始，公共部门借款人亦可获得此类贷款。本国货币贷款的引入是为了减少由于项目收益大部分以本国货币取得而产生的货币错配问题，并能够促进借款国资本市场的发展。

亚洲开发银行采用两种方式对本国货币贷款进行融资：(1) 背对背融资，指专门为某个具体项目进行的本国货币的融资；(2) 总库制融资，指由亚洲开发银行建立一个有流动性的本国货币资金库。本国货币贷款初始时采用以借款国的基准利率为基础确定的浮动利率再加上一个利差。对于公共部门贷款，利差是固定的。固定利率则取决于亚洲开发银行能否在本国市场完成适当的掉期交易。退息、补息、利差减免及利率转换适用于公共部门的本国货币贷款。

在贷款期限内，借款人可以提前偿还全部或部分已支付未偿还贷款余额。但是，提前还款费用将根据实际成本（如果有的话）收取。

借款人可以在任何时候注销全部或部分未支付贷款余额。亚洲开发银行采用总库制融资方式时，对上述的贷款注销不收取任何费用。对于背对背融资方式，如果亚洲开发银行已经和借款人达成协议，同意对该贷款的本国货币资金需求提供先行融资，而借款人随后决定注销全部或部分贷款，那么，借款人可能需要支付注销费用，以补偿亚洲开发银行因这类注销而发生的费用。

四、贷款的还本付息

贷款的还本付息（本金分期偿还、承诺费、利息及其他可能适用的费用）每 6 个月一次。付款日期可以是在一年的任意一个月，但一定是该月的 1 日或 15 日。每半年的付款日期在贷款谈判时确定，并写入贷款协定。

（一）贷款费用的本金化

贷款费用的本金化意味着在贷款关账之前借款人无需支付在项目实施期间内发生的贷款费用。如果在贷款协定中有本金化预算（通常在第 3 款），贷款费用将从贷款资金中列支，并视同为支付。

贷款费用的本金化仅在付息日发生，可以本金化的贷款费用包括承诺费、利息（扣除退息和利差减免）、利率上限和利率区间发生的贴息（如果有的话）。

亚洲开发银行向借款人提供每 6 个月计息期的费用本金化报表和相应期间的贷款分类账。该报表列出了如下明细数据：已本金化的费用金额、费用本金化预算及费用本金化的可用资金余额。

每一份本金化报表由以下部分组成：

- 本金化报表
- 贷款承诺额和与承诺费相关的明细表
- 贷款余额和与利息相关的明细表

（二）贷款费用和本金的账单

账单以付息日 60 天前实际发生的业务为基础编制，以便给借款人足够的时间安排付款。

账单是亚洲开发银行送交借款人及其相关人的正式收款通知，要求借款人将全部到期款项按应付货币汇至亚洲开发银行的开户行。

每一份账单由以下部分组成：

- 账单
- 汇总表
- 贷款承诺额和与承诺费相关的明细表
- 贷款余额和与利息相关的明细表

1. 账单编制的依据

- 普通资金来源贷款通则规定从贷款账户中提取的贷款本金应按照贷款协定的相关条款偿还；
- 贷款费用根据贷款协定计算；
- 退息以普通资金来源贷款通则及财务政策为依据；
- 先征费及利差的减免以亚洲开发银行的财务政策为依据。

2. 银行非营业日

某一币种的银行非营业日根据亚洲开发银行该币种的存款银行所在国的银行节假日确定。如果付息日是银行非营业日，应在付息日后的第一个营业日付款。付息日到付款日之间不加收利息。

3. 普通资金来源还款的运用顺序

（1）以下项目的罚息：

- 其他（适用于私营部门）
- 承诺费
- 利息
- 本金

（2）承诺费

（3）其他费用（适用于私营部门）

- 转换费
- 管理费
- 重置费

（4）利息

（5）本金

逾期付款的处罚政策

监督		处罚
逾期天数	措施	
30 天	向董事会中代表借款国的执行董事报告逾期情况	警告通知。如果在随后的 30 天内仍未能偿还逾期款项，将中止与该国签署任何贷款协定或由该国担保的贷款，任何待批准的上述协定的议案也将不再向董事会报送。
60 天	向董事会报告逾期情况	警告通知。将中止对该借款人所有贷款的支付业务。如果在随后的 30 天内仍未能偿还逾期款项，将向董事会抄送警告通知，并将逾期情况告知联合融资方。

4. 提前还款

借款人有权在亚洲开发银行所接受的还款日提前还款，借款人应在提前还款前不少于 45 天以书面形式通知亚洲开发银行。但是，发出提前还款通知前，未支付的贷款余额应全部注销，贷款账户应关闭。

普通资金来源公共部门传统贷款产品的贷款条款和条件

	总库制单一日元贷款（日元 PSCL）/总库制多币种贷款（PMCL）	总库制单一美元贷款（美元 PSCL）	市场利率贷款（MBL）
币种	于 2004 年从多币种转换为日元	美元	美元、日元或瑞士法郎
贷款利率	贷款利率变动利率，由亚洲开发银行每半年（1 月 1 日、7 月 1 日）重设一次，为总库制贷款项下对外未偿还借款余额的平均成本加上一个利差。		浮动利率贷款：美元、日元或瑞士法郎的 6 个月 LIBOR 利率加上一个利差（6 个月 LIBOR 的调整日期为 3 月 15 日和 9 月 15 日，或 6 月 15 日和 12 月 15 日）。 固定利率贷款：每次提款时亚洲开发银行的美元、日元或瑞士法郎固定利率对外借款成本加上贷款利差。 利率重设贷款：首期利率与固定利率贷款利率相同。首期期限可根据借款人的需要而定，但不得少于 5 年。在利率重设时，无论是用浮动利率还是用新的固定利率，都要采用当时的市场利率。

续表

	总库制单一日元贷款（日元 PSCL）/总库制多币种贷款（PMCL）	总库制单一美元贷款（美元 PSCL）	市场利率贷款（MBL）
利差	年率 0.6% *		年率 0.6% *
承诺费	分期核算，年率 0.75%		分期核算，年率 0.75%
先征费	贷款额的 1%（可本金化）		贷款额的 1%（可本金化）
贷款期限	15～30 年，含 3～8 年的宽限期	15～30 年，含 3～7 年的宽限期	15～25 年，含 3～5 年的宽限期
利率转换	不适用		按照个案处理的原则，允许一次性地将贷款由浮动利率转为固定利率，或由固定利率转为浮动利率，但要一次性加收 0.125% 的费用，并在原利差之上每年加收 0.125%。 在将贷款由固定利率转为浮动利率的情况下，如果从原先设定固定利率时至转换日这段时间市场利率下降了，则亚洲开发银行会征收一笔附加费。
提前还款或注销贷款	可提前偿还贷款或注销贷款，但需按贷款协定规定支付提前还款违约金		贷款可提前偿还，但要征收 0.125% 的管理费。对固定利率贷款，可能会收取额外的提前还款补偿金。补偿金在贷款最初利率与提前还款或注销时利率差额的现值基础上征收。对浮动利率贷款不征收提前还款违约金。
贷款支付	根据项目的具体要求，贷款支付的金额和时间较为灵活		浮动利率贷款：视项目实际需求，金额和时间较为灵活。 固定利率贷款：每年 4 次，3 月、6 月、9 月、12 月的 15 日为提款日，但不包括金额为 200 万美元以上（含）或承诺函程序下的提款。
还款	按年金法还款		按年金法还款
还款日	本金和利息的还款日为每月的 1 日或 15 日，每 6 个月一次		本金和利息的还款日为 3 月 15 日和 9 月 15 日，或 6 月 15 日和 12 月 15 日

* 目前，对于所有利差为每年 0.60% 的普通资金来源公共部门贷款，如果借款人无逾期贷款，该贷款将获得每年 0.20% 的利差减免。

普通资金来源公共部门基于伦敦银行同业拆借利率贷款（LBL）的贷款条款和条件

币　种	欧元、日元或美元
贷款利率	贷款利率浮动利率：初始时，所有 LBL 贷款均采用浮动利率，直至借款人申请采用固定利率。贷款利率由基准利率、退息/补息、利差及减免（如果适用）组成。基准利率为6个月伦敦银行同业拆借美元和日元利率，以及6个月欧洲银行同业拆借欧元利率。贷款利率每六个月于付息日调整一次。 固定利率：与已支付贷款额的剩余期限相对应的该币种等值于6个月 LIBOR 的掉期利率加贷款利差。利率固定可以是根据特定的期限，也可以是根据特定的金额，即在支付达到特定金额后。在采用固定利率之前，贷款利率为浮动利率。
利差	浮动利率：在签署贷款协定时确定并在整个贷款期限内保持不变。固定利差为亚洲开发银行现行的基本贷款利差。目前，对于所有贷款利差为每年0.60% 的普通资金来源公共部门贷款，如果借款人向亚洲开发银行的贷款无逾期还款的情形，则该贷款可获得每年 0.20% 的利差减免。
承诺费	承诺费项目贷款按年率 0.75% 分期征收，规划贷款按年率 0.75% 对未支付余额全额征收。
先征费	先征费贷款额的 1.0%（可以在贷款期限内本金化）。对于 2004 年 1 月 1 日起批准的贷款，免除全部先征费。
贷款期限	贷款期限 15～32 年，含 3～8 年的宽限期。
提前还款/注销贷款	在贷款期限内的任何时候，借款人可以提前偿还全部或部分已支付但未偿还的贷款余额。借款人也可在任何时候注销全部或部分未支付贷款余额。 对于浮动利率贷款，如果借款人在付息日提前偿还贷款的任何未偿还部分，亚洲开发银行免收提前还款违约金。但是，如果提前还款日不是付息日，则要收取提前还款违约金，违约金以提前还款额的重新投资收益和亚洲开发银行从提前还款日到下一付息日这一期间的筹资成本的差额（如果有的话）为基础确定。对于包含掉期交易并且相应掉期交易必须终止的固定利率贷款或浮动利率贷款，借款人可能将要支付解除掉期交易的费用（如果有的话）。
贷款支付	贷款支付贷款支付的金额及时间具有相当的灵活性，取决于项目的具体需要。
还款	按年金法还款，但金融机构借款人可以选择与实际支付相关联的还款计划。
还款日	承诺费、利息和本金的还款日为每月的1日或15日，每6个月还一次，或是按照贷款协定的具体规定。

续表

币　种	欧元、日元或美元
退息/补息	如果未来基准贷款利差发生变化，以及/或者亚洲开发银行与参考利率相关的筹资成本发生变化，亚洲开发银行可能会向借款人退还或补收相应的利息费用。
贷款转换选择	在贷款期限内的任何时候借款人均可选择。
1. 货币转换	未支付贷款余额：全部或部分未支付贷款余额可以转换为供选择的三个币种中之一。 已支付贷款余额：全部或部分已支付贷款余额可以在贷款的整个或部分剩余期限内转换为供选择的三个币种之一。
2. 利率转换	全部或部分已支付贷款余额的浮动利率可以转换为固定利率或是反之。对于将全部或部分未偿还贷款额在不超过贷款期限的期间内进行的将浮动利率转换为固定利率的初次利率转换，不收取任何费用。对于随后发生的将初始的掉期利率转换为浮动利率，以及之后再将浮动利率转换为固定利率的掉期交易，按照交易金额的0.0625% 收取费用。
3. 利率上限和利率区间	可以对全部或部分已支付贷款余额购买在贷款的全部或部分期限内的利率上限或利率区间。 转换指南 转换将依照提出转换申请时亚洲开发银行的程序执行。指南文件中将提供如下信息：转换的申请、受理及生效程序；转换的金额限制和约束条件；转换的财务成本说明及交易费用等。
转换及利率上限和利率区间的交易费用	
1. 货币转换	已支付贷款余额：交易金额的0.125% 。 未支付贷款余额：交易金额的0.0625% 。
2. 利率转换	对于将全部或部分未偿还贷款额在不超过贷款期限的期间内进行的（将浮动利率转换为固定利率的）初次利率转换，不收取任何费用。对于随后发生的将初始的掉期利率转换为浮动利率，以及之后再将浮动利率转换为固定利率的掉期交易，按照交易金额的0.0625% 收取交易费用。
3. 利率上限和利率区间	交易金额的0.0625%。
退息/补息	如果未来基准贷款利差发生变化，以及/或者亚洲开发银行与参考利率相关的筹资成本发生变化，亚洲开发银行可能会向借款人退还或补收相应的利息费用。

国外贷援款项目审计资料选编

附录3 亚洲开发基金（ADF）

亚洲开发基金贷款条款

1999年1月1日或其后完成正式贷款谈判的亚洲开发基金贷款具有以下贷款条款：

（1）亚洲开发基金项目贷款的还款期为32年，包括8年的宽限期，等额分期偿还。

（2）亚洲开发基金规划贷款的还款期为24年，包括8年的宽限期，等额分期偿还。

（3）这两种贷款的利率在宽限期内为1.0%，宽限期之后为1.5%。

（4）亚洲开发基金紧急援助贷款的还款期为40年，包括10年的宽限期，利率为1.0%。

2006年1月1日前收到谈判邀请的亚洲开发基金贷款

1. 贷款承诺

对于1983年1月1日或其后批准的亚洲开发基金贷款，贷款承诺以特别提款权（SDR）为记账单位。

2. 贷款支付

借款人可以根据采购合同要求亚洲开发银行以所需的任何币种支付贷款。亚洲开发银行用亚洲开发基金流动资金库中的可用货币购买借款人所申请的货币，该种货币被称为成本货币。

在每一笔贷款支付后，亚洲开发银行所使用的成本货币的实际金额被记做未偿还本金余额（借款人的负债）。

出于监测未支付的承诺贷款金额及编制其他报告的目的，用成本货币支付的每一笔金额以等值的美元和特别提款权金额进行核算。该货币对美元和特别提款权的汇率采用亚洲开发银行在交易日当天的账面汇率。

3. 利息费用的本金化

对于含利息费用本金化条款的亚洲开发基金贷款，亚洲开发银行在到期日从贷款账户中提取相应的款项用于支付利息，而不是要求借款人以现金支付。

由于利息费用需要用成本货币支付，亚洲开发银行从贷款账户中以相同的币种提取相应的金额。这些金额再按亚洲开发银行的账面汇率折算为特别提款权金额，用来减少未支付的承诺贷款金额。

亚洲开发银行将向借款人寄送含有本金化金额及相关贷款交易历史报表。该报表详细列出了各币种下本金化的具体金额以及可用于本金化的资金余额。

一旦贷款协定中规定的为利息类别分配的贷款金额全部用完，或者当贷款的关账日期已经过去，亚洲开发银行将向借款人发出账单要求用现金支付利息费用。

4. 账单

贷款的还本付息需以成本货币支付。

亚洲开发银行在半年度的贷款还本付息日之前的2个月（账单截止日）准备账单。

还本付息日的应付金额以账单截止日的贷款未偿还本金余额为基础进行估算。

账单金额和到期日的实际应付金额之间的差额结转入下一期账单。这个差额是由上述2个月内发生的交易所导致的。

5. 借款人可选择以单一特别提款权币种进行贷款的还本付息

亚洲开发银行向借款人提供单一币种还款方案，以便借款人可以用特别提款权“一揽子”货币中的一种货币而不是以不同的成本货币来还本付息。

借款人需要提交确认函，对单一币种还款方案的条款和条件进行确认，并指定还款要采用特别提款权“一揽子”货币中的哪一种货币。

账单中各成本货币下估算的到期应付金额将按亚洲开发银行在账单截止日当天的账面汇率折算成该种单一货币的金额。

在收到单一币种还款后，亚洲开发银行将按收到还款当天的账面汇率转换为不同的到期成本货币。在上述2个月期间内由于汇率波动以及发生交易所产生的任何金额不足或超出的部分将结转入下一期账单。

亚洲开发基金基于特别提款权的新贷款产品

2006年1月1日起，亚洲开发银行开始采用一种新的亚洲开发基金货币管理框架，以便在还款币种的选择上提供更大的灵活性，并使发展中成员体可以运用特别提款权来管理外汇风险。

2006年1月1日或其后收到谈判邀请的贷款完全采用特别提款权为记账单位，即承诺费、贷款未偿还本金余额、应计利息、分期还款计划以及贷款的还本付息等均根据特别提款权核算。

6. 贷款承诺

亚洲开发基金贷款承诺继续以特别提款权为记账单位。

7. 贷款支付

借款人所申请支付的货币以及亚洲开发银行实际支付给借款人的货币可以是任意币种，具体采用哪一币种取决于采购合同（与当前的亚洲开发基金贷款相比没有变化）。

亚洲开发银行将使用特别提款权“一揽子”货币（即美元、欧元、日元及英镑）中的任意币种，来购买借款人所申请的货币。借款人的负债以特别提款权核算。成本货币按照亚洲开发银行在支付日当天的账面汇率转换为特别提款权。利息费用及本金的偿还按照特别提款权核算。

8. 贷款费用的本金化

利息本金化的核算以特别提款权为单位。

9. 账单

在账单截止日，以特别提款权核算的到期应付金额将按亚洲开发银行的账面汇率转换为贷款协定中规定的特别提款权货币的某一货币（可以更改，借款人需在到期日前至少3个月提交变更币种的申请）。

10. 收款

亚洲开发银行收到以特别提款权货币中的某一货币进行的还款时，将按收款当天的亚洲开发银行账面汇率折算为特别提款权金额。在账单截止日至还款付息日这2个月的期间内由于汇率波动以及发生交易所产生的任何金额不足或超出的部分将结转入下一期账单。

附录4　支付信样本

借款人名称：

地址：

先生/女士：

贷款号：________（项目名称）

1. 此函的目的是提请你们注意________年____月____日签署的上述贷款的贷款协定及相关文件。在贷款协定生效之日亚洲开发银行会将____美元/特别提款权贷记到贷款账户。

贷款资金的提取

2. 各项支出通常从贷款协定生效之日即可获得亚洲开发银行融资资格。随信寄上亚洲开发银行的《贷款支付手册》，希望对你们从贷款账户提款有所帮助。使用费用清单程序和/或周转金账户程序提款通常要经过亚洲开发银行批准，请参照手册第九、第十章的有关内容。各种提款申请书的格式请参见该手册的附录部分[19]。如果提款申请不完整，不能实质性地满足提款的各种条件和要求，该申请将被退回。

3. 我们希望你们特别注意以下的支付安排。

（1）周转金程序

根据贷款协定第3款第____段，在采用亚洲开发银行周转金程序时，亚洲开发银行将部分贷款资金存入周转金账户，你们可从该账户提款用于支付项目合格费用

[19] 请确保每一提款申请是用连续的5位阿拉伯数字编号，如00001。如果贷款项目执行机构不止一个，且各执行机构单独提交提款申请，请给每个执行机构分配一个字母识别码。

中亚洲开发银行负责融资的部分。开设和运营周转金账户的详细程序在本支付信的附件____中。

(2) 费用清单程序

根据贷款协定第3款第____段，对于金额不超过________的合同或费用开支，你们可以使用费用清单程序进行归垫或对周转金账户做清算或回补。费用清单程序的详细程序和所需表格可参见《贷款支付手册》。在费用清单程序下，你们应保存所有的凭证，并能随时提供给亚洲开发银行代表团审查。此外，作为项目审计的一部分，费用清单的账目要由独立审计机构或亚洲开发银行认可的审计机构定期审计。每一财年结束后，审计报告需按贷款协定规定的日期提交亚洲开发银行。

(3) 追溯性融资

根据贷款协定第3款第____段，亚洲开发银行已同意对________（日期）到贷款生效日发生的、金额不超过________美元/特别提款权的费用________（列明所涵盖的合格的费用）进行追溯性融资。应累积此类费用，一旦贷款生效后，即使用《贷款支付手册》所描述的归垫程序从贷款账户中提款。

授权签字人

4.《贷款支付手册》列出了在提款开始前你们必须完成的一些前期准备工作。按照贷款协定的规定，你们指定的代表你们签署提款申请的签字人应经过授权。在向亚洲开发银行提交第一次提款申请书之前，应将授权信及相应的签字样本送达亚洲开发银行。如果变更授权签字人，请向我们寄送新的授权信和新签字人签字样本，以保证贷款支付能不间断地进行。

每笔提款申请的最小金额

5. 为了提高提款的效率，规定每笔提款申请的最小金额为等值10万美元的金额（或者是其他被认为合理的最小金额）。项目执行机构/实施机构应尽可能地归总应付金额，在金额超过最小额后再提交提款申请书。

贷款的还本付息

6. 为了在贷款协定规定的日期偿还本金、支付利息、先征费和其他费用，应该进行相应的工作安排。

必要的准备工作

7. 我们建议负责管理该项目贷款的官员仔细地通读所附材料中的各种提款程序。如果对本函所附材料有疑问的话，请与我们联系。为了确保贷款生效后不耽误提款，你们需尽快：

(1) 提交授权信并附上有关签字人的签字样本；

(2) 对符合追溯融资条件的合格费用提交归垫提款申请；

(3) 提交有关周转金账户首次预付款的提款申请。

提款通知

8. 提款通知及其他提款信息可在主计局互联网网址（http：//lfis. adb. org ）上查询。申请登录密码请与主计局贷款管理处的借款人服务组（lfis@ adb. org）联系。请向我们提供相关执行机构、实施机构的最新的地址、电话和电子邮箱。

9. 请将此信在项目工作人员（包括项目会计人员）中传阅。

10. 我行期待着今后与你们继续合作和发展互惠的关系。

您真诚的

主计局贷款管理处

助理局长

抄送：执行机构/实施机构（名称/地址）

同时抄送：首席代表（亚洲开发银行的相关代表处/地区代表处）

项目专家/项目官员

附件：

1. 贷款协定（略）

2. 贷款支付手册（略）

3. 开设和运营周转金账户的程序（略）

附录 5　直接支付和归垫提款申请书

直接支付和归垫提款申请书

亚洲开发银行 ADB

日期：____________

至：亚洲开发银行

6 ADB Avenue，Mandaluyong City

1550 Metro Manila，Philippine

致：主计局贷款管理处（CTLA）

亚洲开发银行贷款号：________

申请书编号：□□□□□

支付类型：

□直接支付

□归垫

先生/女士：

1. 根据________年____月____日亚洲开发银行与（借款人）签署的贷款协定，请从贷款账户支付：

币种	小写金额	大写金额

上述金额用于以所述币种支付或归垫所附汇总表中的合格支出。

2. 签署人在此证明并同意：

(1) 这些支出是/将用于贷款协定规定的用途。签署人此前没有从贷款账户中提取过这些款项，也没有/也不会从其他贷款、信贷或赠款中得到这些款项用来全部或部分支付这些费用。

(2) 已经购入的货物和服务符合贷款协定的规定，其采购成本和采购条款都是合理的，并且符合相关合同的规定。

(3) 货物和服务都是/将由亚洲开发银行成员体生产和提供，所附汇总表对此有详细说明。

(4) 对于按费用清单（SOE）程序申请提款的支出，所有的真实文件都保存在每一费用清单汇总表所注明的地方，并能在需要时随时提交审计人员和亚洲开发银行代表团核查。

(5) 截至本申请日，在贷款协定、项目协议或担保协议（如果有的话）下没有发生违约。

(6) 如本提款申请已提取的资金被退回，将按其现值贷记贷款账户。如金额较小，则并入下次还本付息金额中归还亚洲开发银行。

3. 付款指令

A. 收款人名称及地址

收款人名称________________________________

收款人地址________________________________

B. 收款人账号和开户行名称、地址

开户行名称________________________________

开户行地址________________________________

收款人账号________________________________

SWIFT 代码________________________________

C. 代理行（如果收款人的开户行不在所提款币种国，要写明开户行在提款币种国的代理行的名称、地址）

银行名称________________________________

银行地址________________________________

收款人开户行的账号________________________________

SWIFT 代码________________________________

D. 特别付款指令及其他参考信息

____

____

4. 本申请书共____页，其中包括汇总表____页。

自：________________________________

借款人名称

____

授权签字人签字

____

正楷书写授权签字人姓名、职务

____

直接支付和归垫提款申请书的填制说明

（亚洲开发银行表格 ADB－DRP/RMP）

一般注意事项

1. 向亚洲开发银行提交提款申请书原件（或按要求提交亚洲开发银行代表处/地区代表处）。

2. 按不同币种和收款人分别填制提款申请书。

3. 用不超过 5 位的数字/字母对申请书编号。

4. 合并申请金额，在申请付款金额达到 10 万等值美元或亚洲开发银行通知的其他数额时，再将提款申请汇总提交亚洲开发银行。

5. 申请书填制完送授权签字人签署前，检查所附凭证是否完整，细节是否准确。错误和疏漏会导致付款的延误。

提款信息

1. 日期：填入申请书的日期应该是授权签字人签署日期，而不是填制申请书的日期。

2. 贷款号：清楚写明亚洲开发银行贷款编号。

3. 申请书编号：对申请书进行连续编号。如果项目执行机构（EA）或实施机构超过一个，项目协调机构应为每一个执行机构分配一个字母识别代码。如，第一个执行机构的申请书编号为 A0001 至 A9999，第二个执行机构为 B0001 至 B9999。

4. 支付类型：在提款申请书类型小框内标明是直接支付还是归垫程序。

付款指令

1. 收款人名称和地址：为便于付款识别，需填写收款人的全称和详细地址。

2. 收款人开户行名称、地址和在开户行的账号：写明收款人开户行的全称和详细地址，有时还包括分支行等机构。银行账号十分重要。如果收款人的开户行是 SWIFT 成员，应给出其 SWIFT 代码。

3. 代理行：如果款项是付到一家非提款币种国银行，则要写明这家银行在提款币种国的代理行的全称和详细地址。如该代理行是 SWIFT 成员，给出其 SWIFT 代码。

4. 特殊付款指令：给出任何具体的、特别的指令或参考信息，以便于付款或识别付款。

5. 借款人名称：按照贷款协定中的借款人名称填写。

6. 授权签字人：本申请书仅送授权签字人签署。检查授权签字人名单是否有变化。

附录6　承诺函申请书

承诺函申请书　　亚洲开发银行ADB

日期：____________________

至：亚洲开发银行

6 ADB Avenue，Mandaluyong City

1550 Metro Manila，Philippines

致：主计局贷款管理处（CTLA）

亚洲开发银行贷款号：__________
申请书编号：□□□□□□

先生/女士：

根据____年____月____日亚洲开发银行与＿（借款人）＿签署的贷款协定，我们申请亚洲开发银行出具承诺函，并从贷款协定项下开设的贷款账户中提取如下款项：

币种	小写金额	大写金额

我们证明并同意：

1. 按照贷款协定的规定，签署人申请向所附汇总表中列明的指定的商业银行出具承诺函，以便从贷款账户中向上述商业银行付款。签署人不可撤销地授权亚洲开发银行根据上述银行出具的书面申明进行提款。该书面申明说明根据信用证条款（或其修改函），上述银行已进行支付或付款日已到期，马上将要进行付款。
2. 信用证在如下方面的修改应事先征得亚洲开发银行的批准：将信用证到期日延长到贷款关账日之后，改变信用证的币种与金额、货物的描述和数量、原产国、受益人以及付款条件等。签署人进一步保证，指定的商业银行将把所有拟修改的内容都提交亚洲开发银行备案或审批。
3. 亚洲开发银行可以通过在承诺函中加入限制性条款，限定其在承诺函项下的支付总额。该限制性条款以贷款账户币种表示，以完全覆盖汇率波动。如果亚洲开发银行因为限制性条款而不能对指定的商业银行全额支付，签署人同意提用贷款账户未承诺余额来补足差额，（在贷款未承诺余额仍不足的情况下，）亚洲开发银行将通知签署人 立即安排付款给指定的商业银行。

4. 在以下情况下，亚洲开发银行承诺函下的义务将终止：
   (1) 信用证到期日或贷款协定终止日，以二者中最早一个为准。亚洲开发银行另有批准的除外；
   (2) 根据承诺函条款的规定，亚洲开发银行已对指定的商业银行全额支付了信用证金额；
   (3) 亚洲开发银行收到议付行的书面通知，确切表明承诺函可以被撤销。
5. 签署人此前不曾从贷款账户中提取任何金额用于这些支出。签署人不曾也不会试图从其他任何贷款、信贷或赠款中得到资金用于这一目的。
6. 本申请书项下的货物及服务采购符合贷款协定和相关合同条款的规定。
7. 支出仅用于合格渠道货物和服务的制造和采购。
8. 截至本申请日，在贷款协定、项目协议或担保协议（如果有的话）下没有发生任何违约。
9. 一旦根据本申请从贷款账户中提取的全部或部分资金被退还给亚洲开发银行，签署人在此授权亚洲开发银行将此资金按现值贷记贷款账户。

自：______________________________

借款人名称

____

授权签字人签字

____

正楷书写授权签字人姓名、职务

____

承诺函申请书的填制说明

（亚洲开发银行表格 ADB – CL）

一般注意事项

1. 向亚洲开发银行提交提款申请书原件（或按要求提交亚洲开发银行代表处/地区代表处）。

2. 按信用证不同的币种和不同的收款人分别填制提款申请。

3. 用不超过 5 位的数字/字母对申请书编号。

4. 除非亚洲开发银行另行通知，否则只对金额不少于 10 万等值美元的信用证提交提款申请。金额少于 10 万等值美元的信用证一般从周转金账户中支付。

5. 申请书填制完送授权签字人签署前，检查所附凭证是否完整，细节是否准确。错误和疏漏会导致付款的延误。

提款信息

1. 日期：填入申请书的日期应该是授权签字人签署日期，而不是填制申请书的日期。

2. 贷款号：清楚写明亚洲开发银行贷款编号。

3. 申请书编号：对申请书进行连续编号。如果项目执行机构或实施机构超过一个，项目协调机构应为每一个执行机构分配一个字母识别代码。如，第一个执行机构的申请书编号为 A0001 至 A9999，第二个执行机构为 B0001 至 B9999。

附件

附上以下支持性文件：

（1）合同或经确认的采购订单（如尚未向亚洲开发银行提供的话）。

（2）据以申请承诺函的两份签过字的信用证副本。

汇总表

1. 受益人（供货商）名称和地址：填写全称和邮寄地址，包括城市和国家。

2. 开证人名称：填写借款人或项目执行机构的名称。

3. 信用证开证行名称和地址：填写信用证开证行全名。

4. 指定接收承诺函的商业银行的名称和地址：信用证上注明的接收承诺函的银行名称。如果可能，需注明 SWIFT 代码。

5. 信用证通知行名称和地址：如果可能或与第 4 项不同的话，从信用证中查取。

6. 信用证金额和币种：从信用证中查取。

7. 美元/特别提款权（SDR）金额：勿填，由亚洲开发银行填写。

8. 信用证到期日：从信用证中查取。

9. 信用证装运日：从信用证中查取。

10. 支付条款：从信用证中查取。按信用证所示细节填写。

11. 货物及服务的简要描述：按信用证所示，将准备采购的项目汇总。

12. 项目执行机构合同号/采购订单号和日期：填写项目执行机构指定的合同号或订单号，以做参考。

13. 亚洲开发银行合同号（PCSS）（如果有的话）：填写亚洲开发银行制定的亚洲开发银行合同号。此号码称为“采购合同汇总表编号（PCSS）”，通常在签好的合同送交亚洲开发银行之后获得。

14. 贷款类别号：填写贷款协定中条款 3 所示并由本承诺所支持采购的货物和服务的贷款类别号。

15. 对开发性金融机构贷款：写明子贷款号和采购国。

16. 说明：给出特别指令或其他在签发承诺函时易于识别的参考信息。

附录7 周转金提款申请书

周转金提款申请书 亚洲开发银行ADB

日期：____________________

至：亚洲开发银行

6 ADB Avenue, Mandaluyong City

1550 Metro Manila, Philippines

致：主计局贷款管理处（CTLA）

亚洲开发银行贷款号：__________

申请书编号：□□□□□

支付类型：

□首次预付款

□提高限额

□回补

先生/女士：

1. 根据____年____月____日亚洲开发银行与___（借款人）___签署的贷款协定，签署人谨申请从贷款账户中提取如下款项用于开设/回补周转金账户。

币种	小写金额	大写金额

2. 借款人证明并同意：

（1）上述金额是被申请用来支付所附的从________（年/月/日）到________（年/月/日）费用估算表上列示的合格支出。

（2）亚洲开发银行预付的周转金可能少于申请预付或回补的金额，以此保证周转金能逐步减少，并在贷款关账日之前提供全部凭证。

（3）签署人此前并未从上述贷款账户中提取或申请提取任何金额，也没有得到或将要得到任何贷款、信贷或赠款，用于全部或部分支付费用估算表或汇总表中所列支出。

（4）费用估算表/汇总表所列支出是用于贷款协定规定的用途并遵循其条款和条件。

（5）付款发生后6个月之内，签署人应及时向亚洲开发银行提供令其满意的凭证，以便清算并记录这笔预付款。

（6）对基于费用清单（SOE）进行清算的支出，所有的原始凭证都应保存在每个费用清单汇总表中指定的地点，以备审计机构和亚洲开发银行代表团的随时检查。

（7）截至本申请日，在贷款协定、项目协议或担保协议（如果有的话）下没有发生任何违约。

（8）如果根据本申请提取的全部或部分款项被退还给亚洲开发银行，亚洲开发银行将按该款项的现值贷记贷款账户。如果金额较小，则可在下一个还本付息日进行付款。

3. 付款指令

A. 收款人名称和地址：

收款人名称________________

收款人地址________________

B. 收款人开户行名称、地址和账号：

银行名称________________

银行地址________________

收款人账号________________

SWIFT 代码________________

C. 代理行（如果收款人的开户行不在提款币种国，填写该银行在提款币种国的代理行的名称和地址）银行名称

银行名称________________

银行地址________________

收款人开户行的账号________________

SWIFT 代码________________

D. 特别付款指令及其他参考信息

____

____

4. 本申请书共____页，其中包括汇总表____页。

自：________________

借款人名称

____

授权签字人签字

____

正楷书写授权签字人姓名、职务

____

周转金提款申请书的填制说明

（亚洲开发银行表格 ADB－IFP）

一般注意事项

1. 向亚洲开发银行提交提款申请书原件（或按要求提交亚洲开发银行代表处/地区代表处）。

2. 用不超过 5 位的数字/字母对申请书编号。

3. 对于预付款的回补，请将多次的申请合并直到提款数额至少达到 10 万等值美元或亚洲开发银行通知的其他金额。

4. 申请书填制完送授权签字人签署前，检查所附凭证是否完整，细节是否准

确。错误和疏漏会导致付款的延误。

提款信息

1. 日期：填入申请书的日期应该是授权签字人签署日期，而不是填制申请书的日期。

2. 贷款号：清楚写明亚洲开发银行贷款编号。

3. 申请书编号：对申请书进行连续编号。如果项目执行机构或实施机构超过一个，项目协调机构应为每一个执行机构分配一个字母识别代码。如，第一个执行机构的申请书编号为 A0001 至 A9999，第二个执行机构为 B0001 至 B9999。

4. 支付类型：在提款申请书对应小框中标明提款申请属于首次预付款、提高限额还是周转金回补。

费用估算表（亚洲开发银行表格 ADB－IFP－EES）

首次预付款：

1. 提供表 ADB－IFP－EES 中要求的所有细节。费用估算通常基于已经授予或将要授予合同的金额。估算费用不应超过合同金额。

2. 与运营成本有关的支出，其金额应与项目年度预算金额相联系。

3. 无需支持凭证。

周转金回补：

1. 除上述第 1、2 条之外，在提交提款申请书之前，要向亚洲开发银行有关的项目处提交合同和采购文件（超过 10 万美元的合同）。

2. 如果不允许使用费用清单，则需提供所有的付款凭证、发票、提单、或工程进度证明等。这些要求与归垫程序下的要求相同。

3. 在任何情况下，都需附上周转金账户所在银行的银行对账单和周转金账户调节表。

付款指令

1. 收款人名称和地址：为了识别付款，需填写收款人的全称和地址。

2. 收款人开户行名称、地址及账号：填明收款人开户行的全称和地址，有时还包括分支行等代办机构。账号很重要。如果收款人银行是 SWIFT 成员，应给出其 SWIFT 代码。

3. 代理行：如果款项要付到一家非提款币种国银行，填写（该银行在提款币种国的）代理行的全称和地址。如果该行是 SWIFT 成员，给出其 SWIFT 代码。

4. 特别付款指令：为便于付款或付款识别，给出任何具体的、特别的指令或参考信息。

5. 借款人名称：按照贷款协定中的借款人名称填写。

6. 授权签字人：本申请书仅提交授权签字人签署。检查授权签字人名单是否有变动。

附录8 直接支付/归垫/回补/清算汇总表

直接支付/归垫/回补/清算汇总表

亚洲开发银行 ADB

标记相应的方框： □直接支付（ADB-DRP-SS）（亚洲开发银行-直接支付程序-汇总表） □归垫（ADB-RMP-SS）（亚洲开发银行-归垫程序-汇总表） □回补/清算（ADB-IFP-SS）（亚洲开发银行-周转金程序-汇总表）

汇总表编号：	日期：				亚洲开发银行贷款号：			所附凭证（用X表示）				
贷款类别/子类别名称及编号：					申请书编号：							
序号	合同或采购订单号及日期	亚洲开发银行采购合同汇总表（PCSS）编号	货物及服务描述	供货商名称及地址	支付（到期）日	已付/应付金额	支付种类[1]	合同/采购订单[2]	发票/付款申请	收据	提单	证书

已付/应付总额 ________

亚洲开发银行融资百分比 ________

申请提款金额[4] ________

注：

1. 逐项说明是首次付款，还是分期付款(若是后者，指明是第几次付款)。
2. 如果合同或采购订单已送达，则用*在脚注说明以前申请书的参考号。
3. 在土建工程合同的情况下，应提交经签字的进度证书或中期支付证书。
4. 确保汇总表的总额与申请书金额一致。

借款人：________________ 签字：________________

（授权签字人的签字、姓名和职务）

附录9 适用于承诺函程序的汇总表

亚洲开发银行 ADB

适用于承诺函程序的汇总表

日期：____________________

亚洲开发银行贷款号：___________

申请书编号：□□□□□□
信用证号：□□□□□□

受益人（供货商）
名称：
地址：
信用证开证人名称（借款人或项目执行机构）

信用证开证行
名称：
地址：
银行代码：
信用证通知行（如适用）
名称：
地址：
银行代码：
信用证付款行或议付行（接收承诺函的银行）
名称：
地址：
银行代码：
备注：

信用证详细信息	
信用证金额和币种	信用证到期日
等值美元/特别提款权的金额	信用证装运日
付款条款	
货物及服务简要描述	
参考信息	
执行机构合同号/采购订单号	执行机构合同日期/采购订单日期
亚洲开发银行合同号（PCSS号）	贷款类别号
仅需开发性金融机构贷款填写	
采购国家	子贷款号

ADB =亚洲开发银行、EA =执行机构、LC =信用证、PCSS =采购合同汇总表
PO =采购订单、SDR =特别提款权。

1 需附两份签过字的信用证副本。

借款人：______________ 自：________________________

（授权签字人的签字、姓名和职务）

附录 10　提款申请书所需支持凭证一览表

直接支付程序

土建工程	
预付款	1. 合同中涉及预付款的条款和条件。 2. 银行保函。 3. 承包商的发票或付款申请。 4. 合同要求的其他文件。
质量保证金的支付	1. 无条件银行担保函。 2. 合同中涉及保证金返还的条款和条件。 3. 承包商的发票或付款申请。 4. 合同要求的其他文件。
月度工程进度付款	1. 中期支付证书或工程进度报表，需注明工程期间。 2. 承包商的发票或付款申请。
咨询专家服务	
预付款	1. 咨询专家的发票或付款请求。 2. 合同中涉及预付款的合同条款和条件。
月度咨询服务付款	咨询专家的发票或付款申请，需列出咨询服务期间及应付金额的明细。
货物付款	1. 供应商的发票或付款请求。 2. 提单或交货收据。

承诺函程序

承诺函的开立	1. 请参阅贷款支付手册 8.4 款的内容。 2. 与亚洲开发银行承诺函联用的信用证（LC）应注明如下信息：不可撤销、不可转让、原产地港口/原产国及进口港/进口国必须是亚洲开发银行的成员体、议付行/通知行*、装运日和到期日不得超过贷款的关账日、贷款支付手册 8.22 或 8.23 款下适用的亚洲开发银行条款。 * 标明不接受“任何银行议付”。
承诺函的修改	请参阅贷款支付手册 8.13 ~ 8.19 款的内容。

归垫程序

提供全部支持文件	1. 直接支付程序下所要求的全部凭证。 2. 付款凭证或收据，注明付款金额、收款日期及收款人。
简化的凭证	
费用清单（SOE）	费用清单。
自营工程（FAW）	1. 工程进度证明（自营工程证明第一部分）。 2. 财务进度证明（自营工程证明第二部分）。
同时申请子贷款批准和提款程序（SAW）	六个月内批准的子贷款目录。

周转金程序

周转金账户（I/A）首次预付款	费用估算应以已批准的合同及在所示支付期内已经确认的费用为基础。
周转金账户的回补	
仅有周转金一级账户（FGIA）时——无周转金子账户	1. 详细的周转金账户调节表（IARS）。 2. 已从周转金账户提款但尚未回补的费用的完整信息（即：付款说明、付款日期、收款人等）。 3. 当期的银行对账单。
有周转金二级账户（SGIA）时——含周转金子账户	1. 周转金一级账户及各二级账户的详细账户调节表（IARS）。 2. 周转金一级账户及各二级账户的当期银行对账单。 3. 对周转金一级账户及各二级账户，分别提供已从周转金账户提款但尚未回补的费用的完整信息（即：付款说明、付款日期、收款人等）。
超过费用清单限额的费用	1. 付款证明或正式的付款收据。 2. 发票或账单。 3. 周转金账户回补所需的各类基本凭证。
增加周转金账户预付款	正式申请函，函件中应注明支付期间及该期间内经确认的各类费用的成本估算。 注：提款申请书的提交应当在申请获得批准后。

其他：

1. 所有支持凭证都应用英文书写。如果支持凭证使用的是当地语言，则应提交英文翻译。
2. 发票或账单应有完整的付款说明（即：银行名称、分支行、银行地址、账号及收款人银行的SWIFT/BIC代码）。
3. 对于欧元付款，收款人的银行账号应以国际银行账户号码（IBAN）形式提供。
4. 如果开户行不在付款币种国，则应确保已经提供了代理银行的信息。
5. 在汇总表及费用清单中应尽可能注明费用支出对应的亚洲开发银行PCSS号。
6. 在汇总表或费用清单中注明项目负责人的联系信息（即：传真号码、电子邮件地址及电话号码）。

重要提示：

除了标准的亚洲开发银行表格（即：提款申请书、汇总表、费用清单及周转金账户调节表）之外，还要求提供所列出的支持凭证。根据具体的业务，可能还需要提供额外的支持凭证。亚洲开发银行将退还不符合要求的提款申请。

附录 11　合格支出和不合格支出

亚洲开发银行于 2005 年 8 月 25 日对合格支出的政策进行了修改，这一政策已经于 2006 年 3 月 15 日随员工操作指南的颁布而生效。新政策仅适用于政策修改后批准的新贷款，并且必须符合行长报告及建议书（RRP）、项目协议/贷款协定中的相关规定。

<table>
<tr><th>政策修改前</th><th>政策修改后</th></tr>
<tr><td>合格支出：
• 项目的直接外汇成本，包括建设期内的利息和其他费用、以外汇形式发生的进口货物的运费和保险费用；
• 项目的间接外汇成本（指向国内供货商或承包商购买的商品和服务所含的进口成分的成本）。包括以下三种类型的采购：
—— 现成交货（off - the - shelf），含进口商品
—— 本国生产的含进口成分的商品
—— 含有前两类采购内容的工程
• 在当地费用融资安排下的当地货币支出（指以项目所在成员体的货币发生的、用于该成员体境内商品采购和由该成员体提供服务的支出，但不包括在这类商品和服务的进口成分上的支出）。

不合格支出：
• 进口货物的关税和其他税款
• 税 —— 销售税、增值税或由借款人征收的任何其他税
• 土地成本 —— 土地购置成本及路权补偿费
• 保险费 —— 用当地货币支付的保险费或者自保保费，贷款协定中另有规定的除外
• 营运资金（增量或初始营运资金除外）
• 利息费用（含银行费用），但亚洲开发银行贷款的利息费用除外
• 与亚洲开发银行融资项目无直接联系的费用</td><td>亚洲开发银行融资及贷款支付不再区别外汇成本和本币成本。

以下费用不再是不符合亚洲开发银行融资条件的支出：
• 土地购置和路权补偿费的支付
• 税和关税
• 本地运输、运费及保险费
• 滞纳金
• 经常性开支
• 食物费用
• 解雇费
• 联合融资的建设期利息
• 移民安置费
• 银行费用
• 二手货物
• 租赁费</td></tr>
</table>

附录12 代表处/地区代表处的支付审查

ADB
亚洲开发银行

备忘录
亚洲开发银行代表处/地区代表处
(请在这里填写确切的地址)

至： 主计局贷款管理处财务控制专家　　　　日期：
自： 代表处/地区代表处项目专家①
主题：代表处/地区代表处的支付审查

贷款信息：
贷款号：__________　　　　提款申请书编号：__________
申请的币种和金额：
__________　　　　支付程序：__________

审查的文件：

直接支付 □
周转金账户 □
　首次预付款 □
　周转金回补 □
　最后清算 □
　其他 □
　__________

承诺函
归垫
　费用清单 □
　自营工程 □
　同时申请子贷款批准和提款（SAW） □
　__________

建议：
　付款 □　　　　其他 □ __________

我们的审查意见如下：

	审查结论	
	是	否
A.对采购的审查		
符合亚洲开发银行的如下要求：		
1.合同金额等于或低于100000美元	□	□
2.合同金额高于100000美元	□	□
3.合同已送交亚洲开发银行	□	□
4.采购合同汇总表(PCSS)已签发	□	□
B.贷款支付审查		
以下各项的准确性和正确性：		
1.签字样本	□	□
2.贷款支付的类别和比例	□	□
3.付款指令	□	□
C.其他细节		
以下各项的准确性和正确性：		
1.申请金额	□	□
2.受益人及其银行账号和代理行	□	□
3.凭证的完整性	□	□
4.周转金账户/费用清单及合同上限	□	□
5.提款申请上限	□	□

D.评语 __________
____

① 也可由代表处/地区代表处中负责对提款申请书进行审查的主计官员签发。

附录 13　亚洲开发银行审查提款申请书操作指南

一、目标

1. 确定支出是否符合亚洲开发银行融资条件；

2. 保证支付申请所附凭证的完整性；

3. 核查申请的准确性；

4. 找出不符点，并作进一步审查和考虑。

二、操作步骤

1. 直接支付和归垫程序

（1）核实申请表和汇总表上授权签字的真实性。一旦发现有不一致，应由借款人通过电传、电子邮件或 SWIFT 确认；

（2）检查所提交凭证的完整性，例如：

- 采购订单或合同；
- 发票；
- 提单或交货收据；
- 付款证明（用于归垫程序）。

（3）确定采购合同汇总表（PCSS）或采购合同更新表（PCUS）是否已发出。如果没有，则要求有关的项目处采取如下措施：

- 检查所记录信息的完整性与准确性；
- 根据贷款协定、评估报告或其他后续官方文件和协定，核实亚洲开发银行融资百分比；
- 核实计算的准确性。

（4）将 PCSS、PCUS 和“贷款概况”中反映的亚洲开发银行融资比例与提款申请书中反映的亚洲开发银行融资比例相比较。找出不符之处并做出解释。

（5）根据贷款协定、后续协定或者董事会文件（如果有的话），核实支出是否符合亚洲开发银行融资条件。注意：

- 对于土建工程，在亚洲开发银行 100% 融资情况下，应排除所得税；
- 亚洲开发银行对货物的融资情况参看贷款协定第 3 款；
- 咨询费支出的性质在合同中有规定。

如有不符，需由项目处确认和批准。

（6）在操作过程中，核查合同分类账和贷款状况，以确保：

- 合同分类账

—— 在未支付贷款余额中，有足够的余额以供提取；

—— 同一项目或提款申请以前未提过款。

• 贷款状况

—— 支出发生在贷款关账日之前。

（7）按贷款类别或批号，准备必要的工作文件以备具体付款。

（8）准备支付凭证。

2. 承诺函（CL）申请

（1）核实授权签字的真实性；

（2）检查凭证的完整性；

（3）按上述步骤 1.3 确定 PCSS/PCUS 是否存在；

（4）检查信用证是否对亚洲开发银行成员体或采购指导原则有限制或禁止性的规定；

（5）查找信用证条款中任何不符点。信用证的装运日及到期日不能迟于贷款关账日；

（6）取得未承诺贷款余额，核实获得资金的可能性；

（7）确认与议付行/通知行之间是否有双边密押交换安排。如果没有，请求资金局资金服务处做出密押安排。

（8）准备承诺函（CL）。

3. Condiment 申请

（1）电传（telex）—— 核实是否为加押电传；

SWIFT 电文 —— 核实电文是否有密押。

（2）取得承诺函分类账，并根据付款日期核验信用证的到期日。

（3）检查承诺函分类账，保证有足够的贷款余额，而且要避免同一费用项目的重复支付。

（4）核实支付条款，找出不符点。

（5）确保对方的加押电传或 SWIFT 密押电文中有如下字样：①完全遵守信用证条款；②单据是在原到期日或展期后的到期日之前提交的；③如有不符点，已向信用证开证行提示并得到其认可，或“Condiment”字样。上述字样如果在电传或 SWIFT 中没有明确，应用电传或 SWIFT 通知议付行。

（6）准备内部支付凭证。

4. 费用清单（SOE）

（1）除上述步骤1（1）～（7）外，确保该贷款下的 SOE 程序已获亚洲开发银行批准。

（2）在 SOE 程序支付单上记录本次支付情况，以便亚洲开发银行代表团日后的详细检查。

5. 周转金

（1）除上述步骤1（1）~（7）外，确保该贷款下的周转金程序已获亚洲开发银行批准；

（2）与地区局商议，确定发生的支出是否符合清算或回补的要求；

（3）根据以前的贷款支付情况，对本次申请进行核实，确定是否可以清算；

（4）查找并记录任何异常情况，以便日后做进一步调查。

附录 14　直接支付程序的描述

责任人/单位	行　为
借款人	• 依据亚洲开发银行 ADB－DRP/RMP 表格（附录 5）填制提款申请书，不同币种要分别填写； • 依据亚洲开发银行 ADB－DRP－SS 表格（附录 8）填制相应的汇总表，每一类别或子类别要分别填写； • 附上合同或经确认的采购订单，标明金额和到期日； • 每份提款申请书后附相应凭证。
亚洲开发银行	• 收到已填好的 ADB－DRP/RMP、ADB－DRP－SS 以及相关文件

附录15 亚洲开发银行承诺函

亚洲开发银行
No. 6 ADB Avenue, Mandaluyong City
1550 Metro Manila, Philippines
SWIFT BIC：ASDBPHMM
电传：42205 ADB PM（ITT）
传真：（632）636 2606

承诺函号：____________________
日 期：____________________
信用证号：____________________
贷 款 号：____________________
子贷款号：____________________
亚洲开发银行合同号：____________________
贷款类别号：____________________

（信用证议付行或通知行）

____

____

先生/女士：

1. 我行现送交信用证副本一份。据我行所知，你行准备通知、议付或保兑此信用证。信用证的金额为______*［折合 美元/特别提款权（SDR）］*，受益人是______（*受益人完整的姓名和地址*），到期日为______。

2. 考虑到你行接受以下条件，我行在此同意：

（1）向你行归垫所有按照信用证条款向受益人或其指定人支付的款项，或者

（2）向你行支付根据信用证条款到期应付受益人的款项。你行同意在收到我行汇款后立即支付给受益人或其指定人。

一旦我行收到本承诺函所述的书面申请，我行将迅速付款。

3. 本承诺函按照亚洲开发银行贷款协定出具，受以下条款和条件限制：

（1）收到此函时，你方应通知、议付或保兑信用证。

（2）除非你方收到我方书面认可，否则对信用证以下支付条款的修改无效：币种和金额、货物描述或数量、受益人、原产国，以及将信用证到期日延长至______

（贷款关账日）之后等。

(3) 只有当我行收到加密SWIFT、加押电传，而且SWIFT或电传与本函背面印制的表格相一致时，我行才有义务向你行付款。除非经我行另行同意，否则我行在此承诺函下的义务将在上文3 (1) 所述的日期终止。

(4) 如果信用证条款与信用证受益人提供的运单或其他单据有任何不符点，你行付款需得到开证行的授权，并要通知我行已获授权。

(5) 我行不承担与信用证有关的利息、手续费、有关费用或其他费用。

(6) 你行同意在信用证全部或部分注销、到期或最后付款的情况下，立即通知我行。如果有未使用的金额，也一并通知我行。

(7) 因为亚洲开发银行的贷款是以美元或特别提款权为记账单位，我们已根据亚洲开发银行决定的汇率将本承诺金额折合为上述的美元或特别提款权金额。我们付款时，如果因为在货币购买交易中汇率发生了变化，致使原承诺额的等值美元或特别提款权金额被超出，我行将适当增加上述的等值美元或特别提款权金额，但条件是当时的贷款资金能够吸收该增加额。然而，如果我行不能从贷款资金中安排全部或部分的增加额，我行将按所能安排的美元或特别提款权折合的信用证货币金额支付，若有未付余额，将由你行与借款人协商支付。我们的借款人将在得到我们的通知后，立即支付给你方此类款项。

4. 你行首次要求付款即表明你行接受本承诺函及其附件的所有条款和条件。我行将以此承诺函复印件存档为证。

您真诚的，

亚洲开发银行

签字 1：________

2：________

（授权签字人）

附录16　亚洲开发银行付款或归垫和其他指令

（本表是承诺函不可缺少的一部分）

申请的格式

1. 我们接受你们按下列形式用加密SWIFT或加押电传提交的支付申请（请只使用以下三个电传号：29066 ADB PH，42205 ADB PM，63587 ADB PN）：

密押号(申请币种和金额)（SWIFT不要求填此项）

Condiment：（申请币种和金额）

信用证号：　　　　　　　　　　　　　　亚洲开发银行承诺函号：

支付指令：

参考号：　　　　　　　　　　　　　　　信用证到期日：

信用证余额：将予使用/撤销。

虽有不符点（若适用）被________接受。

其他指示或备注：

上述电文格式中“Condiment”一词表明你方证实：

（1）完全依据上述信用证条款和经相应批准的修正条款（如果有的话），款项已经支付或已到期并将立即支付给受益人；

（2）单据是在原到期日或展期后的到期日前提交的；

（3）单据中的不符点已通知信用证开证行，并已为该行接受，不必对SWIFT或电传形式的付款要求加以书面确认。

2. 我们对直接来自信用证通知行或信用证中指定议付行（同时也是本承诺函的接受行）的支付或归垫申请予以偿付。所有其他商业银行均需通过上述银行提出支付申请。

3.（1）为帮助我们迅速付款，当上述第1段中三个条件均满足的情况下，你行务必在SWIFT、电报或电传中提及“Condiment”一词。

（2）尽管电传也是可以接受的一种申请方式，但是你方最好采用SWIFT方式，以加快申请的处理。

（3）电传中的密押号应符合我们之间业已存在的有关密押安排。如目前没有SWIFT密押和电传密押安排时，我们将另函与你方安排交换SWIFT密押或电传密押。我们对你行与另一家菲律宾银行之间的密押安排的真实性不予认可，因为这会带来额外的成本和延误，但如果我们的密押安排未能及时送达你行时除外。

4. 你行申请中的支付指令应指明你行在信用证币种国的代理行。你行在该代理行应开有存款账户。

5. 请不要在申请支付的金额中计入与信用证有关的利息、手续费、开支或其他银行费用［见承诺函3（5）款］。

单据中的不符点

6. 我们不会接受对装运单据与信用证条款任何不符点出具的保函。在此情况下，在你行向我们提交归垫申请之前，应将不符点通知信用证开证行，请求授权支付。你行的归垫申请中应明确指出已获得这种支付授权。这也适用于信用证到期之后的议付。

7. 关于承诺函3（2）款，装运和信用证失效日可以不经我行批准而延长的最长期限为借款人有权从贷款账户提款（包括质量保证金的最后支付，如果有的话）的最后一天。任何超出这一天的延期都需经亚洲开发银行批准。如亚洲开发银行和借款人之间达成协议，此日期可以延长，届时你行将会收到相关通知。

附录17　申请批准修改信用证的函

日期：____________________

亚洲开发银行贷款号：____________________

信用证号：____________________

承诺函号：____________________

至：亚洲开发银行

No. 6 ADB Avenue, Mandaluyong City

1550 Metro Manila, Philippines

致：主计局贷款管理处（CTLA）

先生/女士：

申请批准修改信用证

我们申请你行书面批准我们（日期）提出的对________号亚洲开发银行承诺函项下的________号信用证的修改。随附修改件一份。

我们认为所提出的修改是必要的、合理的，并请贵行将批准消息通知相关商业银行。

自：____________________

借款人名称

____

授权签字人签字

____

正楷书写授权签字人姓名、职务

____

附录18　信用证修改函的批准书

日期：＿＿＿＿＿＿＿＿

亚洲开发银行贷款号：＿＿＿＿＿＿＿＿

信用证号：＿＿＿＿＿＿＿＿

承诺函号：＿＿＿＿＿＿＿＿

＿＿（商业银行的名称）＿＿

＿＿（地址）＿＿

＿＿＿＿＿＿＿＿

先生/女士：

申请批准修改信用证

兹据所附的修改件，我行批准你行于＿＿＿（日期）提出的信用证项下的修改。

您真诚的，

亚洲开发银行

＿＿＿＿＿＿＿＿

＿＿＿＿＿＿＿＿

（授权签字）

附录19 借款人关于延长信用证到期日和装运日的通知

日期：____________________

亚洲开发银行贷款号：____________________

信用证号：____________________

承诺函号：____________________

至：亚洲开发银行

No. 6 ADB Avenue, Mandaluyong City

1550 Metro Manila, Philippines

致：主计局贷款管理处（CTLA）

先生/女士：

如随附修改函所示，________号亚洲开发银行承诺函项下的________号信用证的到期日和装运日已经延长。

我们证明延长后的到期日和装运日均未超过贷款关账日。信用证开证行已同意作此修改。

自：____________________________

借款人名称

____

授权签字人签字

____

正楷书写授权签字人姓名、职务

____

附录20 承诺函程序的描述

责任人或单位	行为
A. 借款人申请承诺函	
借款人	• 进口之前，向本国商业银行申请开具以供货商为受益人的信用证； • 使用 ADB－CL 表格（见附录6）填制承诺函提款申请书，不同币种要分别填写； • 填写相应的承诺函汇总表（见附录9），不同类别或子类别要填写不同的汇总表； • 每一提款申请应附上有关凭证。
亚洲开发银行	• 收到已填好的 ADB－CL 表格、相应的汇总表和信用证（两份）。
B. 亚洲开发银行签发承诺函	
亚洲开发银行	• 批准借款人承诺函申请后，亚洲开发银行向指定的商业银行发出承诺函（见附录15、16）。同时，寄给借款人和开证行各一份副本。 • 亚洲开发银行对私营部门业务的承诺函略有不同（见附录40）。
C. 议付行提交归垫申请	
指定的商业银行	• 指定的商业银行在确认其已经或同意按照信用证条款对某笔交易进行支付后，可按规定格式向亚洲开发银行提交归垫申请。
D. 信用证的修改	
借款人	• 借款人在收到开证行信用证的修改函后，填写“申请批准修改信用证的函”（见附录17），并将此申请和信用证修改函报送亚洲开发银行。
亚洲开发银行	• 亚洲开发银行批准修改申请后，通过 SWIFT、电传或正式信函（见附录18）通知借款人和议付行。 • 亚洲开发银行将第二份信用证修改函送至指定的商业银行。
E. 对信用证与货运单据不符点的处理	
指定的商业银行	• 指定的商业银行通过开证行，要求借款人授权议付行忽略不符点，进行付款。
借款人	• 借款人在和开证行协商后，授权议付行付款，然后通知亚洲开发银行不符点和授权指定商业银行付款的事实。

附录 21　归垫程序的描述

责任人或单位	行为
借款人	**适用于所有的归垫程序** • 使用 AD－DRP/RMP 表格（见附录 5）填制提款申请。 **适用于需要完整文件的归垫程序** • 使用 ADP－RMP－SS 表格（见附录 8），填制相应的汇总表； • 随附标明金额和付款日期的合同或已经确认的采购订单（若此前未向亚洲开发银行提交）； • 随附发票、账单或付款申请和交货收据的复印件； • 随附付款收据或付款凭证的复印件。 **适用于费用清单（SOE）程序** • 填制并签署相应的费用清单表格。费用清单表格包括以下四种： • 适用于合同金额不超过 10 万美元的费用清单表格，大多与土建工程有关（见附录 22）； • 适用于合同金额超过 10 万美元的费用清单表格（见附录 23）； • 适用于非合同项目的费用清单表格，大多为营业费用和管理费用（见附录 24）； • 费用清单的自由格式，适用于其他 SOE 格式中未加规定的内容（见附录 25）。
借款人	**适用于自营工程** • 使用 ADB－RMP－SS 表格（见附录 8），填制相应的汇总表； • 在已签字的提款申请和汇总表后，附上签字后的工程进度“证明 1”和“证明 2”（见附录 26）； • 填写“项目完工进度表”（PPPA）（见附录 27）以支持“证明 1”部分。 **适用于“同时申请子贷款批准和提款”（SAW）** • 填制相应的“同时申请子贷款批准和提款”汇总表（见附录 28）。
亚洲开发银行	**适用于所有的归垫程序** • 收到填制完成的表格和相关文件。

附录22 费用清单

（适用于金额等于或小于10万美元的合同）

费用清单(适用于金额等于或小于10万美元的合同)

报告期从__________至__________

亚洲开发银行 ADB

费用清单用于：　☐补充周转金账户　☐归垫　☐周转金清算

费用清单号:	亚洲开发银行贷款号:				贷款类别/子类别:				申请书号:					日期:	
采购					支付										
			合同		支付明细						亚洲开发银行融资				
序号	合同描述	供应商/承包商的名称、地址	日期	PCSS*号	账单号	日期	账单金额	质量保证金	税	已付金额	亚洲开发银行融资成本为_%	汇率	从周转金账户支取的等值美元	付款支票号	备注

*PCSS -采购合同汇总表　　　　合计 __________　　__________

证 明

我们在此证明上述金额已用于支付正当的项目执行活动,且符合贷款协定的条款和条件。上述支出的所有原始凭证都已保存在(填入地址)并可以在检查团的要求下提供。我们进一步证明，付款额没有被分割以规避费用清单下规定的限额。

借款人：________________　　自：________________

（授权签字人的签字、姓名和职务）

附录23 费用清单

（适用于金额超过10万美元的合同）

费用清单(适用于金额超过10万美元的合同)
报告期从__________至__________

亚洲开发银行 ADB

费用清单用于：　□补充周转金账户　□归垫　□周转金清算

费用清单号:		亚洲开发银行贷款号:			贷款类别/子类别:[1]				申请书号:				日期:
序号	货物和服务描述	项目执行机构合同/采购订单号	PCSS号	供货商名称和地址	应付或已付金额	亚洲开发银行融资比例%	要求提款金额[2]	付款性质[3]	付款/支票号	从周转金账户支取的币种和金额[4]	汇率[4]	等值美元数[4]	备注

EA=执行机构, PCSS=采购合同汇总表, PO=采购订单

合计 ________ ________ ________ ________

证　明

我们在此证明上述金额已用于支付正当的项目执行活动,且符合贷款协定的条款和条件。上述支出的所有原始凭证都已保存在(填入地址)并可以在检查团的要求下提供。我们进一步证明，付款额没有被分割以规避费用清单下规定的限额。

借款人：____________________　　自：____________________
（授权签字人的签字、姓名和职务）

注：
1. 对每个类别和不同的采购国家，应分别制作汇总表。
2. 确认总金额或所有汇总表金额之和等于或大于10万美元，且等于申请的总金额。
3. 逐项说明是首次付款，还是分期付款（若是后者，指明分期付款的次数）。
4. 适用于(周转金账户的)清算/补充，应附上银行对账单和调节表。本栏输入数据应为银行对账单上的金额。

附录24 费用清单

（适用于经营成本）

费用清单(适用于经营成本)

报告期从__________至__________

亚洲开发银行 ADB

费用清单用于： □补充周转金账户 □归垫 □周转金清算

费用清单号：		亚行贷款号/联合融资贷款号：		贷款类别/子类别：			申请书号：		日期：	
序号 （1）	工作类型/支出项目[1] （2）	项目成份 （3）	预算（年度）(币种) (4)	截至上期累计支出(币种) (5)	本期支出(币种) (6)	亚洲开发银行融资比例%（7）	从周转金账户支取的币种和金额[2] （8）	所用汇率[2] （9）	等值美元数[2] （10）	付款/支票号 （11）

总计

A) 合计

B) 亚洲开发银行融资比例

C) 亚洲开发银行融资额(A□B)[3]

*根据项目的不同情况，栏目标题和名称可做适当增改。

证 明

我们在此证明上述金额已用于支付正当的项目执行活动,且符合贷款协定的条款和条件。上述支出的所有原始凭证都已保存在(填入地址)并可以在检查团的要求下提供。我们进一步证明，付款额没有被分割以规避费用清单下规定的限额。

借款人：____________ 自：____________

（授权签字人的签字、姓名和职务）

注：

1. 逐项说明是首次付款，还是分期付款（若是后者，指明分期付款的次数）。
2. 适用于(周转金账户的)清算/补充，应附上银行对账单和调节表。本栏输入数据应为银行对账单上的金额。
3. 确认总金额或所有汇总表金额之和等于或大于10万美元，且等于申请的总金额。

附录25 费用清单

（自由格式）

费用清单(自由格式)[1]
报告期从__________至__________

亚洲开发银行 ADB

贷款号：______________________ 提款申请书号：______________________ 日期：______
汇总表号：______________________ □周转金账户的清算/回补
类别/子类别号：______________________ □归垫

序号					
	总计				
	A) 总栏数				
	B) 亚洲开发银行融资比例				
	C) 亚洲开发银行融资额（A×B）[2]				

证 明

我们在此证明上述金额已用于支付正当的项目执行活动，且符合贷款协定的条款和条件。上述支出的所有原始凭证都已保存在(填入地址)并可以在检查团的要求下提供。我们进一步证明，付款额没有被分割以规避费用清单下规定的限额。

借款人：______________________ 自：______________________
（授权签字人的签字、姓名和职务）

注：

1. 此自由格式表适用于不在合同授予范围之内的当地支出，如经常性的经营成本、奖学金和培训费用等。对其他费用清单提款申请，可以增加或改变栏目标题和名称以适应项目的不同情况。
2. 确认总金额或所有汇总表金额之和等于或大于10万美元，且等于申请的总金额。

附录 26 自营工程证明

自营工程证明（第一部分）

亚洲开发银行贷款号：

日期：________________

兹证明截至________（日期）与________有关的工程累计进度为 ____%。

签字：________________
姓名：________________
职务或职称*：________________
执行机构：________________

*需是项目顾问或项目工程师，或是项目执行机构或实施机构的授权代表。

自营工程证明（第二部分）

亚洲开发银行贷款号：

亚洲开发银行对此自营工程的融资额为________美元。根据上述证明一所列的工程完工进度，累计可提款额为________美元。根据到________号为止的提款申请书的提款申请，已提用________美元。现根据号提款申请书，要求提取________美元的余额。

该自营工程的融资额为 ________美元
累计可提款金额为 ________美元
（上述证明一所列的工程完工百分比）
减去：至（最近一次已支付的申请书）提款申请为止的已提款金额
________美元
现申请的提款金额 ________美元
（本次申请）

签字：________________
（授权签字人签字）*

____
（正楷书写授权签字人姓名、职务）

＊ 借款人授权的、代表借款人签署提款申请书的被授权人。

附录27　自营工程项目实际完工进度表

自营工程项目实际完工进度表（以百万美元为单位）

截至20______年______月的季度报表

亚洲开发银行 ADB

明细	贷款号：			项目名称：									
	成本概算[1]（以百万美元为单位）			实施进度表						时间跨度（栏5/栏6）	完成百分比(%)		备注
	国外	本国	小计	评估时预计开工日期	开工日期	延期月份（栏5-栏4）	评估时预计完工日期	目标完工日期	延期月份（栏8-栏7）		计划	实际	
	1	2	3	4	5	6	7	8	9	10	11	12	13

[1] 可以是据评估报告作的原始估算费用，也可以是经亚洲开发银行批准的修正估算费用。

附录28　同时申请批准子贷款批准和提款（SAW）汇总表

亚洲开发银行 ADB

同时申请批准子贷款批准和提款(SAW)汇总表

子贷款号	子贷款借款人	行业部门/ISIC代码	企业性质/地址	项目描述	子贷款目的[1]	项目成本	已批准的贷款总额[2]	申请提款比例%	子贷款金额	支付日期	原产国	备注[3]
1	2	3	4	5	6	7	8	9	10	11	12	13

ISIC - 国际标准产业分类代码

注：

1.请注明项目是新建(N)、扩建(E)、平衡(B)、现代化(M)或是更新(R)。

2.应与第6项有关。

3.写明贷款期限(宽限期)、利率、担保措施和其他有关数据。

附录 29 费用估算表

费用估算表

亚洲开发银行 ADB

亚洲开发银行贷款号：__________ 申请书编号：__________ 日期：__________

贷款类别号：__________ 估算表编号：[1] __________

合同号	合同日期	货物及服务描述	合同金额	费用估算额[2]	汇率	以美元计价的费用估算额

本页总计	__________	__________
上页结转额	__________	__________
估算费用总额	__________	__________
亚洲开发银行融资百分比	__________	__________
符合亚洲开发银行融资条件金额	__________	__________
账户余额	__________	__________
申请提款金额	__________	__________

注：

1. 对不同的贷款类别分别填写费用估算表。
2. 参照每一合同的支付条款，用费用发生的币种标明所需金额。这一栏的数额不应该超过“合同金额”栏中的相应数额。

借款人：__________ 自：__________

（授权签字人的姓名、签字）

____

（授权签字人职务）

附录30 周转金账户调节表（IARS）

周转金账户调节表（IARS）
贷款/赠款号

申请书编号：............ 开户银行：............
账号：............ 银行地址：............

1.周转金账户现有的尚未偿还的预付款总额		美元 ×××,×××.××
2.周转金账户银行对账单(附后)余额(对账单日期:__________)		美元 ×××,×××.××
3.加: 本次提款申请书(编号:____________)申请的合格费用金额		美元 ×××,×××.××
4.加: 以往申请的但在本次银行对账单出具时尚未入账的金额:		美元 ×××,×××.××
申请书编号	金额	
×××××	美元 ×××,×××.××	
×××××	美元 ×××,×××.××	
×××××	美元 ×××,×××.××	
5.从周转金账户中支取但尚未申请补充的费用总额		
a. 周转金二级账户（SGIA）[1]		
a.1 项目实施单位#1周转金二级账户余额 ---------	美元 ×××,×××.××	
a.2 项目实施单位#2周转金二级账户余额 ---------	美元 ×××,×××.××	
a.3 项目实施单位#3周转金二级账户余额 ---------	美元 ×××,×××.××	
a.4 项目实施单位#4周转金二级账户余额 ---------	美元 ×××,×××.××	
a.5 项目实施单位#5周转金二级账户余额 ---------	美元 ×××,×××.××	
周转金二级账户总余额		美元 ×××,×××.××
b. 在途资金	美元 ×××,×××.××	
c. 小额现金余额	美元 ×××,×××.××	
d. 未清算费用（逐项说明）	美元 ×××,×××.××	
e. 其他（请详细说明）	美元 ×××,×××.××	
		美元 ×××,×××.××
6.应计预付款总额		美元 ×××,×××.××

对以上第1项和第6项两个总数之间的任何差异(如:贷记账户的利息收入、银行费用等)解释如下:

____
授权签字人

[1] 列出现有的全部周转金二级账户及其相应的预付款金额。附上最新的周转金二级账户调节表及银行对账单。

附录 31　周转金预付款的清算

亚洲开发银行 ADB

周转金预付款的清算

日期：______________________ 亚洲开发银行贷款号：________________

至：亚洲开发银行 申请书编号：□□□□□

6 ADB Avenue, Mandaluyong City

1550 Metro Manila, Philippines

致：主计局贷款管理处（CTLA）

在此谨附如下总额支出的汇总表和凭证：

币种	金额（小写）	金额（大写）

这些支出为亚洲开发银行贷款协定项下的支出。请根据之前的预付款清算。

货物及服务的描述:

类别	说明	金额
______	______________	____________
______	______________	____________
______	______________	____________
______	______________	____________
______	______________	____________

总计

注: 每一贷款类别应使用独立的汇总表。

____________________　　　____________________

借款人　　　　　　　　　授权签字人签字

____

正楷书写授权签字人姓名、职务

附录32　周转金账户安慰信样本

（用开具安慰信商业银行的信头纸）

日期：

至：亚洲开发银行
No. 6 ADB Avenue, Mandaluyong City
1550 Metro Manila, Philippines
致：主计局贷款管理处（CTLA）

先生/女士：

本函是关于亚洲开发银行（*亚洲开发银行*）投资项目和规划贷款通过预付款形式进行的支付程序。该程序下的预付款存入亚洲开发银行借款人或其他贷款受益人开立的特殊存款或周转金账户。

据我们了解，为更好地贯彻亚洲开发银行章程的有关条款——即保证任何贷款资金只能用于贷款指定目的，亚洲开发银行在贷款协定和补充支付文件中规定，将资金存入该类账户及相应的条款和条件须经亚洲开发银行批准。

在亚洲开发银行成员体借款人或其中央银行或其他受益体的要求下，（*开户行名称*）不开设上述性质的账户。我们承认亚洲开发银行在保障账户资金专门用于项目和规划方面有利益要求，因此我们乐于确认，（*开户行名称*）将不会对项目和规划提出任何权利主张；也将不会提出抵销、没收或扣押这类账户上的相应存款以偿还对（*开户行名称*）欠款的权利主张。仅当第三方采取措施扣押这些资金时，（*开户行名称*）才在必要的程度上对其（*拥有权利*）部分提出权利主张。如果发生第三方扣押任何这类账户资金的情况，（*开户行名称*）将立即通知亚洲开发银行，并与亚洲开发银行进行适当合作，努力寻求解除这种扣押。

我们理解上述陈述将作为亚洲开发银行在今后批准账户安排及支付预付款的根据。

您真诚的，

____

总行被授权官员
（*开户行名称*）

注：商业银行总行签发的安慰函对借款人在该商业银行的任何分行开设的周转金账户均有效力。

附录33 周转金二级账户调节表（SGIARS）

贷款/赠款号：＿＿＿＿＿＿

项目实施单位：………………………… 开户银行：…………………………

账号：………………………… 银行地址：…………………………

1. 周转金二级账户现有的尚未偿还的预付款总额[1] 本国货币 ×，×××，××× 美元×××，×××.××

2. 周转金账户银行对账单(附后)余额
（对账单日期：＿＿＿＿＿＿＿＿） 本国货币 ×，×××，××× 美元×××，×××.××

3. 加：项目实施单位已申请清算但在银行对账单日尚未回补的金额 本国货币 ×，×××，××× 美元×××，×××.××

日期	参考号	金额
日/月/年	×××××	×××××
日/月/年	×××××	×××××
日/月/年	×××××	×××××

4. 加：小额现金余额 本国货币×，×××，××× 美元 ×××，×××.××

5. 未清算费用——从周转金二级账户中支取但尚未申请回补的费用（逐项说明） 本国货币×，×××，××× 美元 ×××，×××.××

5.1＿＿＿＿＿＿＿＿＿＿＿＿＿＿

5.2＿＿＿＿＿＿＿＿＿＿＿＿＿＿

5.3＿＿＿＿＿＿＿＿＿＿＿＿＿＿

5.4＿＿＿＿＿＿＿＿＿＿＿＿＿＿

6. 应计预付款总额 本国货币×，×××，××× 美元 ×××，×××.××

对以上第1项和第6项两个总数之间的任何差异（如：贷记账户的利息收入、银行费用等）解释如下：

＿＿＿＿＿＿＿＿＿＿

授权签字人

注：如果周转金二级账户是以本国货币开设的，请注明从周转金一级账户向该账户支付或回补预付款时使用的汇率。

[1] 预付款总额应与周转金一级账户调节表（IARS）中第5(1)项的金额一致。

附录 34 周转金程序的描述

责任人/单位	行为
A. 亚洲开发银行对周转金账户的首次预付款	
借款人	• 填制周转金提款申请书（见附录 7），并使用表格 ADB – IFP – EES（见附录 29）填制费用估算表。
亚洲开发银行	• 收到填写好的表格后，支付首期六个月的预付款并存入借款人的周转金账户。
B. 周转金账户的清算或回补	
借款人	• 当申请金额达到 10 万美元的最低限额时，填制周转金提款申请书（见附录 7）及适用的汇总表 ADB – IFP – SS 或费用清单（见附录 8 或附录 22 ~ 25），以尽可能及时地对周转金账户进行回补； • 填制必要的周转金账户调节表（见附录 30、附录 33），并附银行对账单。
亚洲开发银行	• 收到填好的各种表格，支付合格费用的金额，回补周转金账户余额； • 对无正当理由或不合格的费用不予支付。
借款人	• 将不予支付的金额退回周转金账户。
C. 预付款的最后清算或偿还	
借款人	• 填制周转金预付款清算表（见附录 31）及适用的汇总表或费用清单； • 填制周转金账户调节表（见附录 30、附录 33），并附银行对账单。
亚洲开发银行	• 收到填制好的各种表格，并从预付款未偿还余额中扣减已发生费用的金额，直至周转金账户余额为零； • 如在贷款关账日后周转金账户仍有未清算的预付款，要求借款人退回未清算余额。
借款人	• 如在贷款关账日后周转金账户仍有未清算的预付款，按照贷款协定的规定，及时将资金退回贷款账户。

注：项目执行机构周转金账户产生的利息只能用于项目支出。

附 录 35 规划贷款支付

（附于提款申请书后的支持性文件的格式）

财 政 部

（借款人名称）

____

（日期）

证 明

兹出具本证明，以作为*（借款人名称）*提交的申请金额为________百万的提款申请书（*日期为*________）的支持性文件。该提款申请是*（借款人名称）*和亚洲开发银行于________（*日期*）签订的关于（*贷款编号和规划名称*）的贷款协定下的提款。我方在此确认：

（1）根据贷款协定，从__________到__________这一期间的合格进口的价值等于或大于贷款协定下的申请的提款金额。

（2）所申请的款项将用于对贷款协定中规定的合格采购内容进行融资。

____

（借款人授权签字人的签字）

____

（正楷书写授权签字人的姓名、职务）

附录36　任职及授权证明

[*借款人公司信头*]

任职及授权证明

[日期]

亚洲开发银行

No. 6 ADB Avenue, Mandaluyong City

1550 Metro Manila, Philippines

致：[主计局贷款管理处助理局长]

尊敬的先生/女士：

亚洲开发银行投资编号：[　]

任职及授权证明编号：[　]

根据我们双方于[*日期*]签订的________贷款协定（后文简称“贷款协定”），我，在下方签名的[*借款人公司名称*]（后文简称“本公司”）的[*董事长/董事*]，经正式授权特此证明以下是被授权人的姓名、部门以及真实签字样本，他们[*每个/任意两个*]被授权于或将被继续授权于：

(1) 代表本公司签署贷款协定的[条款/章节]中规定的资金支付申请；

(2) 签署贷款协定的[条款/章节]中规定的证明；

(3) 在贷款协定下或是在其他任何由亚洲开发银行、[本公司和/或其他涉及方]构成缔约方的协议下，采取其他任何需要的行动或是允许代表本公司采取、完成、签署或是执行其他任何需要的措施。

姓名	部门/职务	签字样本
________	________	________
________	________	________
________	________	________

在收到本公司[借款人]发出的授权书面通知，告知你方上述全部或某一被授权人的授权不再有效之前，你方均可以认为该授权人的授权继续有效。

您真诚的，

公司名称

签字：________________

[*董事长/董事*]

附录37 私营部门贷款提款申请书

[*借款人公司信头*]

[日期]

亚洲开发银行

No. 6 ADB Avenue, Mandaluyong City

1550 Metro Manila, Philippines

致：私营部门业务处处长

先生/女士：

私营部门贷款编号：________

提款申请书编号：________

1. 请参阅亚洲开发银行与______（后文简称“本公司”）于______（*日期*）签订的贷款协定（投资协定）；
2. 贷款协定中所定义的词语在本函中具有相同的含义；
3. 本公司特此申请于______（*日期*）或之前，从本公司的贷款账户上提取______美元。并申请将款项付至：

   （1）收款人的名称和地址
   - 收款人名称
   - 收款人地址

   （2）收款人开户行名称、地址和收款人账号
   - 开户行名称
   - 开户行地址
   - 收款人账号
   - SWIFT 代码

   （3）代理行
   - 银行名称
   - 银行地址
   - 收款人账号
   - SWIFT 代码
4. 对此次申请提款的金额，我公司随附一份已签字但未注明日期的收据，并特

此授权亚洲开发银行在收据上注明日期。

5. 本公司特此证明：

(1) 贷款协定______中规定的条件已完全满足；

(2) 本公司急需将此次申请的提款额用于项目的以下目的：（说明提款的目的）。

6. 上述第5点中的证明从本次申请提款的日期开始生效，而且将持续有效，直至依据这一申请的提款发生的日期。如果在提款日或是提款日之前，这些证明中的任何部分失效，本公司将立即通知亚洲开发银行。如果亚洲开发银行在收到此类通知之前已支付申请提款额，一旦亚洲开发银行提出要求，本公司将归还所提款项。

您真诚的，

公司名称

签字：________

(授权签字人签字)

____

(正楷书写授权签字人的姓名、职务)

附录38　支付收据

[*借款人信头*]

支付收据

至：亚洲开发银行

No. 6 ADB Avenue, Mandaluyong City

1550 Metro Manila, Philippines

致：贸易融资促进计划组，

私营部门业务处

第__________号[1] 支付收据

我方，[*借款人公司名称*]（后文简称“我公司”），特此确认已收到亚洲开发银行于________（*付款日期*[2]）支付的金额为________美元的款项。此款项根据我公司和亚洲开发银行于______（*日期*）签署的________________[循环信贷/贷款]协定（偶有修改）的规定提供的。

您真诚的，

[*借款人名称*]

____

签字：(*借款人授权签字人签字*)

____

正楷书写授权签字人的姓名、职务

[1] 每张收据必须连续编号，号码与相应的提款申请书标题处的编号相对应。

[2] 请在付款日期处留出空白，亚行将填入实际日期。

附录39 本 票

（与补充贷款一起使用）

为支付已收到的对价，*(公司名称)*（后文称“借款人”）无条件承诺：以美国的法定货币按下述分期形式向亚洲开发银行*(亚洲开发银行的存款银行)*，*(亚洲开发银行的账号)* 或其指定人支付共计*(大小写的美元等值申请金额)* 的本金；并使用相同币种支付任何未偿本金的利息，利息期从即日起到完全支付完毕为止，适用利率、支付方式以及计算方法遵从 ________（*日期*）借款人和亚洲开发银行之间签订的贷款协定（后文称“补充贷款协定”）的规定。

本票据本金总额将分________次，每半年一次，连续等额（或尽量等额）偿还；支付日为每个付息日。第一次还款应该在______（*日期*）的第一个付息日支付，剩余________次还款将每半年支付一次，于每年的________和________逐次到期支付。如果上述支付日不是银行工作日（根据补充贷款协定），则相应的分期付款日为最近的前一个银行工作日。

本票据是根据补充贷款协定条款签发的系列票据之一。按照补充贷款协定的规定，可以进行提前还款或加速偿还。借款人在此声明在本票据执行过程中放弃尽职调查、陈述、要求、抗辩以及以任何形式的通知。

本票据的本金和利息的偿付不能被抵消或是反求偿，且应是净额，不会因现行或未来的税收，或是其他任何形式的限制和条件而被扣减。

日期：________

公司名称

自：______________________

授权签字人签字

____

正楷书写授权签字人姓名、职务

附录40 有保留条款的承诺函

（仅适用于私营部门业务）

合格的承诺函号：__________
日期：__________
信用证号：__________
贷款号：__________

____

议付银行名称
完整地址

先生/女士：

1. 我行现送交信用证复印件一份。据我行所知，你行准备通知、议付或保兑此信用证。信用证的金额为＊＊＊×××，×××，××.00＊＊＊（*折合美元*），受益人是（*受益人的完整名称和详细地址*），到期日为__________。
2. 考虑到你行接受以下条件，我行在此同意：
（1）向你行归垫所有按照信用证条款向受益人或其指定人支付的款项；
（2）向你行支付根据信用证条款到期应付受益人的款项，金额为________。你行同意在收款后立即支付给受益人或其指定人。
一旦我行收到本承诺函所述的书面申请，我行将迅速付款。
3. 本承诺函按照亚洲开发银行贷款协定出具，受以下条款和条件的限制：
（1）收到此函时，你行应通知、议付或保兑信用证。
（2）除非你行收到我行书面认可，否则对信用证以下支付条款的修改无效：币种和金额、货物描述或数量、受益人、原产国，以及将信用证到期日延长至（*贷款关账日*）之后等。
（3）只有当我行收到加密SWIFT、加押电传，而且SWIFT或电传与本函所附的表格相一致时，我行才有义务向你行付款。除非经我行另行同意，否则我行在此承诺函下的义务将在上文3（2）所述的日期终止。
（4）如果信用证条款与信用证受益人提供的运单或其他单据有任何不符点，你行付款需得到开证行的授权，并通知我行已获授权。
（5）我行不承担与信用证有关的利息、手续费、有关开销或其他费用。
（6）你行同意在信用证全部或部分注销、到期或最后付款的情况下，立即通知我行，包括如果有未使用的金额。
（7）如借款公司未按投资协议的要求满足每次贷款提款的前提条件，亚洲开发银行没有义务向你行归垫你行已支付的任何款项。
（8）如果投资协议规定的借款公司的提款权利被中止或注销，亚洲开发银行将没有义务归垫你行在中止或注销日之后支付的任何款项。即使投资协议条款中可能存在相反规定，亚洲开发银行也没有义务就中止或注销事宜通知你行。

4. 你行首次要求付款时即表明你行接受本承诺函及其附件下的所有条款和条件。我们将以我行存档的承诺函及其附件为证。

您真诚的，

亚洲开发银行

自：1. ____________________

2. ____________________

（授权签字人签字）

附件：如上所述。

附录41　子贷款汇总报告

日期：

支付编号：

子贷款号：

子贷款借款人的名称和地址：	
行业以及业务的简要说明：	
子贷款借款人的所有权关系：	
子贷款的币种和以美元计价的金额：	
亚洲开发银行融资支付的金额：	
子贷款的目的（资金的用途），其中包括：证实资金将用来从亚洲开发银行成员体进行采购，成员体以本报告的报告日期当日亚洲开发银行网站（www. adb. org）所列出的国家和地区为准。	
子贷款的偿还期以及偿还计划、子贷款的支付日期：	
偿还来源（例如：子贷款借款人的净现金流、流动资产的出售等）：	
利率：	
抵押/担保：	
借款人的风险率：	
贷款审批部门（例如：信贷委员会等）：	
证明遵守环境豁免清单、环境政策、非自愿移民政策、原住民政策以及反腐败政策的规定。	

附录42　偿付申请未得到支付的通知

A 部分

（当保兑银行不是合格票据受益人时使用）

[用加密SWIFT 或加押电传发送，随后寄送用保兑银行信头纸打印的文本（及函中附件）]

[日期]

亚洲开发银行
No. 6 ADB Avenue, Mandaluyong City
1550 Metro Manila, Philippines

致：　　　　贸易融资促进项目组，私营部门业务局

电传号码：　[ ]
SWIFT 银行识别代码：　[ ]

加急

先生/女士：

请参阅你方和我方于[*日期*] 签订的协议书（后文简称为“保兑银行协议”）以及你方于 [*日期*] 签发的 [*金额和币种*] 以我方为受益人的〔　〕号亚洲开发银行担保函（后文简称为“亚洲开发银行担保函”）。除非本通知中另有定义，否则，本通知中所用词汇具有和保兑银行协议中所定义的词汇完全相同的含义。本通知是依照保兑银行协议以及亚洲开发银行担保的规定发出的。我方特此证明如下：

(1) [〔　〕号合格票据受益人，亚洲开发银行担保的主体（即“合格票据”），已经依照这类合格票据的条款规定按时把规定单据提交给了我方]。[〔　〕号合格票据的受益人，亚洲开发银行担保的主体（即“合格票据”），提交的单据与合格票据的条款规定不一致，尽管存在这种不一致性，①开证银行还是接受了这些单据，②据我方所知，依照保兑银行协议的规定，下文所述的合格票据继续满足一个合格票据的全部条件]*。

(2) [我方在接到规定单据之后，已经适时向这类受益人履行我方作为合格票据下保兑银行的责任和义务，因为我方不知晓任何充分理由来拒绝履行这类责任和义务]。[在开证银行同意接受这些单据之后，尽管这些单据存在不一致性，我方还是向这类受益人支付了我方在合格票据下作为保兑银行的到期应付金额。]*

* 视情况删除

(3) 在我方依照合格票据向受益人支付相应款项后，我方就已支付金额向开证银行提交了全额偿付申请。在我方提交申请之日后7天内开证银行没有向我方偿付。

(4) 合格票据符合亚洲开发银行担保下各条款的要求，并且，在没有事先获得你方的书面同意时，合格票据未进行任何实质性的修改。

我方根据合格票据付款后，下列签字人适时向开证银行提交有效的偿付申请，下文为开证银行拒付的详细情况。

1. 合格票据的签发日：
2. 合格票据的到期日：
3. 相应偿付申请中注明的付款日：
4. 支付给受益人的金额：
5. 从开证银行收到的金额，其中：

××××是保兑银行对合格票据保兑之前收到的现金担保；

××××是利息、与合格票据相关的费用以及其他收费（如果有）。

6. 偿付申请未得到支付的金额：
7. 覆盖百分比：
8. 向亚洲开发银行申请金额：

随函附上与向亚洲开发银行申请金额相对应的合格票据的复印件以及合格票据下应提交的各单据复印件。

我方特此申请于［*日期*］或该日期之前向以下账户偿付上述向亚洲开发银行申请金额：

［*插入账户的详细信息*］

真诚的，

［*保兑银行名称*］

自：______________

姓名：

职务：

附件：复印件：(1) 向亚洲开发银行申请金额相对应的合格票据；

(2) 合格票据下应提交的各单据。

如果原始证明是通过加密SWIFT或加押电传传送给亚洲开发银行的话，那么，附件可以在SWIFT/电传的传送日当日或是尽可能接近的日期内通过传真传送给亚洲开发银行。传真时须同时传送一份该证明复印件作为交叉参考。

偿付申请未得到支付的通知

B部分

（当保兑银行不是合格票据受益人时使用）

[用加密SWIFT 或加押电传发送，随后寄送用保兑银行信头纸打印的复印文本（及函中附件）]

[日期]

亚洲开发银行
No. 6 ADB Avenue, Mandaluyong City
1550 Metro Manila, Philippines

致：　　　　贸易融资促进项目组，私营部门业务局
电传号码：　[　]
SWIFT 银行识别代码：　[　]

加急

先生/女士：

请参阅你方和我方于［*日期*］签订的协议书（后文简称为“保兑银行协议”）以及你方于［*日期*］签发的，［*金额和币种*］以我方为受益人的〔　〕号亚洲开发银行担保（后文简称为“亚洲开发银行担保”）。除非本通知中另有定义，否则，本通知中所用词汇具有和保兑银行协议中所定义的词汇完全相同的含义。本通知是依照保兑银行协议以及亚洲开发银行担保的规定发出的。我方特此证明如下：

（1）我方是下文所述合格票据的受益人。

（2）我方于［*日期*］向［*具体说明付款的受益人*］支付了［*币种和金额*］。

（3）我方依照这类合格票据的条款规定，适时向开证银行提交了到期及未付本金［和利息］的单据。

（4）我方就已支付的到期本金全额向开证银行或其代理银行提交了偿付申请（附件），开证银行或其代理银行未能在我方申请中明确规定的付款日的七天内向我方付款。

（5）合格票据符合亚洲开发银行担保下各条款的要求，并且在没有事先获得你方的书面同意时，合格票据未进行任何实质性的修改。

我方根据合格票据付款后，签字人适时向开证银行或其代理银行提交有效的偿付申请，下文为开证银行或其代理银行拒付的详细情况。

1. 合格票据的签发日：
2. 合格票据的到期日：
3. 相应归垫申请中注明的付款日：
4. 到期本金金额：
5. 从开证银行收到的金额，其中：

××××是在保兑银行对合格票据保兑［贴现/承兑等］之前收到的现金担保；

××××是利息、与合格票据相关的费用以及其他收费（如果有）。

6. 偿付申请未得到支付的金额：
7. 覆盖百分比：
8. 向亚洲开发银行申请金额：

随函附上于向亚洲开发银行申请金额相对应的合格票据的复印件以及合格票据下应提交的各单据复印件。

我方特此申请于［*日期*］或该日期之前向以下账户偿付上述向亚洲开发银行申请金额：

［插入账户的详细信息］

真诚的，

［保兑银行名称］

自：

姓名：

职务：

*视情况删除

附件：复印件：（1）向亚洲开发银行申请金额相对应的合格票据；

（2）合格票据应提交的各单据。

如果原始证明是通过加密SWIFT或加押电传传送给亚洲开发银行的话，那么，附件可以在SWIFT/电传的传送日当日或是尽可能接近的日期通过传真传送给亚洲开发银行。传真时须同时传送一份该证明复印件作为交叉参考。

附录 43　共担通知

至：亚洲开发银行
自：　[　]（后文简称“保兑银行”）
日期：[　]

先生/女士：

回复：共担通知

1. 本共担通知请参阅你方和我方于*[日期]* 签订的风险共担协议（后文简称“协议”）。本共担通知中所用的词汇具有和协议中所定义的词汇完全相同的含义。

2. 细节如下。

(1) 本共担通知涉及*[指定开证银行的名称]*，是关于在［*日期*］到期的［*描述合格票据*］的。

(2) 违约是由于*[政治事件/拒付事件]* 导致的，事件详细情况如下：
［具体说明详细情况］

(3) 未支付金额为［　］［折合美元等于（　）。用来确定该金额的即期汇率为（　）］。

(4) 对该指定开证银行的*[政治事件限额/拒付事件限额]* 为［　]%，因此，按比例计算的金额为［］［折合美元等于（　）。用来确定该金额的即期汇率为（　）］。

(5) 我方已经采取和/或将采取以下措施，从指定开证银行或是申请人［具体说明详细情况及时间安排］处挽回未支付金额。

(6) 我方表示并保证将继续尽职地采取行动或及时地继续努力争取从指定的开证银行挽回未支付金额。

3. 我方特此证明：

(1) 我方已经依照保兑条款以及合格票据的规定向相应的合格票据的受益人支付了未支付金额。

(2) 在我方向相关的指定开证银行提交有效的书面付款申请后，该开证银行在［　］个工作日内未能向我方归垫*[全部]［部分，美元共计(　)]* 未支付金额。随函附上我方要求付款申请的复印件。

(3) 我方已经向申请人提交付款申请，该申请人没有在规定的日期向我方支付未支付金额*[全部]［部分，美元共计(　)]*。

(4) 截至今日，根据协议第［7.5］款（抵销）的规定，我方可从指定开证银行获得的用来减少未支付金额的抵销和/或其他的补救措施的金额为［折合美元数］；

（5）截至今日，你方同意风险共担的、在该指定开证银行的全部合格票据的价值总和折合美元为［ ］。

您真诚的，

代表：

［保兑银行名称］

［正式授权签字人签字］

［授权签字人职务］

［依照3（2）的规定，随函附上付款申请复印件］

附录44 共担通知表

［共担通知可以采用合作协议第2.02（3）款中描述的任何一种方式进行提交。］

至：亚洲开发银行

No. 6 ADB Avenue, Mandaluyong City

1550 Metro Manila, Philippines

致：［ ］

加急

先生/女士：

回复：于［*日期*］签订的保兑银行协议（后文简称“保兑银行协议”）

1. 本函涉及你方和我方于［*日期*］签订的关于你方在［ ］号指定［ ］担保中的共担的合作协议（后文简称为“合作协议”）。该担保于［*日期*］签发，对［*指定的开证银行*］签发的［*合格票据的类型*］的［*部分*］进行担保。除非本通知中另有定义，否则，本通知中所用词汇具有和合作协议中完全相同的含义。本通知依照［合作协议］第［2. 01（2）］款的规定发出。

2. 我方已经收到保兑银行关于指定［____］担保的偿付申请未得到支付的通知，该通知符合指定［____］担保以及保兑银行协议条款的要求。上述偿付申请未得到支付的通知中索要的指定［____］金额为［*币种和金额*］。以下数据供您参考：截至此偿付申请未得到支付的通知的日期，未付指定开证银行的全部［____］担保的价值总和为［____］。

3. 根据合作协议第2. 01（2）款的规定，我方特此提出付款申请，要求支付金额为（美元［金额］）（该金额占指定［____］申请金额的［ ］%，并且不超过最大共担额）（即“共担”）。

4. 在此次共担的日期或该日期之前，我方已经向你方递交了转让函。我方将向相关的开证银行发送转让通知，该通知的日期将和本共担通知的日期相同。

您真诚的，

［正式授权签字人签字］

［授权签字人的职务］

附录45　贷款支付月报表

亚洲开发银行
主计局

菲律宾马尼拉 0980，邮政信箱789
传真号：（63-2） 636-2606

[执行机构联系人]
[执行机构名称]
[执行机构地址]

主题：　贷款支付半月报表
报告期：________________
贷款号：________________ [贷款名称]

尊敬的先生/女士：

1 本电子报表用于向借款人代表或是项目执行机构告知亚洲开发银行在最近半月内的支付情况。如果本报表中有金额尚未以等值美元或特别提款权表示，则说明该金额还未记入在亚洲开发银行的会计账簿中。等值美元或特别提款权将在下一半月报表里体现。

2 要求项目执行机构使用本报表来监控其向亚洲开发银行提交的提款申请。项目执行机构如发现信息有误，或发现任何亚洲开发银行未通知过的支付短缺，应马上通知亚洲开发银行。

3 只有报告期发生提款，才需编制本报表。但为了帮助你方检查是否收全了所有报表，特提醒你方上期报表的报告期是从________至________。

4 本报表不包括以下业务：(1)出具承诺函的提款申请；(2) 建设期利息付款；(3) 联合融资贷款；(4) 向亚洲开发银行的返款。

5 □支付币种和金额□一栏是指亚洲开发银行用来购买□申请币种和金额□一栏的币种和金额。

<table>
<tr><td>申请编号/承诺函编号</td><td>申请/批准币种和金额</td><td>授权编号</td><td>类别/子贷款号</td><td>亚洲开发银行合同/PCSS</td><td>支付币种和金额</td><td>已记账的等值美元/特别提款权</td><td>起息日</td><td>受益人/信用证号</td></tr>
<tr><td colspan="9">1. 上期支付但在本期记入贷款账户的金额
2. 本期支付并在本期记入贷款账户的金额
3. 本期支付但尚未记入贷款账户的金额（金额及其等值美元/特别提款权数额将出现在下期报表之中）</td></tr>
<tr><td colspan="9">本期登记在贷款账户中的贷款支付总计：
（不包括3项）</td></tr>
<tr><td colspan="9">本期签发的提款授权：</td></tr>
</table>

<table>
<tr><td>提款申请号</td><td>授权号</td><td>类别/子贷款号</td><td>批准的币种和金额</td><td>等值美元</td><td>等值特别提款权</td><td>起息日</td></tr>
<tr><td colspan="7">4. 预付款清算：
……………………
本期清算总额：</td></tr>
<tr><td colspan="7">使用的缩写词：
ADB CONT. (PCSS) = 亚洲开发银行合同号　CL NO. = 承诺函编号
APPL. NO. OR WA NO. = 提款申请编号　LC = 信用证
AUTH NO. = 授权编号　SDR = 特别提款权
CAT = 类别　S/L = 子贷款号</td></tr>
</table>

附录46 贷款支付半年报表

（贷款类别余额和周转金预付款状况表）

贷款支付半月报表

报告期：____________________

贷款号：______________ [贷款名称]

贷款类别余额及周转金预付款状况表

（以美元/特别提款权计值，截至 年 月 日）

类别号	描述	分布	已授予合同	已支付	未签合同	提款余额	预付款	已清算	未清算
	美元总计 特别提款权 总计								
当地费用融资		上限： 美元 特别提款权		使用： 美元 特别提款权		比率：__________%			

注：

1. 类别号：贷款协定中规定的贷款类别号。
2. 本部分按类别给出从贷款生效之日起至报表截止日期止的贷款情况。表中仅包括已经确认并记录在贷款账户中的提款。
3. 对亚洲开发基金贷款，已提款额按照提款时的汇率换算成等值美元金额；对未提款额按照报表截止日期的汇率换算成等值美元。对于亚洲开发基金贷款，美元等值分配额的计算为已支付（提款）金额和未支付金额的总和。
4. 周转金账户类别99是仅供亚洲开发银行内部使用的临时类别。分布一栏的等值美元数等于已支付一栏的余额加上提款余额一栏的金额。你可以忽略本类别项下分布一栏的金额。
5. 当地费用融资上限是指贷款协定中规定可提取用于当地支出的最大金额。使用指的是用于当地费用支出的提款额。比率是指当地费用提款额与当地费用融资上限的比值。

附录 47　贷款财务信息系统网站访问申请

日期	日__月__年
至	亚洲开发银行 No. 6 ADB Avenue, Manduluyong City 1550 Metro Manila, Philippines 传真：+ 632 636 2606
收件人	贷款财务信息系统网络管理员 贷款管理处财务信息系统部 主计局

说明：
1. 分别为每个申请人填写单独的表格。
2. 必须由贷款的授权签字人在本表格上签字。
3. 表格必须用打字机填写。

请向以下申请人提供贷款财务信息系统网络访问权：

名字 □先生□女士 ____________________

姓 ____________________

电子邮件 ____________________

组织名称 ____________________

寄件地址 ____________________

____

____

用于以下目的：

□查看提款申请（尚不可使用）

□填制并提交提款申请书（尚不可使用）

□针对如下贷款查看贷款数据并下载贷款报告：

贷款号	项目名称

□ 其他（具体说明）：____________________

授权：

____

正楷书写贷款授权签字人姓名及授权签字人签字

____

借款人或执行机构的名称

采购指南

（2010 年 4 月）

译文声明：

为扩大读者范围，特将本报告由英文翻译为中文。亚洲开发银行（亚行）尽力确保翻译的准确性。但英语是亚行的官方语言，因此，本报告的英文原版为唯一具有权威性的（即正式的和经授权的）文本。任何对本报告内容的引用，必须以其英文原版内容为准。

目　录

2. 13 投标有效性和投标保证金
2. 15 语言
2. 16 招标文件的澄清
2. 19 标准
2. 20 商标的使用
2. 21 报价
2. 24 价格调整
2. 26 运输和保险
2. 28 货币规定
2. 29 投标货币
2. 31 为比较投标进行的货币转换
2. 32 付款货币
2. 34 付款条件和方法
2. 37 备选方案投标
2. 38 合同条款
2. 39 履约保证金
2. 41 违约赔偿和奖励条款
2. 42 不可抗力
2. 43 适用法律和争端的解决
（三）开标、评标和授标
2. 44 投标书的准备时间
2. 45 开标程序
2. 46 对投标书的澄清或修正
2. 47 保密性
2. 48 投标书的检查
2. 49 对投标的评审和比较
2. 55 国内优惠
2. 57 投标有效期的延长
2. 58 对投标人的资格后审
2. 59 授予合同
2. 60 公布合同授予的情况
2. 61 拒绝所有投标
2. 65 事后情况说明
（四）经修改的国际竞争性招标
2. 66 进口计划的运作

一、概　述

目的

1.1　本指南的目的在于使那些实施全部或部分地由亚洲开发银行（简称亚行）贷款、亚行资助的赠款或亚行管理的资金①资助项目的人员了解项目所需货物、工程和服务（非咨询服务）② 的采购政策。资助协定确定了借款人③和亚行之间的法律关系，本指南适用于按协定的规定在项目中采购货物和工程。借款人与项目所需货物和工程的提供者之间的权利与义务由招标文件确定并由借款人与货物和工程提供者之间所签订的合同规定，而不由本指南或资助协定确定。除资助协定的签字方外，其他任何一方都不得从资助协定中分享任何权利或对资金提出任何要求。

一般考虑因素

1.2　借款人负责项目的实施，因此也就相应地负责授予和管理项目中的合同。对亚行而言，它有义务确保任何一笔资金的使用都充分地注意到资金的经济性与效率性。尽管实际上项目实施所遵循的具体采购规则和程序取决于项目的具体情况，但亚行对采购的要求一般考虑以下五个方面的原则：

（1）根据2.11段中关于特别基金下贷款或赠款项下采购所要求的资格，除亚行董事会根据亚行章程第14条第9款另行规定外，亚行资金只能用于采购由亚行成员国提供的或在亚行成员国内生产的货物和工程；

（2）项目的实施需要经济性和效率性，包括所需货物和工程的采购；

（3）亚行关注向所有来自发达国家和发展中国家④的合格投标人提供同样的信息和平等的机会，为亚行资助的货物和工程而进行竞争；

（4）亚行关注促进借款国的承包业和制造业的发展；

（5）采购过程透明性的重要性。

1.3　公开竞争是有效公共采购的基础。借款人应为具体采购选择最合适的方式。在多数情况下，管理得当、按照事先确定的条件向国内制造的货物以及适当时向国内

---

① 为本指南之目的，亚行资助包括亚行管理的资金所进行的资助。

② 关于咨询顾问的选择与聘用，参见《亚洲开发银行及其借款人聘用咨询顾问指南》。本指南所提及的“货物和工程”包括运输、保险、安装、试运行、培训和初期维护等服务。本指南条款也适用于钻孔、绘图及类似操作等服务。

③ 本指南中的“借款人”指亚行资助的赠款和亚行所管理资金的接受人，也可以指项目执行机构。在某些情况下，借款人仅作为中介，项目由另外的机构或实体执行，此时本指南所指的借款人包括这类机构或实体，以及再转贷协议中的次级借款人。

④ 参见第1.6、1.7和1.8段。

土建工程承包商[⑤]提供优惠的国际竞争性招标（ICB，简称国际招标）是最合适的采购方式。因此，在多数情况下，亚行要求借款人通过对合格的供货商和承包商公开的国际招标来获得货物、土建工程和服务[⑥]。本指南第二章阐述了国际招标程序。

1.4　在国际招标不是最合适采购方式的情况下，可采用其他采购方式。本指南第三章描述了其他采购方式以及最适合采用这些方式情况。资助协定规定了具体项目的采购方式。项目中的具体合同及其与资助协定的规定相一致的采购方式，由本指南第1.16段中提及的采购计划确定。

指南的适用性

1.5　本指南所概述的程序适用于全部或部分由亚行资助的所有货物和土建工程合同。对于不由亚行资助的货物和土建工程合同的采购[⑦]，借款人可采用其他采购程序。在这种情况下，借款人应使亚行相信其所采用的程序有助于借款人履行其义务，从而使项目得以勤奋而有效地实施，并使亚行相信其所采购的货物和土建工程：

（1）在质量上符合要求，并能与项目的其他部分配套；

（2）能及时交货或完工；

（3）价格不会对项目的经济性和财务的可行性造成不利影响。

合格性

1.6　为了鼓励竞争，亚行允许所有合格国家的投标人为亚行贷款项目提供货物、土建工程和服务[⑧]。任何有关参与的条件只限于那些保证投标人有能力履行合同的基本条件。

1.7　对于任何全部或部分由亚行资助的合同，亚行不允许借款人以任何与成功履行合同的能力和资源无关的理由拒绝其投标；或者不允许借款人以这类理由判定任何投标人无资格投标。因此，借款人应该谨慎地审查投标人的技术和财务资格，保证其具有履行该合同的能力。

1.8　对上述例外的有：

（1）一个国家的公司或在一个国家制造的货物，可以被排除在外，如果为响应联合国安理会根据联合国宪章第七章做出的决议，借款人国家禁止从该国进口任何货物或对该国的个人或实体进行任何付款。如果为响应该项决议，借款人国家禁止对一家公司付款或对货物付款，那么该公司也可以排除在外。

（2）凡是由借款人聘请为项目的准备或实施提供咨询服务的公司及其任何附属

---

⑤　本指南中的承包商仅指提供施工服务的公司。

⑥　参见第1.6、1.7和1.8段。

⑦　这还包括那些第3.10段中借款人聘请采购代理的情形。

⑧　参见第2.11段。

机构，均无资格随后为同一项目提供与该公司为准备或实施该项目所提供的咨询服务有关的或直接为该项咨询服务提供相关的货物，土建工程或咨询服务。本规定不适用于在交钥匙合同或设计和施工合同项下共同履行承包商义务的各种公司（咨询公司、承包商或供货商）[9]。

(3) 借款人政府拥有的企业只有在符合下列条件下才能作为投标人参加：这些企业在法律上和财务上是独立的，按照商业法则运作，独立于借款人或子借款人[10]。

(4) 被亚行根据本指南第1.14段第（4）款或亚行的《反腐败政策》和《诚信原则和指南》（两者可能不定时修改）制裁的公司或个人，在亚行确定的一段时期内将没有资格被授予亚行贷款或亚行管理的合同，或者没有资格从亚行贷款或亚行管理的合同获得财务或其他方面的利益。

提前签订合同与追溯贷款

1.9 亚行鼓励借款人在相关的亚行资助协定签订前就进行初期采购活动。这时使用的采购程序，包括刊登广告，应符合本指南的规定，以便使最终签订的合同能为亚行所资助，并且亚行应对借款人所使用的程序进行审查。从事该提前签订合同活动的借款人自己承担有关风险，而且亚行对程序、文件或授标建议做出的任何同意并不意味着亚行承诺对有关项目提供资助。如果合同已经签订，亚行偿还的任何在资助协定签字前由借款人按合同规定支付的款项，称为追溯贷款，并且只能在资助协定规定的限额内提供。

联营体

1.10 任何公司可以独立地投标，或者与国内和/或国外公司组成联营体投标，共同地和分别地承担责任。但亚行不接受作为一种投标条件，强制性地要求联营体，或其他形式的公司间联合体作为投标条件。

亚行审查

1.11 亚行审查借款人的采购程序、文件、评标、授标建议以及合同，以确保采购过程是按照双方同意的程序进行的。对这些审查程序的描述见附录一。亚行批准的采购计划[11]应规定这些审查程序对全部或部分由亚行资助的货物和土建工程的不同类别的适用程度。

错误采购

1.12 亚行资助按资助协定中同意的条款和本指南的规定所采购的货物和土建工程所发生的费用。如果采购不是按照所同意的方式进行的，亚行将宣布其为错误

---

⑨ 参见第2.5段。

⑩ 第3.8段允许的自营工程单位除外。

⑪ 参见第1.16段。

采购，通常会注销分配给发生错误采购的货物和土建工程的资助额。某些情况下，在宣布为错误采购后，亚行也许会允许重新招标。此外，亚行还可能采取资助协定中规定的其他补救措施。即使合同已经获得亚行的“不反对”意见并已签订，亚行保留宣布其为错误采购的权力，如果“不反对”意见是在借款人提供的不完整、不准确和错误信息情况下做出的，或者合同的条款和条件未经亚行批准而被修改。

对亚行的提法

1.13 如果合同将全部或部分由亚行资助，招标文件中对亚行的提法应使用以下语句：

“……（*借款人名称*）……已从亚行（*普通资金或特别基金*）中获得贷款，用于支付（*项目名称*）的费用。本投标邀请的合同项下的费用将由上述贷款资金予以支付。因此，合同的条款和条件以及亚行的支付将完全遵循贷款协定的条款和条件，其中也包括《采购指南》。除非亚行另行特别同意外，除（*借款人名称*）以外任何其他方都不能享有贷款协定赋予的任何权利或对贷款资金有任何要求。”

欺诈和腐败

1.14 亚行的反腐败政策要求借款人（包括亚行资助活动的收益人）以及亚行资助合同下的投标人、供货商、承包商在采购和执行这些合同时遵守最高的道德标准。在执行这项政策时[12]，亚行在本指南中将：

（1）为本款的目的确定以下术语：

- “腐败活动”意指直接或间接地提供、给予、收受、或要求任何有价财物来影响任何一方在采购或合同执行过程中的行为；
- “欺诈活动”意指通过歪曲或隐瞒事实来影响采购进程或合同的执行；
- “胁迫行为”指直接或间接损害或伤害，或威胁要损害或伤害任何一方或任何一方的财产以不正当地影响该任何一方的行为；
- “串通行为”指两方或多方为达到不正当的目的而事先设计的安排布置，包括不正当地影响任何一方的行动。

（2）拒绝该授标建议，如果确定被推荐授予合同的投标人在为该合同进行竞争中直接或通过代理参与了腐败、欺诈、串通或施加压力的活动。

（3）注销已分配给某个合同的资助，如果亚行在任何时候确定借款人的代表或贷款受益人的代表在采购或执行该合同的过程中参与了腐败、欺诈、串通或施加压力的活动，而借款人又没有及时采取适当的、令亚行满意的行动来进行补救。

（4）如果亚行在任何时候确定某个公司或个人直接或通过代理参与了腐败、欺

⑫ 见亚行的《反腐败政策》（www.adb.org/Documents/Policies/Anticorruption）和《诚信原则和指南》（www.adb.org/Documents/Guidelines/Integrity－Guidelines－Procedures）。

诈、串通、或胁迫活动，将在任何时候根据亚行的《反腐败政策》和《诚信原则和指南》（两者都有可能不定时修改）制裁该公司或个人，包括宣布该公司或个人无限期的或在亚行确定的一段时期内没有资格参与亚行贷款或亚行管理的活动，或者没有资格从亚行贷款或亚行管理的合同获得财务或其他方面的利益。

（5）有权要求在招标文件和亚行资助的合同中包含一个条款，要求投标人、供货商和承包商允许亚行或其代表检查其与投标和履行合同有关的账户、记录和其他文件，并由亚行指定的审计师对其进行审计。

1.15 （1）经亚行特别同意，亚行资助的受益人可以要求投标人在亚行贷款资助投标书中承诺在竞争及实施合同时遵从国家反腐败反欺诈（包括行贿受贿）的法律。如果亚行感到满意，可按借款人的要求，接受引入这样的承诺。

（2）对于由亚行全部或部分资助的合同，合同文件应包含承包商的承诺，即在有关采购或执行合同的过程中，除了其投标书载明的之外，没有赠予或收取费用、小费、回扣、礼品、手续费或其他款项。

（3）在一方的利益会不恰当地影响其职责或责任、合同义务，或遵守法律、法规的表现，且这种利益冲突会导致或构成反腐败政策所禁止的行为时，亚行会认为存在利益冲突。按照反腐败政策的要求，借款人（包括亚行资助活动的受益方），亚行资助合同的投标人、供货商和承包商均应遵守最高的道德标准。亚行将采取恰当措施控制利益冲突，或者，如果亚行认为利益冲突损害了采购过程的廉正时，亚行可能拒绝授标建议。

采购计划

1.16 在贷款谈判前，作为项目准备工作的一部分，借款人应编制并向亚行提交采购计划⑬供亚行批准。亚行能接受的采购计划包括：（1）至少在项目开始的18个月内为实施项目需要货物、土建工程和/或服务的合同；（2）所建议的这些合同的采购方法，这些采购方法是资助协定所允许的；（3）与之有关的亚行审查程序⑭。在项目实施期间，借款人应该每年或在需要时更新采购计划。借款人应按亚行批准的方法实施采购计划。

---

⑬ 如果项目中包括选择咨询服务，那么，采购计划中也就应包括选择咨询顾问的方法。这些方法应符合《亚洲开发银行及其借款人使用咨询顾问指南》的规定。亚行将在相应的资助批准后公开披露最初的采购计划。有关的更新将在亚行批准后再公开披露。

⑭ 参见附件一。

二、国际竞争性招标

（一）总　则

概述

2.1　正如本指南所述，国际竞争性招标（ICB，以下简称国际招标）的目的在于将借款人的要求及时地、充分地通知给所有合格的、潜在的投标人[15]，并为其提供对所需货物和土建工程进行投标的平等机会。

合同的类型和规模

2.2　招标文件应该明确说明将要签订的合同的类型，并包括与之相适应的所建议的合同条款。最常见的合同类型所采用的付款方式以总价或单价、或这些方式的结合。

2.3　单个合同的规模和范围取决于项目的大小、性质和地点。对于需要多种不同货物和土建工程的项目，通常是对不同的设备和工厂[16]的供货和/或安装以及对土建工程分别授予合同。

2.4　如果一个项目需要类似的但又是独立分开的设备或土建工程，邀请投标时可提供几种合同方案选择，以使大、小公司均有投标兴趣。可以允许它们根据自己的选择对单个的合同（品目）进行投标或对一组类似的合同（包）进行投标。所有单项投标和组合投标应在同一投标截止期前收到，并同时开标和评标以确定对借款人提供最低评估成本的单项投标或组合投标[17]。

2.5　在有些情况下，亚行可接受或要求采用交钥匙合同，即把技术设计和施工图设计、设备的供货和安装以及建造一个完整的工厂或土建工程，都包括在一个合同之内。另一种选择是，借款人可仍对技术设计和施工图设计负责，并且对包括项目组成部分所需的全部货物和土建工程的供应和安装的单一责任制合同邀请投标。设计和施工以及管理承包[18]合同在适当情况下也是可以接受的[19]。

两步法招标

2.6　（1）对交钥匙合同或大型复杂的设施或特殊性质的土建工程，或复杂的

---

⑮　参见第1.6段、第1.7段和第1.8段。

⑯　指南所提及的“工厂”是指安装好的设备，如生产设施中的成套设备。

⑰　参见第2.49段至第2.54段的评标程序。

⑱　在施工中，管理承包商通常不直接负责施工，而是把施工部分承包出去，并管理其他承包商的工作，承担全部责任及价格、质量和按期施工的风险。相反，施工经理是为借款人工作的咨询顾问或借款人的代理，但它不承担该类风险。（如用亚行贷款资助，应按《咨询顾问指南》聘请施工经理，参见脚注2。）

⑲　还可参见第3.14和第3.15段关于基于性能的合同。

信息和通信技术，事先准备好完整的技术规格是不符合需要或不现实的。在这种情况下，可采用两步法招标程序，即先邀请不带报价的技术建议书。这些是根据概念设计或性能规格编制的，并决定于技术和商务的澄清和调整。第一步中的技术建议书澄清后便可以发出修改过的招标文件；第二步，递交最终的技术建议书和带报价的投标书[20]。

（2）双信封程序，即投标时同时递交分装在不同信封中的技术建议书和财务建议书，可用于货物、工程或交钥匙合同的采购。借款人可以选择使用双信封单阶段或双信封两阶段投标程序。在单阶段双信封程序下，先开技术建议书，并检查是否具有响应性招标文件。只有技术建议书具有响应性的投标的财务建议书会被开启，进行评标和比较。技术建议书不具有响应性的投标的财务建议书将会被原封退还。在两阶段双信封程序下，投标人被允许修改其技术建议书，以保证达到相同的技术标准要求。只有递交的或经修改的技术建议书符合技术标准要求的投标的财务建议书（包括附加财务建议书）才会被开启，并进行评标和比较。使用以上程序须在亚行和借款人双方同意的基础上进行。

通告和广告

2.7　在竞争性招标中，及时通告投标机会是很重要的。对于那些包含国际招标的项目，借款人应准备并向亚行提交一份采购总公告草稿，亚行将安排刊登公告[21]。公告的信息应包括：借款人（或预期的借款人）、贷款金额和用途、国际招标采购的范围以及借款人方面负责采购的机构的名称、电话号码、电子邮件信箱（或传真号码）和地址以及刊登具体采购通告的网址。如果知道，资格预审或发放招标文件的计划日期也应给予说明。除非提前签订合同[22]，有关资格预审文件或招标文件不得早于刊登采购总公告之日发放。

2.8　作为具体采购公告的资格预审邀请或投标邀请（视具体情况而定）应刊登在亚行的网站上，以及 借款人国内全国发行的一种报纸上（如有可能，至少刊登在一份英文报纸上），或 刊登在国际上知名的、可以自由进入的电子门户网站上。招标邀请的副本应报送给亚行批准并根据资助协定的规定刊登在亚行的网站上。

对投标人的资格预审

2.9　对于大型或复杂的土建工程，或准备详细投标文件的高成本可能会妨碍竞争的情况下，诸如为用户专门设计的设备、工业成套设备、专业化服务、某些复杂的信息和技术合同以及交钥匙合同、设计和建造合同，或管理承包合同等，资格

---

[20] 考虑到透明性和知识产权的要求，在第二阶段对招标文件进行修改时，借款人应该尊重投标人在第一阶段投标所递交的关于技术建议书保密性的要求。

[21] 在亚行的网站上：www. adb. org。

[22] 参见第1.9段。

预审通常是必要的。这还保证了招标邀请只发给那些有足够能力和资源的投标人。资格预审应完全以潜在投标人具有令人满意地履行具体合同所需要的能力和资源为基础，应考虑它们的：经验和过去履行类似合同的情况；施工或制造设施方面的能力；财务状况。[23]

2.10 邀请对具体合同或几组类似合同的投标进行资格预审，应该按照上述第2.7段和第2.8段的规定刊登通告和进行通知。合同的范围和对资格要求的明确声明应发给那些对通告做出反应的投标人。通常，至少应留出六个星期的时间准备资格预审申请。不应限制通过资格预审的投标人的数量，根据同意的资格预审条件所有被确认为有能力满意地完成工作的都应通过资格预审并被邀请投标。资格预审一经完成，招标文件就应提供给合格的潜在投标人。

对在一段时间内要授予的几组合同的资格预审，可根据投标人的资源情况对授予任一投标人的合同数量或总金额确定一个限额。在这种情况下，应定期对通过资格预审的公司名单进行更新。资格预审时对所提供信息的核实应在授予合同时加以确认，并且，如判定某一投标人不再具有圆满履行合同的能力或资源，可拒绝对其授予合同。

（二）招标文件

总则

2.11 （1）招标文件中应说明亚行贷款或赠款仅限于在亚行成员国内生产的货物或提供的服务，除非贷款或赠款来源于亚行特别基金，这时，资金可用于在向该基金捐款的发达成员国以及所有发展中成员国内生产的货物或提供的服务。

（2）招标文件应向投标人提供准备响应性投标所必需的所有信息是基本要求。虽然招标文件的详细程度和复杂程度随着所采购货物和合同大小的不同而有所不同，但它们通常都应包括：投标邀请、投标人须知、投标书、合同书、合同条件，包括通用条件和专用条件、技术规格、工程量清单和图纸、报价表和必要的附件，投标保证金和履约保证金形式。

2.12 （1）借款人应使用亚行发布的适当的标准招标文件（简称标准文件），亚行可接受为适应项目具体情况而做的、必要的最小改动。任何此类改动只能放在投标资料表或合同资料表中，或放在合同专用条款中，而不得对亚行标准文件中的标准文字进行修改。如果亚行还没有发布相关的标准文件，那么，借款人应使用亚行可接受的其他在国际上公认的标准合同条件和合同格式。

（2）如果亚行对借款人的电子系统的实用性感到满意，借款人可以使用该电子系统发布招标文件。如果招标文件通过电子系统发布，那么，该电子系统应有安全

---

[23] 亚行已编制了标准资格预审文件供借款人在适当的合同形式下使用。

保障措施，以避免对招标文件进行修改，并且不应限制投标人进入该系统获得招标文件。纸制招标文件应提供给提出此要求的投标人。电子文件的母本应以纸质形式保存，并且以签字、盖章或其他亚行接受的方式证明其真实性。

投标有效性和投标保证金

2.13 投标人应按要求递交在招标文件规定的期限内有效的投标书，以使借款有充足的时间完成对投标的比较和评价、同亚行一起审查授标建议（如果需要事前审查的话），并获得一切必要的批准以便能在该期限内授予合同。

2.14 借款人可以选择是否要求投标人提交投标保证金。如果要求提交投标保证金，投标保证金应该按照招标文件中规定的金额和格式提交[24]。投标保证金应在投标有效期期满后的四周内保持有效，以便使借款人在需要索取保证金时，有合理的时间采取行动。在与中标的投标人签署合同之后，应及时退还落标人的投标保证金。如果不要求提交投标保证金又为了保证招标安全，借款人可以要求投标人签署一项声明，声明如果在投标有效期内撤回或修改其投标书，或者在授予合同之后不能签署合同，或不能在招标文件规定的截止日期前提交履约保证金，该投标人的投标资格将被暂停一段时间，从而不得参与借款人有关的任何合同的投标。

语言

2.15 按照亚行章程规定，亚行工作语言为英语。因此，招标文件和其他有关文件，包括广告，应用英语书写。在使用多种语言的情况下，应以英语版本为准。

招标文件的澄清

2.16 招标文件的措词应允许和鼓励国际竞争，并且应清楚准确地阐述需要开展的工作、工作的地点、需要提供的货物、交货或安装的地点、交货或完工的时间表、最低性能要求、质量保证和维修的要求以及其他任何有关的条款和条件。另外，在适当的情况下，招标文件还应规定用于判定所提交的货物或所完成的土建工程是否和技术规格相一致所需的检验、标准和方法。图纸应与技术规格的文字内容相一致，并应规定两者之间的优先顺序。

2.17 除价格因素外，招标文件应规定评标时将考虑的全部评标因素以及如何将这些因素量化或据以进行评价。如果允许采用替代的设计方案、材料、完成时间和付款条件等进行投标，那么，应对接受它们的条件和对它们进行评价的方法做出明确的说明。

2.18 应向所有潜在的投标人提供相同的信息，并应确保他们有同等的机会及时获得额外的信息。借款人应为潜在的投标人合理地进入项目现场参观提供方便。对于土建工程或者复杂的供货合同，尤其是那些需要更新现有工程或设备的合同，可以安

---

[24] 投标人可选择投标保证金的形式，如保付支票、信用证或有信誉银行的银行担保。

排召开标前会，使潜在的投标人可会见借款人的代表（面对面或在网上）以寻求澄清。标前会的纪要应送给所有潜在的投标人，并抄送亚行一份。任何额外的信息、澄清、差误的纠正或对招标文件的修改都应在投标截止期前足够的时间内发送给每一个原招标文件的收到人，以便投标人能够采取适当的行动。如有必要，投标截止期应延长。如果该合同需要亚行事前审查，亚行应该收到一份复印件并经征询不反对意见。

标准

2.19 虽然要确保所采购货物和/或土建工程的关键性能或其他要求，但招标文件中引用的标准和技术规格应促使最广泛的可能的竞争。借款人应尽最大可能规定国际上认可的标准，比如那些国际标准组织所发布的标准，设备或材料或工艺应该符合这些标准。如果没有这些国际标准或者这些标准不适用的话，那么，可以规定使用本国的标准。在所有情况下，招标文件都应说明符合其他标准的设备、材料或工艺，必须说明在实质上相同，也是可以接受的。

商标的使用

2.20 技术规格应以相关的特性和/或性能要求为依据。应避免引用商标名称、产品目录号或类似分类。如果必须引用具体制造商的商标或产品目录号以澄清在其他方面不完整的技术规格，那么，应在该引用后面加上“或相当于”的字样。技术规格应允许接受特征相似的和提供的性能至少与规定的指标在实质上相同的货物。

报价

2.21 货物招标应邀请对所有从境外提供的货物报到岸价或运费及保险费付至（目的地）价（CIP），对国内能够提供的或制造的或组装的货物报出厂价（EXW）[25]，包括那些以前已经事先进口的货物。如果要求投标人承担内陆运输、安装、试运行或其他类似的服务，如在“供货和安装”合同中，还应要求投标人对这些服务另外提出报价。

2.22 在交钥匙合同中，应要求投标人报现场安装完毕的价格，包括设备供应、海上和内陆运输及保险、安装和试运行以及相关的土建工程和合同范围内包括的所有其他服务，如设计、维修、运营的全部成本。除非招标文件另有规定，交钥匙价格应该包括全部关税、税收和其他税费。

2.23 应邀请土建工程合同的投标人报完成土建工程的单价或总价，且该价格中应包括所有的关税、税收和其他税费。应允许投标人从任何合格的来源获得所有

---

[25] 参见2000年版《国际贸易惯例术语解释通则》（INCOTERMS）以求更详尽的定义。该通则由国际商会出版。国际商会的地址是：International Chamber of Commerce, 38 Cours Albert 1er, 75008 Paris, France。CIF是成本、运费和保险费价，FOB是海运中的离岸价，CIP是运费和保费付至目的地价（目的地名称），FCA是多式联运中的货交承运人。EXW是出厂价、工厂交货或货架交货价。出厂价应该包括为制造或组装投标设备所使用的部件和原材料，或事先已经进口的设备已支付或将要支付的所有关税、销售税和其他税。

投入物（非熟练工人除外），以使其能够提供最具竞争力的投标。

价格调整

2.24　招标文件应清楚说明是否允许在合同的主要成本组成部分如劳动力、设备和材料发生变化时进行价格调整，而这种变化是合同商无法控制的。价格调整条款对于简单的短期内供货的合同通常没有必要。但是，对于供货期长或完工期长（一般超过18个月）的合同，包括大型土地工程合同，应包含价格调整条款。对于某些种类的设备，如果正常的商业惯例要求投标人提交固定价格而不管交货期的长短，价格调整条款也是不需要的。包含大宗商品的合同，其价格在短期内会发生巨大变化，应包含价格调整条款，以保护借款人或合同商在价格突变时受到损失。

2.25　价格调整的幅度应根据合同中主要组成部分成本的变化。调整时，招标文件中说明的价格调整方法应提供价格调整公式用于调整计算。投标价的比较仅应根据基础价格进行。

运输和保险

2.26　招标文件应允许供货商和承包商从任何合格的来源安排运输和保险。招标文件应说明投标人要提供的保险种类和条件。运输保险的赔偿应至少为合同金额的110%并以合同货币或可自由兑换货币支付，以便即时替换遗失或损坏的货物。对于土建工程，通常应规定承包商投保一切险。对于多个承包商在同一现场的大型项目，可以由借款人负责办理综合保险或全项目保险，在这种情况下，借款人应通过竞争取得该保险。

2.27　作为例外，如果借款人希望把进口货物的运输和保险留给本国公司或其他指定来源，应要求投标人除根据第2.21段报到岸价（CIF）或运费及保险费付至（目的地）价（CIP）以外，还要报离岸价（FOB）、货交承运人价（FCA）、成本加运费（指定目的港）价（CFR）或运费付至（指定目的地）价（CPT）[26]。最低评标价投标的选择应根据运费及保险费付至（目的地）价（CIP）进行，但借款人可以按照货交承运人（指定地点）价（FCA）或运费付至（指定目的地）价（CPT）的条件签订合同并自行安排运输和/或保险。在这种情况下，合同应仅限于离岸价（FOB）、货交承运人（指定地点）价（FCA）、成本加运费（指定目的港）价（CFR）或运费付至（指定目的地）价（CPT）的成本。如果借款人不希望从市场上获得保险，应向亚行提供证据证明已有来源可立即用可自由兑换的货币支付赔偿替换已遗失或损坏的货物。

货币规定

2.28　招标文件应说明投标人用于报价的一种或几种货币、为了比较投标而将

㉖ 《国际贸易惯例术语解释通则》2000年版，货交承运人（指定地点）价（FCA）和运费付至（指定目的地）价（CPT）。

不同货币表示的报价换算成一种货币的程序以及将用以支付合同价的货币。以下规定（第2.29段至第2.33段）的目的在于：（1）保证投标人有机会使投标货币和付款货币之间的汇率风险最小化，从而可提供其最好的价格；（2）给软货币国家的投标人提供使用强货币的选择，从而为其投标报价提供了一个更坚实的基础；（3）确保评标过程的公正和透明。

投标货币

2.29 招标文件应说明投标人可以使用任何货币报价。如果投标人希望用不同的外国货币表示报价总额，他们可以这么做，但前提条件是报价中不能超过三种外国货币。而且，借款人可以要求投标人说明投标价中用借款人货币[27]表示的国内费用的比例。

2.30 在土建工程的招标文件中，借款人可以要求投标人全部使用当地货币报价，并提出不超过三种由其选择的外国货币支付来自借款人国外的预计投入物的要求，用占投标价的百分比表示，同时提供进行该计算时使用的汇率。

为比较投标进行的货币转换

2.31 投标价是投标人要求的用各种货币付款的总金额。为便于价格比较，应将投标价换算成借款人选定的并在招标文件中规定的一种货币（当地货币或可完全自由兑换的外国货币）。借款人应使用事先选定的某一天官方来源（如中央亚行）或某商业银行或在国际上发行的报纸上为类似交易而公布的那些货币的卖出价（汇率）进行这种转换，这些汇率来源和日期应在招标文件中规定，条件是该日期不得早于截标日前四周，不得晚于原投标有效期期满日。

付款货币

2.32 应按中标人在投标书中表示其标价的某种货币或几种货币支付合同价款。

2.33 当要求用当地货币报价，但投标人要求按投标价的一定百分比支付外币时，付款使用的汇率应为投标人在投标书中规定的汇率，以确保投标价中外币部分的价值不发生损益。

付款条件和方法

2.34 付款条件应符合适用于具体货物和土建工程的国际商务惯例，并符合亚行的（随时修改的）《贷款支付手册》所规定的程序。

（1）供货合同应在合同货物交货和验收（如要求的话）后付清全部货款，但不包括含安装和试运行的合同。对于这种包含安装和试运行的合同，可保留一部分货款待供货商全部履行其合同义务后再行支付。鼓励使用信用证方式付款以保证对供货商即时付款。对较大的设备和工厂合同，应规定适当预付款，并且，对于执行期

[27] 此后称为当地货币。

长的合同，应规定在制造或装配期间应根据进度付款。

（2）土建工程合同在适当情况下应提供动员预付款、承包商设备和材料预付款、定期进度付款以及安排合理的保留金，在其按照合同履行完全部义务后再行支付。

2.35 货物或土建工程合同签字后支付的任何动员预付款及类似的支出应参照这些支出的估算金额，并应在招标文件中予以规定。对其他预付款的支付金额和时间，如为交运到现场用于土建工程的材料所作的材料预付款，也应有明确规定。招标文件应规定为预付款保证金所做的安排。

2.36 招标文件应规定付款方法和条件，规定是否允许有替代的付款方法和条件，如果允许，这些条件将如何影响评标。

备选方案投标

2.37 招标文件应清楚的规定何时允许投标人报备选方案的投标，如果允许，如何提交备选方案的投标、如何报价以及如何评审备选方案。

合同条款

2.38 合同文件应该明确规定将要开展的工作范围、所需提供的货物、借款人和供货商或承包商的权利和义务以及如果借款人聘请了工程师、建筑师或施工经理从事合同监理和管理时，他们的职责和权力。除合同通用条款外，合同文件还应包括为将要采购的具体货物或土建工程及项目所在地而特别制定的合同专用条款。合同条款应该对风险和责任进行平衡分配。

履约保证金

2.39 土建工程的招标文件应要求保证金，其金额应足以抵偿借款人在承包商违约情况下所遭受的损失。该保证金应按照借款人在招标文件中规定的适当格式和金额提供[28]。保证金的金额可根据所提供的保证金的类型和土建工程的性质和规模而有所不同。该保证金的一部分应展期至工程竣工日之后，以覆盖截至借款人最终验收的缺陷责任期或维修期。另外，确保承包商履行其质量保证或维修义务的保证金可以是不超过付款额的10%。该保证金将一直扣留到质量保证期或维修期期满时。在工程完工后但在质量保证期或维修期期满前，保证金可以按借款人的选择，用适当的银行担保或其他合适的保证金来代替。

2.40 在供货合同中，是否需要履约保证金将取决于该种货物的市场情况和商业惯例。可以要求供货商或制造商提交保证以防其不履行合同。适当金额的保证金也可用来确保其保证义务。另一种选择是可扣留付款的一定百分比作为保留金，以确保其保证义务以及任何安装或试运行要求。保证金或保留金的金额应当合理。

---

[28] 根据标准文件的规定，履约保证金的格式应是银行担保或预存现金，并由投标人选择有信誉的银行或金融机构出具。如果出具保证金的机构位于借款人国外，为了使其保证金可以强制执行，必须在借款人国内有相应的往来金融机构。

违约赔偿和奖励条款

2.41　针对交货拖延、土建工程竣工误期、提供的货物或土建工程不能满足性能要求从而给借款人增加的额外成本、或收益的损失或其他效益的损失，合同条款中应包括适当金额的违约赔偿规定或类似的规定。如果供货商或承包商的交货或完工时间早于合同中规定的时间，而该提前交货或完工将给借款人带来效益的，也可规定向这些供货商或承包商支付奖金。

不可抗力

2.42　合同条款中应规定，合同的一方若因出现合同条款中定义的不可抗力事件而不能履行其合同义务，不应被视作违约。

适用法律和争端的解决

2.43　合同条款中应包括适用法律和解决争端的规定。国际商务仲裁可能比其他争端解决方法更具有实际优势。因此，亚行鼓励借款人在采购货物和土建工程的合同中采用这种仲裁方式。亚行不应被指定为仲裁员，也不应要求亚行指定仲裁员。如果是土建工程合同、供货和安装合同以及交钥匙合同，解决争端的规定还应该包括诸如争端审议委员会或调解员的机制，采用这些机制将有助于加快争端的解决。

（三）开标、评标和授标

投标书的准备时间

2.44　确定投标书的准备和递交时间应充分考虑项目的具体情况和合同的规模及复杂程度。一般而言，国际招标应给出自投标邀请之日或开始发售招标文件之日（以晚者为准）起不少于六周的时间。如涉及大型土建工程或复杂的设备品目，更长一些的时间是必需的，以使潜在投标人能够在递交其投标书之前进行调查。在这种情况下，鼓励借款人召开标前会并安排参观现场。应允许投标人采用邮寄或亲手递交的方式递交投标书。如果亚行对借款人的电子招标系统的实用性感到满意，特别是包括，系统是安全的、能保证所递交投标书的保密性和完整性、具有可接受的管理程序建立投标的日期和时间、并且易于修改和撤回。在使用电子采购的情况下，投标人仍可选择递交印刷的投标书。投标邀请和招标文件中应明确规定接收投标书的截止时间和地点。

开标程序

2.45　开标时间应与接收投标书的截止时间相同或紧随其后[29]，并在投标邀请中与开标地点一起公布。借款人应在规定的时间和地点开启所有投标书。开标应公开进行。应允许投标人或其代表出席（亲自出席或电子招标时在线出席）。开标时，应大声读出并记录投标人名称、每个投标的总金额以及如果要求或允许报备选方案

[29] 需留有足够的时间把投标书运到公布的公开开标地点。

时的备选方案总金额（如使用电子招标时，则在线公布）并加以记录。该记录的副本应立即报送亚行并发送按时递交了投标书的全部投标人。在规定时间之后收到的投标书以及没有在开标时开启并宣读的投标，均不予以考虑。在使用电子采购时，可使用亚行能接受的在线开标程序。

对投标书的澄清或修正

2.46　除本指南第2.63段和2.64段的规定外，不应要求或允许投标人在投标截止时间后修改其投标书。借款人应要求投标人进行必要的澄清以便对其投标进行评审，但不得要求或允许投标人在开标之后改变其投标书的实质性内容或投标价。澄清的要求和投标人的答复均应采用文字形式，用书面或亚行满意的电子系统[30]。

保密性

2.47　公开开标之后直至公布开合同授予的情况之前，与投标有关的检查、澄清以及评审和授标建议等情况均不得向投标人或其他与该程序无关的人员透露。

投标书的检查

2.48　借款人应确定投标书是否：（1）符合本指南第1.6段、第1.7段和第1.8段规定的合格性要求；（2）得到适当的签署；（3）附有所要求的保证金或本指南2.14段要求的经签署的投标声明；（4）对招标文件做出了实质性的响应；（5）在其他方面大体上符合要求。如果投标书不具有实质性的响应，即它包含了对招标文件中的条款、条件及技术规格的实质性偏离或保留，则不应对其作进一步的考虑。一旦投标书被开启[31]，投标人将不得纠正或撤回其投标中的实质性偏离或保留。

对投标的评审和比较

2.49　评标的目的是在对各个投标的评标价格进行比较的基础上，确定每个投标对借款人产生的成本。根据第2.58段的规定，合同应该授予具有最低评标价[32]的投标，但不一定是报价最低的投标。

2.50　开标时宣读的投标价，应予以调整以纠正计算上的错误。同样，为评标的目的，应对任何可以量化的非实质性的偏离或保留进行调整。评标时不应考虑适用于合同执行期的价格调整规定。

2.51　评标以及对投标的比较应以国外进口货物的到岸价（CIF）或运费及保险费付至（目的地）价（CIP）[33] 和借款人国内制造供应货物的出厂价（EXW）加上运至目的地的内陆运费和保险费为基础，并考虑任何所需的安装、培训、试运行

---

[30] 参见第2.44段。

[31] 参见第2.50段关于纠正的规定，第2.6段关于两步法和两信封程序中澄清的规定。

[32] 参见第2.52段。

[33] 只有在货物交由海运和非集装箱运输的情况下，借款人才可以要求用到岸价（CIF）报价。到岸价不能用于海运以外的其他任何情况。经过制造的货物通常采用集装箱运输，所以不太可能采用到岸价条件。运费及保险费付至（目的地）价（CIP）可以用于任何运输方式，包括海运和多式联运。

和其他类似服务的价格[34]。

2.52 除了价格因素之外，招标文件还应明确评标中需考虑的其他有关因素以及运用这些因素来确定最低评标价投标的方法。对于货物和设备，评标时可考虑的其他一些因素包括：付款时间表、交货期、运营成本、设备的效率和兼容性、零备件和售后服务的可获得性以及相关的培训、安全和环境效益。除价格以外，招标文件的评标条款还应规定，用以确定最低评标价投标的因素应在实际可能的范围内尽量货币化。投标书的比较应在基本价格的基础上进行，不考虑价格调整条款。同样，在比较供货投标时，应将进口货物的关税和进口税费排除在外。

2.53 在土建工程合同中，承包商负责交纳所有关税、税收和其他税费。投标人在准备其投标书时应考虑这些因素。对投标书的评审和比较应以此为基础。交钥匙合同的评审应不包括其中货物的税收和关税[35]。土建工程的评标应严格按货币化的方式进行。任何因投标超过或低于某一事先确定的投标估值即被自动淘汰的程序都是不能接受的。如果时间是个关键因素，那么，只有在合同条款中规定对未按期完工的承包商进行相应处罚的情况下，评标时才可根据招标文件中规定的标准把提前完工给借款人带来的价值考虑进去。

2.54 借款人应准备一份详细的评标报告，其中应说明作为授标建议依据的具体理由。

国内优惠

2.55 应借款人的要求，并根据资助协定中双方同意的条件和招标文件中的规定，评标时，一定幅度的优惠可给予：

（1）在借款人国内制造的货物，当这些货物的投标与国外制造的货物的投标进行比较时；

（2）人均国民生产总值[36]低于规定限额的会员国的土建工程，当合格的国内承包商的投标和国外承包商的投标进行比较时。

2.56 如果允许给予国内制造的货物或国内承包商优惠的话，对投标书的评审和比较应按照本指南附录二中规定的方法和步骤进行。

投标有效期的延长

2.57 借款人应在原投标有效期内完成评标和授标，这样就不必延长投标有效期[37]。如有特殊情况必须延长投标有效期的，那么，应在投标有效期截止日之前，

---

[34] 评标时不应考虑：（1）对报到岸价（CIF）或运费及保险费付至（目的地）价（CIP）的进口货物征收的关税和其他税（CIP 价不含关税）；（2）与该货物销售或递交有关的销售税和类似的税。

[35] 除非招标文件对交钥匙合同另有规定（参见第 2.22 段）。

[36] 亚行每年确定的国民生产总值。

[37] 见附录一第 2（4）段。

以书面形式要求所有投标人延长投标有效期。延长期应为完成评标、获得必要的批准以及授标所需的最短时间。无论何时要求延长投标有效期，均不得要求或允许投标人改动其投标报价或其他投标条件。投标人有权拒绝延期。如果招标文件要求提交投标保证金，投标人有权拒绝延期而其投标保证金不被没收，但是对于那些愿意延长投标有效期的投标人，应要求它们适当延长投标保证金的有效期。

对投标人的资格后审

2.58　如果未对投标人进行资格预审，借款人应确定提供最低评标价投标的投标人是否有能力和资源按其投标所报条件有效地履行合同。要求达到的标准应在招标文件中规定，并且如投标人未达到这些标准，其投标应被拒绝。在这种情况下，借款人应对下一个提供最低评标价的投标人进行类似的审查。

授予合同

2.59　借款人应在投标有效期内将合同授予满足适当的能力和资源标准的，并且其投标已被确定为：(1) 实质上响应了招标文件的要求；(2) 提供最低评标价[38]的投标人。不应要求投标人承担未在招标文件中规定的工作责任或修改原提交的投标书，并将此作为授予合同的条件。

公布合同授予的情况

2.60　在收到亚行对合同授予建议的“不反对”意见后的两周内，借款人应在一份英文报纸上或知名的、可以自由进入的网站上公布评标结果，列明招标识别编号、合同包编号及以下信息：(1) 递交了投标书的每个投标人的名称；(2) 开标时读出的投标价；(3) 经过评审的每一投标人的名称及其评标价；(4) 投标书被拒绝的投标人的名称和拒绝的理由；(5) 中标的投标人的名称及其中标价以及合同授予的期限和范围。对于需要事后审查的合同，借款人公布评标结果的日期应不晚于授予合同的日期。

拒绝所有投标

2.61　招标文件中通常规定借款人可拒绝所有投标。拒绝所有投标只有在缺乏有效竞争，或投标书未对招标文件做出实质性响应，或投标价实质上大大高于现有的预算的情况下才是正当的。但是，缺乏竞争性不应仅仅以投标人的数量来确定。如果招标广告的刊登是令人满意而所报的价格与市场价格相比是合理的，即使只递交了一份投标书，招标过程也可以被认为是有效的。在获得亚行批准后，借款人可以拒绝全部投标书。如拒绝了所有投标，在重新招标之前，借款人应当审议拒标的原因，并考虑对合同条款、设计和技术规格、合同范围，或所有这些做出修改。

---

[38] 分别指“最低评标价的投标商”和“最低评标价的投标”。

2.62 如果拒绝所有投标是因为缺乏竞争性，应考虑扩大广告的作用范围。如果拒标是因为大部分或所有投标都没有响应招标文件的要求，可以邀请原来通过资格预审的公司，或在征得亚行同意后只邀请那些在上次招标中递交了投标书的投标人递交新的投标书。

2.63 当所有投标书被拒绝后，可要求重新招标，借款人应要求那些在上次招标中接到招标文件的投标人递交新的投标书。但是，如果在上次的招标中有足够数量的投标，借款人可以考虑只邀请那些在上次招标中递交了投标书的投标人参加投标。如果所有投标的价格都大大超出了费用估算，借款人可以不必重新招标，经咨询亚行后，可与最低评标价的投标人协商降低标价。如果不能达成满意的合同并需要重新招标，则应考虑修改合同的范围。

2.64 在拒绝所有投标、重新招标或与最低评标价的投标人进行谈判之前，应征得亚行的批准。

事后情况说明

2.65 在根据第2.60段的规定公布合同授予的情况时，借款人应该说明：需要了解其投标没有中标的原因的投标人，可以要求借款人进行解释。借款人应选择以书面的形式或召开情况说明会及时解释不中标的原因。提出要求的投标人应该承担事后情况说明的全部费用。

（四）经修改的国际竞争性招标

进口计划的运作

2.66 规划贷款资金可在依据禁止进口清单的基础上用于整个经济范围的进口，也可在依据准许进口清单的基础上用于特定行业的进口。通常，虽然准许进口清单也适用，但禁止进口清单更合适，例如，当外汇缺乏而亚行又希望保证满足行业进口的要求时。对于规划贷款，当采用合格条目的准许进口清单时，应要求提供具体进口的文件。

2.67 规划贷款下的合同不要求采用亚行通常的国际竞争性招标程序。在国际商品市场普遍交易的货物（如石油产品和化肥），交易一般采用的商业程序适用于亚行的资助。对特定商品的资助就控制在协商同意的限额之内（如占整个贷款金额的60%）。每项规划贷款采用的具体采购程序应基于亚行对借款的发展中成员内采购程序的评估，并在贷款文件中进行规定。借款人及相关机构应保存规划贷款账目的准确记录。

商品的采购

2.68 一些商品的市场价格，如粮食、饲料、食用油、燃料、化肥以及金属等，随着当时的市场供求情况而波动。许多商品在开办的商品市场上都有报价。采购经常涉及分批量多次授予合同以保证供货安全，还涉及在一定期限内多次购买以充分利用有利的市场条件并降低库存量。可以制定一份通过资格预审的投标人的名单，定期向他们发出投标邀请。可邀请投标人报出与装运时或装运前的市场价格相关联的报价。投标有效期应尽可能短些。可使用通常在市场上给商品标价的某种单一货币进行投标和付款。该种货币应在招标文件中明确规定。招标文件可以允许采用传真或电子文件的方式进行投标。这时，可以不要求提供投标保证金，或通过资格预审的投标人已提交的投标保证金在某一规定的期限内保持有效。应使用与市场惯例相一致的标准合同条款和格式。

重复订货

2.69　当原来为项目采购的货物已通过国际竞争性招标采购完成，而又需要紧急采购另外一批相同的货物以满足项目需要，并且采购资金已经到位，在这种情况下，这批额外的货物可采用重复订货招标的方式进行采购，这是采用完全国际竞争性招标方式所没有的优势[39]。重复订货招标可以仅邀请对原采购的那批货物做出实质性响应投标的投标人。如果做出实质性响应的投标人太多，也可以仅邀请五个投标价最低且具实质性响应的投标人。

三、其他采购方式

总则

3.1　本章说明在国际竞争性招标（ICB，以下简称国际招标）不是最经济、最有效的采购方式而其他采购方式更加适宜时的采购方式[40]。亚行关于给予国内制造的货物和国内承包商一定评标优惠幅度的政策不适用于国际招标之外的其他采购方式。第3.2段至第3.7段按优先顺序说明了其他常用的采购方法，剩余的段落说明特殊情况的采购。

有限国际竞争性招标

3.2　有限国际竞争性招标（LIB，以下简称有限招标）实质上是一种不公开刊登广告而直接邀请投标人投标的国际招标。有限招标作为一种合适的采购方式，适用于：（1）供货商数量有限；（2）合同金额不够大，不足以通过国际招标吸引国外供货商或承包商；（3）有其他作为例外的理由，说明不完全按照国际招标的程序进行采购是正当的。采用有限招标时，借款人应从一份列有足够广泛的潜在供货商的名单中寻求投标，以保证价格具有竞争性。当供货商为数不多时，该名单应该把所有供货商都包括进去。国内优惠不适用有限招标的评标。除了刊登广告和国内优惠

---

[39] 又见第3.6（1）段。

[40] 合同不应被分割成更小的合同从而使其不适于采用国际竞争性招标（ICB）程序。任何把一个合同分成几个小合同包的建议都必须得到亚行的事前同意。

两条之外，国际招标的程序，包括第2.60段要求的公布合同授予情况的要求均适用于有限招标。

国内竞争性招标

3.3 国内竞争性招标（NCB，简称国内招标）是借款人国内公共采购中通常采用的竞争性招标程序，而且可能是采购那些因其性质或范围不大可能吸引外国厂商和承包商参与竞争的货物和土建工程的最适当的方式。要在亚行贷款资助的采购中被接受使用，就必须对这些程序进行必要的审查和修改[41]，以确保其经济性、有效性、透明度，并与本指南第一章的规定保持广泛的一致性。当估计外国厂商会因为：（1）合同的金额小；（2）土建工程的地点分散或时间拖得很长；（3）土建工程为劳动密集型；（4）当地可获取的货物或土建工程的价格低于国际市场价格，而对投标不会感兴趣时，国内招标可能是最适当的采购方式。在所涉及的行政或财务负担明显超过国际招标所带来的好处时，也可以采用国内招标。

3.4 国内招标的广告可以限于刊登在国家报纸或官方杂志或可以自由进入的电子网站上。招标文件可只使用借款人的本国语言（或借款人全国范围内商业交易使用的语言），并且一般用借款人本国货币作为投标和付款的货币。此外，招标文件应清楚地说明如何递交投标书、如何报价以及投标书递交的时间和地点。应给投标人提供充分的响应时间来准备并递交投标书。为了保证合理的价格，该程序应提供充分的竞争。评标和授予合同所采用的方法应客观并在招标文件中告知所有投标人，而不是任意乱用。国内招标的程序也应该包括公开开标、公布评标结果和合同授予情况以及投标人的投诉方法。如果外国厂商愿意在这种情况下参加投标，应该允许他们参加。

询价采购

3.5 询价采购是对几个供货商（采购货物时）或几个承包商（采购土建工程时）提供的报价进行比较的一种采购方式。通常至少有三家报价，以确保价格具有竞争性。询价采购适合用于采购小金额的货架交货的现货或标准规格的商品或简单的小型土建工程。询价单上应注明货物的种类和数量、土建工程的技术规范以及要求的交货（或完工）时间和地点。报价可以采用信件、传真或电子文件的形式提交。对报价的评审原则与公开招标相同。已接受的报价条件应包括在订单或简短的合同中。

[41] 任何这样的修改必须在资助协定中反映。

直接签订合同

3.6 直接采购是在没有竞争（单一来源）的情况下直接签订合同，可能是适用于下列情况的采购方式：

（1）现有合同下的额外货物，这是按照国际招标程序授予的合同。亚行应满意地认为，在这种情况下，不可能再得到更好的报价，而且价格不比原来的高。通常，重复订货应在原订货的 18 个月内进行，而所增加的数量不应超过原合同数量的 30%。

（2）为了与现有设备相配套，设备或零配件的标准化可作为向原供货商增加订货的正当理由。证明这种采购合理的条件是：原有设备必须是适用的，新增品目的数量一般应少于现有的数量，价格应该合理，并且已对从其他厂商或设备来源另行采购的好处进行了考虑并已予以否定，否定的理由是亚行可以接受的。

（3）所需设备具有专卖性质，并且只能从单一来源获得。

（4）负责工艺设计的承包商要求从特定供应商处采购关键部件，并以此作为性能保证的条件。

（5）所承担的土建工程是先前或正在进行的工作的自然延伸，并可证明聘用同一家承包商将会更经济，并可确保工作质量的一致性。

（6）特殊情况下，如应付自然灾害。

3.7 在合同签字后，借款人应在一份英文报纸上或在知名的、可以自由进入的英文网站上公布合同商名称、报价、时间和合同范围。可以每季度公布一次，采用包括上一次情况的汇总表形式。

自营工程

3.8 自营工程，即借款人使用自己的人员和设备[42]进行施工，这可能是承建某些种类土建工程的唯一实际可行的方法。在下列情况下，采用自营工程是正当的：

（1）无法事先确定所涉及的工程量；

（2）工程小而分散，或位于边远地区，有资格的工程公司不大可能以合理的价格投标；

（3）要求在不给日常运营造成混乱的情况下进行施工；

（4）不可避免的工作中断风险由借款人承担要比由承包商承担更合适；

（5）需要迅速采取行动的紧急情况。

从专门机构采购

3.9 在有些情况下，从作为供货商的专门机构按其自己的程序采购，可能是

---

[42] 非自主经营和独立核算的政府所有的施工单位，将被称作为自营工程单位。“自营工程”也被称作“直接劳务”“部门自营”或“直接工程”。

采购：（1）小批量的货架交货的货物，主要是用于教育及卫生等领域的货物；（2）供货商有限的特殊产品，如疫苗或药品的最适当方式。

采购代理

3.10　当借款人缺乏必要的机构、资源和经验时，借款人可能希望（或亚行要求借款人）聘请一家专门从事采购的公司作为其代理。采购代理必须代表借款人遵循资助协定和亚行指南规定的所有采购程序，包括使用亚行的标准文件、遵循审查程序和文件要求。这一条也适用于联合国机构作为采购代理的情况[43]。可以采取类似的方法聘请管理承包商，通过向其付费让其承包涉及在紧急情况下重建、修复、恢复和新建的零散土建工程，或涉及大量小合同的土建工程。

检验代理

3.11　装运前的检验和进口的验收是保护借款人的措施之一，特别是对那些有大量进口计划的国家而言更是如此。检验和验收通常包括质量、数量和价格的合理性。国际招标程序采购的进口货物不应进行价格核定，只核定质量和数量。但是，对不是通过国际招标采购的进口货物可以另外进行价格核定。对检验代理通常根据货物的价值付费。国际招标的评标中不得考虑进口货物的验收费用。

中间金融机构贷款的采购

3.12　如果贷款是发放给一个中间金融机构的，如农业信贷机构或开发金融公司，由该机构再转贷给受益人，如个人、私营部门的企业、中小型企业或公共部门的自主经营的商业性企业，作为对子项目的部分融资，采购通常由相应的受益人按照亚行可接受的那些当地私营部门通用的或商业惯例进行。不过，即使在这种情况下，对于那些单个品目数量很大的采购或大量的相近货物可打捆进行大批量采购的情况，国际招标可能是最适当的采购方式。

BOO/BOT/BOOT、特许经营和类似的私营部门参与融资的采购

3.13　在向私营部门提供无政府担保的贷款情况下，亚行不坚持使用国际招标程序，但要求借款人使亚行对其采用的采购程序的透明度感到满意，最好是竞争性采用招标程序，而且的采购的货物和工程应来自于合格成员国，并适合于项目。在亚行参与 BOO/BOT/BOOT[44] 或其他类似项目资助的情况下，下面两种方法都可以使用：

（1）对 BOO/BOT/BOOT 或类似项目经营者的选择应采用透明的方式进行，最好采用亚行可接受的竞争性招标方式。为得到最经济和最有效的建议书，该方式可

---

[43] 《亚洲开发银行及其借款人使用咨询顾问指南》适用于挑选采购代理和验收代理。如果在资助协定和采购计划中有规定，那么，采购代理或验收代理的成本或费用是可以用亚行贷款支付的，但前提是挑选和聘请的条款和条件是亚行可接受的。

[44] BOO ＝建设－拥有－运营，BOT ＝建设－运营－转让，BOOT ＝建设－拥有－运营－转让。

能包括几个步骤，以得到评价标准的最佳组合。这些评价标准包括：所提供设施的性能规格、向使用者或购买者收取的费用以及设施的折旧期限。按照这种方式选定的项目经营者接下来便可采用合适的程序从合格的成员国采购建设这些设施所需要的货物和工程。或者，

（2）如果项目经营者不是按照上述（1）段规定的方式挑选的，设施所需的并将由亚行贷款支付的货物和土建工程应该采用透明的方式，按照亚行可接受竞争性招标程序进行采购。

基于履约表现的采购

3.14　基于履约表现的采购[45]，又称基于产出的采购，系指竞争性采购程序（国际招标或国内招标），其结果是产生了一种合同关系，付款是以可计量的产出为依据的，而不似传统的以投入的计量为依据。技术规范定义了所要求的结果和对产出的计量及其计量方法。产出的目的是在质量、数量和可靠性方面达到满意的功能。如果产出满足了要求的质量水平，那么、支付则依据完成的数量。如果产出的质量低，支付额或保留金就要减少，在某些情况下，对高质量的产出可以给予奖励。招标文件一般不说明承包商的投入，也不限制承包商的工作方法。根据工程的性质和实践证明的成功经验，承包商可以自由选择最适当的方案，并证明可以满足招标文件规定的质量标准。

3.15　基于履约表现的采购可以用于：（1）收费服务，以产出为基础；（2）设施的设计、供应、施工（或恢复）和试运行，该设施将由借款人运营；（3）设施的设计、供应、施工（或恢复）和试运行以及为其在试运行后的一段时间内的经营和维护提供服务[46]。如需要设计、供应和/或施工，一般要进行资格预审，并按第2.6段的规定采用两步法招标程序。

由亚行提供担保的贷款项下的采购

3.16　如果亚行对另一贷款人的贷款的偿还提供担保的话，那么，由该贷款资助的货物和土建工程应按照经济性和有效性的原则并按照第1.2段和第1.5段要求的程序进行采购。

社区参与采购

3.17　出于对项目可持续性的考虑，或为实现特定的社会目的，在选定的项目内容中有必要：（1）请当地社区和/或非政府组织参与完成任务；（2）增加当地的专

---

[45] 亚行贷款项目采用基于履约表现的采购必须对不同的方案进行满意的技术比较和分析，必须是包含在项目评估文件中，或者是根据亚行的事前批准，列入采购计划中。

[46] 这类采购的例子有：（1）采购服务的例子：提供医疗服务，即为特殊服务支付，如对办公室的出诊或规定的实验室试验等；（2）采购设施的例子：将由借款人运营的火电厂的设计、采购、施工和试运行；（3）采购设施和服务的例子：设计、采购、施工（或重建）公路，并在施工后5年内负责该公路的运行和维护。

有技术和材料的使用；(3) 使用密集型劳动和其他合适的技术。在此情况下，采购程序、技术规格和合同包的使用应适当，以反映出这些考虑，但前提是这些都是有效率的并被亚行所接受。建议使用的程序和由社区参与实施的项目部分应在资助协定中明确规定，并在经亚行批准的采购计划或亚行批准的有关项目实施文件中进一步详细规定。

灾害与紧急援助下的采购

3.18 灾害与紧急援助下的货物与工程采购应具有较大灵活性。国际招标的要求可放宽至国内招标，并缩短招标过程时间。有限国际招标方式（LIB）是货物采购的标准，最短招标时间为一至二周。向目前贷款或赠款项下的承包商和供货商直接签订合同的做法允许用于新合同，协议的费率应参照已签订合同中所采用费率，并考虑到通货膨胀和工程因素有所调整。同样，其他捐款方资助项目中通过竞争性方式选择的承包商和供货商，可以在新的亚行资助项目中的使用直接签订合同方式时给予考虑。

附　录

附录一　亚行对采购决定的审查

采购计划安排

1. 亚行应对借款人在采购计划中提议的采购安排进行审查，以确保其符合资助协定和本指南的规定。采购计划应该至少涵盖项目开始之初的 18 个月。借款人应每年或根据需要更新采购计划，并总是涵盖项目实施的下 18 个月。对采购计划的任何修改都必须提交给亚行，以获得亚行的事前批准。

事前审查

2. 对于须经亚行事前审查的所有合同[47]：

(1) 需进行资格预审的，借款人应在发出资格预审邀请之前，把拟使用的文件草本，包括资格预审邀请的内容、资格预审文件（包括申请人须知、资格标准、申请书格式和合同范围）以及评审的方法，连同拟采用的刊登广告的程序说明一起报送亚行。如亚行提出合理要求，借款人应按要求对上述程序和文件做出修改。借款人在将资格预审的结果通知申请者之前，应把对收到的申请书的评审报告和建议的通过资格预审的投标人名单，连同一份他们的资格声明和预审中拒绝申请者的理由

[47] 对于根据第 3.6 段和第 3.7 段直接签订的合同，在合同生效前，借款人应向亚行提交一份技术规格和合同草稿供亚行审批。合同只有在亚行批准后才能生效执行。本段中的（8）款适用于已经生效执行的合同。

一起报送亚行，征求意见，并且如果亚行提出合理要求，借款人应对该名单进行增删或修改。

（2）在招标前，借款人应将招标文件草稿，包括投标邀请、投标人须知（包括评标的基础和授标的标准）以及土建工程、供货或设备安装等（视具体情况而定）的合同条款和技术规格，连同招标拟采用的刊登广告的程序（如未进行资格预审的话），一并报送亚行审查和提出意见。如亚行提出合理要求，借款人应对该文件作相应的修改。对招标文件做出的任何进一步的修改，在向预期的投标人发出之前，均应征得亚行批准。

（3）借款人应在收到投标书和完成评标之后，在做出授予合同的最后决定之前，将关于对所收到的投标书进行评审和比较的详细评标报告（如果亚行要求的话，由亚行所接受的专家来编制），与授标建议和亚行合理要求的其他材料一起报送亚行，报送时间应至少在投标有效期届满之前4个星期。如果亚行认定授标意向不符合资助协定和/或采购计划的规定，那么，应立即通知借款人，并说明做出该认定的理由。否则，亚行应对授予合同的建议发出不反对意见。借款人只能在获得亚行“不反对”意见后才能授予合同。

（4）借款人如果要求延长投标有效期以便完成评标、获得必要的批准和澄清以及授予合同，那么，当第一次延期超过四周时，应获得亚行的事前批准，并且对于以后的所有延期要求，不管期限多长，都应在事前征得亚行的同意。

（5）在公布了评标结果之后，借款人如果收到了投标人的抗议或投诉，则必须向亚行提交一份投诉的复印件和借款人答复的复印件。

（6）在分析了投标人的抗议后，借款人如果改变了授予合同的建议，则必须向亚行提交修改的原因和修改过的评标报告，以征得亚行的不反对意见。借款人必须按照本指南第2.60段的要求和内容重新公布授予合同的结情况。

（7）未经亚行事前批准，合同的条款和条件不得与对此要求招标的邀请进行资格预审（如果有的话）的合同条款和条件有实质性的出入。

（8）授予合同之后，应立即向亚行提交三份已签署的合同的副本。如果最终准备签字的合同与亚行以前已批准的合同草本之间有实质性差异，或合同签字后准备做重大修改，那么，这些变动或修改应提交亚行以获得事先批准。

（9）所有评标报告都应按亚行提供的格式附上一份采购摘要。一旦收到经签字的合同副本，亚行即可以对外发布该合同的说明和金额以及中标人的名称和地址。

3. 修改。对于需要事前审查的合同，在对规定的合同执行期给予实质性的延长之前、在同意对该合同的条款做出修改或放弃之前，包括在该合同下发布的任何使原合同金额的累计增加超过原合同价（15%）的变更令或指令（特别紧急的情况除外），借款人应取得亚行对所建议的延期、修改或变更令的不反对意见。亚行如果认定该建议与资助协定和/或采购计划的规定不符的话，则应立即通知借款人并说明其认定的原因。所有合同修改书的副本都报送亚行备案。

4. 翻译。如果通过国际竞争性招标（ICB）程序授予的合同必须使用英文。任何可能用其他文字书写的支持性文件（如设备的技术说明）必须附有英文翻译。

事后审查

5. 如果亚行与借款人双方同意进行事后审查，亚行应尽可能快地进行审查并作出反应，但最迟不得超过收到所要求文件后的六个月，否则即可认为亚行对借款人的行为无异议。借款人应在项目完成后的2年内保存需要进行事后审查的与每一份合同有关的全部采购文件。这些文件包括，但不限于：签字后的合同原件、包括对相关建议书进行分析以及提出授标建议的评标报告，以备亚行及其所聘请的咨询顾问的审查。电子文件的母本必须同时以印刷形式保存，并经发布机构的签字、盖章或其他亚行接受的方式进行验证。借款人应在授予合同后立即向亚行提交这些文件，除非资助协定另有规定。如果亚行认定所采购的货物、工程或服务与资助协定或亚行批准的采购计划所规定的经双方同意的程序不符，或合同本身不符合这些程序，亚行可以按照本指南第1.12段的规定宣布为错误采购。亚行将立即通知借款人并说明该认定的理由。如果错误采购是在支付之后宣布的，借款人应向亚行返回相应的金额。

附录二　国内优惠

对国内制造的货物的优惠

1. 经亚行同意，在国际竞争性招标（ICB）的评标过程中，当提供国产货物的投标与提供他国货物的投标进行比较时，借款人可向其提供一定幅度的优惠。在此情况下，招标文件应明确说明将对国内制造的货物所给予的优惠以及为创造享受这种优惠所需要的信息。制造商或供货商的国籍不是该合格性的条件。在对投标进行评审和比较时应遵从以下规定的方法和步骤。

2. 为便于比较，应将具有响应性的投标分类归入下列三组标中的任一组：

（1）A组：投标提供的是借款人国内制造的货物，而且投标人已向借款人和亚行满意地证明：①来自借款人国内的劳务、原材料和部件将占该产品出厂价的30%以上；②将要制造或组装该货物的生产设施至少从递交投标书之日起已开始制造或组装该类货物。

（2）B组：提供借款人国内制造货物的所有其他投标。

（3）C组：提供国外制造的并且已经进口或将要直接进口的货物的投标。

3. A组和B组的投标价中应包括在国内市场上购买的或进口的基本材料或部件已缴纳或将要缴纳的所有关税和其他税收。但不包括对制成品征收的销售税和类似的税。C组的投标价应是到岸价（CIF）或运费及保险费付至（目的地）价（CIP），不包括关税和其他已付或将要付的进口税。

4. 第一步，应对每组中所有经评审的投标在本组内进行比较，以确定本组中最低价的投标。每组中的最低评标价再进行相互比较，如果比较的结果是 A 组或 B 组中投标的评标价最低，则应选择该最低评标价的投标授予合同。

5. 按照上述第 4 段比较的结果，如果最低评标价的投标出自 C 组，则 C 组中的这个投标价应加上 15% 的该种货物的到岸价或运费及保险费付至（目的地）价，这样做只是为了进一步的比较。然后再与 A 组中的最低评标价投标进行比较。这次比较出的最低评标价即为最低的评标价。

6. 在单一责任制情况下，将大量分散设备品目组合到一个合同包下或组合到多个品目的投标包下的供货与安装或交钥匙合同[48]不适用国内优惠，仅是其中国内生产的设备才适用国内优惠。国外提供的货物应报到岸价（CIF）或运费及保险费付至（目的地）价（CIP），国内提供的设备应报出厂价（EXW）（不含销售税和其他税收）；其他部分，如设计、工程、安装和监理，应分别报价。投标不应分成 A 组、B 组或 C 组。在比较投标书时，每一个投标中仅是从借款人国家之外提供的设备的到岸价或运费及保险费付至（目的地）价增加 15%。其中的相关服务或工程不适用国内优惠。

对国内承包商的优惠

7. 对于通过国际竞争性招标授予的土建工程合同，合格的借款人可在亚行同意的条件下，向国内承包商[49]提供（7.5%）的优惠，但应根据并取决于下列条件：

（1）应该要求申请享受国内优惠的承包商提供包括详细的所有权情况在内的有关资料，作为其资格文件的一部分[50]。根据借款人制定并为亚行所接受的分类方法，这些资料将用来确定一个特定的承包商或一组承包商是否有资格享受国内优惠。招标文件应明确规定国内优惠，以及在对投标进行评审和比较时给予国内优惠的方法。

（2）借款人在收到投标书和完成评标之后，应将具有响应性的投标按下列类别分组：

①A 组：由有资格享受国内优惠的国内承包商提交的投标。

②B 组：其他承包商提交的投标。

为便于对投标进行评审和比较，对 B 组的投标应加上相当于其投标金额 7.5% 的金额。

---

[48] 这些规定仅在投标价中不包括海时和进口货物按到岸价（CIF）或运费及保险费付至（目的地）价（CIP）报价时使用。

[49] 对国内承包商的优惠只适用于合格的国家。

[50] 在资格预审和/或投标阶段。

附录三　投标人指南

目的

1. 本附录向愿意参加亚行贷款资助的采购的潜在投标人提供指导。

采购的责任

2. 项目实施和对项目项下采购的货物、土建工程和咨询服务进行支付的责任完全在借款人。根据亚行章程的要求，亚行的作用是保证其资助资金只支付已经发生的费用。支付只能根据借款人的要求进行。借款人在提交提款申请时应该提供支持材料，说明资金的使用符合资助协定和/或采购计划的要求。亚行的支付用于：（1）回补借款人已经用自己的资源垫支的部分；（2）直接支付给第三方（通常是供货商或承包商）；（3）支付给商业银行用于特别承诺通过商业银行信用证的支出[51]。正如本指南第1.2段所强调的，借款人在法律上对采购负责。它负责邀请、接收和评审投标并授予合同。合同是在借款人和供货商或承包商之间签订的，亚行不是合同的一方。

亚行的作用

3. 正如本指南第1.11段所述，亚行负责审查采购程序、采购文件、评标报告、授标建议和合同，以确保采购是按照资助协定中所规定的双方同意的程序进行的。如果是大型合同，根据本指南附录一的规定，文件在发布之前要通过亚行审查。而且，在采购过程中的任何时刻（甚至在授予合同之后），如果亚行判定双方同意的程序在实质性方面没有得以遵守，按本指南第1.12段所作的说明，亚行可以宣布为错误采购。但是，即使借款人在收到亚行“不反对”意见后已经授予了合同，亚行仍可能会宣布为错误采购，但仅限于“不反对”意见是基于借款人提供的不完整、不准确或错误导向的信息做出的。而且，如果亚行确定借款人或投标人的代表犯有腐败或欺诈行为，亚行将运用本指南第1.14段规定的处罚措施。

4. 亚行已为各种类型的采购出版了标准采购文件（SBD），正如本指南第2.12段所述，借款人必须强制性使用这些招标文件，且只可根据本国和具体项目的情况做最小的改动。资格预审文件和招标文件由借款人负责定稿和对外发布。

招标信息

5. 国际竞争性招标中投标机会的信息，正如本指南第2.7段和第2.8段所说明的，可以从采购总公告和具体招标通告中获得。拟上项目中商业机会的预先信息可以通过亚行的网站[52]。

投标人的作用

6. 投标人一旦收到资格预审文件或招标文件，应认真地进行研究，以确定自己

---

[51] 亚行的支付程序在亚行的支付手册中有全面的说明（见亚行的网址 http：//www. adb. org）。

[52] http：//www. adb. org。

是否能满足技术、商务和合同条件。如果能够满足，就可以着手准备投标书。然后，投标人应着重审查这些文件中是否有含糊不清、遗漏或自相矛盾的地方、或者有不明确或带有歧视性或限制性的技术规格或其他条件，如果有的话，投标人应要求借款人书面的形式在招标文件中规定的时间内予以澄清。

7. 挑选中标商的标准和方法在招标文件中有明确规定，一般写在投标人须知和技术规格中。如果这些规定不清楚的话，投标人应同样要求借款人予以澄清。

8. 关于这一点，应该着重强调的是借款人发布的具体的招标文件只针对某一项具体采购，这在本指南第 1.1 段中已有规定。如果投标人觉得文件中的一些规定与本指南不相符合，他也应向借款人提出来。

9. 投标人的责任是在提交投标书之前，指出招标文件中含糊不清、相互矛盾、遗漏等问题，以保证递交一份完全符合要求的投标书，包括招标文件中要求的辅助证明文件。不满足主要（技术和商务）要求的投标将被拒标。如果投标人希望对非关键性的要求提出偏离或提出替代性解决方案，投标人应该先对完全符合要求的投标提出报价，然后，再单独注明，如所提出的偏离被接受，其能够做出的价格调整。备选方案只应在招标文件允许的情况下递交。一旦借款人收到投标书并已公开开标，就不得要求或允许投标人改变其投标价格或投标的实质内容。

保密性

10. 正如本指南第 2.47 段所述，在公布合同授予的情况前，评标的过程应该是保密的。这样做的主要目的是使借款人和亚行的审查人员能够摆脱事实上或感觉上的不正当的干预。如果在这一阶段某投标人希望向借款人和亚行提供额外的资料以引起他们的注意的话，它应该以书面形式提供。

亚行采取的行动

11. 投标人可以把向借款人提出问题的函电抄送给亚行，或者在借款人没有迅速做出答复或函电是抱怨借款人时，投标人也可以直接给亚行写信。所有这些函电都应发给该项目的项目官员，并抄送给中央业务服务办公室（COSO）主管处长。

12. 在投标截止期之前收到的这些函电，如适当，亚行将会把收到的函电连同亚行的评议意见或建议交给借款人来采取行动或做出答复。

13. 在开标以后收到的投标人的函电将作如下处理：如果合同不需要亚行事前审查，函电将寄给借款人供其认真考虑和采取适当的行动（如可采取的话），并且，亚行人员在随后的项目监督时将对这些函电的处理情况进行检查。如果是需要事前审查的合同，亚行将与借款人磋商，对这些函电进行审查。如果完成审查还需要额外的资料，应从借款人处取得这些资料。如需从投标人处取得额外的资料或澄清，亚行将要求借款人获取，并将这些信息资料写入评标报告或在评标报告中加以评论。在对这些往来函电进行了全面的审查和考虑之后，亚行的审查工作才告完成。

14. （1）除回复已收到通知之外，在公布合同授予的情况之前，亚行在评标和审查过程中一般不与任何投标人进行的讨论或往来。

（2）尽管有上述第14（1）段的规定，如果有必要对采购过程实施调查、审计、评价或评估，亚行也可能介入讨论。

事后情况说明

15. 根据第2.65段的规定，发出中标通知书之后，如果投标人希望知道它为什么没有被选中，它应该向借款人提出要求。如果投标人对答复不满意并希望和亚行开会的话，它可以给中央业务服务办公室主管处长写信。主管处长将安排在适当的级别上召开会议，有关人员也将参加开会。在讨论中，只能讨论该投标人的投标，而不讨论其竞争对手的投标。

亚洲开发银行及其借款人使用咨询顾问指南

（2010 年 4 月）

译文声明：

为扩大读者范围，特将本报告由英文翻译为中文。亚洲开发银行（亚行）尽力确保翻译的准确性。但英语是亚行的官方语言，因此，本报告的英文原版为唯一具有权威性的（即正式的和经授权的）文本。任何对本报告内容的引用，必须以其英文原版内容为准。

目　录

2.1 聘请咨询公司

2.2 基于质量和费用的选择（QCBS）

2.23 基于质量的选择（QBS）

2.26 固定预算下的选择（FBS）

2.27 最低费用的选择（LCS）

2.28 基于咨询顾问资历的选择（CQS）

2.29 单一来源的选择（SSS）

2.33 商业惯例

2.34 聘请个人咨询顾问

2.35 特殊类型咨询顾问的选择

2.35 职员咨询顾问

2.36 资源人员

2.37 联合国和其他专业机构

2.38 使用非政府组织

2.39 采购代理

2.40 检验代理

2.41 银行

2.42 审计师

2.43 服务性合同的提供者

（二）合同方式

2.45 以时间为基础的合同

2.46 雇用费和/或中介（成功）费合同

2.47 不定期服务合同（价格协议）

2.48 总价合同

2.49 履约表现合同

（三）贷款项目的重要合同条款

2.51 货币

2.52 价格调整

2.53 支付条款

2.55 预付款保证

2.56 借款人的贡献

2.57 利益冲突

2.58 职业责任

2.59 人员替换

一、概述及政策

目的

1.1　本指南的目的在于规定亚洲开发银行（以下称亚行）的有关政策及贷款和技术援助（以下称技援）项目所需的咨询顾问的选择、签约和监督程序，而这些项目是全部或部分地由亚行贷款、或由亚行赠款、或亚行管理的资金资助的。本指南提供了一项关于亚行适用政策的说明；更明确的解释包括在亚行项目管理说明中（Project Administration Instructions – PAIs）[①]，和/或标准建议书征询文件（Request for Proposals – RFPs）[②] 中。

1.2　贷款协定、赠款协定或技援协定[③]，无论哪种协定，都确定了借款人和亚行之间的法律关系，本指南按协定的规定适用于项目中咨询顾问的聘请。借款人[④]或亚行与咨询顾问的权利和义务由借款人或亚行编制的具体的建议书征询文件和借款人或亚行与咨询顾问之间所签订的合同规定，而不由本指南、贷款协定、赠款协定或技援协定确定。除贷款协定、赠款协定或技援协定的签字方外，其他任何一方都不得从其中分享任何权利或对贷款、赠款或技援资金提出任何要求。

1.3　咨询顾问包括种类繁多的私营和公共实体，其中包括国际[⑤]和国内[⑥]的咨

① 项目管理说明可以从亚行网站上获得，www.adb.org。

② 贷款的标准建议书征询函（RFP）与其他多边发展银行的文本是完全一致的，可以从亚行网站上获得，www.adb.org。

③ 对于亚行资助的技援，受援国与亚行签订一份“伞形”技援框架协议，它确定了亚行和受援国之间的关系，包括亚行为该国提供的一切技援项目。但是，就每一个具体技援项目而言，亚行与借款人之间签订有协定。技援协定特别地包括了有关技援框架协议以及建议批准技援的技援报告。

④ 本指南中提及的“借款人”包括负责亚行资助项目的执行和/或实施的机构，而借款人（或赠款受援人）并不直接执行项目。

⑤ “国际咨询顾问”指在任一亚行成员国成立或注册的咨询公司，包括借款人国家，或任一亚行成员的公民个人，包括借款人国家。

⑥ “国内咨询顾问”指在借款人国家成立或注册，并在借款人国家拥有一间注册办公室的咨询公司或个人，或者身为该国公民的个人。

询公司、工程公司、建造公司、管理公司、采购代理、检验代理、审计师、联合国机构和其他多边国际组织、大学、研究机构、政府机构，非政府组织（NGO）以及独立咨询顾问⑦。亚行或其借款人使用这些机构作为咨询顾问，帮助其开展各种活动——例如，政策建议、机构改革、管理、工程服务、施工监理、财务服务、采购服务、社会和环境研究以及项目鉴定、准备和实施 —— 以补充借款人或亚行在这些领域的能力不足。

一般考虑因素

1.4　通常，借款人负责选择、聘用和监督由贷款资助的咨询顾问⑧，而亚行负责选择、聘用和监督由技援赠款资助的咨询顾问⑨。虽然聘请咨询顾问应遵循的具体规则和程序取决于当时的具体情况，但出于下述6个主要方面的考虑，亚行制定了选择程序方面的政策：

（1）对高质量服务的需要；

（2）对经济性和效率性的需要，

（3）向所有有资格的咨询顾问提供一个机会为亚行资助的服务而竞争的需要，

（4）亚行对于鼓励其发展中成员发展和使用本国咨询顾问的考虑；

（5）对选择过程透明性的需要；

（6）追求对反腐败的更大关注和对道德操守的更好坚持。

1.5　亚行认为，在多数情况下，这些考虑能够通过进入短名单的有资格的咨询公司之间的竞争得以最佳体现。咨询公司的选择是基于建议书的质量和在适当情况下考虑的服务成本。本指南的第二章（一）节说明了亚行可接受的选择咨询顾问的不同方法以及这些方法所适用的条件。由于基于质量和费用的选择（QCBS）是亚行优先选择的方法，本指南第2.02至2.21段详细描述了基于质量和费用的选择（QCBS）的程序。但是，当基于质量和费用的选择（QCBS）并不是最适合时第2.23至2.32段描述了其他的选择方法。

1.6　在贷款或技援项目中选择咨询顾问所使用的方法在贷款协定、赠款协定或技援协定中做了明确的规定。项目所资助的具体合同及其符合贷款协定、赠款协定或技援协定规定的选择程序，由采购计划确定（参见第1.27段）。

本指南的适用性

1.7　适用于本指南的咨询服务一般为知识性和咨询性服务，涉及广泛的领域，

---

⑦ 个体咨询顾问参见第2.34段。

⑧ 这包括在全部或部分使用亚洲发展基金（Asian Development Fund，ADF）赠款投资项目中聘用的咨询顾问。

⑨ 为提高借款人对于技援项目的自主精神并改善项目效益的可持续性，亚行在一定的条件下可以将招聘和监管技援顾问的职责委托给借款人履行（以下称“委托技援”）。

公共的和私人的，还涉及广泛的服务[10]。本指南通常不适用于其他形式的报务，该类服务以物质方面的活动占主导地位（如工程施工）。

1.8　本指南所概述的程序适用于全部或部分由亚行贷款、技援或其他赠款或由亚行或借款人执行的亚行管理的资金资助的所有咨询服务合同。对于不是由这些资金资助的咨询服务的采购，借款人可采用其他程序。在这种情况下，亚行需要确信：(1) 将要采用的程序能够选择出具有必要的专业资格的咨询顾问；(2) 所选定的咨询顾问能够按双方同意的时间表完成咨询任务；以及 (3) 服务范围与项目的需要保持一致。

1.9　借款人为贷款项目及委托技援所聘用的咨询顾问包括公司和个人。亚行可以为由亚行自有资金资助的技援使用咨询顾问，或者为由亚行代表其他机构负责实施但却由该机构提供资助资助的技援使用咨询顾问。亚行还可以 (1) 使用亚行行政预算签约雇用职员咨询顾问以便通过提供专业知识和建议来辅助亚行员工；(2) 使用专业人员来协助举办会议、专题讨论和研讨会。在这种情况下，咨询顾问由亚行聘用。咨询顾问的职责由任务大纲（TOR）确定。如果是一个技援项目，则受援方也参与任务大纲的制定。

利益冲突

1.10　亚行所指的利益冲突是指这样一种情况，一方的自身利益可能会影响其恰当地履行职责或责任、合同义务，或遵守适用法律与法规，并且此类利益冲突可能会导致或构成亚行反腐败政策所禁止的一种行为。按照反腐败政策的要求，借款人（包括亚行提供资助活动的受益者）和亚行资助合同下的咨询顾问必须遵守最高的道德标准要求。亚行将采取适当的行动以控制此类利益冲突，或在确认利益冲突已破坏了咨询顾问的公正评选过程时，拒绝授予合同的建议。

1.11　在不限制本规则普遍性的前提下，不应在以下几种情况下聘请咨询顾问：

(1) 咨询活动与货物、工程或服务（非本指南所涉及的咨询服务[11]）采购之间发生冲突。一个已被亚行或借款人聘请为项目提供货物、工程和服务（非本指南所涉及的咨询服务）的咨询公司或咨询顾问个人，均无资格提供与那些货物、工程或服务有关的咨询服务。相反，一个已被聘请为项目的准备或实施提供咨询服务的咨询公司或咨询顾问个人，均无资格接着提供货物、工程或服务（非本指南所涉及的咨询服务），而这些均源自或直接有关于公司或咨询顾问个人为项目的准备或实施所提供的服务。

---

⑩ “服务”包括政策建议；治理；机构改革；社会问题，包括扶贫和性别平等问题；环境评估和审计，参与和咨询，机构加强和能力建设，包括培训法律和金融服务；管理和工程服务及工程监理。

⑪ 参见本指南的第 1.07 段。

（2）咨询任务之间发生冲突。咨询公司或咨询顾问个人均不能被聘请从事任何在性质上可能与咨询公司或咨询顾问个人的另一项任务有冲突的咨询工作。例如，被聘请为基础设施项目进行工程设计的咨询公司或咨询顾问个人不应被聘请来为同一项目准备一份独立的环境评价报告；协助客户编制公共资产私有化方案的咨询公司或咨询顾问个人，既不能购买该资产，也不能向该资产的购买者提供建议。同样，被聘请为咨询任务编制任务大纲的咨询顾问不应被聘请从事该项咨询任务。

（3）与借款人人员之间的关系。咨询公司或咨询顾问个人与亚行工作人员或借款人的人员之间存在着商业上或家庭上的关系，而这些人员又直接地或间接地参与了合同任务大纲的编制工作、合同的选择工作、合同的监督工作，这项合同便不能授予该咨询顾问，除非由这种关系产生的冲突已经通过亚行可接受的方式在选择过程和合同履行过程中得以避免。

不公平竞争优势

1.12　选择过程的公平与透明要求咨询公司或咨询顾问个人在为具体咨询任务竞争时，没有从与该任务有关的、已提供的咨询服务中获得竞争优势。为此，亚行或借款人应使所有短名单上的咨询顾问，在获得建议书征询文件（RFP）的同时取得那些可能会给某个咨询公司或咨询顾问个人带来竞争优势的全部信息。

合格性

1.13　为了鼓励竞争，亚行允许所有亚行成员内的公司和个人为亚行资助的项目提供咨询服务。任何关于参与的条件仅限于保证公司有能力完成合同的基本要求。但是，下列情况也应同时给予考虑：

（1）某些咨询顾问也可能被排除在外，如果为履行联合国安理会根据联合国宪章第七章做出的决议，借款国禁止向任何国家、任何个人或任何实体进行任何付款。如果为履行该项决议，借款国禁止对某公司付款或对某项货物付款，那么该公司也可被排除在外。

（2）借款国政府拥有的企业或机构只有在能够证明符合下列条件的情况下才能参加：①这些企业或机构在法律上和财务上是独立的；②按照商业法则运作；③不是借款人或子借款人的附属机构。

（3）作为上述②款的一个例外，借款国政府拥有的大学或研究中心，如果其服务具有独特和特殊的性质，并且它们的参与对项目执行具有关键的作用，在此情况下，亚行可能针对具体个案同意聘请这些机构。基于同样的考虑，大学教授或研究机构的科研人员作为个人可受聘提供亚行资助的服务。

（4）政府官员和公务员，不论是作为个人，还是作为咨询公司的成员，只有在符合下列条件下才能受聘于咨询合同下：①不带薪休假；②不能受聘于他们休假前所供职的机构；③他们的受聘不会产生利益冲突（参见第1.10段）。

(5) 被亚行根据本指南第1.23段第(4)款或亚行的《反腐败政策》和《诚信原则和指南》(两者可能不定时修改)制裁的公司或个人，在亚行确定的一段时期内将没有资格被授予亚行贷款或亚行管理的合同，或者没有资格从亚行贷款或亚行管理的合同获得财务或其他方面的利益。

咨询顾问之间的联合

1.14 咨询顾问之间可以以联营体⑫的形式联合起来，或以咨询分包协议的形式联合起来以便对各自的专业领域进行补充、加强他们建议书的技术响应性并建立一个更大的专家库、提供更好的途径与方法，在某些情况下，还可以提供较低的报价。这种联合可以是长期的(与任何特定的咨询任务无关)，也可以是针对某一具体咨询任务的。如果亚行或借款人聘请一个联营体形式的联合体，那么，该联合体应指定一家公司代表该联合体；联合体中的所有成员都应在合同上签字并共同地和分别地承担整个咨询任务的责任。借款人不应要求咨询顾问与任何特定公司或特定的一些公司组成联合体，但可以鼓励咨询顾问与合格的本国公司联合。

提前签订合同与追溯贷款

1.15 亚行鼓励在合适的情况下提前签订合同、采用追溯贷款以加快项目的实施。在亚行同意的情况下，借款人可能希望在相关的贷款协定签字之前就开始选择咨询顾问(尽管并不签订合同)。在这种情况下，选择程序应符合本指南的规定。亚行应审查借款人所使用的程序。借款人自行承担提前签订合同所带来的风险。亚行对有关程序、文件、或对授予合同的建议做出的任何“不反对”意见都不意味着亚行承诺对有关项目提供贷款。如果合同已经签订，亚行偿还的任何在贷款协定签字前由借款人按合同规定支付的款项，称为追溯贷款，并且只能在贷款协定规定的限额内提供。在特殊情况下，提前聘请咨询顾问可适用于亚行的技援或委托技援。

亚行的审查、协助和监督

1.16 为保证借款人遵守本指南，亚行对贷款及委托技援的咨询顾问聘请程序进行事前审查。事前审查要求借款人在所有选择方法中聘请过程的不同阶段向亚行提交文件征得批准。事前审查的频率和程度与借款人的能力有关。不向亚行提交审查文件需要借款人证明其具有一定的能力和经验。在特殊情况下，亚行可能放弃事前审查而改用事后审查。是否需要事前审查、其频率和程度、应用事后审查的限额等需要借款人和亚行在项目准备阶段达成一致意见，并写入采购计划(参见第1.06段和第1.26段)。

1.17 在特殊情况下，如收到的意向书数量不多，以及应借款人的书面要求，亚行可向借款人提供其预期有能力完成咨询任务的公司长名单。提供名单并不代表

⑫ 在短名单上，联营体的国籍由该联营体的代表公司的国籍决定。

亚行对这些咨询顾问的认可。借款人可以根据自己的意愿对名单进行删除或增加。但是，最终的短名单应在发出建议书征询文件之前提交亚行批准。在适当的情况下，亚行可参加借款人与咨询顾问之间的讨论，并且在必要时，可帮助借款人解决与咨询任务有关的问题。

错误采购

1.18　如果未按胡关协定的规定和本指南选择咨询顾问，亚行将不资助与之相关的咨询服务的开支。如果没有按照事先达成的一致意见进行咨询顾问的聘请，亚行将宣布其为错误采购，通常情况下，亚行还会注销分配给发生错误采购的咨询服务的贷款额。在适当的情况下，亚行可在宣布错误采购之后允许重新发出建议书征询文件。此外，亚行还可能采取有关协定规定的其他补救措施。即使合同已经获得亚行的“不反对”意见并已签订，如果“不反对”意见是在借款人提供的不完整、不准确和误导性信息情况下做出的，或者合同的条款和条件未经亚行批准而被修改，亚行仍然可以宣布其为错误采购。

对亚行的提法

1.19　当项目完全或部分地由亚行资助，在建议书征询文件（RFP）和合同文件中提及亚行时应使用以下措词：

“……［借款人名称］……已接受来自亚洲开发银行［普通资金或特别基金］的用于［项目名称］费用的一笔［贷款］［和/或赠款］，并准备将该［贷款］［赠款］的一部分资金用于本合同下的合格支出。合同（几个合同）的条款和条件及亚洲开发银行的支付取决于［贷款/赠款协定］的条款和条件，包括《亚洲开发银行及其借款人使用咨询顾问指南》。除非亚行另行同意，除［借款人名称］外，任何一方都不得从［贷款/赠款协定］中取得任何权利或对［贷款/赠款］资金提出任何要求。”

能力建设

1.20　亚行提供能力建设以提高：国家能力和自主精神，通过突出加强发展中成员聘请咨询顾问能力和提出相应方法的需要；借款人聘请咨询顾问的能力，通过评定和实施采购计划中确定的传授式、独立式和“复制”式的培训；发展中成员咨询业的发展，通过解决四个层面的能力建设需求：（1）政策/法规层面，促进政府为产业发展营造良好的商业环境；（2）咨询协会层面，指导并发展产业培训和强化的代表性；（3）咨询公司层面，比如，在国际公司的任务大纲中加入向国内公司传授“咨询管理”知识；（4）个人咨询顾问层面，使其意识到咨询行业工作机会的存在。

培训或知识转让

1.21　如果咨询任务的重要组成部分是为借款人的人员或本国咨询顾问提供培

训或进行知识转让，任务大纲中应注明培训计划的目的、性质、范围和目标，包括有关培训者和受训者的细节、拟转让的技能、时间范围以及监督和评审安排。培训计划的费用通常应反映在咨询合同和任务预算之中。

语言

1.22　亚行、借款人及咨询顾问所准备的与使用咨询顾问相关的文件及信函均应使用英文书写。

欺诈和腐败

1.23　亚行的反腐败政策要求借款人（包括亚行资助活动的收益人）以及亚行资助合同项下的咨询顾问在选择过程中和履行这些合同时遵守最高的道德标准。在执行这项政策时[13]，亚行在本指南中将：

（1）为本款的目的确定以下术语：

- "腐败活动"意指直接地或间接地提供、给予、收受或要求任何有价财物来影响任何一方在咨询顾问选择过程或合同履行过程中的行为；
- "欺诈活动"意指通过歪曲或隐瞒事实来影响选择过程或合同的执行；
- "胁迫行为"指直接或间接损害或伤害，或威胁要损害或伤害任何一方或任何一方的财产，以不正当地影响该任何一方的行为；
- "串通行为"指两方或多方为达到不正当的目的而事先设计的安排布置，包括不正当地影响任何一方的行动。

（2）拒绝该授标建议，如果亚行确定被推荐授予合同的咨询顾问在为该合同进行的竞争中直接或通过代理参与了腐败、欺诈、串通或胁迫的活动。

（3）注销已分配给某个合同的资助额，如果亚行在任何时候确定亚行资助的借款人的代表在咨询顾问选择过程中或履行该合同的过程中参与了腐败、欺诈、串通或胁迫的活动，而借款人又没有及时采取适当的、令亚行满意的行动来进行补救。

（4）如果亚行在任何时候确定某个公司或个人直接或通过代理参与了腐败、欺诈、串通、胁迫或其他禁止的活动，将在任何时候根据亚行的《反腐败政策》和《诚信原则和指南》（两者都有可能不定时修改）制裁该公司或个人或继承人，包括宣布该公司或个人无限期的或在亚行确定的一段时期内没有资格参与亚行贷款或亚行管理的活动，或者没有资格从亚行贷款或亚行管理的合同获得财务或其他方面的利益。

（5）有权要求在咨询顾问选择文件和亚行资助的合同中包含一个条款，要求咨询顾问允许亚行及其代表检查其与咨询顾问选择过程和履行合同有关的账户、记录和其他文件，并由亚行指定的审计师对这些文件进行审计。

---

[13] 见亚行的《反腐败政策》（www. adb. org/Documents/Policies/Anticorruption）和《诚信原则和指南》（www. adb. org/Documents/Guidelines/Integrity - Guidelines - Procedures）。

1.24　经亚行特别同意，亚行资助的借款人可在委托技援的亚行资助的贷款项目的建议书征询文件中引入要求咨询顾问在竞争及履行合同时遵从建议书征询文件所列的该国的反腐败反欺诈（包括行贿受贿）法律的承诺。在亚行资助的借款人要求时，亚行可接受引入这样的承诺，如果亚行对这种承诺的引入安排感到满意。

1.25　当合同全部或部分地由亚行资助，合同文件中应当包括咨询顾问的一项承诺，即除非在建议书中列明，不得再给予、接受或承诺与咨询顾问选择过程或合同执行有关的任何酬金、奖金、回扣、礼物、佣金或其他款项。

绩效评价

1.26　亚行相信咨询顾问过去的表现应当与其今后的工作机会相关联。亚行及其借款人实施正式的咨询顾问绩效评价。作为评价过程的一部分，咨询顾问被邀请就借款人和亚行在委托技援、贷款项目和技援中的绩效分别发表意见。咨询顾问也被有机会对借款人或亚行准备的绩效评价报告进行审查并发表意见。

采购计划

1.27　作为项目准备工作的一部分，借款人应在商亚行后，尽早，但无论如何都应在贷款谈判前，编制完成涉及货物、工程和使用咨询服务的采购计划（计划）。就咨询服务而言，该计划应提出：（1）每一个具体的合同包；（2）建议的咨询服务选择方法和建议书类型；（3）完整的可预计的每一个咨询合同包的聘请计划和预算。准备该计划将增强借款人的自主性，包括借款人参与确定咨询服务的要求、制定并同意任务大纲以及更加注意发掘国内咨询顾问。在准备计划之前或计划准备期间，对于新借款人、已知能力较弱、或需要事前审查或事后审查、或委托技援的借款人，亚行可以⑭对其实施该计划的能力进行评定。该项评定将说明事前审查和/或事后审查的要求及频率，从而对采购计划产生影响。在适当的情况下，该评定还将说明对借款人进行培训以加强其聘请咨询顾问的能力。虽然最初的计划将包括在行长报告与建议中，但它就是一个“滚动”计划，并在合理的时间间隔定期进行更新。

二、程　序

（一）选择方法⑮

聘请咨询公司

2.1　为了提供更广泛的服务，促进优化与协调，简化管理和降低交易成本，

---

⑭　从国别采购评估报告以及亚行和其他多边开发银行与借款人过去的经验中也可以得到指导。

⑮　每种选择方法的具体活动在PAIs文件中有相应说明，可到亚行网站www.adb.org下载。

亚行制定了一系列的选择方法。

(1) 基于质量和费用的选择（QCBS)

2.2 基于质量和费用的选择（QCBS）是根据技术建议书的质量和所提供服务的费用进行的。由于服务费用是选择过程的一个因素，因此，当工作范围界定清楚，任务大纲清楚具体且明确，亚行或借款人与咨询顾问均能比较准确地估计人工时间以及其他所需要的咨询顾问的投入时，可以使用这种方法。

用于贷款和委托代理技援的基于质量和费用的选择

2.3 当借款人负责选择咨询顾问时，用于贷款和委托代理技援的基于质量和费用的选择在概述如下，并在附录1中作了归纳。通常情况下，借款人应向亚行提交三份文件（事前审查）供审批：(1) 建议书征询文件草稿，包括短名单；(2) 技术建议书评审报告；(3) 总体评审及排名报告。然而，有能力的借款人只需提交两份文件：建议书征询文件草稿，包括短名单，以及总体评审及排名报告。

准备任务大纲

2.4 在启动聘请咨询公司程序之前，咨询顾问的工作目标和范围、职能和职责应在任务大纲中明确规定。

费用估算（任务预算）

2.5 良好的费用估算是确保实际预算资源的基本要素。贷款项目的费用估算应当由借款人根据对完成任务所需要资源所做的评定做出：专家时间、后勤服务、物力投入（例如车辆、实验室设备等）。成本应分成两大类：薪酬（根据所使用的合同类型确定）和零用钱。专家工作时间应当按照国际人员和国内人员的实际情况进行估计。

广告

2.6 亚行通常把需要咨询服务的贷款项目，在确定短名单前，放在亚行网站上公示。为了吸引咨询公司的意向书，借款人可在合适的国家期刊、报纸或网站上做广告。

准备咨询顾问长名单

2.7 借款人应准备一份具备技术资格的公司的长名单。借款人应决定是否将这些公司列入最后的长名单中，也可以根据收到的意向书，决定是否将其他有经验的公司加入该名单。

准备咨询顾问短名单

2.8 借款人负责准备短名单。借款人应首先考虑那些表示过兴趣而又有相应资格的公司。短名单应包括地理分布广泛的6家公司，而且来自同一国家的公司不得超过2家，还要至少有一家公司来自于发展中国家，除非在发展中国家找不到有资格的公司。在特定情况下，亚行可同意短名单上的公司数量少一些。例如，仅有很少的有资格的公司对某项咨询任务表示了兴趣，或者合同的规模还不足以引起广泛的竞争。为了制定短名单，公司的国籍规定为公司注册地或公司组成地所在的国家。而对于联营体来说，国籍即是被指定代表联营体的公司的国籍。一旦亚行对短名单发出了“不反对”意见，借款人不得增加或减少名称。

2.9 如果咨询任务低于亚行批准的采购计划中的限额⑯，而且让外国咨询顾问参加竞争显然是不合理的，或是外国咨询顾问没有表示出兴趣，而合格的本国咨询顾问足以确保短名单上的公司形成具有竞争性的报价，那么，短名单中可以全部都是国内的公司（在国内注册或组成）。同样的限额用于亚行贷款业务支持的部门贷款计划（SWAps）⑰（这种项目汇集了政府和/或捐赠人的资金），低于此限额的咨询服务的短名单将全部由本国公司组成，这些公司的挑选遵循亚行同意的程序。但是，如果外国公司表示了兴趣，应给予考虑。

准备并发出建议书征询文件（RFPs）

2.10 借款人应使用标准的建议书征询文件。建议书征询文件包括：

- 邀请信；
- 咨询顾问指南；
- 技术建议书标准格式；
- 财务建议书标准格式；
- 任务大纲；
- 标准合同格式；
- 亚行成员名单。

2.11 借款人应向短名单上的咨询顾问发出建议书征询文件。借款人可以使用电子系统发布建议书征询文件，前提是亚行对此系统的完整性感到满意。如果建议书征询文件通过电子系统发布，那么，该电子系统应有安全保障措施，以避免对建议书征询文件进行修改，并且不应限制短名单上的咨询顾问进入该系统以获得建议书征询文件。

接收建议书

2.12 应要求咨询顾问将技术建议书和财务建议书应分别装在密封的信封中同时提交。任何在提交建议书截止时间后收到的建议书都应原封退回，在提交建议书截止时间后对技术建议书和财务建议书所做的修改都是不能接受的。

---

⑯ 以美元表示的限额应视具体情况而定，需要考虑项目的性质、国内咨询顾问的能力、咨询任务的复杂性。限额不能超过该借款人国家的国别采购评价报告（CPAR）所确定的限额。每个借款人国家的这种美元限额将在亚行的网址上公布。

⑰ 部门贷款计划（SWAps）表示一种方法，由开发机构支持一项国家领导的计划，它的规模大于单个的项目。它的特点是计划涉及整个部门或部门中的大部分。

评审技术建议书

2.13 评审应按照咨询顾问须知中所说明的评审标准进行。在技术质量评审后，技术建议书的得分没有达到1000分中的750分的最低合格分的公司，或没有对邀请要求做出实质响应的公司，应得到告知并原封退回其财务建议书。应告知达到最低合格分的公司有关拆封财务建议书的地点、日期和时间。

公开拆封财务建议书

2.14 借款人应通知那些达到750分及以上的公司有关借款人将公开拆封他们的财务建议书的时间和地点。在财务建议书拆封时，公司的名称、技术得分和建议的价格应大声宣读并加以记录。

评审财务建议书

2.15 然后，借款人应审查技术和财务建议书的一致性，做出适当的调整，并更正算术或计算错误。

建议书排名

2.16 总分通过技术分和财务分的加权和得出，进而确定咨询顾问建议书的最终排序。在考虑咨询任务的复杂性和质量的相对重要性之后选择财务分的权重。除了在其选择方式中另有规定之外，财务分的权重一般为20%。

谈判和授予合同

2.17 然后，借款人应与排名第一的公司进行谈判。谈判应包括对任务大纲、工作方法、人员安排、借款人配套设施和公司财务建议书费用项目数量的讨论。但是，这些讨论不能改变邀请中所附的任务大纲。选中的公司不得替换专家，除非双方一致认为选择过程的不适当拖延使得这种替换不可避免，或者这种改变对达到咨询任务的目的而言是至关重要的[18]。所建议的报酬费率是不能改变的，其他费用也是不能谈判的，因为费用率是选择过程中的一项因素。成功的谈判应以签订合同而告终。财务谈判应包括澄清咨询顾问在借款国的纳税义务（如果有的话），以及这些纳税义务在合同中是如何体现的或将如何体现。如果借款人和公司不能达成协议，借款人应在得到亚行事前同意的情况下终止谈判并开始与排名表中的下一家公司进行谈判，直到达成协议为止。借款人应向亚行提交一份签字的合同副本供存档使用。

公布合同授予的情况

2.18 在授予合同后，借款人应向亚行提供下列信息，以便亚行在其网站[19]上公布。联合国发展商业报和发展门户网上在线公布以下信息：（1）提交了建议书的全部咨询顾问的名称；（2）每一个咨询顾问的技术得分；（3）每一个咨询顾问的报

---

⑱ 在建议书征询文件中确定切合实际的建议书有效期，并进行高效率的评审可以减小这种风险。

⑲ www.adb.org。

价；(4) 咨询顾问的最终得分排名；(5) 选中的咨询顾问名称及其合同金额。

事后情况说明

2.19 在公布合同授予情况时，借款人应该说明任何提交了建议书的咨询顾问，如果希望了解其建议书没有被选中的原因，可以要求借款人进行解释。

借款人应立即解释其建议书未被选中的原因。

拒绝所有的建议书及重新邀请

2.20 只有在所有提交的建议书都是非响应性的情况下，借款人拒绝所有的建议书才能被认为是正当的，因为它们在满足任务大纲方面均存在着重大缺陷，或者它们的报价远远高于当初的估算。在后一种情况下，应与亚行协商研究增加预算或缩减公司服务范围的可行性。在拒绝所有建议书和重新邀请新的建议书之前，借款人须通知亚行，说明拒绝所有建议书的理由，并在拒绝和开始新的选择前得到亚行的“不反对”意见。新的选择过程可包括修改建议书征询文件（包括短名单）和预算。这些修改应征得亚行的同意。

保密性

2.21 除了第2.14段和第2.16段的规定外，有关建议书的评审和授予合同的建议等有关情况，在公开宣布授予合同之前，不得向提交建议书的咨询顾问或其他与该程序无关的人员透露。

用于技术援助的基于质量和费用的选择

2.22 用于技援的选择咨询顾问的程序与用于贷款和委托技援的程序相似，并在附录1中作了归纳。

(2) 基于质量的选择（QBS）

2.23 基于质量的选择是仅对技术建议书的质量进行评审，而与技术建议书排名最高的咨询顾问就财务建议书与合同进行谈判的一种方法。基于质量的选择适用于：(1) 复杂的或专业性很强的咨询任务，很难确定精确的任务大纲和所需要的咨询顾问的投入；(2) 对下游工作具有很大影响，使得服务的质量对项目的产出至关重要；(3) 可用不同方法完成的咨询任务，以至于很难对财务建议书进行比较。

用于贷款和委托代理技援的基于质量的选择

2.24 通常情况下，在使用基于质量的选择方法时，由于价格不再作为评选指标之一，建议书征询文件只要求公司提交技术建议书。使用基于质量和费用的选择方法中相同的技术建议书评审和排名方法，借款人可要求技术建议书排名最高的咨询顾问提交详细的财务建议书，包括可能需要进过审计的支持文件。然后，借款人与咨询顾问应就财务建议书与合同进行谈判。选择过程中的其他所有环节都与基于质量和费用的选择程序相同，包括公布合同授予情况，但仅公布中标公司的价格。在这个过程中，亚行要求所有的借款人向其提交两份文件（事前审查）供审批：

（1）短名单；（2）最终排名。附录1对此程序做了归纳。

用于技术援助的基于质量的选择

2.25　用于技援的选择咨询顾问的程序与用于贷款和委托技援的程序相似，并在附录1中作了归纳。

（3）固定预算下的选择（FBS）

2.26　固定预算下的选择仅适用于：任务大纲已明确确定，时间和人员投入可以准确估计，预算固定且不能超出。为了减少咨询顾问的财务风险并避免收到无法接受的技术建议书或根本没有任何建议书，这种方法仅可用于定义明确的技援项目或在实施过程中不会发生变动的项目。固定预算下的选择方法中的短名单通常包括六家公司，并且这些公司的地理分布应当合理。建议书征询文件应包括可能的预算，规定"最低"的"及格"线为1000分满分中的750分，并要求公司在预算范围内用不同的信封分别同时提交其最佳的技术建议书和财务建议书。首先应当对技术建议书进行评审。然后，当众拆封达到"最低"及格分的公司的财务建议书，并宣布其报价。超出预算的建议书将被废弃。剩下的、技术建议书排名最高的咨询顾问将被选中并邀请进行谈判。如果谈判失败，借款人或亚行应与排名其次的公司进行谈判，直至达成协议。

（4）最低费用的选择（LCS）

2.27　最低费用的选择仅适用于为标准的或常规性质的非常小的咨询任务[⑳]（审计、简单项目的工程设计/监督、简单的调查）选择咨询顾问，而这类任务一般都有公认的惯例和标准。最低费用的选择方法中的短名单通常包括三家公司，并且这些公司的地理分布应当合理。建议书征询文件应说明"最低"的"及格"分为1000满分中的750分，并要求公司同时用不同的信封分别提交技术建议书和财务建议书。首先应当对技术建议书进行评审。未达到最低及格分的建议书将被废弃，剩下的财务建议书将当众拆封。报价最低的公司将被选中并邀请进行谈判。如果谈判失败，借款人或亚行应与排名其次的公司进行谈判，直至达成协议。

（5）基于咨询顾问资历的选择（CQS）

2.28　这种方法可用于小型任务[㉑]：（1）需要高度专业技能并需要聘用能够提供特定领域高深知识的"专业"咨询公司；（2）选择的时间紧迫，而且任务时间较短，特别短；（3）合格的咨询顾问非常稀有；（4）对竞争性建议书的准备与评审没有必要。借款人或亚行应当：（1）准备任务大纲；（2）要求翔实的意向书和与任务相关的咨询顾问的经验和能力信息；（3）准备一份至少有三家公司的短名单；

---

⑳　一般小于10万美元。

㉑　通常不到20万美元。

(4) 根据意向书选择最具资格和条件的公司。被选中的公司将被要求提交一份技术－财务综合建议书，然后，受邀请进行合同谈判。如果谈判失败，借款人或者亚行应与排名其次的公司进行谈判，直至达成协议。

(6) 单一来源的选择（SSS）

2.29 使用单一来源的选择方法选择咨询顾问将不能得到质量和费用方面的竞争所带来的好处。在选择过程中缺乏透明度，并且可能为一些不可接受的做法提供便利。因此，单一来源的选择方法只可在例外的情况下使用。使用单一来源的选择方法的理由应从委托人和项目的整体利益，从亚行对确保经济性、效率性和向所有合格的咨询顾问提供平等机会所承担的责任的角度来审查。

2.30 只有在单一来源的选择方法表现出比竞争性选择具有明显优势时，单一来源的选择方法才是适当的：（1）这项工作是公司以前承担工作的自然连续（参见下一段）；（2）在紧急情况下，如应对灾害；（3）非常小的咨询任务[22]；（4）只有一家公司是合格的或具有特殊价值的经验。

2.31 当连续性对下游工作至关重要时，最初的建议书征询文件应将这种预期描述出来，如果可行的话，选择咨询顾问所考虑的因素中应包括延续的可能性。技术方案的连贯性、所取得的经验以及同一咨询顾问专业责任的连续性可使与前期咨询顾问续签合同比通过新的竞争选择新的咨询顾问更为可取，前提是该咨询顾问在前期工作中的表现令人满意。对于该类下游的咨询任务，借款人可要求最初选择的咨询顾问根据借款人提供的任务大纲准备技术和财务建议书，然后对这些建议书进行谈判。如果前期咨询任务合同不是通过竞争的方式授予的，或者如果下游咨询任务涉及的金额较大，一般应按亚行可接受的竞争程序选择咨询顾问，这时从事前期工作的咨询顾问可以不排除在考虑范围之外，如果它对此表示了兴趣。只有在特殊的情况下，并且只有在新的竞争过程不可能实现时，亚行才会考虑对本规则作例外处理。

2.32 当借款人或亚行建议使用单一来源的选择方法时，亚行的任务小组将该建议的程序纳入技援文件和行长报告与建议中。借款人或亚行将要求咨询顾问同时提交个人技术建议书[23]和财务财务建议书。亚行或借款人将审议该个人技术建议，确定该建议书是否合适并与该公司或个人进行合同谈判。

(7) 商业惯例

2.33 当贷款是通过中间金融机构转贷给私营部门中的企业或公共部门中的自主经营的商业企业的情况下，子借款人可采用亚行可接受的私营部门中的惯例或商

---

[22] “非常小额合同”的美元限额应根据咨询任务的性质和复杂性而具体确定，但不能超过10万美元。

[23] 个人技术建议书包括工作计划、人员安排和每一个推荐专家的个人资料。

业惯例。但前面所述的竞争程序也应给予考虑，尤其是涉及金额较大的咨询任务时。

聘请个人咨询顾问

2.34 对于某些任务而言，个人咨询顾问比咨询公司更加合适、更加有成本效益。借款人或亚行可以直接聘请个人咨询顾问（独立个人），或通过机构进行聘请，比如咨询公司、学术机构、政府或国际组织。与选择国际和国内咨询公司相比，个人咨询顾问的选择程序更加简单。对个人咨询顾问的选择应根据咨询任务对他们资格的要求进行。当借款人为贷款项目聘请国际和国内个人咨询顾问时，应尽早就以下问题达成协议，最迟不应晚于贷款谈判：（1）最适合该项任务的咨询顾问类型；（2）应当采用的程序。典型情况下，借款人都根据亚行可接受的政府程序聘请个人咨询顾问。对于技援，选择过程取决于任务大纲的复杂性[24]，以及任务的工作期限。

特殊类型咨询顾问的选择

（1）职员咨询顾问

2.35 亚行负责说明对职员咨询顾问的要求并准备任务大纲。亚行负责审查所提交的意向书和个人咨询顾问资料，筛选出合适的候选人，必要时，可请其他机构或咨询公司提名。

（2）资源人员

2.36 使用资源人员不能超过10个工作日，但可以采用单一来源的选择方法进行选择。

（3）联合国和其他专业机构

2.37 当联合国和其他类似的专业机构在其专业领域中有资格提供技术援助和建议时，可聘请它们作为咨询顾问。但是，在竞争性选择过程中，它们不应得到任何优惠待遇，除非借款人可接受在现行国际公约下给予联合国机构及其人员的特权和豁免，并且可与联合国机构就根据该机构章程所要求的特殊付款安排达成一致意见，前提是这些特权、豁免和安排是亚行可接受的。为了平衡联合国机构的这些特权和其他优势，例如，税收豁免和其他便利以及特殊的付款规定，应使用基于质量的选择（QBS）方法。如果能满足本指南第2.29段规定的条件，联合国机构可按单一来源的选择（SSS）方法来聘请。

（4）使用非政府组织（NGOs）

2.38 为了提高其业务的效率、质量和可持续性，亚行与许多国际和国内的非政府组织开展合作。只要亚行或借款人认为其符合资格要求，大型国际非政府组织有时也会被列入技援和贷款咨询顾问短名单。简化的选择程序和签约安排适用于一些小型的非政府组织（特别是国内的）。只要国际非政府组织与咨询公司一起包含

---

[24] 此处的复杂性由“任务级别”（根据咨询顾问在任务中的责任、要求具备的资格和经验确定）进行区分。

在技援或贷款的咨询顾问短名单中，就应使用基于质量的选择方法。只要技援项目或贷款项目需要对当地情况、社区需求和/或参与方法有深层了解，而对此国际或国内非政府组织有很明显发言权的情况下，短名单可以全部由非政府组织构成，选择方法可采用基于质量和费用的选择方法。只要国内非政府组织被选择为技援或贷款项目服务时，亚行可使用修改过的（简化的）基于质量和费用的选择方法，以便反映出参与竞争的非政府组织的能力，而评审标准要反映出非政府组织的独特资格，包括：(1) 与当地社区共同工作的经历及其工作绩效的证明；(2) 对参与式发展方法的了解程度；(3) 承担的领导职责及恰当的管理；(4) 吸引受益人参与的能力。如果能满足本指南第 2. 29 段规定的条件，亚行或借款人可采用单一来源的选择方法选择非政府组织。

(5) 采购代理（PAs）

2. 39　当借款人缺乏必要的机构、资源或经验时，聘请一个专门从事采购的公司作为其代理，不但效率高，而且效果也好。当采购代理是作为一个特别的“代理机构”负责具体品目的采购，而且是在其自己的办公室里工作时，通常是按采购额的一定百分比向其支付代理费，或按这种百分比和一个固定收费额相结合方式支付其代理费。在这种情况下，应按照基于质量和费用的选择方式来聘请采购代理，其中费用所占的权重最大为50%。但是，当采购代理只提供采购顾问服务或作为“代理机构”在一个为项目而特别准备的办公室中为全项目服务时，通常是按时间向其支付代理费。在这种情况下，应像对待其他咨询任务那样，使用本指南规定的基于质量和费用的选择方式和以时间为基础的合同。代理机构应以借款人的名义遵守贷款协定规定的和亚行批准的采购计划规定的所有采购程序，包括使用建议书征询文件，审查程序和文件。

(6) 检验代理

2. 40　借款人可能希望聘请一个检验代理在货物装运前或在运抵借款国时对其进行检验和验证。该类代理的检验通常包括对有关货物质量和数量以及价格合理性的检查。聘请检验代理应使用基于质量和费用的选择方法，给予费用的权重最大不超过50%，并且应使用以被检验和被验证货物价值的一定百分比为基础支付代理费的合同格式。

(7) 银行

2. 41　借款人应按基于质量和费用的选择方法聘请投资银行、商业银行、财务公司和基金管理人为其进行在私有化业务中通常涉及的资产出售、票证发行以及其他社团金融交易。建议书征询文件应规定与这些活动相关的选择标准 —— 例如，在类似咨询任务中的经验或潜在的购买者网络 —— 以及服务的费用。除常规的酬金（称作“雇用费”）外，补偿费还包括“成功费”；该费可以是固定的，但通常是以拟售资产或其他票证价值的一定百分比表示。建议书征询文件应说明费用评审时将考虑成功费，或是与雇用费合并考虑，或是单独考虑。如果是单独考虑，则应向所有短名单上的咨询顾问公布标准的雇用费，并在建议书征询文件中明确，财务得分应根据成功费来确定。对于合并考虑的评审（主要对大额合同而言），可给予费用一个比第2.16段所推荐的权重还大的权重或仅基于价格对那些质量分超过及格标准的建议书进行选择。建议书征询文件应清楚地说明建议书应怎样提出及将怎样对这些建议书进行比较。

(8) 审计师

2.42 审计师按明确的任务大纲和专业准则开展审计工作。他们应按基于质量和费用的选择方法聘请，其价格比重可达50%，或按第2.27段描述的最低费用的选择方法来选择。对于非常小的咨询任务[25]，可以按基于咨询顾问资历的选择方法来选择咨询顾问。

(9) 服务性合同的提供者

2.43 需要支持性服务的项目，比如培训、设计或制作项目培训材料或宣传材料或录像以及计划并举办研讨会或讲座等，可能涉及雇用个人或专业组织按合同提供服务。应该为此准备任务大纲。总价合同（参见第2.48段）是典型的聘用此类服务提供者的最合适的形式。

(二) 合同方式

2.44 合同类型的选择取决于任务性质、范围及产出是否能被清楚界定，以及相关各方之间的风险分摊。

以时间为基础的合同[26]

2.45 以时间为基础的合同适用于难以确定范围、产出和时间长度的服务，或是因为服务与他人完成时间可能不同的活动相关联并等待他人活动的完成，或是因为咨询顾问的投入难以估计。这类合同将广泛用于复杂的研究、施工监理、顾问性服务以及大多数的培训任务。付款是与投入相关联，而且经常以人员（在合同中列出名单）投入的月费率以及实际支出和/或双方同意的单价计算的可报销费用为基础。

雇用费和/或中介（成功）费合同

2.46 雇用费和中介费合同广泛用于咨询顾问（银行或财务公司）为公司的出售或合并所做的准备，特别是在私有化业务方面。咨询顾问酬金包括雇用费和成功费，后者通常表示为资产售价的一定百分比。

---

[25] 参见脚注21。

[26] 有时指根据进度付款的合同。

不定期服务合同（价格协议）

2.47　这类合同在借款人需要“随叫随到”的专业服务为特定的活动提出意见时才使用，而服务的程度和时间在事前是无法确定。这类合同通常用于为复杂项目的实施保持一批“顾问”（如水坝项目的专家组），为争端解决小组保持专家调解员，为机构改革、采购建议、技术攻关保持一批专家等。合同期限通常为一年或更长的时间。借款人和公司就专家的费率达成协议，并且按实际工作时间付款。

总价合同

2.48　总价合同用于那些服务的内容和期限以及要求咨询顾问提交的成果能够明确规定的咨询任务。它包括简单的规划和可行性研究、环境研究、标准或普通建筑物的详细设计、提供服务任务、准备数据处理系统。价格包括全部的费用并不可谈判。付款与产出相关，如报告、图表、工程量清单、招标文件、软件程序等。

履约表现合同

2.49　履约表现合同可以提高咨询服务的产出，进而改进资金的价值。向咨询顾问付款与完成选定的里程碑性质的重要事件挂钩，这些里程碑式的重要事件标志着某些项目成果（比如，项目设计和监管框架下的成果或产出）已经完成或实现。里程碑式的合同事件需要清楚地说明，并且事件的数量要充足和可验证。重要事件的选择及完成重要事件的验证指标由咨询顾问和/或借款人在合同谈判过程中协商确定。重要事件可验证性的难易程度取决于项目的性质。验证工作在建设项目中相对比较直观，但对于机构加强项目来讲则十分困难。在后一种情况下，可以妥协和综合基于时间的合同的原则与履约表现的合同的原则。在此情况下，支付给咨询顾问的一定百分比的合同额取决于所完成的投入，而另外一定的百分比当年合同额取决于一个或几个“战略”性的里程碑式的重要事件的完成情况，这些战略性的里程碑事件，通常发生在合同的后半部分。

（三）贷款项目的重要合同条款

2.50　合同应包括以下条款。

货币

2.51　建议书征询文件应清楚地说明公司可以以任何可完全自由兑换的货币表示其服务的价格。如果咨询顾问希望以不同的外国货币金额之和来报价，他们可以那样做，但前提是建议书中包括的外币种类不超过三种。借款人可以要求咨询顾问说明其报价中以借款国货币表示的费用的比例。合同项下的付款应按建议书中表示价格的一种或多种货币进行。

价格调整

2.52　如果预计合同期超过十八个月，应在合同中包括一个价格调整条款以针对国外和/或当地的通货膨胀对酬金进行调整。在当地或国外通货膨胀预计很高或不可预测时，短期的合同也可包括一个价格调整条款。

支付条款

2.53 支付条款，包括支付金额、支付时间表和支付程序应在谈判期间达成一致。支付可以按固定的间隔时间（如在以时间为基础的合同中）或按双方同意的产品（如在总价合同中）进行。超过合同总价10%的预付款（例如，动员费预付款）一般应要求提供预付款保证金。

2.54 应根据合同条款迅速做出支付。为此，

（1）在借款人提出要求时，亚行可直接或在例外的情况下通过一份信用证向咨询顾问付款；

（2）只应扣留有争议的金额，对发票的其余部分应按合同付款；

（3）如果由于委托人的失误致使付款发生超过合同规定时间的延误，合同应支付融资费用；费率应在合同中规定。

预付款保证

2.55 对于贷款项目的咨询顾问合同，借款人可要求咨询顾问提供金额等于借款人预付的金额的预付款保证金。

借款人的贡献

2.56 借款人可指派其自己的专业人员以不同方式参与到咨询任务中。借款人和咨询顾问之间的合同应对这些人员，或称对口人员，以及应由借款人提供的有关设施做出详细的规定，例如住房、办公室、文秘、公用设施、材料及车辆。合同应当规定如不能提供上述内容或在咨询任务完成过程中不得不被撤回的情况下，咨询顾问能够采取的措施和将获得的补偿。

利益冲突

2.57 亚行所指的利益冲突是指这样一种情况，一方的自身利益可能会影响其恰当地履行职责或责任、合同义务，或遵守适用法律与法规，并且此类利益冲突可能会导致或构成亚行反腐败政策所禁止的一种行为。按照反腐败政策的要求，借款人（包括亚行提供资助活动的受益者）和亚行资助合同下的咨询顾问必须遵守最高的道德标准要求。亚行将采取适当的行动以控制此类利益冲突，或在确认利益冲突已破坏了咨询顾问的公正评选过程时，拒绝授予合同的建议。合同中应包括有关条款，根据本指南第1.11段的要求，咨询顾问在将来不得从事来源于该咨询服务或与之直接相关得其他服务。

职业责任

2.58 咨询顾问应以应有的勤奋并按现行专业标准开展工作。鉴于咨询顾问对借款人的责任受制于适用法律，合同不需涉及此项事宜，除非双方都希望限制此项责任。如果他们希望对此进行限制，他们应当确保：（1）在咨询顾问严重疏忽大意

或故意做错的情况下，必须没有这类限制；（2）被限制的咨询顾问对借款人的责任在任何情况下都不能低于咨询合同总价的一个乘数，这应在建议书征询文件和合同专用条款中说明（该限制的具体金额取决于具体情况）；（3）这类限制只涉及咨询顾问对委托人的责任，而不涉及咨询顾问对第三方的责任。

人员替换

2.59 在执行咨询任务的过程中，如果确实需要替换有关人员（例如，由于健康原因、死亡或由于某个人员被证明不合适），咨询顾问应提出至少具有同等资历的其他专家供借款人批准。

适用法律和争端的解决

2.60 合同应包括涉及适用法律和解决争端的规定。咨询合同中总是应该包含一个解决争端的条款。国际商务仲裁可能比其他争端解决方式更具有实际的优势。因此，鼓励借款人采用这类仲裁。亚行不应被指定为仲裁员，也不应要求亚行指定仲裁员。

（四）监测与评价绩效

监测选择过程

2.61 亚行使用一种监测工具，即咨询顾问选择活动监测（CRAM），将贷款项目咨询顾问和技援按活动进行细分，并分配给不同的“定额”（工作日），计算每种活动的预计天数以及加总天数。咨询顾问选择活动监测还设计了以下活动：开展活动，用预计天数监测实际天数，并在适当时，及时采取行动。咨询顾问选择活动监测可根据不同的选择方法和技术建议书的类型，进行调整。

绩效评估

2.62 借款人负责对贷款和委托技援的咨询公司和个人咨询顾问进行绩效评价。经商借款人，亚行负责技援咨询顾问的绩效评价。根据任务的期限，评价可以在任务期间或者在任务完成之后进行。通过任务后问卷，咨询顾问可以对评价报告和借款人及亚行的表现发表意见。在合同谈判时，借款人或亚行将一份需要咨询顾问赶写的绩效评价表和任务后问卷发给咨询顾问；并对绩效评价报告和任务后问卷的处理程序作出解释。在任务完成后，借款人或亚行将准备一份保密报告，对其评分做出全面解释，特别是低分。如果公司的业绩在以后发现较差，该报告将用作采取限制或制裁措施的证据。咨询顾问有机会对绩效评价结论以及借款人和亚行的表现发表意见。亚行保留这些咨询公司及个人咨询顾问的绩效文件，并在以后确定技援和贷款项目咨询顾问短名单时参考。

附 录

附录 1　基于质量和费用的选择及基于质量的选择程序概要

表 A1：基于质量和费用的选择程序

序号	贷款和已授权技援	技援
(1)	准备任务大纲并估算费用	准备任务大纲并估算费用
(2)	刊登广告	刊登广告
(3)	准备咨询顾问长名单	准备咨询顾问长名单
(4)	准备建议书征询文件和咨询顾问短名单	准备建议书征询文件和咨询顾问短名单
	第一次向亚行[1] 提交文件	
(5)	发出建议书征询文件	发出建议书征询文件
(6)	收到建议书	收到建议书
(7)	评审技术建议书	评审技术建议书
	第二次向亚行提交文件	
(8)	公开拆封财务建议书	公开拆封财务建议书
(9)	评审财务建议书	评审财务建议书
(10)	建议书排名	建议书排名
	第三次向亚行[1] 提交文件	
(11)	将已签字合同的副本送交亚行	谈判并签订合同
(12)	公布合同授予情况	公布合同授予情况
(13)	事后情况说明	事后情况说明

亚行 = 亚洲开发银行，QBS = 基于质量的选择，QCBS = 基于质量和费用的选择法，RFP = 建议书征询文件，技援 = 技术援助，TOR = 任务大纲。

[1]已被证明为具备能力的执行单位（参见第 1. 27 段和第 2. 3 段）

来源：亚行估计。

表 A2：基于质量的选择程序

序号	贷款和已授权技援	技援
(1)	准备任务大纲	准备任务大纲
(2)	刊登广告	刊登广告
(3)	准备咨询顾问长名单	准备咨询顾问长名单
(4)	准备建议书征询文件和咨询顾问短名单	准备建议书征询文件和咨询顾问短名单
	第一次向亚行提交文件	
(5)	发出建议书征询文件	发出建议书征询文件
(6)	收到建议书	收到建议书
(7)	评审技术建议书并对技术建议书排名	评审技术建议书
	第二次向亚行提交文件	
(8)	借款人邀请技术建议书排名最高的咨询顾问提交财务建议书	借款人邀请技术建议书排名最高的咨询顾问提交财务建议书
(9)	与所选择的公司进行谈判并准备合同	与所选择的公司进行谈判
(10)	签订合同	签订合同
(11)	将已签字合同的副本送交亚行	
(12)	公布合同授予情况	公布合同授予情况

亚行 = 亚洲开发银行，QBS = 基于质量的选择，QCBS = 基于质量和费用的选择法，RFP = 建议书征询文件，技援 = 技术援助，TOR = 任务大纲。

来源：亚行估计。

附录 2　贷款项目咨询顾问指南

目的

1.1　本附录向希望为亚洲开发银行（亚行）贷款和由亚行管理的资金资助的贷款项目提供咨询服务的咨询顾问提供指导。

选择咨询顾问的责任

1.2　(1) 项目实施和对项目项下咨询服务进行支付的责任完全在贷款项目的借款人。亚行本身按照其协定的要求需保证资金只用于支付已经发生的费用。

(2) 贷款资金或赠款只能根据借款人的要求进行支付。借款人在提交支付申请时应该提供支持文件，说明资金的使用符合贷款协定和/或采购计划（或信托基金协定）的要求。亚行的支付用于：①回补借款人已经用自己的资源垫支的部分；②直接支付给第三方（如咨询顾问）。

(3) 正如本指南所强调的，借款人负责选择咨询顾问。它负责邀请、接收和评审建议书并授予合同。合同是在借款人和咨询顾问之间签订的，亚行不是合同的一方。

亚行的作用

1.3 (1) 正如本指南所述，亚行负责审查建议书征询文件（RFP），包括短名单、技术建议书的评审、授标建议和合同，以确保程序是按照贷款协定和采购计划所要求的。对于需要亚行进行事前审查的所有合同，亚行在文件发出之前要按附录一的规定对其进行审查。

(2) 在选择过程中的任何时候（甚至在授予合同之后），如果亚行判定双方同意的程序在实质性方面没有得以遵守，按本指南第1.18段所作的规定，亚行可以宣布其为错误采购。但是，即使借款人在收到亚行“不反对”意见后已经授予了合同，亚行仍可能会宣布其为错误采购，但仅限于“不反对”意见是在借款人提供的不完整、不准确或误导性信息情况下做出的。

(3) 而且，如果亚行确定借款人或咨询顾问的代表从事腐败、欺诈、串通、胁迫或其他禁止的活动，亚行将运用本指南第1.23段第（4）款规定的制裁措施。

(4) 亚行出版了各种咨询服务的标准建议书征询文件与合同。借款人必须强制性地使用这些文件，且只可根据本国和具体项目的情况做最小的改动。借款人负责定稿和对外发布这些文件，作为建议书征询文件的一部分。

咨询服务信息

1.4 (1) 咨询服务信息，包括服务性质的简要描述、时间安排、费用估算、人月数将在第一时间在确定短名单前30天在亚行的网站上刊登。

(2) 在授予技援和贷款项目咨询顾问合同后，亚行应在其网站上公布下列信息：①提交了建议书的全部咨询顾问的名称；②每一个咨询顾问的技术得分；③全部咨询顾问排名；④选中的咨询顾问名称及其费用、期限与合同范围概要。

咨询顾问的作用

1.5 (1) 当咨询顾问收到建议书征询文件并能够达到任务大纲（TOR）及商务和合同条件的要求时，他们应做出必要的安排，准备有响应的建议书（如访问咨询任务所在国、寻求联合、收集文件、建立筹备组等）。如果咨询顾问发现建议书征询文件——特别是评选程序和评选标准——有任何含混不清、遗漏或自相矛盾之处，或者有任何不明确或带有歧视性或限制性之处，他们应要求借款人予以澄清，澄清应该采用书面形式在建议书征询文件中规定的澄清时间内进行。关于这一点，应该着重强调的是，借款人发出的具体建议书征询文件只适用于每一项具体选择程序。如果咨询顾问觉得建议书征询文件中的规定与本指南不一致，他们也应将此问题向借款人提出。

（2）咨询顾问应确保递交一份完全响应的建议书，包括建议书征询文件要求的所有证明文件。需要说明的一点是，要确保建议书所附的主要人员简历的准确性。个人简历应由咨询顾问签字并标明日期，以确认简历内容的准确性及专家能够提供服务。不满足重要要求的建议书将被拒绝。一旦收到并拆封了技术建议书，便不得要求或允许咨询顾问改变其实质内容、主要人员等。同样，一旦收到财务建议书，除按建议书征询文件中的规定进行谈判时可作适当调整外，不得要求或允许咨询顾问改变所报的费用等。如果建议书的有效期延长是专家不能到位的原因，那么，或许应允许更换同等资历或更好资历的专家。

保密性

1.6　正如本指南第 2.21 段所述，在公布合同授予情况之前，评审建议书的过程应该是保密的，除了按第 2.13 段的规定披露技术得分和在公开拆封财务建议书时披露财务信息外，参见 2.14。保密性可使借款人和亚行的审查人员能够摆脱事实上或感觉上的不正当干预。

选择过程中的投诉

1.7　如果在评审过程中咨询顾问希望提供额外的信息以引起借款人、亚行、或两者的注意的话，它们应通过借款人以书面形式提供，或他们也可以直接给亚行写信，如果借款人没有即时回复或如果通信是投诉借款人的。

事后情况说明

1.8　如果在授予合同之后，咨询顾问希望知道他的建议书没有被选中的原因，他应该向借款人提出要求。如果咨询顾问对答复不满意，他可以直接给亚行写信。

关于亚洲开发银行

亚洲开发银行（亚行）的远景目标是实现没有贫困的亚洲和太平洋地区。亚行的工作旨在帮助其发展中成员体减少贫困，改善人民生活质量。尽管亚太地区发展迅速，但该地区的贫困人口仍然占全世界贫困人口总数的三分之二：18 亿人口日均生活费用低于 2 美元，9.03 亿人口挣扎在日均生活费 1.25 美元的贫困线以下。亚行致力于通过共享式经济增长、环境可持续发展和区域一体化减少亚太地区的贫困。

亚行是一家多边开发金融机构，总部设在菲律宾首都马尼拉，现有 67 个成员体，其中亚太地区成员 48 个。它主要通过政策对话、贷款、股本投资、担保、赠款以及技术援助等工具向成员体国家提供帮助。

借款人手册：项目财务管理和分析

（2006年）

前　言

健全的财务管理安排有助于确保投资项目的顺利实施和可持续经营。本手册向借款人提供了有关亚行资助投资项目的财务管理方面的信息和指导。

本手册反映了亚行2005年更新后的《项目财务管理和分析（指南）》中确定的主要政策。此手册代替此前有关财务管理的所有手册，并立即生效。

为了确保投资项目的财务管理安排满足亚行的要求，借款人和项目执行机构工作人员应研习本手册，在项目筹备过程中更应如此。

亚洲开发银行

2006年12月

目　录

预测

项目费用估算表

项目融资计划

财务成本效益分析

贷款财务契约

4. 执行机构的财务管理

简介

亚行的财务管理评估

亚行对财务管理的一般期望

对营利性执行机构的期望

对非营利性执行机构的期望

5. 财务报告与审计

简介

会计准则和政策

财务报告

审计准则与审计人员聘用

财务报告的报送

审计报告和审计师意见

亚行对改善会计和审计的援助

6. 金融机构

简介

总体方法与期望

亚行审查和监控金融机构的方法

评估金融机构的经营业绩

金融机构报告与审计问题

附录

附录 1　《指南》的目录

附录 2　项目费用估算表

附录 3　项目融资计划

附录 4　会计政策举例

附录 5　项目监督报告样本

附录 6　财务报表样本：服务性机构

附录 7　服务报表样本：制造业机构

附录 8　审计人员标准工作大纲：执行机构审计

1. 简　介

亚洲开发银行

1.01　亚洲开发银行是一个致力于亚太地区扶贫事业的多边开发金融机构。我们的《章程》(《协议条约》) 要求我们采取措施确保由亚行提供、担保或参与的任何一笔贷款资金“只能用于该贷款被批准的用途，并注重贷款使用的经济性和效率性”。此外，亚行的业务必须以健全的银行业原则为指导。为此，我们已经为我们的借款成员国（亦包括其执行机构，如适用）拟定出具体的财务管理与报告要求。

《指南》

1.02　在2005年，为了支持这种可说明性，亚行批准发布了《亚行资助项目的财务管理与分析指南》(以下简称《指南》)，规定了其资助项目在财务管理方面的要求和程序（见附录1)，并就如何采用这些要求提供了指导。

1.03　《指南》主要是供亚行内部使用，但外界也可采用复印件、或通过亚行网站（www. adb. org）或光盘形式获得。

多边开发金融机构的协调工作

1.04　亚行和包括世界银行在内的其他多边开发金融机构有着类似的目标，开展的活动也类似，但是财务管理的方法和要求却不尽相同。这些差异不仅给发展中成员国造成了混乱，而且也使其增加了不必要的适从成本，分流了可用于关键性重要活动的有限资源。在2000年，我们开始一起努力来减少这些差异。到2006年，各方已就普通的案例诊断、审计安排、财务报告安排、重要比率的定义和为推进发展中国家的财务管理而共同努力的承诺等方面达成了协议。

亚行的反腐对策

1.05　亚行把“腐败”界定为滥用公私职权以谋求个人利益的行为。意指公共或私营部门的人员滥用职权或诱使他人滥用职权为自己或同自己关系密切的人牟取不当、非法的利益。

1.06　亚行反腐政策的目的就是要减轻腐败行为给本地区政府及经济体带来的负担。本政策的目标有三个：(1) 支持竞争性的市场和高效的公共管理；(2) 支持明确的反腐努力；(3) 确保亚行资助的项目及其工作人员遵从最高的道德标准。

1.07　本手册中规定的要求和程序支持实施反腐政策，该政策登载在亚行的网站（www. adb. org）上。

1.08 公正廉洁是亚行最有力的资产之一。在亚行资助的项目或其工作人员中如果存在欺诈和腐败行为，一经确证，亚行将坚决采用零容忍政策。你可以采用电子邮件、电话或传真方式与总审计师办公室反腐败部联系，指控欺诈和腐败行为。采用上述方法呈送的讯息，只有总审计师办公室反腐败部工作人员才会收悉：

邮箱：anticorruption@ adb. org

电话：(632) 632－5004

传真：(632) 636－2152

1.09 你也可以按下述地址与总审计师办公室反腐败部联系，务请在信函上标注“绝密”的字样。

亚洲开发银行总审计师办公室反腐败部

6 ADB Avenue Mandaluyong City

1550 Metro Manila , Philippines

邮政地址：P. O. Box 789，0980 Manila , Philippines

本《手册》

1.10 本《手册》的目标使用者是借款人及其执行机构，它体现了多边开发金融机构在相互协调，统一步骤方面所取得的进展，解释了亚行财务管理政策与程序。这些政策和程序完全符合亚行的反腐立场。

1.11 本《手册》中的规定适用于投资项目和项目执行机构及实施机构。本手册中所指的投资项目包括亚行贷款资助的项目和规划，以及部门贷款中明确认定的投资部分。务请留意：除非另有规定，适用于执行机构的各项要求同样也适用于实施机构。

1.12 本《手册》参照引用《指南》的有关章节。例如，［5. 2. 3. 1. 1］系指《指南》中相应的段落或节次。

更多帮助

1.13 如需获得更详细信息和指导，请读者首先查阅《指南》或登录网站：http：//www. adb. org/documents/guidelines/financial。

1.14 如果问题仍然不能解决，请与亚行的主管项目官员联系，也即与下述地址联系：

Sarath Lakshman Athukorala

首席财务管理专家

亚洲开发银行区域与可持续性发展局

菲律宾马尼拉

一般信息：fmguidelines@ adb. org

电话：（632）632－6626

传真：（632）636－2193

邮政地址：P. O. Box 789，0980 Manila，Philippines

2. 使用者须知

亚行的贷款与技术援助

2.01　依据《章程》，亚行可以向发展中成员国及其任何政府机构或隶属的行政部门、在这些国家经营的公私企业和与本地区经济发展相关的国际或地区性实体独立地提供贷款、参与提供贷款或提供贷款担保。贷款仅适用于需要优先发展的项目或规划［2.2.1～2.2.2］。

2.02　我们主要提供四类贷款：（1）项目贷款；（2）部门贷款；（3）规划贷款；（4）私营部门贷款、股权投资与担保。

亚行的技术援助业务分为三类开发性活动：（1）项目准备技术援助，用于筹备一个项目、一项规划贷款或一项部门贷款，以备亚行或其他外源机构予以融资；（2）咨询性技术援助，意在资助机构建设、制订计划，以及支持亚行资助的项目的实施、经营和管理，或支持针对部门、政策或具体问题的专题调研活动；（3）区域性技术援助。亚行鼓励官方捐资机构、出口信贷机构和商业金融机构参与联合融资活动［2.2.3～2.2.5］。

2.03　为了能快速提高自身所能动员到的提供给发展中成员国的发展方面的融资和知识，亚行在“积极有效地改革”的驱动下，最近已引入了一些新的融资工具和形式。这些都是为了加强亚行融资产品的灵活性和客户主导性。

执行机构的分类与一般性处理办法

2.04　执行机构系指可能参与项目的设计、实施和/或经营的机构。这些机构大体上可分为如下几类：

- 公共部门机构，包括中央政府的行业部委或机构，以及省级政府部门或机构，以及地方政府机构；
- 半自主经营的政府机构、公共企事业单位或半国营实体，如农业或工业信贷银行、化肥公司、公用事业单位、铁路局和港务局等。

2.05　亚行还将项目和执行机构明确地划分为两组：非营利性和营利性机构。

2.06　“营利性”这个术语适用于执行机构和由自主或半自主经营的执行机构所实施的，并在大多数情况下也由其经营的项目。这些自主或半自主经营的执行机构系指按商业化模式经营，或通过收取使用费或地方特定行业税而产生实质性收益的实体（例如，征收供水或排水税并有权决定如何使用这类资金）。不符合这些判定标准的执行机构和项目则定义为“非营利性”。

2.07　亚行和其他的多边开发金融机构一样，鼓励借款人和执行机构采用统一的会计与财务报告准则。不过，有时候还要求其达到更高层次的统一。下表说明这些类别及相应的处理办法［2.4］。

部门	国有（公共部门）	民营部门
项目、执行机构或实施机构的类别	非营利性 （如卫生和教育）	营利性（如供电） 金融机构
主要方法与要求	·财务政策要健全 ·会计记录要足够完备 ·内部控制系统要适当 ·向管理层汇报要及时 ·审计要可靠及时 ·如果能力允许的情况下要逐渐完善财务报告工作	·逐步采用民营部门管理、内部控制和治理安排的最佳做法 ·确保现行的经营活动具有可持续性 ·符合国家会计准则 ·逐步采用与国际会计准则相一致的汇报制度

3. 筹备与评估投资项目

简介

3.01　在有些情况下，亚行要对投资项目进行评估（审查）以确保其在技术、财务和经济等方面的可行性。亚行将考虑：（1）国家、部门和地方对该投资的需要；（2）拟实施项目在经济与财务上的可行性；（3）可持续性；（4）项目对人类发展和技术进步的贡献程度；（5）良好治理问题；（6）是否履行亚行《章程》中规定的责任［3.1.1］。

预测

3.02　对项目收支、现金流和其他财务内容进行预测。在项目甄选、筹备和评估过程中，亚行将与借款机构合作以确保这些预测数据有意义。

3.03　最好应由借款机构来做这些预测。但是，如果是由亚行工作人员或项目准备技术援助咨询人员进行预测，一定要确保让借款机构认同这些预测数据，因为最终由他们对这些预测数据的准确性负责［3.4.1.1］。

3.04　亚行要求执行机构在签订《贷款协议》和项目实施启动后提供更新的预测。预测更新要一直持续到项目完工，或者如果是盈利性项目，则是在一段特定的期间内进行。预测更新活动可以提早预警项目问题，以便能及时地采取行动来纠正。对于盈利性项目，亚行将确定要求执行机构进行预测更新的期间，并把这项规定纳入《贷款协议》［3.4.1.2］。

项目费用估算表

3.05 项目费用估算表包括所有的项目费用，在项目准备技术援助阶段编制（见附录2）。项目费用估算表应当在项目评估过程中使人能够明白地了解项目费用的主要构成，并能在项目实施过程中为项目费用控制提供有用的信息。项目费用估算表包括不可预见费准备金。在项目评估时和项目实施过程中，借款人、执行机构和亚行会充分考虑项目费用估算表中的信息［3.4.3.1~3.4.4.4.5］。

符合亚行指南的合格支出

3.06 新修订的合格支出指南条款，亚行对下列费用相关的税费和关税的合理支出提供融资。这些费用包括项目支出、土地费用、道路通行权、由供应商和合同方征收的后付费用、银行费用、食品支出、非亚行贷款项目建设期利息、二手物品、融资租赁费用和本地运输保险费用。但是，亚行对上述费用提供资助须符合亚行2006年3月15日发布的员工指导手册中有关成本分摊和合格支出的规定。

本币与外汇费用

3.07 用于亚行融资和拨款支付目的时，本币和外币成本费用之间并没有区别，但是在进行书面表述时，需要在提供给《行长报告与建议》的“项目投资计划”部分中对成本费用构成情况进行简要描述；以本币和外汇为单位或以支出种类来分类出的明细成本，以“明细费用估算”形式显示在《行长报告与建议》的附录部分。

基准费用估算日期

3.08 项目费用估算表中的估算数据日期应当在项目的《行长报告与建议》中予以说明。亚行要求这些估算应是较近期的数据。如果估算数据的日期：

- 在贷款向亚行董事会报批前不超过6个月，则估算的数据可以接受；
- 在贷款向亚行董事会推荐前6~18个月之间，则估算的数据应当采用指数法进行调整修正；
- 在贷款向亚行董事会推荐前超过18个月，则应当重新估算费用［3.4.3.3.1］。

项目实施阶段的财务费用的处理方法

3.09 项目实施阶段的财务费用可包括利息、承诺费和先征费。项目财务费用必须在项目费用估算表中加以体现［3.4.3.4.1］。

申请追溯融资

3.10 追溯融资系指亚行对借款人或受款人在项目评估过程中或评估之后、但在亚行贷款或技术援助协议生效前所发生并支付的项目费用予以融资。

3.11 一般情况下，亚行不会拨款支付《贷款协议》生效前所发生的项目费用。但是，依据亚行与借款人间的事前协定，可以在《贷款协议》中包括一个专用条款，准许对此日期前所发生的某些项目费用予以融资。这一条款会列明追溯融资的金额、相关费用的类别和费用发生的起始日期［3.4.3.5］。

确定不可预见费

3.12　不可预见费是预计项目总成本的一个组成部分，在正常情况下对所有涉及重大费用的成本科目都是必要的。不可预见费准备金应当反映可能发生（预测）的物质性变更和价格波动，以及由特殊风险引发的成本上升，因为这些变更按情理推定都会增加基准成本估算。不可预见费准备金在项目费用估算表中应当单列［3.4.4.1］。

3.13　物质性不可预见费准备金反映了预计的由于数量、方法和实施期限发生变化而导致的基准费用估算的增加。物质性不可预见费应当按本币和外汇成本分别计算，并在项目费用估算表中以外汇与本币基本成本百分比的形式表示［3.4.4.2］。

3.14　价格不可预见费准备金反映了在基准费用估算日期后，由项目各组成部分的单位成本变化而引起的项目基准成本和物质性不可预见费的预计增长。价格不可预见费应当用基准成本加物质性不可预见费的百分比的形式表示，并就项目的本币、外汇和整个项目费用分别计列［3.4.4.3］。

项目融资计划

3.15　项目费用估算表确定了项目的总体融资需求。项目融资计划说明了项目的融资要求，并确定了拟议的资金来源（见附录3）［3.4.6］。

3.16　拟议项目所需的资金可分为以下几类：

- 资本支出
- 运营费用
- 项目实施阶段的财务费用［3.4.6.6］

3.17　拟议的项目资金来源可包括：

- 拟议的亚行贷款
- 其他贷款
- 股本或资本认缴
- 运营补贴
- 内部自有资金［3.4.6.6］

财务成本效益分析

3.18　亚行要求对项目进行财务分析和经济分析。这两种分析目标相同——评估拟议的投资是否可行。项目财务分析审查项目经营单位和项目参与者的投资回报是否充分，而经济分析则衡量项目对整体国民经济的影响［3.5.1.1］。

3.19　财务分析中，所有与项目相关的收支都要予以考虑。有必要通过财务分析：评估项目应达到多高的盈利水平才能足以承担财务责任；评估对生产者的激励程度；确保构成经济分析的基础的需求或产量预测能与财务收费或现有的预算来源保持一致［3.5.1.3］。

3.20 经济分析旨在估测项目对提高经济福利的影响，它是在整体国民经济的框架下对项目进行评估，而不是只考虑对项目参与者或项目执行机构的影响［3.5.1.1～3.5.1.3］。

3.21 亚行的财务分析过程包括六个步骤：

- 编制项目费用估算［3.4.3］
- 预测项目净现金流增量［3.4.7］
- 确定适宜的贴现率［3.5.2］
- 计算财务净现值［3.5.3］
- 计算财务内部收益率［3.5.3］
- 进行风险和敏感性分析［3.5.3］

贷款财务契约

3.22 大多数发展中成员国的基础设施服务欠佳，在贫困和乡村地区更是如此。即使在有基础设施服务的地区，系统也通常维护不善，服务不可靠。常见的问题包括：（1）费率低于成本、收费结构不合理；（2）经营效率低，缺乏提高效率的激励机制；（3）收费计征水平低；（4）补贴过多但目标不明确。这些问题都可能引起经营亏损，设施老化和新投资资金不足。

3.23 为了协助执行机构实现其财务目标——以及亚行贷款支持的政府经济目标——亚行要求保证执行机构与借款人事先议定的经营目标至少在项目生命周期内能够达到。这些目标以财务契约形式纳入《贷款协议》［3.6.1.1～3.6.4.4.2］。

3.24 亚行的贷款财务契约分为三类：

- 运营契约［3.6.2］
- 资本结构契约［3.6.3］
- 流动性契约［3.6.4］

3.25 贷款财务契约旨在：（1）支持社会经济发展；（2）提高执行机构的财务生存能力、增加其财务业绩、加强审慎财务管理；（3）培育当地的财务管理能力；（4）协助执行机构获得信誉，以便其被资本市场所接纳；（5）保护借款人和亚行的经济权益；（6）为政府监管机构和亚行提供监控执行机构财务业绩的依据［3.6.1.2］。

4. 执行机构的财务管理

简介

4.01 财务管理工作的首要目标就是要优化投资的财务与经济效益。财务管理制度包括与财务计划、规划编制、会计、报告制度、审计、筹资，以及与项目和执行机构的组织和人事安排有关的各项政策和惯例［4.1］。

4.02 执行机构应当计划、完善和保持相应的财务管理制度，提供及时可靠的信息，这些信息应当适用于监控项目和执行机构在实现亚行同意的目标方面的进展情况。信息还应当向项目实施和执行机构预警项目执行和管理中的问题。

4.03 执行机构还应具有一个有效的控制环境，包括内部控制制度，以保障财务记录可靠完整，包括坚持管理政策，有序高效地开展借款人的业务，以及正确记录和保护资产和资源［4.2.1］。

4.04 亚行要对借款人/执行机构所采用的或提议的，用以支持项目实施和运营的财务政策和财务制度的效力进行评估。执行机构应当能够提供正确及时的项目实施进度信息，以及（可能需要的）项目运营的信息。亚行还要求保证项目中所发生的费用应该用于《贷款协议》中规定的目的［4.1~4.2.1.7］。

亚行的财务管理评估

评估目标

4.05 亚行评估的总目标就是要确保执行机构在技术、管理和财务方面是否有能力高效率和有效地实施拟议的项目或规划。具体的评估目标就是：（1）确定机构的财务管理能力是否满足批准贷款所需的要求；（2）查明机构在财务管理方面的发展需要——既包括项目相关的也包括长期的发展需要——这种发展需要要么作为一个项目组成部分予以处理，要么通过技术援助予以解决；（3）确认财务管理制度具有可持续性［4.1.3］。

评估范围与一般方法

4.06 财务管理评估的范围将取决于亚行与相关执行机构间交易的范围和类型、执行机构实施项目的经验，以及以往机构强化的程度和性质［4.2.1.7］。

4.07 财务管理评估一般包括：（1）分析执行机构与财务管理有关的组织结构和管理框架；（2）评估机构的资源，包括员工的数量、质量和技术能力，得到财务与预算支持的程度、所使用的技术、设备和软件的性质；（3）评估机构的经营效果；（4）查明具体的经营业绩不良表现或偏差［4.2.1.7］。

4.08 最后，亚行将审查经营业绩不良表现，以确定特定的机构缺陷及可能的机构强化行动。缺陷可再划分为两大类：与管理框架相关的缺陷和与资源约束有关的缺陷［4.2.1.7］。

亚行对财务管理的一般期望

财务政策

4.09 亚行要求项目要在主管全国和部门经济与财务规划的政府机构规定的财务政策，战略和制度框架内设计、开发和实施［4.2.4］。

项目目标

4.10 项目目标应当明确界定，应当包括可持续性的经济目标、财务目标、限期产生的效益，以及财务上的可行性。财务可行性最起码应当意味着有足够的资金来维持日常经营和维护保养活动［4.2.4.1.2］。

项目实施计划

4.11 亚行还建议借款人研究制订出项目实施计划。项目计划有助于借款人为每个运营阶段确定出切实可行的目标。它们也为制定和实施项目财务管理规定、内部控制与财务报告计划奠定基础。

4.12 项目计划应当包括：

- 项目各组成部分（包括技术援助和培训）中限期完成的实施任务；
- 设定每个步骤目标日期的采购行动；
- 为每个项目部分和开支类别设定的支付计划；
- 体现预期的亚行资助、政府配套资金和联合融资的筹资计划；
- 实现项目开发目标所需采取的行动；
- 建立项目会计与财务管理制度（包括审计安排）的行动。

支付程序与资金流机制

4.13 贷款的拨付是项目周期中的关键要素。亚行希望拟定的支付程序拨付程序和资金流机制能适用于特定的项目。亚行贷款资金的提款程序已经标准化以方便大多数贷款项下资金的拨付。支付程序主要有四种：

- 直接支付程序：亚行应借款人的请求直接向指定受益人付款。
- 承诺程序：亚行应借款人的请求，向依据信用证已对或将对供货商付款的商业银行提供不可撤销的资金支付承诺。该支付承诺中所述的资金出自借款人的贷款账户。
- 归垫程序：亚行将贷款账户的资金转付到借款人的账户上，在有些情况下，也可能会转付到项目账户，用于偿付项目已发生的并已用预算拨款或自有资源支付的合格费用。
- 周转金程序：亚行从贷款账户中先提出一笔资金，存放在借款人的周转金账户上，该账户只能用于支付亚行所承担的合格项目费用。[27]

对营利性执行机构的期望

4.14 本节论述亚行对营利性执行机构和项目的相关期望（见第2.05~2.07段）。

计划编制和预算

4.15 长期、中期和短期计划应当是财务管理的主要内容。中长期计划通常被称为公司计划。短期财务计划通常被称为预算。亚行要求确保定期地、有序地、及时地编制出令人满意的计划和预算［4.2.8.3］。

会计政策

4.16 亚行将考虑包括财务报告准则与一般会计惯例在内的会计政策能否被接受。亚行希望这些政策在实质上能与公认的国内或国际准则与惯例保持一致［4.2.8.4］。

财务管理规定

4.17 健全的会计制度依靠财务管理规定来支持。这些规定通常旨在明确财务管理系统的目标及其内在责任。亚行期望适宜的财务管理规定必须就位［4.2.8.5，4.2.8.9］。

会计信息系统

4.18 为了确保项目实施资金的可说明性，每个项目（情况适宜时，每个执行机构）都应当有充分的会计与内部控制系统，以便于从项目支出开始发生之时起就能记录和报告项目相关的财务往来事项—项目支出可能会在亚行董事会批准贷款之前就开始发生。这一规定不准有例外情况［4.2.8.6.3］。

4.19 具体而言，会计信息系统应当：

• 简单易行；

• 要求工作人员在最少的监督下也能开展业务，让必要的工作人员受到培训，以便项目一开始就能使用该系统；

• 至少从第一批交易之日起就能提供项目收支记录；

• 情况允许时，要有信息技术系统，该系统技术先进、能高效地管理并能充分响应管理执行机构和拟议项目的需要；

• 要有足够的内部核查与控制能力，能够经常调衡财务数据，能够在亚行规定的时间框架内不时地汇报项目财务结果；

• 必要时，能够满足费用报表及周转金记录的要求；

---

[27] 《贷款支付手册》详细讲述亚行贷款拨付程序（见www.adb.org）。此外，贷款财务资讯网络服务（http：//lfis.adb.org）专门用于满足用户对贷款相关的准确财务信息的需要，以利决策。该网站提供详细的贷款业务数据和精选报告供下载。与贷款业务直接相关的偿债预测和支付手册也可向特定的用户提供。

• 必要时，能够扩充以满足因项目活动或机构业务扩展对财务数据的新要求。

内部控制与内部审计

4.20　亚行主要关注是要确保内部控制存在并得到定期监督，以确保其高效，并对现行的业务活动保持响应性［4.2.8.7～4.2.8.8.5］。

管理会计

4.21　管理会计系统应当收集并及时向各级管理层报告反映机构各方面经营情况的财务和相关的统计信息，并适时地向各级管理层提供必要的细节。

4.22　亚行力图保证执行机构的管理会计系统能够形成各种年度和定期财务报表，包括需审计的报表。还应当包括记录当前预算与财务计划数据的程序、记录保管和报告的程序，以及记录成本的成本会计程序（包括成本控制和分析）［4.2.8.10］。

对非营利性执行机构的期望

4.23　不同的发展中成员国，其非营利性项目和执行机构的财务管理办法可能有很大的不同。许多非营利性项目将采用简单的现金收付制会计方法。本节陈述亚行对非营利性项目和执行机构的相关期望（见第2.05～2.07段）。

财务管理与会计制度

4.24　非营利性执行机构的财务管理制度应当在整个项目实施过程中都能支持会计程序［4.2.9.2］。

4.25　对于非营利性项目，会计制度要简单。记录现金收付（按项目和收款人分类）的可供分析的现金账簿可成为一种令人满意的基本会计手段。在项目实施过程中，如果有必要，可以用其他文件（如资产登记簿、合同登记簿和盘存制度）弥补其不足之处［4.2.9.2.3］。

4.26　基本的会计制度应当包括内部控制，把负责批准预算、授权拨款、批准预算性支出、支付现金、记录会计账册、编制银行存款余额调节表的人员的职责分开。如果人手不够，不能把上述的职责充分分离，则应采取其他替代方法。例如，活动可以由两人共同执行（如，支票由两人签字）［4.2.9.2.5］。

计划和预算

4.27　亚行对营利性执行机构［4.15］段的计划与预算控制的期望与对非营利性执行机构的期望相同［4.2.9.5］。

财务会计与成本核算

4.28　亚行建议执行机构至少要保持第4.31～4.33段中规定的记录，但是在有些会计系统中，特别是在控制账户中，许多这类记录可以不予保持［4.2.9.6.1］。

4.29　执行机构的系统必须支持及时地披露：（1）对于每个项目，按亚行执行机构系统事先议定的项目组成部分，分别披露其累积的和年度的项目成本；（2）详细地分析经营成本以控制日常支出的增量；（3）亚行贷款各类提款申请的依据［4.2.9.6.4］。

内部控制

4.30　如果内部控制机制不能令人满意，且有效的外部审计也未建立，那么一般说来，不允许项目继续进行，直到借款人/执行机构同意强化这些机制［4.2.9.7］。

适用于非营利性项目的简化系统

4.31　非营利性项目的简化体系如下，必要时应当予以修正，以满足具体项目和亚行的要求。

- 项目单位银行账户记录，按支出类别记录；
- 项目单位现金付款记录，按支出类别记录；
- 已发生但尚未支付的项目支出记录，按支出类别记录；
- 第三方的项目支出记录，按支出类别记录；
- 上述各项记录的汇总，以形成项目总支出，按支出类别记录；
- 项目资金来源记录，包括亚行（和其他贷款人）的贷款拨付申请［4.2.9.8.1］。

4.32　最好使用简易的总账记录收付总额（按周或按月）。这种总账除了要记载上述各账户的汇总金额外，还要记载资产、负债、合同和货币往来活动［4.2.9.8.2］。

4.33　在分录汇总登入总账之前，可以对已登载到基本记录中的数据随时进行修改和调整。如对已经登载到总账中的数据进行变更，则需通过账中的专门分录，最好使用流水账予以记录［4.2.9.8.3］。

5. 财务报告与审计

简介

5.01　亚行要求借款人提供准确及时的财务信息，以确保项目支出符合贷款协定规定的目的，并确保项目及其执行机构的经济性和效率能够使亚行满意。

5.02　为满足此要求，亚行在项目筹备阶段将审核项目的会计和审计安排和措施，确保这些安排和措施达到可接受的标准，符合一定的操作惯例。此外，亚行的《贷款协议》和项目协议都包含相关的财务管理和审计条款。

会计准则和政策

简介

5.03 亚行希望得到对借款人和执行机构的财务状况和经营状况的准确诠释。但是，由于在不同的国家编制和报告财务信息的方式千差万别，使得财务报告严重缺乏透明度和连贯性［5.2.1］。

5.04 亚行与其他多边金融开发机构一道鼓励借款人和执行机构采用统一的会计和财务报告准则。在这方面，亚行建议：

• 对营利性执行机构而言，应遵守统一的会计准则，并在能力和资源允许的情况下，逐步过渡到采用国际会计准则（IAS）编制财务报告。但是，要达到高水平的一致性还需要一定的时间。

• 对公共部门的非营利性执行机构而言，应遵守和保持良好的财务政策，保留充足的会计记录，建立适当的内控机制，及时向管理层报告并采用健全的审计惯例［5.2.1.3］。

亚行会计政策要求

5.05 会计政策是某个实体在编制和公布财务报表时应采用的特定原则、基础、惯例、规则和操作规程。财务报表必须包括对会计政策的说明。例子见附录4［5.2.3.5］。

5.06 亚行将尽力在贷款谈判前就财务报表的编制遵循的会计准则和政策与借款人达成协议［5.2.3.1.2］。

非营利性执行机构

5.07 在非营利性执行机构的情况下，关于会计政策的说明可以比较简单。例如，仅需说明现金收付实现方面的政策［5.2.3.5］。

营利性执行机构

5.08 一般来说，民营公司和机构以及营利性公共部门项目执行机构的财务报表应按与国际会计准则一致的会计政策编制。但是，亚行也可以接受根据国内会计准则，或其他明确的会计准则编制的项目或执行机构经审计的年度财务报表，但在财务报表的附注中应包括对经审计的年度财务报表所含财务信息的重新调整以提供一份符合国际会计准则的财务报告［5.2.3.1.2］。

5.09 为此，亚行建议所有公共和民营部门的营利性执行机构应从贷款谈判之日起，或从亚行与借款人商定的项目执行期间的其他日期开始，在亚行资助的项目上采用与国际会计准则一致的会计政策进行账务处理和财务报告工作［5.04］。借款人和执行机构应从商定日期开始采用符合国际会计准则的会计政策。在此之前，应按亚行可接受并在贷款谈判纪要中载明的一系列会计政策编制财务报表。［5.2.3.1.3］。

5.10　在某些情况下，国内会计准则和惯例与公认的国际准则可能有差异。如果仅涉及少量科目（如管理费用分摊方式或者存货估价政策），可以继续使用这些准则和惯例，但要在财务报表的附注和审计报告中对造成的偏差予以量化并进行披露［5.2.3.2.2~5.2.3.2.3］。

5.11　亚行理解让借款人和执行机构采用符合国际会计准则的会计政策需要一定的时间。因此亚行愿意与现有的借款人逐一商谈各项目采用新会计政策的时间［5.2.3.2.4］。

财务报告

简介

5.12　为了保证项目的监督工作能够得到充分、及时和可靠的信息支持，亚行会与当事人应尽早就为每个财务年度提供符合要求的经审计的期中财务报表和年度财务报表达成协议［5.3.1.1］。

5.13　亚行一般要求提供定期的进度报告，包括财务报告，内容包括：

- 项目的期中、年度和最终成本；
- • 执行机构的财务业绩和财务状况（如果需要）；
- 项目实施资金（含亚行贷款）的使用说明；
- 亚行贷款支付依据；
- 遵守财务约文和相关条款的情况；
- 亚行指定的并与借款人达成一致的项目有关财务管理和会计制度的有效性［5.3.1.2］。

5.14　借款人和执行机构应将亚行的要求通知相关各方，包括（1）政府主管部委；（2）依法负责审计执行机构账务的政府审计人员；（3）代表政府审计部门审计的社会审计人员［5.3.1.4］。

财务报告的内容和时间

5.15　借款人提交的所有期中和年度项目财务报表都应该符合下列要求：

- 以英文出具［5.3.2.6，5.3.2.8］；
- 全面披露和说明借款人、其他捐助人、其他贷款人和亚行的资金使用情况；
- 符合贷款约文和亚行对项目管理的要求；
- 充分披露所有的实质性信息；
- 对项目及其执行机构（如果需要）的财务状况和绩效的所有重要方面，进行真实公允的评价及表述［5.3.2.2］。

5.16　此外，下列基本原则适用于年度财务报表：（1）明确说明所采用的会计政策和会计准则；（2）由亚行认可的审计师对财务账目和财务管理制度进行独立审核的结果［5.3.2.3］。

5.17　与每个项目有关的期中财务报表和年度财务报表应提供充足的信息，足以凭该报表确定本年度发生的交易和自项目开始之日起累积发生的交易。[5.3.2.4]。

5.18　如果执行机构设立的目的只是为了开发某个项目，则在期中和年度报表中可以把项目的财务交易与执行机构的财务交易予以合并［5.3.2.6］。

5.19　如果某个执行机构负责执行指定的子项目，则对应每个子项目都应编制独立的财务报表，并对整个项目编制合并财务报表。如果某执行机构负责开发的项目多于一个，则属于共同性质的财务交易可根据财务报表附注中的规定分配给每个项目［5.3.2.7］。

5.20　借款人应按照亚行同意的时间表提供期中和年度已审计财务报表。每个财务年度，期中财务报告一般需每隔三个月、四个月或者六个月提交。年度已审计财务报表（执行机构、项目账户，如适用也包括周转金）应于上个财务年度结束或项目关闭日（两者孰先）之后六个月内提交亚行［5.3.2.9］。

5.21　在已审计财务报表需首先提交给政府立法部门的情况下——如有可能延迟向亚行上报已审计财务报表——应在要求的上报时间范围内向亚行提交（由首席财务官和审计师审核无误的）财务报表草本，并在财务报表被立法机构认可后向亚行确认［5.3.2.10］。

5.22　期中和年度财务报表一般应以当地货币表示，并明确说明外币交易或外币权责转换为本币的基础和方法［5.3.2.11］。

对非营利性项目的特别要求

5.23　亚行认为许多项目的财务报表，尤其是为非营利性项目编制的财务报表，属于特定目的财务报表。因此，亚行要求非营利性实体按照亚行认可的适当格式提交财务信息［5.3.2.1］。

5.24　非营利性项目在项目开发和执行的每个财务年度都应该提交经审计的年度财务报表［5.3.2.6］。

对营利性项目的特别要求

5.25　对营利性项目，亚行要求提交贷款期间项目及执行机构的经审计的年度财务报表。审计报告应包括对年度财务报表发表的审计师意见，以及管理意见书。如果执行机构的财务报表对项目在当年、上一年和从项目开始以来的财务状况和财务业绩有明确的表述，则项目的财务报表也可合并入执行机构的财务报表中。期中财务报表应采用年度财务报表的格式，但自亚行贷款支取完毕之时就不必再提交［5.3.2.8］。

会计报表和财务报告

5.26　下页上的表格对项目和执行机构的财务报告要求进行了总结。对营利性项目及其执行机构的报告要求是统一的，对非营利性项目及其执行机构的报告没有统一要求［5.3.3.1］。

5.27　非营利性项目及其执行机构的财务报告存在的最主要差异取决于项目单位是采用权责发生制还是采用收付实现制。

• 在采用收付实现制的情况下，非金融类资产（例如固定资产、应收账款、存货）将不予系统记录。因此，编制损益表和资产负债表的信息不存在。作为替代，一般编制现金收付表。

• 在采用权责发生制的情况下，将编制资产负债表和损益表。权责发生制的报表一般都会辅以一份现金流量表。尽管许多亚行的发展中成员国都表示了采用权责发生制会计方法的意愿，但实际的采用需要花费许多年的时间。但是，部分国家的非营利性实体传统上使用苏联模式的会计制度（例如乌兹别克斯坦），可能会编制权责发生制的财务报表［5.3.3.2］。

5.28　会计政策或财务政策说明。不管采用收付实现制还是权责发生制，必须对会计报表所依据的会计政策或财务政策进行明确说明［5.3.3.4］。

5.29　收入表（现金收入）体现了年度完整的财务信息和从项目开始起的累积数据。在使用收付实现制的情况下，应显示期初和期末的现金余额［5.3.3.5］。

<table>
<tr><td rowspan="2">会计报表和财务报告
会计报表</td><td colspan="2">非营利性项目和执行机构</td><td colspan="2">营利性项目和执行机构</td></tr>
<tr><td>期中报表（项目管理报告）</td><td>年度已审计报表</td><td>期中报表（项目管理报告）</td><td>年度已审计报表</td></tr>
<tr><td>会计/财务政策说明</td><td>……</td><td>√</td><td>……</td><td>√</td></tr>
<tr><td>收入表（现金收入）</td><td>√</td><td>√</td><td>……</td><td>……</td></tr>
<tr><td>支出表（现金支出）</td><td>√</td><td>√</td><td>……</td><td>……</td></tr>
<tr><td>现金流量表</td><td>√参见（1）</td><td>√参见（1）</td><td>√</td><td>√</td></tr>
<tr><td>周转金账户报表</td><td>√</td><td>√</td><td>√</td><td>√</td></tr>
<tr><td>费用报表</td><td>√</td><td>√</td><td>√</td><td>√</td></tr>
<tr><td>损益表</td><td colspan="2" rowspan="2">由于多数非营利性项目采用收付实现制，故这两个报表一般没有编制</td><td>√</td><td>√</td></tr>
<tr><td>资产负债表</td><td>√</td><td>√</td></tr>
<tr><td>财务报表附注</td><td>√参见（b）</td><td>√参见（b）</td><td>√参见（b）</td><td>√参见（b）</td></tr>
<tr><td>其他信息</td><td>√参见（c）</td><td>√参见（c）</td><td>√参见（c）</td><td>√参见（c）</td></tr>
</table>

（1）非营利性项目（和执行机构）的现金流量表的内容和格式不必符合国际会计准则和国家会计准则。

（2）财务报表附注系对财务报表所提供信息的进一步细化和详细说明。

（3）其他信息的范围和性质有待亚行和借款人协商后确定。

5.30 费用支出表（现金支出）显示的是当年的财务信息以及从项目开始到当日的累积数据。在采用权责发生制的情况下，该表将包括非现金类科目，如折旧［5.3.3.6］。

5.31 现金流量表应包括：

• 按支付方式（如直接付款和周转金账户）分类的项目资金来源（如亚行和政府赠予）；

• 按贷款协定确定的支付类别汇总的资金使用额（如设备、土建工程、咨询服务、培训及其他，可在项目开始执行后进一步细分）；

• 期初和期末的现金余额［5.3.3.7］。

5.32 周转金账户报表汇总亚行预付和补充的款项，减去项目单位支取的款项，显示周转金账户的现金余额［5.3.3.8］。

5.33 每个周转金账户（如使用的话）都应附有银行报表。每份银行报表都应列明当年的预付款和补充款，账户余额产生的利息，同时减去项目提取的款项。第一个账户用于收取亚行贷记“周转金账户”的款项，第二个账户可用于项目当地运作使用（第二代周转金账户，SGIA）。项目的周转金账户应用于回补第二代周转金账户（如使用的话）。有必要附上对账单，以反映亚行与周转金账户之间、周转金账户与第二代周转金账户之间的在途项目。另外，还应编制一份周转金账户的运营账户交易明细表。这份报表应由执行机构编制，因为执行机构使用周转金账户进行本外币付款［5.3.3.9］。

5.34 费用报表（SOE）程序是一种无需提交支持文件的亚行报账偿付程序。该报表应包括书面证明，确认资金筹措和担保借款/存款登记。亚行的《贷款支付手册》对这种方法的应用以及相关的报告和审计程序进行了描述［5.3.3.10］。

5.35 损益表和资产负债表在采用收付实现制的情况下可不编制。损益表反映的是一段时期各项活动的财务结果。资产负债表反映的是某一特定时点的所有债权与债务［5.3.3.11］。

5.36 财务报表附注应为说明性的注解和/或补充性的财务报表，用于分析或说明重要的会计项目，或者以该国普遍采用的会计惯例提供信息［5.3.3.12］。

期中财务报表和项目管理报告

5.37 亚行要求在每个财务年度期间提交项目管理报告（PMR），作为项目业绩监督体系的一部分。项目管理报告应定期提交，其内容有助于执行机构定期对项目的业绩进行控制。项目管理报告中的财务报表属于期中报表，是评估项目进展和进行项目计划的良好工具，建议在所有项目中使用。项目管理报告的样本请参见附录5［5.3.4.1］。

5.38　项目管理报告提供的信息应包括：（1）最近结束的财务期间（一般为一个季度或者半年）；（2）年初到报告截止日的累计数；（3）自项目开始时到报告截止日的累计数［5.3.4.2］。

5.39　对每个列项，项目管理报告还应显示计划或预算数与实际报告数相比较的情况，并显示实际数与计划数之间的差异。如果出现重大差异，项目管理报告中应做出解释，以便于项目的管理和监控［5.3.4.3］。

经审计的年度财务报表

5.40　应向亚行提供经审计的年度财务报表，以满足借款人、联合融资人、捐赠人和亚行的信用要求。这种财务报表可以分为以下两大类：

- 非营利性项目的年度财务报表。在《贷款协议》中未对执行机构的其他财务业绩进行约束的情况下，这些报表也可以包括有关执行机构的业绩情况和财务状况的信息；
- 营利性项目及其执行机构的年度财务报表。当执行机构属于自主或者半自主经营的营利性实体的情况下，应提供营利性项目及其执行机构的年度财务报表。［5.3.5.1］。

非营利性项目的年报

5.41　执行机构仅需为项目编制年度财务报表，尤其是在项目属于非盈利性质，且由国家、省、州、地区或者地方政府执行的情况下。与执行机构有关的财务交易应作为列项记入项目损益［5.3.6.1］。

5.42　项目及其执行机构（如适用）的报表可采用下列形式，按地方预算和会计格式编制：

- 收入表（或者现金收入）
- 支出表（或者现金支出）
- 财务报表附注［5.3.6.2］

营利性项目和执行机构的年报

5.43　借款人应向亚行提供在营利性项目中所有发挥实际性作用的自主或半自主经营的执行机构的年度财务报表。这些财务报表中应当包含足以确定项目或者执行机构的财务业绩和财务状况的详细资料。一般情况下应该包括：

- 资产负债表，显示实体及项目在财务年度末的财务状况；
- 损益表（或营业报表、收入支出表或者利润损失表）；
- 现金流量表，披露每个财务年度现金流情况；
- 财务报表附注［5.3.7.1］。

5.44　财务报表应该包括与上个财务年度的比较数据，并提供支持性的进度表和解释性注释。对于亚行要求额外披露或者解释的科目，也应提供补充性财务报表［5.3.7.2］。

补充性财务报表

5.45　亚行一般会对标准年度财务报表所附的补充性财务报表的格式和内容做出规定，但借款人应在报表中包括所有能够反映项目经营成果和执行情况的适当信息［5.3.8］。

营利性执行机构财务报表样本

5.46　附录6和附录7分别是服务业和制造业机构的财务报表样本［5.3.11，7.16~7.17］。

审计准则与审计人员聘用

简介

5.47　审计总体目标是对财务报表是否在所有重要方面真实公允地反映了项目执行情况，是否符合国际会计准则或亚行认可的其他准则，会计处理方法是否与以前年度保持一致等发表审计师意见［5.4.1.1］。

5.48　审计师意见对于证实财务报表是否可信是必要的。审查范围与深度应足以保证审计师对项目执行机构（如一个项目、一个项目单位或一个分支机构）提供的财务报表的真实、准确、公允发表意见并出具审计报告。财务报表可以是年度的、定期的或特定的（如与特别报告相关）［5.4.1.2］。

亚行的审计要求

5.49　亚行要求借款人与项目执行机构的年度财务报表必须经亚行认可的独立审计师按照亚行认可的审计准则进行审查。财务报表审计内容包括：

- 评价有关项目支出和其他交易的会计制度与内控制度的适当性，保证融资项目资产的安全性；
- 确定借款人与项目执行单位是否留有充分的所有相关交易的证明文件；
- 确定向亚行报送的费用是合格支出，并发现不合格支出；
- 遵守贷款约文和亚行项目管理要求的情况［5.4.2］。

审计准则

5.50　亚行认可国际会计师协会下属的国际审计与鉴证准则理应遵循这些准则组织审计准则。国际审计准则广泛地被国际会计行业和许多国家会计行业采用。它们构成亚行认可的对公共部门和民营部门进行审计的基准。许多审计长及拥有类似职位的人使用最高审计机关国际组织审计准则［5.4.2.2］。

5.51　亚行希望借款人聘用遵守国际审计准则的审计师，但也承认在某些国家，审计师采用的当地公认的审计准则，虽然不符合或者不完全符合国际审计准则，但是已经纳入国家法律，或被该国注册会计师和会计师协会所采用［5.4.2.3］。

5.52　必要时，亚行会要求在本国审计准则的基础上补充审计和报告程序以确定责任和业绩。亚行希望审计人员在审计报告中指出，与国际审计准则相比，采用本国审计准则带来的差异，以及由此产生的对审计的影响［5.4.2.4］。

审计程序

5.53　审计师应了解项目与被审计单位，包括行长报告、建议和法律协议。进一步的指导可从以下渠道获得：

（1）亚行贷款支付手册；

（2）亚行标准招标文件；

（3）亚行采购手册［5.4.3.2］。

5.54　审计人员应确保披露借款人采用的本国会计准则与惯例的变化，并指出这些会计准则与惯例与国际审计准则的实质性差异。

5.55　亚行要求审计内容包括：

（1）审查资产负债；

（2）审查承诺和或有负债；

（3）确认债务人、债权人和存货；

（4）审查与国际审计准则的差异；

（5）每年查阅定期项目管理报告；

（6）审查费用支出报表，作为项目总体审计的一部分；

（7）审查周转金账户［5.4.3］。

审计师的选择与任用

5.56　亚行会要求借款人取消不可接受的限制性条件，或者另行安排实施可接受的审计。借款人对审计师的选择、任用和工作负责。亚行希望借款人把审计人员续任与拟任的情况通知亚行，审计人员应符合独立性、资历和能力方面的要求。具体而言，亚行将以“不反对”方式表示接受审计人员［5.4.4.2］。

5.57　要取得亚行认可，审计人员必须：

• 公允且独立于被审计单位与委托人。特别是审计期间不得担任被审计单位董事，或与被审计单位存在亲属、财务关系或密切的经济往来；

• 具有良好声誉，采用符合国际审计准则或最高审计机关国际组织要求的审计程序与审计方法，聘用足够的能胜任审计工作的审计人员；

• 具有从事亚行项目审计的经验；

• 能够在规定时间内完成工作大纲［5.4.4.2］。

5.58　亚行要求借款人和项目执行单位选择和指定可接受的审计师，使其有足够的时间履行其职责，包括在项目执行初期及此后定期检查财务管理制度［5.4.4.3］。

5.59　亚行通常不会对审计人员选择提出建议，但希望检查借款人指定的审计人员名单，并指出不符合亚行标准的审计人员。如果现有审计人员能满足要求或者拟聘用的审计人员能够独立地实施审计时，亚行会表示同意［5.4.4.4］。

选择审计人员的事项

5.60　法律法规决定审计的范围和详细程度，并限制政府审计人员按照亚行要求审查的深度［5.4.5.1］。

5.61　下列审计人员一般不能从事亚行贷款业务审计工作：

- 其雇员可能应法律法规的规定要求参与财务交易处理的政府审计人员；
- 协助项目执行机构编报年度财务报表的审计人员；
- 设计构建项目执行机构的财务管理体系的审计人员［5.4.5.1］。

5.62　在某些情况下，因资源条件限制导致借款人和项目执行机构要求审计人员编制部分甚至全部财务报表。发生此种情况时，审计人员应避免参与项目执行机构的决策与管理，以保留实施审计的资格。审计人员参与会计活动的程度应在管理部门意见书中予以讨论［5.4.5.2］。

5.63　审计人员必须在项目启动时就开展工作。因此，借款人应在每个财政年度开始前指定审计人员。借款人应向亚行保证审计人员已知悉亚行的要求，包括审计及出具审计报告的时间，这项工作应不迟于项目开工日，或者亚行董事会批准贷款日，以较早者为准［5.4.5.3］。

5.64　一旦确定政府审计人员对项目执行期、经营期直至贷款账户关闭的整个阶段实施审计，亚行希望借款人能够保证政府审计人员在规定的时间内开始和结束审计［5.4.5.4］。

5.65　公共部门项目和公共部门执行机构可聘用中介机构审计人员或政府审计人员。除非通过亚行的能力和当前业绩审核，否则政府审计人员不能从事民营部门项目和营利性公共部门执行机构的审计工作［5.4.6.1］。

5.66　除法律规定政府审计人员提供审计服务之外，项目执行机构（或主管部门）一般负责审计人员的选择与指定。因此，借款人应采取措施在《贷款协议》签署日或项目启动之前确定能聘用到合格的审计人员［5.4.6.2］。

5.67　为保证审计质量，审计人员的聘用应得到有效监督，包括对被审计单位财务和日常业务变化的适应能力，以及采用改进的审计技术的能力［5.4.6.7］。

5.68　因此，亚行鼓励借款人对审计人员进行短期聘用［5.4.6.8］。

5.69　某些国家每年都指定审计人员。然而，合适的任用期应既能保证审计人员熟悉被审计单位，又能促进更换审计人员为宜。必要时，最佳任用期为3～5年［5.4.6.9］。

审计人员工作大纲

5.70　亚行要求审计师意见的范围与详细程度符合亚行的合理要求，并要求每次审计都要提交工作大纲。根据项目执行机构的性质与业务类型，审计范围随审计类型的变化而变化。例如，金融机构审计的工作大纲要求审计人员特别关注贷款构成，而公共事业单位审计则关注固定资产与应收账款。

5.71　国际审计准则建议审计人员根据法律、法规及公认的审计准则确定财务报表审计的范围。工作大纲不应限制审计人员履行这方面的职责，也不应成为审计人员无法满足法律、法规或专业职责要求的理由［5.4.7.2，5.4.7.8］。

5.72　尽管如此，审计工作大纲为关注常规审计未涵盖或强调的领域提供了机会，如对《贷款协议》执行情况和采购文件进行专项审查。工作大纲一般要求对特定事项发表意见。此外，一般还要求出具管理意见书［5.4.7.3］。

5.73　项目执行机构与项目审计的工作大纲样本分别见附件7和附件9。然而，这些样本并非普遍适用［5.4.7.6］。

审计人员的聘任合同或聘任书

5.74　亚行建议制作审计聘任合同与聘任书。项目执行机构通常制作正式合同。审计人员一般只准备简单的聘书。聘任合同或聘书应载明审计人员的职责，包括：

- 确认对任用的接受，包括对工作大纲的接受；
- 借款人的责任，特别是在准备和提供财务信息方面的责任；
- 提供审计人员为完成审计任务可能要求接触的办公场所、纪录、文件和其他相关资料；
- 审计报告格式；
- 关于对内部审计人员与外部审计人员（如政府审计人员）参与审计的有关安排；
- 已审计财务报表的报送时间；
- 收费标准与结算安排［5.4.8］。

政府审计人员

5.75　在某些国家，项目由政府控制或资助的单位执行，按照法律的要求指定政府审计人员实施审计。在此情况下，亚行要求：

（1）审计人员具有独立性和能力；

（2）审计人员具备出具合乎亚行质量要求的审计报告及审计意见的能力；

（3）能为亚行接受。在一般情况下，如果宪法和法律保护审计人员的独立性，那么政府审计人员的独立性不会遭到质疑［5.4.10.1］。

5.76　有时政府审计人员会参与项目前期费用与筹资的决策，这将妨碍其独立性。在此情况下，亚行将寻求与借款人达成一致，由独立的社会审计人员在政府审计报告之外，再出具审计报告和意见［5.4.10.3］。

5.77　在亚行对政府审计人员的独立性或能力存在疑虑的情况下，亚行会与借款人达成协议，由政府审计人员把审计业务分包给独立合格的私人审计师，以个人名义实施审计［5.4.10.4］。

财务报告的报送

5.78　在项目执行期，以及某些情况下，在贷款偿还期间，执行机构应定期报送经审计的项目报表（APA）。

此外，营利单位的项目执行机构需要报送经审计的财务报表（AFS）。

这样，亚行可以有效监督贷款的使用，并了解项目执行机构的财务可持续性［5.5］。

5.79　审计终结后，应向亚行提交经审计的项目报表和已审计的财务报表，以及审计师意见和审计报告。此外还应附加由审计人员出具的相关解释材料，如管理意见书。在使用周转金账户费用支出报表的项目中，审计人员还应向亚行提交使用周转金账户和费用报表的审计意见，延迟报送财务报表将直接影响项目的总体评估。

5.80　亚行规定了以下几种合规类别

• 合规：指单个项目执行机构在到期日前报送可接受的英文版已审计的项目报表和已审计的财务报表；所有项目执行机构在到期日前报送可接受的英文版已审计的项目账目和已审计的财务报表；

• 部分合规：指只有一个或几个项目执行机构在到期日或其后报送可接受的英文版已审计的项目账目和已审计的财务报表；

• 合规但延迟：指已审计的项目报表和已审计的财务报表达到合规要求，但提交日期拖延。

• 未到期：指已审计的项目报表和已审计的财务尚未到期，直到项目的第一份已审计项目报表和已审计财务报表到期才适用。

• 未要求：指如果《贷款协议》没要求提交已审计的项目报表和已审计的财务报表的情况，仅适用于特殊贷款项目

• 不合规：

—— 已审计的项目报表和已审计的财务报表以本国语言报送；

—— 已审计的项目报表和已审计的财务报表已提交，但审计有重要的保留意见；

—— 单个项目执行机构提交部分或不完整的已审过的项目报表和已审计的财务报表；

—— 仅提交了未经审计的项目账目和财务报表。

5.81 下表提供了亚行为确定合规性而对审计意见进行的分类。

审计师意见	例子	类别
无保留意见	“根据我们的意见，财务报表真实公允反映了……”（《国际审计准则 700 号文件》，第 21 段）	可接受
保留意见	“根据我们的意见，除了上面一段中所述事件的影响，财务报表真实公允地反映了财务状况……”（《国际审计准则 700 号文件》，第 46 段）	取决于审计保留意见的性质，将根据具体情况予以考虑
反对意见	“根据我们的意见，因为上面一段中所述事件的影响，财务报表不能真实公允反映……”（《国际审计准则 700 号文件》，第 46 段）	不能接受
拒绝发表意见	“因为上面一段中所述事件的重要性，我们不对财务报表发表意见”（《国际审计准则 700 号文件》，第 44 段）	不能接受

亚行对迟报或者不合格的财务报告的政策

如果在到期日没有收到合格的已审计项目账户或者已审计财务报表，亚行将立即书面通知执行机构报表已过期，并提醒如果在 6 个月内未能收到这些报表，周转金账户将得不到回补，新的偿付申请，承诺函和合同授予都不会得到受理。

如果在到期日后六个月内没有收到合格的已审计项目账户或已审计财务报表，亚行将中止回补周转金账户，停止处理偿付申请、承诺函和合同授予。之后，亚行将通知执行机构亚行采取的措施，并说明如果情况在六个月内没有改善，可能会中止贷款。

如果在到期日后 12 个月内没有收到合格的已审计项目账户或者已审计财务报表，亚行可能中止贷款。

审计报告和审计师意见

5.82 亚行要求借款人和项目执行机构将每年的财务报表提交亚行认可的审计人员按照亚行认可的审计准则进行审计。对财务报表的审计包括：

- 对项目支出和其他交易事项相关的会计处理和内控制度的充分性进行评估，确保项目财务资产的安全；
- 确定借款人和执行机构是否为所有相关交易进行了充分的备案；
- 确认提交给亚行的项目支出符合融资要求，并确认所有不合格的支出；
- 确认符合《贷款协议》和亚行项目管理要求［5.6.1.1］。

5.83　审计报告必须包括：(1) 审计人员的名称；(2) 报告日期；(3)（执行机构和/或借款人的）被审计单位；(4) 被审计的财务信息；(5) 对依据的审计准则或者惯例的引用；(6) 对财务信息的审计意见的阐述，包括保留意见，反对意见或拒绝发表意见；(7) 审计师的签字；(8) 审计师的地址；(9) 签发报告的日期［5.6.2.2］。

5.84　附录10和附录11分别是非营利性项目和营利性项目的审计报告范例和无保留意见的样本。在出具保留意见或者其他意见时，审计人员应对样本进行相应的调整［5.6.2.3］。

5.85　根据《贷款协议》提交给亚行的财务报表应附加审计师的报告，在报告中应包含其对财务报表发表的意见［5.6.2.4］。

5.86　审计人员应该说明对补充性财务报表和财务报表说明所所采用的审计程序是否与基本财务报表审计相同［5.6.2.6］。

5.87　附加事项如果在管理意见书中没有列出，可在繁式审计报告中列出。例如：(1) 以前年度审计报告中审计人员所提建议的整改情况；(2) 预算控制的效果及所需的改进；(3) 现场控制和财务控制的可靠性；(4) 任何与工资支付、采购或存货相关问题［5.6.2.7］。

5.88　对项目的审计意见应参照借款人和亚行商定的格式，列明所采用的会计核算基础（如收付实现制）［5.6.2.8］。

5.89　审计人员对营利性实体，包括私营部门的商业性实体出具的审计师意见，应在财务报表附注中提及所采用的会计准则及其与国际会计准则的重要差异，以及这种差异对执行机构的资金平衡表和利润表的量化影响。上述情况的例子之一是坏账准备金的提取基础由法律规定，而不是据实估算［5.6.2.9］。

5.90　借款人和执行机构应与亚行达成财务绩效约文。审计师应确认，或以其他方式表明项目法律文件中规定的各项财务约文的合规情况。如果存在不符情况，审计师还应指明相关财务年度各项财务约文规定的（要求的）绩效措施与实际绩效措施不合规程度［5.6.4］。

5.91　借款人和执行机构应在贷款文件中与亚行达成协议，提供实施有效的项目管理所必需的、合适的财务管理、会计核算及财务报告的要求，审计师还应根据亚行对相关财务年度的这些要求，参照规定的（贷款文件要求的）和借款人实际绩效情况，指出不符合贷款协定的程度［5.6.5］。

技术专家的使用

5.92　对亚行贷款资助的特定种类的支出，审计师可能需要获得独立的技术专家的帮助，技术专家一般由执行机构聘用。例如，由某一实体的固定劳务人员实施的土建工程（如由建筑工程部实施的“包工工程”，）或者定价回补，由独立专家，如工程公司或者建筑设计公司监理测定单位工程量。这些专家除了要检查工程进展是否符合计划和规格外，还要对已完成工程价值的提供恰当的证明，其证明必须取得亚行认可［5.6.8.1］。

5.93 认证的可接受性取决于参与认证工作的公司及其职员的独立性和能力。这种认证一般情况下将附在费用支出的相关证明文件之后，审计师应该在审计报告中指出专家工作的不足之处［5.6.8.2］。

5.94 认证的内容应包括项目中货物和服务的采购、接收、付款和使用符合《贷款协议》的规定。在上述情况中，审计师应在审计意见范围段中包含一段注释，说明技术专家的工作范围和所涉及的金额（技术专家的名称和专家意见应该在执行机构编制的财务报表说明中注明）［5.6.8.3］。

费用报表和周转金账户

5.95 如果项目的法律协议要求对费用报表和周转金账户单独进行审计，在项目的审计意见中应该增加如下段落内容：

- 提及费用报表财务报告，验证根据费用报表所支付费用的合规性；
- 提及所附的周转金账户［5.6.9.1］。

管理意见书

5.96 亚行要求审计人员提供有关执行机构的管理意见书。该报告的内容与单位的内部控制和经营程序有关，覆盖正常审计过程包括的所有方面。因为审计师在年度审计中不可能对客户的活动做到面面俱到，管理意见书可能只涉及那些在审计过程中引起审计师关注的特定事项［5.6.10.1］。

5.97 借款人和审计师可在审计开始时约定对工作大纲和管理意见书中涉及的主要审计内容（包括亚行要求审计的特定事项）。包括财务协定合规性审核，以及实际绩效与计划绩效指标的对比。但是，审计师有权在审计意见中提到没有事先商定的，但在审计师看来应引起借款人注意的内容。此外，审计师应就项目管理报告与已审计的年度财务报表之间的重大差异发表意见［5.6.10.2］。

5.98 亚行希望审核所有的管理意见书。执行机构应在出具经审计的年度财务报表的同时向亚行提供管理意见书的副本［5.6.10.4］。

亚行对改善会计和审计的援助

对审计费用的资助

5.99 对那些审计费用属于增加费用（即没有项目就不会发生）的借款人，年度审计的费用可以包括在项目成本中，并可得到亚行贷款的资助。对于其他借款人，如果仅部分审计费用属于增加的费用，尤其是为了按亚行标准进行审计和报告贷款协定的符合性而产生的费用，或在借款人需要支付外汇才能进行这项工作的情况下，这些审计费用将会得到亚行的资助，以确保亚行收到符合亚行要求的审计师意见和报告。

项目会计工作的能力建设

5.100 借款人的采用的会计准则、审计准则以及借款人的能力千差万别。为了帮助借款人达到亚行的要求，亚行会与借款人和执行机构讨论特定的会计和报告要求，确保恰当的项目财务管理，并将其纳入《贷款协议》的条款中。如果会计制度和审计制度不可接受，可通过使用亚行技术援助基金（如果）或者其他援助机构的资助，采取纠正措施。

5.101 如果项目会计人员不熟悉亚行的会计和审计要求，亚行可提供项目账务工作的实务培训。费用可从贷款中列支。

6. 金融机构

简介

6.01 金融机构包括商业银行和其他金融机构。以往，亚行提到的金融机构是指开发性金融机构，世界银行和亚洲开发银行提到的金融机构是指中间金融机构。这些机构也冠以部门名称，如农业开发银行、工业开发银行和住房开发银行，或称为中间开发金融机构、小额信贷机构和小额信贷中介机构［6.1.2］。

总体方法与期望

6.02 亚行期望金融机构能有足够的利差（借款贷款利率的差幅）以覆盖所有的经营成本，包括坏账和呆账的准备金，并在适当的情况下获得盈利。亚行可以向公私两个部门中的金融机构经营活动提供支持［6.1.3］。

6.03 总体而言，亚行支持的金融机构贷款旨在消除或大幅度减少使用定向信贷，因为这类信贷会使资源分配游离于市场机制之外［6.2.4.1］。

6.04 然而，亚行也可能会支持定向信贷规划，以促进诸如小额信贷机构或农村部门的可持续融资，但前提是这些机构和部门要通过改革来解决深层次的机构问题和市场缺陷，这些问题和缺陷往往阻碍资金按照市场运作规律流入这些机构和部门［6.2.4.3~6.2.4.4］。

6.05 亚行仅向符合如下条件的补贴规划提供支持：（1）补贴公开透明、目标明确、额度有上限；（2）补贴资金明确地来自政府预算，或受到有效控制和定期审查的其他来源；（3）补贴具有财政可持续性；（4）补贴不会使某些金融机构获得相对于其他合格的和直接竞争的机构而言不公正的优势；（5）补贴具有经济合理性，或者能够证明是实现减贫目标的成本最低的办法［6.2.5.1］。

亚行审查和监控金融机构的方法

6.06 亚行要对拟议的金融机构贷款进行评估，以确保其目标包括：（1）支持金融部门或相关的实质部门的改革规划；（2）提供资金满足实业部门的投资需要；（3）促进私营部门的发展；（4）有助于稳定、扩大金融市场并提高其对资源与劳务的分配效率；（5）促进参与的金融机构的发展；（6）促进实现减贫目标［6.3.2.4］。

6.07 亚行审查金融机构的经营绩效，以评估其是否有能力：（1）提供子贷款，以实现已确定的国家或部门经济目标；（2）高效率地回笼子贷款；（3）负担全部的经营成本并取得合理的投资利润。众多评价金融机构的绩效指标可以反映出其过去和现在的经营绩效［6.2.1.2］。

6.08 在项目实施期间，亚行对参与的金融机构的情况和经营绩效至少要每年审查一次（包括审查它们的已审计的财务报表），以便确定它们是否依然符合资格标准［6.3.4.5.4］。

评估金融机构的经营业绩

简介

6.09 衡量金融机构绩效的适宜指标除此之外还包括资本充足性、收入金额和质量、资产的质量、资产的流动性、对补贴的依赖程度、金融机构贷款管理的有效性（评估、监督及回收的绩效）和已审计的财务报表的全面及时程度［6.3.4.5.3］。

6.10 确定金融机构是否适宜作为中间金融机构的最重要的判定依据就是其清偿能力、盈利能力和资产流动性。为此，国际清算银行巴塞尔银行监管委员会㉘建议为评估金融机构制定指南。［6.4.1.3］。

评估小额信贷机构

6.11 信用合作社世界理事会推荐一套财务比率，包括保护性措施、有效的财务结构、资产质量、收益率和成本率、流动性和增长迹象（PEARLS）用于监控包括小额信贷金融机构在内的信用合作社的财务稳定性。PEARLS 方法专门用于评价信用合作社［6.4.2.1］。㉙

评估金融机构风险

6.12 亚行主要关注金融机构对潜在风险的管理。资本市场是一个动态的市场 —— 其活动可能导致迅速而危险的动荡，需要加以预测和管理。传统的绩效衡量标准在表明金融机构业绩不良或下滑的能力很有限［6.4.4.1.1］。

6.13 此外，在许多情况下，同亚行有业务往来的金融机构都附属于公共部

㉘ 巴塞尔银行监管委员会的详细信息可登录 http：//www.bis.org。

㉙ PEARLS 方法的详细信息请登录 www.woccu.org。

门，肩负多重目标（如，除了盈利目标外，还有部门发展目标）。伴随着这些金融机构的风险因素可能要远远大于目标单一的商业银行。因此，亚行将力求：（1）确定金融机构所面临的主要潜在风险；（2）达成一套适宜的指标，以便于能及早向金融机构管理层和亚行预警潜在问题［6.4.4.1.3］。

6.14　与金融机构相关的主要风险包括：

- 市场风险 —— 借款人或对应方不履行义务的可能性［6.4.4.2.1］；
- 外汇风险 —— 外汇汇率波动引起的资产和负债的潜在变化［6.4.4.3.1］；
- 偿还期风险 —— 投资与举债业务配合失当［6.4.4.4.1］；
- 连锁风险 —— 连锁效应可能在地区间、国家间、一国中的地区间，或在一种或一类金融机构间出现［6.4.4.5.1］。

6.15　金融部门监督机构最有能力确认、预见和防范连锁风险。它们应当监督金融部门和经济发展的新情况，以期提早做出预警。不仅仅是向金融机构提供预警，而且还要向负责经济管理的部委提供预警［6.4.4.5.3］。

专业金融机构的内部控制

6.16　金融机构的内部控制：（1）应当包括设计一整套规则和程序，用于提供定性标准，以补充风险的定量分析；（2）正被越来越多的银行和证券机构采用；（3）应当被用于内部管理经营风险、机构风险和法律风险；（4）应当由一个独立的直接向董事会报告的控制机构来执行，该机构与产生风险的交易活动没有业务联系［6.4.6.1］。

6.17　亚行期望金融机构建立和维持适当的风险管理环境，为此，须采取的措施如下（例如）：

- 要求风险控制过程报告和记录透明；
- 监控横向与纵向信息流的内容和效率；
- 监控和报告责任制；
- 确保报酬政策能够奖励因通过高回报低风险措施而取得高效率的风险管理；
- 监控交易限额与市场程序的遵守情况；
- 设立应对市场不稳定变化的规则；
- 检验模式的健全程度；
- 检查输入数据的质量和一致性；
- 验证和回溯测试程序［6.4.6.2］。

金融机构报告与审计问题

简介

6.18　金融机构提出财务报告和对金融机构进行审计均要求对每个机构进行单

独规定，以便于财务报告与审计要求与该机构的类型、性质和形式相适应［6.6.1.1］。

6.19 例如，工业金融机构和小额信贷机构几乎没有共同之处，报告要求和审计规范有着明显的差异［6.6.1.2］。

财务报告

6.20 除了标准的财务报表（资产负债表、利润表和现金流量表），一般都要求金融机构另行提交如下报表。这个清单并不全面，可以根据特定金融机构的目标和业务活动的要求予以修订：

- 根据补贴进行调整的利润表与资产负债表；
- 当年与上两年的金融资产组合报告；
- 反映应收账款（欠款）账龄的金融资产组合报告；
- 反映有风险资产组合账龄的金融资产组合报告；
- 反映市场与行业分布的金额资产组合报告；
- 资本充足率分析；
- 按收益计列的资产结构；
- 关联方交易；
- 由费用、担保与承诺表，列明相应证券与抵押品［6.6.2.2］。

金融机构审计

6.21 亚行期望金融机构审计的工作大纲应当依据特定金融机构的特点量身定制。例如，商业银行审计的工作大纲就与小额信贷金融机构的审计工作大纲不同。此外，审计员应当有足够的特定金融机构审计经验［6.6.3.1］。

6.22 除了审计人员选择与任用的标准要求外（见第5部分）—— 包括对年度财务报表提出审计报告和审计意见，还应要求审计师在审计报告中确认，或以其他方式，证明被审计金融机构的其他财务报表和业绩指标是可信的［6.6.3.2］。

附　录

附录1　《指南》的目录

本附录列举《指南》的内容，供参照引用（见第1页第1.02段）

1.《指南》简介

3.5.3　计算财务内部收益率和净现值

3.5.4　业务敏感性和风险分析

3.6　贷款约文

3.6.1　贷款约文简介

3.6.2　运营约文

3.6.3　资本结构约文

3.6.4　流动性约文

3.7　亚行的报告

3.7.1　亚行报告简介

3.7.2　项目筹备报告

3.7.3　《行长报告与建议》

3.7.4　其他的亚行报告

4. 执行机构的财务管理

4.1　财务管理概述

4.2　机构与制度

4.2.1　机构与制度简介

4.2.2　主要的机构评估

4.2.3　治理

4.2.4　财务政策

4.2.5　国别会计与审计诊断性研究

4.2.6　执行机构（EA）

4.2.7　项目目标

4.2.8　营利性项目

4.2.9　非营利性项目

4.3　财务分析

4.3.1　财务分析简介

4.3.2　财务分析目标

4.3.3　与成本回收和费率的联系

4.3.4　编制财务表格

4.3.5　确定会计期间

4.3.6　预测与财务规划

4.3.7　预测的假定

4.4　业绩衡量

6.3.3 甄选参与项目的金融机构

6.3.4 评估金融机构的投资

6.4 评估金融机构的业绩

6.4.1 简介

6.4.2 评估小额信贷机构

6.4.3 应用“骆驼”评级框架

6.4.4 评估金融机构的风险

6.4.5 确定金融机构的资信等级

6.4.6 专业金融机构的内部控制

6.5 评估核查单

6.6 金融机构报告与审计问题

6.6.1 简介

6.6.2 金融机构财务报告

6.6.3 金融机构审计

6.6.4 小额信贷金融机构财务报告与审计

7. 知识管理

7.1 有用的网站

7.2 业务手册

7.3 项目管理须知

7.4 国际会计准则

7.5 国际审计准则

7.6 行长报告财务审查核查单

7.6.1 过去项目的经验教训

7.6.2 项目成本估算

7.6.3 融资计划

7.6.4 执行机构和执行机构

7.6.5 财务预测

7.6.6 金融分析师

7.6.7 项目的理由

7.6.8 会计与审计

7.6.9 采购和分配安排

7.6.10 相关财务风险

7.6.11 确保

7.19.2　表格的真实性和时效性

7.19.3　审计意见

7.19.4　解决问题

7.19.5　审计师意见和报告

7.19.6　结论和进一步的行动（如有）

附录2　项目费用估算表

（第3.05段参见本附录）

标准代码		总计
	构成***	
03	土木工程	0.00
06	测量、勘查、设计与绘图	0.00
09	研究与开发（推广与示范）	0.00
12	机构开发与强化	0.00
15	设备、车辆与家具（购置与维护）	0.00
18	材料	0.00
21	咨询服务	0.00
24	培训与留学	0.00
27	经营与维护	0.00
30	非政府组织资助	0.00
	—— 实施援助	0.00
	—— 土地	0.00
	—— 资本货物	0.00
	—— 管理成本增量	0.00
	—— 初始流动资金	0.00
	—— 税金与关税	0.00
	基本成本（截止到　日）	**0.00**
	不可预见费***	
87	物质性不可预见费	0.00
84	价格不可预见费	0.00
81	其他不可预见费（确定出来）	0.00
	小计	**0.00**
	项目发展阶段融资费用***	
66	利息	0.00
69	其他	0.00
	项目总成本和融资需求	**0.00**

***必要时使用脚注，尤其适用于解释不可预见费。

附录3　项目融资计划

（第3.15段参见本附录）

	总计	%
资金需求		
拟议的项目		
资本支出	0.00	
运营费用	0.00	
建设期利息	0.00	
项目总资金需求	**0.00**	**100%**
资金来源		
拟定的亚行贷款	0.00	
其他贷款	0.00	
股权投资或资本认缴		
政府	0.00	
其他来源	0.00	
运经补贴	0.00	
自有资金	0.00	
资金来源总计	**0.00**	**100%**

附录4　会计政策举例

第5.05段所指的就是本附录。下表为一般性会计政策提供指导。特定会计政策应列出适用于收入、支出、资产和负债的会计政策。在www.jasplus.com上可以找到基于国际会计准则的一系列会计政策和财务报表的样本。另外，国际审计准则的披露清单也可从该网站找到。

项　目	详细要求	例　子
报告实体	会计政策应该明确地定义报告实体。	这些是ABC有限公司及其子公司DEF有限公司、GHI有限公司和JKL有限公司的合并财务报表。
报告期间	应说明报告期间。	这些财务报表适用于截止于20×2年12月31日的财务年度。
法律基础	应对编制财务报表的法律基础进行明确描述。	这些财务报表系根据20×1年《公司法》第123条出具。
会计政策基础	应对会计政策基础进行说明。	这些会计政策的依据是国际会计准则理事会（LASB）20×2年9月30日出具的国际会计准则（IASB）。如果对特定问题国际会计准则没有做出规定，会计政策应该基于其他权威来源。

续表

项　目	详细要求	例　子
计量基础	应对编制财务报表的计量基础进行描述。	这些财务报表系根据权责发生制编制。其计量基础是通过调整历史成本来重估资产的价值。
会计政策的变化	应指出会计政策的变化。	在本财务年度中会计政策没有实质性变化。
持续经营	应明确指出实体是否是一个持续经营的实体。	财务报表是在持续经营的基础上编制的。
间接税费	对间接税费的处理应该明确说明。	收支项目系扣减增值税以后的净额。增值税方面的应收款应作为应收账款的一部分。在税收可退还的情况下，资产项目在扣减增值税后入账。
比较项	如果报表格式或列报方式在会计期间之间发生变化，应对比较项进行重新描述，并应在财务报表附注中披露相关事实并作出必要解释，以便读者理解所发生的变化。	如果格式或列报方式在会计期间之间发生变化，应对比较项进行重新描述，而且应在财务报表附注中披露相关事实并作出必要解释，以便读者理解所发生的变化。
合并基础	在需要合并财务报表的情况下，必须对合并基础进行说明。	控制的实体的财务报表通过使用购买合并法进行合并。相应的资产、负债、收入和费用逐行累加。这些次级实体之间的交易和余额在合并时予以消除。
关联方	应对披露关联方交易适用的政策予以说明。	在本财务年度中没有关联方交易。
外汇	记录外汇交易以及折算这些交易和余额的方法应予以说明。	外汇交易应以美元衡量并记账，汇率采用交易生效日的当日汇率。但是，在使用远期合同覆盖短期外汇交易的情况下，使用远期合同中列明的远期汇率将交易转换成美元。在每个报告期间结束时，任何外汇货币余额（持有的货币以及将以货币方式收到或者支付的资产和负债）采用报告期间结束日的即期汇率转换为美元。因交易日与结算日之间的汇率变化而产生的汇差计入损益。

附录5　项目监督报告样本

本附录提供的是项目管理报告格式的样本（见5.37段）。

帕西菲卡政府：教育部门改进项目

现金收入和支出　　亚行贷款号：1234　- ATL

截至2003年3月31日的季度　　单位：千太平洋比索（PPs）

	季度		累计		未来六个月预计	
现金收入						
政府基金	24000		260000		75000	
亚行基金	129795		623245		175000	
总融资额		153795		883245		250000
减去：按项目组成部分划分的支出						
机构加强	94695		569045		185000	
增加入学	60000		220000		24251	
师资建设	2500		17450		5500	
项目开发	1600		6500		2952	
其他（包括贷款费用）	0		12250		12000	
总开支		158795		825245		229703
收入减去支出		**-5000**		**58000**		**20297**
加上：外汇差价		-1000		-14000		0
现金净变动额		**-6000**		**44000**		**20297**
期初现金余额						
本币银行账户	2000				4000	
外币银行账户	48000				40000	
期初现金余额总计		50000				44000
加上：现金净变动额		-6000		44000		20297
净现金余额		**44000**		**44000**		**64297**
期末现金余额						
本币银行账户	4000		4000		14297	
外币银行账户	40000		40000		50000	
期末现金余额总计		**44000**		**44000**		**64297**

注：在转换货币时使用了下列汇率

——季度外币银行账户期初余额，1美元=14.7太平洋比索。

——收到的亚行资金和支出的外汇按交易日的汇率折算。自项目开始时的汇率加权平均数为14.5。

——外币银行账户的期末余额，1美元=14.9太平洋比索。

附录6　财务报表样本：服务性机构

第5.46段所指附录即为本附录。本附录列出的一套适用于服务性机构的财务报表概要样本。在使用这些财务报表时，有必要：（1）应制定适当的会计政策，并由亚行和借款人协商同意；（2）适当的财务报表附注作为财务报表的补充；（3）在适当的情况下，应对财务报表进行调整，以充分反映机构的业绩和状况。

用于本套财务报表摘要样本的格式也适用于预测财务报表（例如，在项目筹备期间）。

服务性机构样本
预测损益表

［财务预测格式］

（适用于截至12月31日的财年）

（千美元）

	注释	20×1 实际	20×2 实际	20×3 实际	20×4 实际	20×5 实际	20×6 预测	20×7 预测
经营性收入								
服务收入	*1*	35052	36748	39288	41202	41202	41202	41202
投资收入		1157	1073	1126	1243	1243	1243	1243
其他经营性收入		317	332	279	269	269	269	269
		36526	38153	40693	42714	42714	42714	42714
经营性费用								
工资及职工福利		12960	13363	13975	14504	14504	14504	14504
使用的低值易耗品		4022	4285	4582	4687	4687	4687	4687
修理和维护		1000	1000	1000	1000	1000	1000	1000
折旧和分摊费用		791	872	918	926	926	926	926
其他经营性费用		18677	20395	20601	21280	21280	21280	21280
		37450	39915	41076	42397	42397	42397	42397
经营性活动盈亏		**-924**	**-1 762**	**383**	**317**	**317**	**317**	**317**
项目相关利息开支		2373	2527	2588	2512	2512	2512	2512
其他利息开支								
出售固定资产收益								
非经营性开支总额		2373	2527	2588	2512	2512	2512	2512
一般性活动盈亏		**1449**	**765**	**2205**	**2829**	**2829**	**2829**	**2829**
少数股权份额盈亏								
特别事项前净盈亏		1449	765	2205	2829	2829	2829	2829
特别事项								
所得税开支								
年度税后净盈亏		1449	765	2205	2829	2829	2829	2829

服务性机构样本
预测资产负债表
［财务预测格式］
（适用于截至 12 月 31 日的财年）

（千美元）

	注释	20×1 实际	20×2 实际	20×3 实际	20×4 实际	20×5 实际	20×6 预测	20×7 预测
流动资产								
现金和现金等价物		210	93	97	100	100	100	100
可流通证券		10440	11279	9929	9473	9473	9473	9473
应收账款		5520	5490	5559	5593	5593	5593	5593
存货		274	329	348	379	379	379	379
在产品		3995	4768	5519	6032	6032	6032	6032
对外投资		338	341	954	2210	2210	2210	2210
		20777	22300	22406	23787	23787	23787	23787
减：流动负债								
应付账款和准备金		4716	4588	4428	4401	4401	4401	4401
短期借款		2236	2413	2413	2413	2413	2413	2413
长期借款的当期应付部分		7208	7648	7533	7528	7528	7528	7528
职工福利		832	857	857	856	856	856	856
		14992	15506	15231	15198	15198	15198	15198
流动资金		**5785**	**6794**	**7175**	**8589**	**8589**	**8589**	**8589**
加：非流动性资产								
投资		14392	15204	16102	16930	16930	16930	16930
土地、房产和设备		25252	25861	25787	25851	25851	25851	25851
无形资产		2	302	830	1322	1322	1322	1322
		39646	41367	42719	44103	44103	44103	44103
减：非流动性债务								
应付账款		524	510	492	489	489	489	489
借款		28833	30591	30131	30113	30113	30113	30113
职工福利		7491	7710	7716	7706	7706	7706	7706
		36848	38811	38339	38308	38308	38308	38308
净资产		**8583**	**9350**	**11555**	**14384**	**14384**	**14384**	**14384**
所有者权益								
实收资本		1000	1000	1000	1000	1000	1000	1000
盈余公积		7201	7201	7201	7201	7201	7201	7201
累计盈亏		382	1160	3365	6194	6194	6194	6194
所有者权益合计		**8583**	**9350**	**11555**	**14384**	**14384**	**14384**	**14384**

服务性机构样本

预测现金流量表

[财务预测格式]

(适用于截至12月31日的财年)

(千美元)

	注释	20×1 实际	20×2 实际	20×3 实际	20×4 实际	20×5 实际	20×6 预测	20×7 预测
经营性现金流收入								
来自客户的现金收入		34793	36603	39177	41118	41118	41118	41118
其他收入		341	265	289	279	279	279	279
支出								
职工		-12615	-13043	-13428	-13917	-13917	-13917	-13917
供应商		-19750	-20920	-20848	-21167	-21167	-21167	-21167
其他支出		-369	-490	-1088	-1684	-1684	-1684	-1684
来自经营活动的净现金流		**2400**	**2415**	**4102**	**4629**	**4629**	**4629**	**4629**
投资性现金流								
收入								
收到的利息		1070	835	834	901	901	901	901
出售固定资产		250	125	68	59	59	59	59
出售投资		1983	57	1071	244	244	244	244
支出								
利息支出		-2507	-2516	-2561	-2502	-2502	-2502	-2502
购买固定资产		-1469	-2459	-2808	-3181	-355	-355	-355
购买投资		-130	-55	-102	-98	-98	-98	-98
来自投资活动的净现金流		**-803**	**-4013**	**-3498**	**-4577**	**-1751**	**-1751**	**-1751**
筹资性现金流								
收入								
来自所有者的资本投入								
来自新借款的资金		275	1477	353	56	56	56	56
支出								
资本提取								
归还贷款		-1900		-953	-105	-105	-105	-105
支付红利						-2829	-2829	-2829
来自筹资活动的净现金流		**-1625**	**1477**	**-600**	**-49**	**-2878**	**-2878**	**-2878**
现金及现金等价物								
1月1日余额		230	210	93	97	100	100	100
期初余额的货币变动		8	4					
当期净增减		-28	-121	4	3			
12月31日余额		210	93	97	100	100	100	100

服务性机构样本

财务报表附注

［财务预测格式］

（适用于截至12月31日的财年）

（千美元）

	20×1	20×2	20×3	20×4	20×5	20×6	20×7
	实际	实际	实际	实际	实际	预测	预测
注释1：按服务类型划分的收入							
服务类型A	376	353	379	387	387	387	387
服务类型B	34035	35748	38274	40195	40195	40195	40195
服务类型C	641	647	635	620	620	620	620
	35052	**36748**	**39288**	**41202**	**41202**	**41202**	**41202**
注释2：经营性现金流和损益表的校核							
损益表显示的净盈亏	**1449**	**765**	**2205**		**2829**		
包括在净盈余但不在来自经营的净现金流的项目：							
未实现的外汇净收益	-66	-87					
收到的利息	-1070	-835	-834	-901			
支付的利息	2507	2561	2561	2502			
资产变动							
折旧	791	872	918	926			
资产销售损益	-7	3					
其他非现金项目							
职工福利变动	-936	110	864	1134			
流动资金变动	-286	-929	-1612	-1861			
经营产生的净现金流	**2400**	**2415**	**4102**	**4629**			

附录 7　财务报表样本:制造业机构

第 5.46 段所指附录即为本附录。本附录列出的一套财务报表概要样本适用于制造业机构。在使用这些财务报表时,有必要:(1)应制定适当的会计政策,并由亚行和借款人协商同意;(2)适当的财务报表附注作为财务报表的补充;(3)在适当的情况下,应对财务报表进行调整,以充分反映机构的业绩和状况。本套财务报表概要样本格式适用于年终报告。

制造业机构样本

损益表

[年终报告格式]

20×2 适用于截止于 20×2 年 12 月 31 日的年度

		截止于 20×2 年 12 月 31 日的年度				自项目开始日累计			
		实际	预计	偏差		实际	预计	偏差	
	注释	千美元	千美元	千美元	%	千美元	千美元	千美元	%
销售收入	*1*	**893121**	**1431093**	**-537972**	**-37.6**	**1976522**	**2173098**	**-196576**	**-9.0**
减去已售产品成本	2	813673	1296081	482408	37.2	1760823	1932016	171193	8.9
毛利润		79448	135012	-55564	-41.2	215699	241082	-25383	-10.5
经营性成本									
管理人员工资		27326	37742	10416	27.6	39950	41506	1556	3.7
折旧		3917	7335	3418	46.6	8554	7953	-601	-7.6

续表

	截止于 20×2 年 12 月 31 日的年度				自项目开始日累计			
	实际	预计	偏差		实际	预计	偏差	
注释	千美元	千美元	千美元	%	千美元	千美元	千美元	%
摊销	12357	12357		0.0	12357	12357		0.0
管理成本	56037	88259	32222	36.5	92672	97306	4634	4.8
营销费用	3109	4985	1876	37.6	6904	7596	692	9.1
	102746	150678	47932	31.8	160437	166718	6281	3.8
经营性利润	**-23298**	**-15666**	**-7632**	**48.7**	**55262**	**74364**	**-19102**	**-25.7**
其他收入	1000	1080	-80	-7.4	1166	1260	-94	-7.5
外汇损益		-1570	1570	-100.0	-1564	-1845	281	-15.2
税前及支付利息前收入	-22298	-16156	-6142	38.0	54864	73779	-18915	-25.6
项目相关利息开支	-42672	-63657	20985	-33.0	-52343	-39604	-12739	32.2
其他利息开支				0.0				0.0
所得税				0.0		-8189	8189	-100.0
税后及支付利息后收入	**-64970**	**-79813**	**14843**	**-18.6**	**2521**	**25986**	**-23465**	**-90.3**
毛利率（销售额%）	8.9	9.4	-0.5		10.9	11.1	-0.2	
经营性利润率（销售额%）	-2.6	-1.1	-1.5		2.8	3.4	-0.6	

制造业机构样本

资产负债表

［年终报告格式］

截止于 20×2 年 12 月 31 日

		截止于 20×2 年 12 月 31 日的年度				自项目开始日累计			
		实际	预计	偏差		实际	预计	偏差	
	注释	千美元	千美元	千美元	%	千美元	千美元	千美元	%
流动资产									
现金和银行存款		25308	10373			34085	－62165		
应收票据		56114	59943			82791	91025		
应收账款	*3*	18705	19981			27597	30342		
存货	*4*	365150	402058			427488	455796		
预付款和其他流动资产		120193	120193			120193	120193		
		585470	612548			692154	635191		
减去：**流动负债**									
应付账款		93174	103203			140826	156768		
短期负债		207610	207610			207610	207610		
应付票据		5000	5000			5000	5000		
客户预付款		13084	13084			13084	13084		
累计工资		184427	184427			184427	184427		
应付税金		72607	72648			72890	81167		
累计利息和其他流动负债		47749	47749			47749	47749		
长期负债的当期到期部分		3000	13578			28824	71070		
		626651	647299			700410	766875		

续表

	注释	截止于20×2年12月31日的年度				自项目开始日累计			
		实际	预计	偏差		实际	预计	偏差	
		千美元	千美元	千美元	%	千美元	千美元	千美元	%
流动资金		**-41181**	**-34751**			**-8256**	**-131684**		
加上：**非流动资产**									
固定资产		800263	1222024			1136482	1056928		
在建工程		445108	169390			520880	913740		
无形资产和递延资产		49426	37069			24712	12335		
其他非流动性资产		30572	15572						
		1325369	1444055			1682074	1983023		
减去：**非流动性负债**									
长期贷款		443700	621349			554132	670517		
应付款		7646	7646			7646	7646		
其他非流动性负债		49250	49250			49250	49250		
		500596	678245			611028	727413		
净资产		**783592**	**731059**			**1062790**	**1123926**		
所有者权益									
实收资本		315147	342427			671637	706787		
累积损益		468445	388632			391153	417139		
		783592	731059			1062790	1123926		
流动比		0.93	0.95			0.99	0.83		
速动比		0.16	0.14			0.21	0.08		
长期负债与所有者权益比		0.64	0.93			0.57	0.65		

制造业机构样本

现金流量表

［年终报告格式］

截止于20×2年12月31日

		截止于20×2年12月31日的年度				自项目开始日累计			
		实际	预计	偏差		实际	预计	偏差	
	注释	千美元	千美元	千美元	%	千美元	千美元	千美元	%
经营性现金流收入									
来自客户的现金收入		915146	1448537	-533391	-36.8	1972084	2173621	-201537	-9.3
税收返还		23260	27280	-4020	-14.7	30900	35150	-4160	-11.8
其他收入		1000	1080	-80	-7.4	1166	1260	-94	-7.5
支出									
对职工和供应商的支出		-896292	-1387934	491642	-35.4	-1811168	-2019189	208021	-10.3
税款支出		-5942	-7108	1566	-20.9	-10212	-1141	1202	-10.5
其他支出					0.0				0.0
来自经营的净现金流	*5*	**37172**	**81455**	**-44283**	**-54.4**	**182860**	**179428**	**3432**	**1.9**
投资性现金流收入									
实收利息					0.0				0.0
出售固定资产					0.0				0.0
出售投资					0.0				0.0

续表

	注释	截止于 20×2 年 12 月 31 日的年度				自项目开始日累计			
		实际	预计	偏差		实际	预计	偏差	
		千美元	千美元	千美元	%	千美元	千美元	千美元	%
实付利息		-28482	-42370	13888	-32.8	-41700	-39604	-2096	5.3
资本开支			-219390	219390	-100	-351490	-392860	41370	-10.5
购买投资					0.0				0.0
投资活动产生的净现金流		**-28482**	**-261760**	**233278**	**-89.1**	**-393190**	**-432464**	**39274**	**-9.1**
筹资性现金流收入									
所有者缴纳的资本					0.0				0.0
新借款人资金支出			168370	-168370	-100	247620	185610	62010	33.4
支付									
偿还借款		-3000	-3000			-13578	-28824	15246	-52.9
支付红利					0.0				0.0
来自筹资活动的净现金流		**-3000**	**165370**	**-168370**	**-101.8**	**234042**	**156786**	**77256**	**49.3**
现金和现金等价物									
1 月 1 日的余额		19618	25308			10373		34085	
期初余额的货币变动									
当期净增减		5690	-14935	-20625	-138.1	23712	-96250	-119962	-124.6
12 月 31 日的余额		**25308**	**10373**			**34085**	**-62165**		

制造业机构样本

财务报表附注

［年终报告格式］

截止于 20×2 年 12 月 31 日

	注释	截止于 20×2 年 12 月 31 日的年度				自项目开始日累计			
		实际	预计	偏差		实际	预计	偏差	
		千美元	千美元	千美元	%	千美元	千美元	千美元	%
注释 1：按产品划分的毛利率									
按产品划分的销售									
产品 A		240318	284659	-44341	-15.6	394096	433618	-39522	-9.1
产品 B		230868	258132	-27264	-10.6	357413	393240	-35827	-9.1
产品 C		262416	586880	-324464	-55.3	812700	894080	-81380	-9.1
产品 D		149919	287022	-137103	-47.8	397913	437760	-39847	-9.1
产品 E		9600	14400	-4800	-33.3	14400	14400		0.0
合计：		**893121**	**1431093**	**-537972**	**-37.6**	**1976522**	**2173098**	**-196576**	**-9.0**
按产品划分的已售产品成本									
产品 A		203418	311059	107641	34.6	352165	405723	53558	13.2
产品 B		203418	336981	133563	39.6	316948	367083	50135	13.7
产品 C		260375	414746	154371	37.2	739546	734166	-5380	-0.7
产品 D		138324	220334	82010	37.2	334556	405723	71167	17.5
产品 E		8138	12961	4823	37.2	17608	19321	1713	8.9
合计：		**813673**	**1296081**	**482408**	**37.2**	**1760823**	**1932016**	**171193**	**8.9**
按产品划分的毛利润（千美元）									
产品 A		6900	-26400	63300	-239.8	41931	27895	14036	50.3
产品 B		27450	-78849	106299	-134.8	40465	26257	14308	54.7
产品 C		2041	172134	-170093	-98.8	73154	159914	-86760	-54.3
产品 D		11595	66688	-55093	-82.6	63357	32037	31320	97.8

续表

	注释	截止于 20×2 年 12 月 31 日的年度				自项目开始日累计			
		实际	预计	偏差		实际	预计	偏差	
		千美元	千美元	千美元	%	千美元	千美元	千美元	%
产品 E		1462	1439	23	1.6	-3208	-4921	1713	-34.8
合计:		**79448**	**135012**	**-55564**	**-41.2**	**215699**	**241082**	**-25383**	**-10.5**
按产品划分的毛利率(%)									
产品 A		15.4	-9.3	24.6	--	10.6	6.4	4.2	--
产品 B		11.9	-30.5	42.4	--	11.3	6.7	4.7	--
产品 C		0.8	29.3	-28.6	--	9.0	17.9	-8.9	--
产品 D		7.7	23.2	-15.5	--	15.9	7.3	8.6	--
产品 E		15.2	10.0	5.2	--	-22.3	-34.2	11.9	--
合计:		**8.9**	**9.4**	**28.2**	**--**	**10.9**	**11.1**	**20.5**	**--**
注释 2:已售产品成本									
原材料		424751	690624	265873	38.5	945534	1039383	93849	9.0
易耗品		238734	416461	177727	42.7	592612	679561	86949	12.8
直接劳务		79639	121775	42136	34.6	118937	112413	-6524	-5.8
直接折旧		35257	66012	30755	46.6	76988	71601	-5387	-7.5
其他可变成本		22750	38117	15367	40.3	52182	57366	5184	9.0
		801131	1332989	531858	39.9	1786253	1960324	174071	8.9
加上产成品期初数		93437	80895	-12542	-15.5	117803	143233	25430	17.8
减去产成品期末数		-8095	-117803	-36908	31.3	-143233	-171541	-28308	16.5
已售产品成本		**813673**	**1296081**	**482408**	**37.2**	**1760823**	**1932016**	**171193**	**8.9**
注释 3:应收账款									
按机构类型划分									
关联方		576	700				750	750	
国有机构		10256	12500				17200	19000	

续表

	注释	截止于 20×2 年 12 月 31 日的年度				自项目开始日累计			
		实际	预计	偏差		实际	预计	偏差	
		千美元	千美元	千美元	%	千美元	千美元	千美元	%
其他机构		9744	9000				12500	14000	
应收账款毛额		20576	22200				30450	33750	
按账龄划分									
低于 30 天		10000	11000				15000	19000	
30～60 天		5000	5500				7000	9000	
60～90 天		2500	2500				5000	4000	
90～180 天		2000	2000				2000	1000	
超过 180 天		1076	1200				1450	750	
应收账款毛额		20576	22200				30450	33750	
减去:坏账准备金		-1871	-2219				-2853	-3408	
按资产负债表的应收账款净额		**18705**	**19981**				**27597**	**30342**	
注释 4:存货									
按账龄划分									
低于 2 个月		100000	120000				125000	160000	
2～4 个月		80000	90000				95000	150000	
4～6 个月		100000	95000				95000	90000	
6～9 个月		60000	60000				70000	40000	
9～12 个月		20000	30000				35000	20000	
超过 12 个月		15150	17058				17488	5796	
存货总额		375150	412058				437488	465796	
减去:报废存货准备金		-10000	-10000				-10000	-10000	
按资产负债表的存货净额		**365150**	**402058**				**427488**	**455796**	

续表

	截止于 20×2 年 12 月 31 日的年度				自项目开始日累计			
	实际	预计	偏差		实际	预计	偏差	
	千美元	千美元	千美元	%	千美元	千美元	千美元	%
注释 5：经营性现金流于损益表的校核								
按照损益表的净损益	--	--				--	--	
包含在净收益中但没有包含在经营性净现金流中得项目：								
未实现外汇净收益	--	--				--	--	
利息收入	--	--				--	--	
利息支出	--	--				--	--	
资产变动								
折旧								
出售资产产生的损益	--	--				--	--	
其他非现金项目	--	--				--	--	
职工福利变动	--	--				--	--	
流动资金变动	--	--				--	--	
应收账款增减	--	--				--	--	
存货增减	--	--				--	--	
在产品增加	--	--				--	--	
应付账款增减	--	--				--	--	
经营产生的净现金流	--	--				--	--	

附录8　审计人员标准工作大纲：执行机构审计

（第5.73段引用本附录。）

实体名称：XYZ财务报表年审

审计人员工作大纲

指引：本样本适用于对执行机构或实施机构进行审计。该大纲应由借款人、执行机构或者项目准备技术援助（PTA）咨询人员完成，并在项目鉴定前提交亚行评议。本样本对盈利性或者非盈利性执行机构的审计都适用。

简介

指引：简要描述审计任务。确定聘用期为一年还是一年以上。更长的期限（如3~5年）会使审计人员更加熟悉被审实体。实际的合同应规定在表现不好的情况下可终止合同，但理由不应为出具了有保留、反对的或者拒绝性的审计意见。

1. XYZ的管理层要求审计人员提供X年期限的下列审计服务，时间到20XX年12月31日为止：

- 对XYZ公司的年度财务报表（AFS）进行审计。

2. 本信函对审计任务的范围和条款进行了说明。并邀请你方为提供这些服务提交建议书。

一般背景

指引：简要描述项目对实现执行机构的经济目标的作用。审计人员必须清楚在广泛的项目目标和特定项目预算范围内“资金的使用目的”。

3. ……

指引：简要概述相关的会计和财务管理惯例。可以采用各种描述会计和财务管理惯例的诊断性报告（如亚行会计和审计诊断研究，世界银行国家财务可信度评估）应对这些报告中提出的问题和鉴别的风险予以强调。

4. ……

负责选聘的权力机构或实体

指引：应提供拟议的审计服务订约人的详细情况。如果该订约人代理某个更大的权力机构或实体行事，或为其组成部分，则应对此予以披露，以帮助预期的审计人员确定其独立性。

5. 审计业务的订约方是：

提交审计意见和报告

指引：应明确说明所需提交的意见和文件以及时间限制。

6. 审计人员应在下列时间范围内向管理层提交下列意见和报告（并抄送亚行）：

- 对XYZ公司的年度财务报表的审计意见

• 与 XYZ 公司相关的管理意见书

7. 所有报告都必须以英文出具。

审计目的

8. 年度财务报表审计的主要目的是让审计人员独立地对年度财务报表是否按照约定的会计准则在所有实质性方面公允地反映了 XYZ 公司在截止于 20XX 年 12 月 31 日的财年的财务状况，以及其在该财年的经营结果和现金流状况发表审计意见（见术语与定义部分）。

9. 次要目的包括确认是否与如下要求相符：（1）项目法律文件中包含的每条财务约文（见术语与定义）；（2）项目的法律文件中包含的其他财务保证（术语与定义）。

对 XYZ 公司的描述

指引：应提供详尽的描述，包括法律性的和信息性质的，以便让审计人员对受审计的实体的性质、地址和目的有全面的了解。除了描述地理位置，还应该说明：（1）机构图；（2）高级管理人员的姓名；（3）负责财务管理、会计和内部审计的人员的姓名和资质；（4）现有外部审计人员的名称和地址；（5）目前使用的计算或者其他数据处理设施；（6）一份最新公布的财务报表；（7）供外部审计人员使用的内部设施（如办公场所、计算器、计算机）。应向审计人员提供对执行机构财务管理的一般性评估，并说明会向审计人员提供对财务管理的全面评估。详细信息应作为附件。

10. ……

对资料的描述和交付时间

指引：应明确说明需要提供给审计人员，使其据以发表审计意见和出具审计报告的年度财务报表和支持性文件。向审计人员提供这些文件的预计时间（如上个财务年度结束后一个月）应予以说明。时间表有助于被审计单位和审计人员为编制账目和进行审计制订计划。

11. 年度财务报表（见术语和定义）和支持性文件将在下列预计日期提供给审计人员：

审计范围

指引：审计的范围应足够清晰，以确定对审计人员的要求，但又不能以任何形式限制审计人员形成审计意见所采用的审计程序或技术。本部分一般不随特定审计情况而进行调整。

12. 审计准则和方案。审计应该按照约定的准则进行（见术语和定义），包括专业或一般准则、现场工作准则和报告准则。

13. 审计方案应考虑因造假或差错造成的实质性错误陈述的风险。方案应包括能够合理地确保发现实质性错误陈述（如有的话）的审计程序。

14. 内控制度。审计人员将评估财务管理制度的充分性，包括内部控制。

15. 审计人员应与独立董事沟通。内容应该包括坏账准备的充分性、或有负债、关联方交易、内控制度、管理层和董事会报告、管理体制、诚信和能力。

16. 会计政策及其变更。审计人员应就实体的会计政策发表意见，并确认采用约定的会计准则的程度（见术语和定义）。审计人员应特别提及与约定会计准则之间的实质性偏差对年度财务报表的影响。审计人员还应对某个财务年度内，或财务年度之间的任何实质性会计政策变更发表意见。

17. 与财务约文的符合性。审计人员应确认与项目法律文件中包含的每条财务约文的符合性（见术语和定义）。如果出现不符情况，审计人员应通过采用适用于该财务年度的每条财务约文的测量标准，对预计实现的业绩和实际的业绩进行比较，说明任何不符的程度。

18. 与财务保证的相符性。审计人员应确认与项目法律文件中包含的所有财务保证条款的符合性（见术语和定义）。如出现不符，审计人员应按照对该财务年度亚行的要求，对要求借款人达到的业绩和实际业绩进行比较，注明任何不符的程度。

管理意见书

19. 在审计工作结束时，审计人员应出具管理意见书。管理意见书内容如下：

- 在审计中发现的会计和内控制度的任何实质性缺陷；
- 修改这些缺陷的建议；
- 以往年度的管理意见书中提到的重大事项的状况和被审机构采取的任何纠正措施；
- 对被审计单位采取步骤达到与约定会计准则（见术语和定义）实质性相符提出切实可行的建议，以及实施这些建议的时间表；
- 任何审计人员认为应该引起被审计单位的管理层注意的内容；
- 任何审计人员认为应该引起亚行注意的内容。

查阅权限申明

20. 审计人员在任何合理的时间内有权对所有的记录和文件进行全面查阅，包括账簿、法律协议、银行账目、发票和其他与项目有关的、审计人员认为必要的信息。

21. 审计人员应能获得（XYZ）和项目实施单位、涉及年度财务报表的所有职员的全面合作。审计人员还有权查访银行和存款机构、咨询人员、承包商，以及其他被审计单位聘用的人员或公司。

独立性

22. 审计人员应保持中立并在任何管理和经济利益方面独立于被审计单位。尤其是审计人员应对被审计单位没有控制权。审计期间，审计人员不应受被审计单位雇用，在其中担任董事或者与其有密切的财务或业务关系。审计人员也不得与被审计单位的任何高级管理人员有任何密切的私人关系。审计人员应该披露任何可能危及其独立性的问题或关系。

审计机构和审计人员的资历

23. 审计机构必须是在该国从事审计业务并采用约定的审计准则的授权（见术语和定义）。审计机构必须有足够的审计人员。这些审计人员应有相应的专业资质和足够的经验，包括在与被审计实体在性质、规模和复杂程度上具有类似性的实体中从事审计工作的经验。

24. 因此，审计机关应提交将发表审计意见和出具审计报告的审计人员的履历，以及可能参与审计工作的经理、管理人员和关键职员的履历。这些履历应该包括审计人员从事过的和正在从事的审计工作的详情。

提交建议书和工作计划

25. 特邀请您就本函中描述的审计服务提交建议书和工作计划。除其他内容外，建议书应强调：

- 您不能按照约定的审计准则（见术语和定义）进行审计的程度（如有），并说明您可能遵从的任何其他可选准则。
- 审计是否为全面审计（即在财务年度结束后进行审计，此时会计账目已经或正在关账）。
- 财务年度结束后进行的审计是否要以在财务年度中进行的一次或多次期中审计作为补充。期中审计的目的在于测试现有系统和内控，减轻实体职员和审计人员年终审计的压力。
- 审计人员建议的处理与审计有关的法定要求的方式（例如，《公司法》要求的与股东权益有关的证明）或者审计人员隐含地受雇主的合同义务约束的方式（如亚行审计要求、费用报表、周转金账户）。
- 特定检验程序的程序化要求（如检验股本、存货、资产等）。
- 要求雇主方采取的行动（如允许使用计算机系统和记录披露信息）。
- 在签署审计意见和报告前，就任何审计中发现的问题进行讨论，及与谁进行这种讨论。
- 提供审计意见和审计报告的时间表。

术语和定义

26. 本节对本文中使用的术语予以定义。

年度财务报表

指引：由执行机构出具年度财务报表（AFS）。多数盈利性执行机构（如公用事业）出具的是权责发生制的报表。执行机构的报表要求一般在《行长报告与建议》，以及《贷款协议》中有详细说明。本节说明的是年度财务报表的组成部分。

27. 年度财务报表的构成包括：

[选项 A：符合国际会计准则的权责发生制财务报表]：

- 会计政策表
- 财务业绩表（或者损益表）
- 财务状况变动表（或者资产负债表）
- 权益变动表
- 现金流量表
- 财务报表附注
- 其他信息（具体说明）

[选项 B：其他财务报表]：

- 会计/财务政策表
- 收入/现金收入表
- 费用/现金支出表
- 现金流量/现金收付表
- 财务报表附注
- 其他信息（具体说明）

约定的会计准则

指引：出具年度财务报表应遵循的会计准则一般在《行长报告与建议》和《贷款协议》进行约定和记载。请选择适当的选项。

28. 出具年度财务报表应遵循的“约定会计准则”指：

- [选项 A：国际会计准则] 由国际会计准则理事会（LASB）颁布的国际财务报告准则（IERS）（一般称为国际会计准则）。
- [选项 B：国家会计准则] 由（国家机构）颁布的会计准则。
- [选项 C：经修改的国家会计准则] 由（国家机构）颁布，并经下列修正或者附加披露的会计准则。
- [选项 D：收付实现制国际公共部门会计准则] 由国际会计师联合会颁布的收付实现制国际公共部门会计准则。
- [选项 E：权责发生制国际公共部门会计准则] 由国际会计师联合会颁布的权责发生制国际公共部门会计准则。
- [选项 F：专门的政府会计准则] 对这些准则进行描述。

约定的审计准则

指引：约定的审计准则一般记录在《行长报告与建议》和《贷款协议》中。选择适当的选项。

29. “约定的审计准则”指：

- [选项 A：国际审计准则] 由国际审计与可信性保证准则理事会颁布的国际

审计准则。

- [选项 B：最高审计机关国际组织审计准则] 由最高审计机关国际组织颁布的审计准则。
- [选项 C：国家审计准则] 由（国家机构）颁布的审计准则。

适用于（XYZ）的财务约文

指引：适用于执行机构的财务约文在《贷款协议》中进行规定（如自筹资金比率）。本节应列出、描述并完全引用所有适用的财务约文。

30. 就（XYZ），已就下列财务约文达成协议：

适用于（XYZ）的财务保证

指引：适用于执行机构的财务保证，如承诺聘用具有相应资格的会计人员，将包含在项目法律文件中。本节应列出、描述并完全引用所有适用的财务保证。

31. 就（XYZ），已作出下列财务保证：

附录 9　审计人员标准工作大纲：年度项目报表审计

（第 5.73 段引用本附录）

实体名称：XYZ 年度项目报表审计

审计人员工作大纲

指引：本样本适用于对年度项目报表进行审计。该大纲应由借款人、执行机构或者项目准备技术援助（PPTA）咨询人员完成，并在项目鉴定前提交亚行评议。本样本适用于对盈利性或者非盈利性执行机构的审计。

介绍

指引：简要描述审计任务。确定聘用期为一年还是一年以上。更长的期限（如 3~5 年）会使审计人员更加熟悉被审实体。实际的合同应规定在表现不好的情况下可终止合同，但理由不是因为出具了有保留、反对的或者拒绝性的审计意见。

32. XYZ 的管理层要求审计人员提供×年期限的下列审计服务，时间到 20××年 12 月 31 日为止：

- 对下列每个贷款项目的年度项目账目（APA）进行审计（见术语和定义）。

33. 本信函对审计任务的范围和条款进行了说明。并邀请你方为提供这些服务提交建议书。

一般背景

指引：简要描述项目监管单位和执行机构。简要描述项目对实现执行机构经济目标的作用。审计人员必须清楚在广泛的项目目标和特定项目预算范围内“资金的使用目的”。

34. ……

指引：简要概述相关的会计和财务管理惯例。可以采用各种描述会计和财务管理惯例的诊断性报告（如亚行会计和审计诊断研究，世界银行国家财务可信度评估）。应对这些报告中提出的问题和鉴别的风险予以强调。

35. ……

负责选聘的权力机构或实体

指引：应提供拟议的审计服务订约人的详细情况。如果该订约人代理某个更大的权力机构或实体行事，或为其组成部分，则应对此予以披露，以帮助预期的审计人员确定其独立性。

36. 审计业务的订约方是：

提交意见和报告

指引：应明确说明需要提交的意见和文件及其时间限制。

37. 审计人员应在下列时间范围内向管理层提交下列意见和报告（并抄送亚行）：

- 就下列项目的年度项目报表出具审计意见：

  —— 贷款×××

  —— 贷款×××

- 就下列项目出具管理意见书：

  —— 贷款×××

  —— 贷款×××

38. 所有报告都必须以英文出具。

审计目的

指引：列明审计的目的。

39. 年度项目报表审计（见术语和定义）的目的在于让审计人员就下列每个贷款项目（见术语和定义）截止到20××年12月31日的财务状况和截至该日止同年度的项目资金收支情况发表意见。

指引：本段应适用于提及《贷款协议》的地方。

40. 还要求对使用费用报表和周转金账户提款的合规性另行发表意见。

对资料的描述和提交时间

指引：应明确需提供给审计人员，以便其据以出具审计意见和报告的年度项目报表的格式和支持性文件。在实际中，年度项目报表的格式和内容因国家和项目而有很大不同。例如，年度项目报表可能由仅记载项目交易的收入支出表构成。其他进度表可包括累计在产品、资产和存货以及银行对账概要。还应说明这些文件交付给审计人员的预计时间（例如，财务年度结束后一个月）。时间表有助于被审计人和审计人员为编制账目和进行审计制订计划。

41. 年度项目报表（见术语和定义）和支持性文件将在下列预计日期提供给审计人员：

审计范围

指引：审计的范围应足够清晰，以确定对审计人员的要求，但又不能以任何形式限制审计人员形成审计意见所采用的程序或技术。本部分一般不随具体审计情况而改变。本节所列审计问题并非全面，也不能覆盖每个项目中的所有事项。每个项目的审计范围和内容都是独一无二的。

42. 审计准则和方案。审计应该按照约定的准则进行（见术语和定义），包括专业或一般准则、现场工作准则和报告准则。

43. 审计方案应考虑因造假或者差错造成的实质性错误陈述的风险。方案应包括能够合理地确保发现实质性错误陈述（如有的话）的审计程序。

44. 会计准则和变更。审计人员应就被审计单位的会计政策发表意见，并确认约定的会计准则的使用程度（见术语和定义）。审计人员应特别提及与约定会计准则之间的实质性偏差对年度项目报表的影响。审计人员还应对某个财务年度内或者财务年度之间的任何实质性会计政策变更发表意见。

45. 周转金账户（或者特别账户）。周转金账户反映的是：（1）从融资方收到的存款和回补款；（2）通过提款申请付出的款项；（3）财务年度末的余额。审计人员应检查周转金保证账户的使用是否符合相关的融资协议的规定。

46. 审计人员必须就周转金账户是否按照要求的程序使用（如亚行要求的程序），以及对周转金账户活动及其年末余额列报的公允性发表意见。审计人员还应检查该段时间里财务交易的合格性和正确性，期末余额，周转金账户是否根据融资协议运作和使用，以及这种支付方式的内控制度。

47. 费用报表。审计人员将审计亚行贷款提款申请依据的全部费用报表。这些费用将根据相关的融资协议来确定其合格与否（如果有必要，还可参考《行长报告与建议》以及其他项目文件）。如果发现提款申请中包含不合格费用，并已对其进行了偿付，则这些费用应由审计人员单独予以注释。年度审计报告应用单独的篇幅就按照费用报表程序支取的费用的准确性和适当性发表意见，以及亚行能在多大程度上依据这些费用报表拨付贷款。已审计年度项目报表应随附一份清单，按索引号和金额逐一列出费用报表的提款申请。

48. 与财务约文的符合性。审计人员应确认与项目的法律文件中包含的每个财务约文的符合性（见术语和定义）。如果有不符，审计人员应通过采用适用于该财务年度的各项财务约文的测量标准，比较要求的业绩和实际的业绩，并注明任何不符的程度。

49. 与财务保证的符合件。审计人员应确认与项目的法律文件中规定的所有财务保证的符合性（见术语和定义）。如出现不符，审计人员应按照对该财务年度亚行的要求，对要求借款人达到的业绩和实际业绩进行比对，并注明任何不相符的程度。

50. 指定资金用途。审计人员应该确认：

- 在注重经济性和效率性的前提下，所有的外部资金是根据每个项目相应的融资协议进行使用，且仅用于融资规定的目的；
- 配套资金是根据相关的融资协议提供和使用，并仅用于融资规定的目的；
- 使用项目资金购买的货物和服务是根据相关的融资协议进行购买。

51. 记录留存。审计人员应特别关注是否与所有项目活动有关的所有必要的文件、记录和账目都已留存，且会计记录与年度项目报表有明确关联。这些记录包括：(1) 计算和验算，包括检验估算、账目或记录的准确性；(2) 对账，包括相关金额的核对，次级记录与主记录的核对，以及内部记录与外部记录的核对；(3) 实地调查，包括检查或清点有形资产，如原材料、存货、土地、建筑物、房地产或者设备；(4) 确认，包括直接外部第三方就余额或交易进行确认，如现金余额、应收账款或者应付账款；(5) 抽样检查，包括检查支持性文件以确定余额是否登录正确；(6) 延伸，包括将总分类账或者试算平衡表的内容延伸到日记账登记、辅助明细账余额，以及其他明细。

52. 内部控制系统。审计人员应评估项目财务管理制度的充分性，包括内控，其内容包括：(1) 在进行交易前是否取得适当的授权并进行记录；(2) 在交易的记录、分类、总结和报告方面是否准确一致；(3) 与内外部账务的核对是否及时，是否得到适度的管理；(4) 余额是否得到外部当事人的确认；(5) 是否留存有足够的文件和查账索引以支持记载的交易；(6) 交易是否为项目相关协议所允许；(7) 项目人员在正常履行其职责时是否能发现差错和遗漏并予以纠正，管理层是否得知重复发生的问题或者弱点；(8) 管理层不会超越正常的程序和内控结构；(9) 资产是否记录正确，保存完善，可现场检查。

管理意见书

53. 在审计工作结束时，审计人员应出具管理意见书。管理意见书内容如下：

- 在审计中发现的会计和内控制度的任何实质性缺陷；
- 修改这些缺陷的建议；
- 以前年度的管理意见书中提到的重大事项的状况；
- 对被审计单位采取步骤达到与约定会计准则（见术语和定义）实质性相符提出切实可行的建议，以及实施这些建议的时间表；
- 符合每项贷款协定和改进性建议的财务约定的程度；
- 审计人员在审计期间发现并引起注意的项目执行中存在的有重大影响的事情；
- 审计人员认为应该引起被审计单位的管理层注意的任何其他事情；

- 审计人员认为应该引起亚行注意的重大事情。

查阅权限申明

54. 审计人员在任何合理的时间内有权对所有的记录和文件进行全面查阅，包括账簿、法律协议、银行账目、发票和其他与项目有关的、审计人员认为必要的信息。

55. 审计人员应能获得（XYZ）和项目实施单位、涉及年度财务报表的所有职员的全面合作。审计人员还有权查访银行和存款机构、咨询人员、承包商，以及其他由该单位聘用的人员或公司。

独立性

56. 审计人员应保持中立并独立于任何被审计实体的管理机构，而且在被审计单位中没有经济利益。尤其是审计人员应对被审计实体没有控制权。在审计期间，审计人员不应受被审计单位聘用，在其中担任董事或者与其有密切的财务或者业务关系。审计人员也应该与单位的管理层中的任何高级职员没有密切的私人关系。审计人员应披露任何可能危及其独立性的问题或关系。

审计机构和审计人员的资历

57. 审计机构必须具有在该国从事审计业务并实施约定的审计准则的授权（见术语和定义）。审计机构必须有足够的审计人员。这些审计人员有相应的专业资质和足够的经验，包括在与被审计单位在性质、规模和复杂程度上具有类似性的机构中从事审计工作的经验。

58. 因此，审计机构应提供将作出审计意见并出具审计报告的审计人员的履历，以及可能参与审计工作的经理、管理人员和关键职员的履历。这些履历应该包括审计人员从事过的和正在从事的审计工作的详情。

提交建议和工作计划

59. 特邀请您就提供本函中描述的审计服务提交建议书和工作计划。建议书内容应该包括：

- 您不能按照约定的审计准则（见术语和定义）进行审计的范围（如有），说明您可能（被要求）采用并服从的其他准则；
- 审计是否为全面审计（即在财务年度结束后进行审计，此时会计账目已经或者正在关账）；
- 在财务年度结束后进行审计要以在财务年度中进行的一次或多次期中审计作为补充。期中审计的目的在于检验现有的系统和内控，并减轻机构职员和审计人员年终审计的压力；
- 审计人员建议的处理与审计有关的法定要求的方式（例如，《公司法》要求的与股东权益有关的证明）或者审计人员隐含地受雇主的合同义务约束的方式（如亚行审计要求、费用报表、周转金账户）；

- 特定检验程序的程序化要求（如检验股本、存货、资产等）；
- 要求雇主方采取的行动（如允许使用计算机系统和记录，披露信息）；
- 在签署审计意见和报告前，就任何审计中发现的问题进行讨论，及与谁进行这种讨论；
- 提供审计意见和审计报告的时间表。

术语和定义

60. 本节对本文中使用的术语予以定义。

年度项目报表

指引：年度项目报表（APA）可包括一份收入支出表（现金流量表）。本样表专门用于这类年度项目报表的审计。其他有关价值、累计在产品、资产和存货，以及银行对账单概要的报表也需提供。项目报表要求一般在《行长报告与建议》和《贷款协议》中有详细说明。年度项目报表的组成部分应在本节中明确。

61. 年度项目报表由如下部分构成：

[选项 A：符合国际会计准则的权责发生制财务报表]：

- 会计政策表；
- 财务业绩表（或者损益表）；
- 财务状况变动表（或者资产负债表）；
- 权益变动表；
- 现金流量表；
- 财务报表附注；
- 其他信息（具体说明）。

[选项 B：其他财务报表]：

- 会计/财务政策表
- 损益表/现金收入表
- 费用表/现金支出表
- 现金流量表/现金收付表
- 项目活动资金表
- 财务报表附注
- 其他信息（具体说明）

指引：年度项目报表包括：(1) 收到资金的总概要表，分别显示亚行资金、联合融资资金和配套资金；(2) 显示主要项目组成部分并按费用类别划分的费用总概要表（贷款和评估文件中提到），包括截至20××年12月31日结束的年度的费用和截至当日项目的累计费用；(3) 截至20××年12月31日的资金余额表。

贷款项目

指引：列出将要审计的贷款项目。进行简要描述并附上相关文件。

62. 应提供由亚行［以及国际开发协会、欧洲复兴与开发银行等］资助的下列贷款项目的年度项目报表（APA）和支持性文件。

- 贷款××××，
- 贷款××××，
- 贷款××××。

约定的项目会计政策

指引：项目会计账目需遵守的项目会计政策一般在《行长报告与建议》和《贷款协议》中进行约定和记载。请选择适当的选项。

63. 出具年度项目报表应遵循的“约定会计政策”指的是：

- ［选项A：收付实现制国际公共部门会计准则］由国际会计师联合会颁布的收付实现制国际公共部门会计准则。
- ［选项B：权责发生制国际公共部门会计准则］由国际会计师联合会颁布的权责发生制国际公共部门会计准则。
- ［选项C：国际会计准则］由国际会计理事会（LASB）颁布的国际财务报告准则（IFRS）（一般称为国际会计准则）。
- ［选项D：国家会计准则］由（国家机构）颁布的会计准则。
- ［选项E：经修正的国家会计准则］由（国家机构）颁布，并经下列修正或者附加披露的会计准则。
- ［选项F：专门的政府会计准则］对这些准则进行描述。

约定的审计准则

指引：约定的审计准则一般记录在《行长报告与建议》和《贷款协议》中。选择适当的选项。

64. “约定的审计准则”指：

- ［选项A：国际审计准则］由国际审计与可信性保证准则理事会颁布的国际审计准则。
- ［选项B：最高审计机关国际组织审计准则］由最高审计机关国际组织颁布的审计准则。
- ［选项C：国家审计准则］由（国家机构）颁布的审计准则。

适用于项目的财务约文

指引：适用于项目的财务约文应包括在《贷款协议》中。本节应列出、描述并完全引用所有适用的财务约文。

65. 在下列项目中已经达成如下财务约文：

适用于项目的财务保证

指引：适用于执行机构的财务保证，如承诺聘用具有相应资质的会计人员，将包含在项目法律文件中。本节应列出、描述并完全引用所有适用的财务保证。

66. 就下列项目，已作出如下财务保证：

附录10　非营利性项目的审计意见样本

（第5.84段引用本附录）

致：借款人（或者指定机构）

我们已经审计亚行贷款（贷款号：______）融资的______项目随附的截至20____年12月31日的当年度财务报表（第______到第______页）。

这些财务报表应由执行机构的管理层负责。我们的责任是根据我们的审计就所附的报表发表意见。

我们根据国际审计准则进行审计。这些准则要求我们计划并实施审计，以合理确保财务报表没有实质性错误陈述。我们的审计工作包括在测试的基础上检验支持财务报表中金额的证据，以及财务报表的披露情况。我们的审计包括审核会计原则和管理层作出的重大估算，以及对整个财务报表内容进行评估。我们认为我们的审计为我们的意见提供了合理的基础。

______［执行机构的］政策是按照亚行和______政府在贷款谈判纪要中约定的格式出具所附的财务报表，［记账基础为现金收付制，即在收到现金时确认收入，在支出现金时确认支出，而不是在发生时确认］，［记账基础为权责发生制，即费用发生时即确认，收入在到期即确认］。

根据我们的意见，(一）上述财务报表和所附的注释经审计，在所有实质性方面公允地反映了20____年______月______日项目的财务状况以及项目在20____年______月______日结束的一年中的经营结果。上述财务报表符合______会计准则，其应用在所有实质性方面均与上年一致。(二）［借款人］［执行机构］根据《贷款协议》，将所有从亚行支取的贷款资金根据亚行和［借款人］的约定，仅用于本项目的目的；没有任何贷款资金被用于其他目的。(三）［借款人］［执行机构］在接受审计年度的资产负债表日期，符合贷款协定中规定的所有财务约文。

此外：

(1) 在费用报表方面，保留了足够的支持性文件，以支持向亚行要求偿付已发生费用的提款申请；哪些费用合格使用借款协议（号码：______）项下的融资。

(2) 周转金账目（第______页）真实公允地反映了在______结束的一年里实现的收入和支出；这些收入和支出能够支持周转金账户在这一年里的清算/回补。

［(1) 和 (2) 在《贷款协议》要求对周转金账户和费用报表进行单独审计并出具审计意见的情况下提供。］

附录 11　营利性项目的审计意见样本

（第 5.84 段引用本附录）

致：借款人（或者指定机构）

我们已经审计了亚行贷款（贷款号：______）融资的______项目所附的截至 20 ____年______月______日的资产负债表，当年度损益表、现金流量表以及相关报表和注释（见本报告第______到第______页）。

我们根据国际审计准则［______国的审计准则］进行审计。这些准则要求我们计划并实施审计，以合理确保财务报表没有实质性错误陈述。我们的审计工作包括在测试的基础上检验支持财务报表中金额的证据，以及财务报表的披露情况证据。我们的审计包括审核会计原则和管理层作出的重大估算，以及对整个报表内容进行评估。我们认为我们的审计为我们的意见提供了合理的基础。

根据我们的意见，（一）上述财务报表和所附的注释经审计，公允地反映了______项目的财务状况以及______［执行机构的全称］到 20 ____年______月______日______项目执行机构的全部运作以及项目实施和项目执行机构在 20 ____年______月______日结束的一年中的独立结果。上述财务报表符合国际会计准则［______国会计准则］，其应用在所有实质性方面均与上年一致。（二）［借款人］［执行机构］根据贷款协定，将所有从亚行支取的贷款资金根据亚行和［借款人］的约定，仅用于本项目的目的；没有任何贷款资金被用于其他目的。（三）［借款人］［执行机构］在接受审计年度的资产负债表日期，符合贷款协定中规定的所有财务约文。

此外：

(1) 在费用报表方面，保留了足够的支持性文件，以支持向亚行要求偿付已发生费用的提款申请；以及哪些费用合格使用《贷款协议》（号码：______）项下的融资（必须提供，如果《贷款协议》要求对费用报表进行审计）。

(2) 周转金账目（第______页）真实公允地反映了于______结束的年度内的收入和支出。

［(1) 和 (2) 在《贷款协议》要求对周转金账户单独审计的情况下提供。］

附录12 有益的参考资料

本《手册》的使用者可能会发现下述的参考资料大有裨益，可以向亚行索购这些参考资料的复制版本，也可免费从亚行网站（www. adb. org）下载。

亚行《指南》精选

《项目经济分析指南》，1997年。

《电信项目经济分析指南》，1997年。

《供水项目经济分析指南》，1998年。

《亚行资助的投资项目财务治理与管理指南》，2002年。

《亚洲开发银行及其借款人聘用咨询专家指南》，2002年。

亚行《手册》精选

《项目经济分析中的扶贫效应评估手册》，2001年。

《项目经济分析中的风险分析手册》，2002年。

《卫生部门项目经济分析手册》，2000年。

《供水项目经济分析手册》，1999年。

《咨询服务使用者手册：程序与方法（卷Ⅰ）》，第5版，2002年。

《贷款支付手册》，2001年。

其他推荐读物

《反腐政策：描述及常见问题答案》，2000年。

《次区域项目经济分析》，1999年。

《工作手册：环境影响的经济评价》，1996年。

《城市开发部门项目经济与财务评估框架》，1994年。

保障政策声明

（2009 年 6 月）

缩略语

ADB	亚洲开发银行
CSS	国家保障系统
DMC	发展中成员体
EBRD	欧洲复兴开发银行
EIA	环境影响评价
EMP	环境管理计划
ESMS	环境与社会管理制度
FI	金融中介
IEE	初级环境审查
IFC	国际金融公司
IPP	原住民计划
IPPF	原住民计划框架
MFF	多批次贷款
MFI	多边金融机构
NGO	非政府组织
OCR	普通资金源
OED	业务评估局
SES	专项评估调查
SIA	社会影响评价
SPS	保障政策声明
SPU	保障政策修订
UNDRIP	联合国就原住民权利的宣言

副行长	乌苏拉·谢菲尔·普罗伊斯（U. Schäfer – Preuss），知识管理和可持续发展
局长	姚先斌，区域和可持续发展局处长
	阿罕穆德（N. J. Ahmad），区域和可持续发展局环境和保障处
工作组	马小莹，区域和可持续发展局高级环境专家
组　长	派雷拉（J. Perera），南亚局高级环境专家
	斯波伦（I. Simbolon），区域和可持续发展局高级社会发展（保障）专家

译文声明：

为扩大读者范围，特将该报告由英文翻译为中文。亚洲开发银行（亚行）尽力确保翻译的准确性。但英语是亚行的官方语言，因此，该文件的英文原版为唯一具有权威性的（即正式的和授权的）文本。任何对该文件内容的引用，必须以其英文原版内容为准。

术语表

生物多样性。生物多样性是指所有来源的形形色色的生物体，这些来源包括陆地、海洋和其他水生生态系统及其所构成的生态综合体；生物多样性包括物种内部、物种之间和生态系统的多样性。

受影响的原住民的同意。对政策实施来说，这一概念指受影响的原住民社会作为一个整体，通过个人和/或他们公认的代表表示对项目活动的支持，个别人或群体的反对并不能否认这种广泛支持的存在。

国家保障系统。一个国家与环境和社会保障有关的法律和组织框架，包含国家层面、地区层面或行业层面的执行机构和有关法律、条例、规章和程序。

重要栖息地。指那些需要特别关注的天然的或被改造了的栖息地，主要包括具有高度生物多样性价值的地区，包括极危或濒危物种的栖息地；对特有或狭布物种具有特殊意义的地区；对迁徙物种的生存具有特殊意义的地区；聚居物种的全球性的重要集中地或数量集 中区域；具有独特的物种组合，代表特殊的进化方式，或具有关键生态功能的地区；保持 生物多样性对当地社会具有社会、经济或文化上的重要性的地区。

移民。就非自愿移民而言，移民指那些由于土地被征用，或被限制使用或进入依法设立的公园和保护区内的土地，从而被迫迁移（搬迁、丧失居住地或栖身地）

和/或经济上被迫转型（失去土地、财产、获得财产的机会、收入来源，或谋生手段）的人群。

经济转型。由于土地被征用，或被限制使用或进入依法设立的公园和保护区内的土地，从而失去土地、财产、获得财产的机会、收入来源或谋生手段。

外部专家。那些不参与项目日常执行或监督工作的专家。高度复杂和敏感的项目。那些亚行认为具有高风险，或存在较大争议，或可能涉及多方面利益，从而会产生潜在的重大社会和环境影响的项目。

有效协商。这一过程具有以下特征：(1) 项目准备阶段就已启动，并贯穿整个项目周期；(2) 以适当的方式，及时而充分地向受影响的人群发布项目的相关信息；(3) 协商必须在不受到威胁和强迫的条件下进行；(4) 不存在性别歧视，充分考虑弱势群体的需求；(5) 决策时考虑了所有受影响的人群和其他利益相关方的意见，如项目设计、减缓措施、共享发展成果和机会，以及执行中的问题。

天然栖息地。生物群落基本由当地植物和动物而形成的土地和水域，并且人类活动尚未 在实质上改变该区域的主要生态功能。

物质文化资源。可移动或不可移动的物体、遗址、建筑、建筑群，以及具有考古和古生物学、历史、建筑学、宗教、美学或其他文化价值的自然景观。

实际搬迁。由于土地被征用，或被限制使用或进入依法设立的公园和保护区内的土地，从而被迫搬迁、丧失居住地或栖身地。

显著变化或退化。(1) 因土地或水域使用方式重大而长期的变化，造成的栖息地生态功能完整性的消失或严重退化；(2) 栖息地的生态功能发生变化，在很大程度上削弱了该栖息地维持当地物种种群数量的能力。

目 录

政策贯彻过程

作用和责任

六、实施安排和资源需求

政策实施和监测

所需的资源

生效日期和过渡期

政策检查

七、建议

附录

附录1．保障要求1：环境

附录2．保障要求2：非自愿移民安置

附录3．保障要求3：原住民

附录4．保障要求4：对不同金融工具的特殊要求

附录5．亚洲禁止的投资活动清单

附录6．加强和使用国家保障系统　应对环境和社会保障问题

附件

附件1．其他多边金融机构的经验

附件2．中期行动计划（2010—2012）

一、背景及前言

1. 亚洲开发银行（简称亚行）的业务政策包括三项保障方面的政策，即《非自愿移民政策》（1995）、《原住民政策》（1998）和《环境保护政策》（2002）。这三项政策都需修订。亚行需要应对发展中成员体在发展过程中面临的环境和社会挑战，根据从当前保障政策中所吸取的经验教训做出相应调整，使之适应新的贷款方式和融资工具。此外，亚行的政策应参考其他多边金融机构及私营部门（如遵循赤道原则的金融机构）的成功经验。2004 年 12 月，亚行管理层批准了保障政策修订的概念性文件，以提高亚行保障政策的效率，并确保这些政策能满足客户变化了的需求及适应新的业务机会。

2. 保障政策修订的目的在于：（1）更好地阐述保障政策，以提高其清晰度、一致性及连贯性；（2）在实施过程中采取关注项目成果的措施，与项目前期工作相呼应；（3）使政策实施适应贷款产品的发展和金融创新；（4）加强与其他多边金融机构之间的协作，并针对不同机构和人员能力的客户制定不同的保障措施；（5）改善内部操作程序和资源 配置。

3. 保障政策修订使得亚行的保障政策更加完善，新的政策包含以下部分：

（1）《保障政策声明》：明确亚行保障政策的总体目标，阐述政策原则，确定亚

行保障政策的实施过程。《保障政策声明》根据当前和未来的贷款工具制定，旨在满足发展中成员体公共和私营部门具有不同特点和要求的客户。

（2）一系列保障政策规则：借款人/客户必须满足这些规则的要求，以应对社会和环境方面的影响和风险。亚行工作人员通过尽职调查、评估和监督，保证借款人/客户在项目准备和实施期间的行为都符合要求。根据具体情况，亚行可能提出其他保障要求或更新现有的要求，以提高效率，应对需求变化，并参考新的成功经验。

（3）《业务手册》：规定尽职调查和对整个项目周期的监督活动的内部程序。

4. 经亚行董事会批准，《保障政策声明》及其对借款人/客户的要求将取代当前的三项保障政策。新的《业务手册》将取代现有《业务手册》的 F1、F2 和 F3 部分。亚行将修订其《移民安置手册》和《环境评价导则》（2003），并制定《原住民手册》，为相关活动提供详细的技术指导和建议。

5. 《保障政策声明》的征求意见稿已于 2007 年 10 月发布在亚行的官方网站上，以征求外部意见。在征求意见期间（2007 年 10 月至 2008 年 4 月），亚行邀请各利益相关方，在亚太地区和其他地区举行了 14 次研讨会，广泛听取意见和具体建议。亚行还通过书面形式、主题讨论会、非正式会议和电话会议等形式，收集了众多反馈意见。所有的意见在咨询结束以前都发布在亚行的网页上。作为对来自各方的意见的回应，亚行管理层决定在这些意见和建议的基础上发布《保障政策声明》第二稿，并在马尼拉再举行一次研讨会，以便利益相关方对第二稿进行评估。

6. 《保障政策声明》的第二稿于 2008 年 10 月 3 日至 12 月 4 日发布在亚行的网页上，征求公意见。收集的意见和亚行的回应的详细资料也于 2008 年 10 月 9 日发布在亚行“保障政策修订”的相关网页上，其中包括 14 个国家/地区 2007 年 10 月 12 日至 2008 年 10 月 24 日的讨论结果和书面意见。初步的保障评估程序（《业务手册》草案）已于 2008 年 10 月 24 日完成。此外，应各利益相关方的要求，网页上还发布了《术语表》草稿。为对《保障政策声明》第二稿进行全面而充分的讨论，亚行于 2008 年 11 月 18 日至 21 日在马尼拉举行了研讨会，重点是就利益相关方对征求意见稿提出的意见作出解释（可参见亚行“保障政策修订”网页上有关利益相关方咨询意见的报告）

7. 《保障政策声明》的草稿于 2009 年 1 月完成并提交亚行董事会，以便董事会成员审查和提出意见。董事会于 2009 年 2 月对此进行了讨论。本文件是《保障政策声明》的最终草稿是内部和外部协商的结果，综合了亚行董事会及其员工，外部的利益相关方，包括政府、民间组织、私营部门以及学术界的意见。

二、环境变化

8. 亚洲和太平洋地区是世界上人口最多和增长最快的地区，正在发生着惊人的社会和环境变化。人们越来越关注许多亚洲国家发展的可持续性。快速的工业化和城市化，对自然资源需求的日益增长，引发了土地使用方式和居住方式的变化，水资源质量和数量下降，生物多样性受到威胁，森林和土地退化，污染加剧，威胁着人类健康。这些因素对贫困人群的影响尤其严重。高人口密度、城市发展和基础设施建设对土地需求的增长，增加了与非自愿移民相关的风险，对贫困人群和原住民等弱势群体的影响尤其严重。全世界有 2.5 亿原住民，其中大约 70% 生活在亚太地区。大约有 120 种语言即将或已经消失，反映了原住民文化及其完整性面临的威胁。亚太地区面临的挑战是，防止环境恶化和非自愿移民导致的贫困，承认原住民和其他弱势群体的特殊需要和尊重他们的权利，调整发展政策，培养发展中成员体应对这些挑战的能力。

9. 发展中成员体已经在不同程度上对各自面临的环境和社会挑战采取了应对措施。有些发展中成员体已经调整了环境和社会保障政策以及监管结构，但有些发展中成员体的相关制度建设仍然滞后，往往要依赖捐赠方的政策和程序。亚太地区的发展进程改变了公共和私营部门、民间组织和社区的定位和责任，更加注重社会和环境的可持续发展，并对信息透明度和公民参与度提出了更高的要求。与之类似，商业银行和金融中介面对公众要求它们切实担负起社会和环境责任的压力，也扩展了自己的定位和责任。发展中成员体越来越认识到必须根据国际先进经验调整自己的标准，提高自身应对全球和地区性环境和社会风险的能力，推动社会和环境的可持续发展。此外，私营经济的支持者越来越愿意采用对社会和环境负责的先进投资方式，如果有对社会和环境明显有利的商业项目，它们甚至能比监管条例的要求做得更多。

10. 多边金融机构修订了它们的环境和社会保障政策，以确保这些政策能适应需求的变化。世界银行在 2005 年启动了一个项目，尝试在世行支持的活动中采用各国家的保障程序，解决社会和环境保障问题。2008 年 1 月，世界银行发布了各国家的保障程序试点项目的第一阶段的评估报告。在报告的基础上，世界银行批准继续该项目，并扩大其规模，从项目层面提升到国家层面，以引导借款人和其他发展伙伴在更大范围实施其保障政策，以更加可持续的方式促进借款人的能力建设，这比在项目层面推行这些措施更为可行。世界银行还于 2005 年修订了原住民保障政策，于 2006 年修订了关于物质文化资源的政策，以应对环境的变化。2006 年，国际金融公司制定了《社会和环境可持续的政策和绩效标准》，对私营部门实行结果导向的标准，并向其介绍成功经验。有 60 多家商业金融机构在项目融资中采用国际金融公司的新绩效标准。同样是在 2006 年，泛美开发银行公布了它的《环境和保障合规政策》，有选择地使用各国自己的保障程序。2008 年 5 月，欧洲复兴开发银行发布了《环境和社会政策》及 10 项操作要求，取代其 2003 年的《环境政策》。欧洲复兴开发银行的新政策和操作要求的内容和国际金融公司的保障政策类似，但反映了其业务特点和基于欧洲环保原则的承诺。欧洲复兴开发银行是欧洲环保原则的签约方。

11. 人们越来越强调援助者需结合各国家的保障体系开展工作。2005 年，《援助效率巴黎宣言》明确了世界范围内援助方和受援方的义务，以加强对援助的管理、提高效率、减少贫困和不公正，促进发展和能力建设，加速实现千年发展目标。《宣言》提出了五项原则：尊重国家主权；援助项目应和受援方的发展战略、主要需求和相关程序保持一致；援助方的行动要协调一致；加强对发展成果的管理；对等责任。这些原则强有力地推动了援助方把自身对社会和环境的关注与发展中受援方的发展战略和重点项目结合起来，使它们在应对社会和环境问题时行动更加协调。2008 年通过的《阿克拉行动议程》再次确认了这些原则，并强调了各国家的保障程序的重要性。亚行就如何更好地支持普通资金源借款人征求了各方的意见，各方的意见显示，公共部门的客户总体上认可亚行的保障目标和原则，但有些普通资金源客户认为自己的保障程序流程比亚行的流程能更好地支持各方认可的保障原则。

12. 亚行业务的性质也在发生变化。针对预期的经济发展和亚太地区发展、援助和金融形势的重大变化，亚行将积极进行调整以适应这些挑战，但仍会致力于它的首要任务：减少亚洲和太平洋地区的贫困。亚行关注并通过自己的活动致力于推动共享式增长、环境可持续增长和地区一体化。亚行的“2008—2020 长期战略框架”（《2020 战略》）重点关注五方面推动变革的因素：（1）私营部门的发展和运作；（2）完善的治理和能力建设；（3）性别平等；（4）知识解决方案；（5）合作。亚行将把工作更加集中在五个核心领域：（1）基础设施；（2）环境，包括气候变化；（3）区域合作和一体化；（4）金融部门的发展；（5）教育。私营部门项目的扩大、多样化的投资、金融部门和资本市场中客户类型多样化，加上日益增多的大规模基础设施工程高度复杂和敏感的社会和环境影响，都要求对保障政策加以修订，以保证项目在社会和环境方面的可持续，这对取得积极发展成果非常重要。

13. 2004 年 8 月，亚行采用了综合改革议程，并推出了新的贷款模式和工具，以提高其业务的发展效率。亚行最近的业务规划（发展成果管理、创新与效率计划，以及加强对中等收入成员体和普通资金源借款人的支持）都是与提高援助效率的国际共识相一致的。制定目前的保障政策时，直接的项目贷款是发展援助的主导形式。保障政策需适应亚行贷款产品发展和金融产品创新的需要，而传统的项目层面的保障措施往往不能很好地适应这些新模式的要求。新的贷款模式和融资手段，如多批次融资工具就增加了执行保障政策的复杂性，难以保证满足所有相关的要求。新的贷款模式、金融创新的趋势，以及客户情况的变化，都要求提高亚行保障政策的效率和相关性。

三、当前的保障政策和经验

亚行现行的保障政策

14. 亚行的保障政策框架。保障政策在一般被理解为一种操作性政策，目的是避免、减少或缓解项目对环境和社会的负面影响，包括保护那些在发展过程中有可能受到影响或被边缘化的人群。亚行的保障政策框架包括三项业务政策—环境、原住民和非自愿移民。在实际业务中，执行这些政策需要参考《业务手册》的“环境因素”、“非自愿移民”和“原住民”部分。亚行的《移民安置手册》和《环境评价导则（2003)》介绍了执行保障政策的成功经验。除去三条保障政策外，有几项部门政策也有环境保障的内容，例如关于水资源、能源和森林的政策。

15. 保障要求。三项保障政策都涉及在整个项目周期中评估影响、做出规划和减少负面影响的标准程序。保障政策要求（1）在项目周期初期确认并评估可能产生的负面影响；（2）制订和实施计划，以避免、减少、减缓或补偿可能产生的负面影响；（3）在项目准备阶段和实施过程中，要及时向受影响人群发布信息，征求他们的意见。保障政策适用于所有亚行资助的项目，包括私营部门业务，并适用于项目的各个组成部分。《业务手册》中对于内部程序有详细说明，包括类似的操作步骤：（1）一旦确认某项目可以获得亚行资助，就要在尽早梳理并界定相关问题，并在整个项目周期中持续进行；（2）对不利影响做出评估，制订保障计划，安排减缓措施、监督程序以及机构设置，并将保障政策融入项目的设计和实施过程；（3）在项目准备和执行期间，征求受影响人群的意见，并以他们能接受的方式、方法和语言发布信息；（4）应向公众披露保障计划，并在项目周期的各个阶段及时更新信息。亚行的保障政策要求项目同时遵守亚行自身和发展中成员体的保障要求。

16. 作用和责任。现有的三项保障政策的一个基本原则是，执行政策条款是借款人/客户的责任。借款人/客户要进行社会和环境评价，与受影响的人群和社区协商，准备、实施保障计划并监督其执行情况，准备和提交监测报告。亚行的任务是向借款人/客户解释政策要求，通过能力建设项目帮助他们在项目准备和实施过程中满足这些要求，进行尽职调查和审查，审查和监督项目执行情况。虽然亚行在项目执行过程中进行监督，确保保障政策的要求得以满足，但亚行的相当一部分注意力放在了整个项目的准备和批准阶段。亚行的项目完工报告和项目效果评估报告都包括对保障政策执行情况的评估。

合规监督

17. 合规制度。亚行2002年机构改组后，建立了监督项目是否符合保障政策要求的制度安排。在环境和社会保障处的支持下，亚行的首席合规检查官负责就如何遵守保障政策以及相关的程序和原则向管理层和业务部门提供建议。在整个项目周期都会对是否符合保障政策要求进行监督。如果某一项目有违反保障政策的风险，管理层评估会议会提出改进措施，员工审查委员会将再次审查该项目是否符合规定。业务部门将采取措施确保项目在提请董事会审议前满足保障政策要求。在项目实施期间，评估活动仍会继续，以保证项目活动符合相关法律文件中的保障条款，在项目出现违反保障政策的风险时采取适当的控制措施。

18. 问责机制。2003年5月，亚行采用了一项新的问责制，以便利益受到亚行援助项目侵害的人们可以发表意见、寻求解决方案，以及报告可能违反亚行政策和程序（包括保障政策）的行为。新的问责机制取代了亚行的《检查职能》(1995)。新的问责制包括两个独立而又有关联的功能：(1) 协商，由亚行项目特别协调人负责，帮助利益受到亚行援助项目侵害的人寻求解决问题的方案；(2) 帮助利益受到亚行援助项目侵害的人向亚行的合规检查小组提出书面要求。

亚行保障政策的经验

19. 环境。亚行于 1979 年在其贷款业务中正式引入了环境评价。到 2002 年采用现行的《环境政策》时，亚行已积累了 20 多年的环境评价和管理经验。在这期间，政策原则和环境保障最初只是关注技术评估和缓解措施的水平，目前已逐渐发展到强调发展和实施综合性的环境管理计划。综合管理计划的关键部分是减缓措施、监测程序、成本估算、预算以及实施机构。此外，环境评价过程强调与公众协商、充分披露信息和制定替代方案。尽管与之前相比，操作程序的合规性已经有了很大的提高，但在实质方面的合规性（真正把环境评价的结果和建议融入项目设计，借款方/客户对环境管理计划的自主权，以及环境管理计划的执行效率）仍然存在问题。

20. 2006 年，业务评估局的《环境保障专项评估报告》认为，亚行的环境政策中的保障部分是有效的，有效避免了亚行援助的项目产生重大负面环境影响，但较高的交易成本也影响了项目的效率。该报告建议对《环境政策》进行修订，以便：(1) 将重点从项目的前期审查和批准转移到结果控制上来；(2) 更好地将各国的保障程序和步骤与环境评价政策结合起来；(3) 把推行政策的重点从项目本身扩展到能力建设；(4) 有效整合环境保障和社会保障措施，促进可持续发展。报告还建议亚行考虑：(1) 增强各代表处的环境专业力量；(2) 使非政府组织发挥更大的监督作用；(3) 重新采用评估环境敏感 B 类的项目分类标准以及 A 类项目 120 天的信息公示规定；(4) 加强各国家的保障程序；(5) 制订执行修订后的环境政策的行动计划，要特别注意保证在亚行的能力与政策要求匹配。

21. 非自愿移民。在世界银行关于非自愿移民政策的基础上，亚行于 1995 年制定了《非自愿移民政策》。亚行援助的项目越来越复杂，这些项目必须解决与项目相关的财产问题、资产问题，以及虽不搬迁但失去生活来源等问题，在城市地区还有那些非正式居民的问题。执行该非自愿移民政策的经验表明有许多方面有待改进，包括：(1) 如何处理那些没有明确土地产权的人（例如私占土地和住房者，以及非正式居民）；(2) 移民安置补偿的内容应包括合理的搬迁费用、重建和/或恢复费用以及生计安排；(3) 明确区分受影响的人群和搬迁移民；(4) 发展中成员体开展影响评估、制订和实施移民计划的能力建设。

22. 业务评估局 2006 年关于非自愿移民的《专项评估报告》认为，亚行非自愿移民政策对于解决受影响人群面临的问题和提高发展中成员体的安置能力方面是广泛有效的。然而，报告认为其成本和过程缺乏效率；考虑到政策执行给亚行和借款人/客户带来的交易成本，现行政策方法的可持续性也不高。因此，报告建议在保障政策修订期间，亚行应：（1）协调1995年版非自愿移民政策和《业务手册》之间的不同之处，并明确政策的范围是否同时包括实际搬迁和经济转型；（2）澄清含糊不清的关键条款和政策执行方式，包括重置成本、补偿和搬迁补助、私占土地和住房者的权利以及征地手续；（3）设计基于结果的框架和绩效标准；（4）加强发展中成员体的能力，并依靠各国家的保障体系进行土地征用和提供安置保障；（5）为非自愿移民制定明确的操作指南和执行程序。《专项评估报告》还指出了政策要求和现有职员配置不匹配的问题，建议保障政策修订中应该包括政策的实施计划。

23. 原住民。亚行于1998年公布了其《原住民政策》。该政策中对原住民的宽泛定义，与近几十年来形成的国际共识，国际机构，如联合国和国际劳工组织对原住民的划分标准，以及国际法承认的原住民身份，是一致的。由于亚太地区各国家和地区历史、文化、意识形态、经济资源、人口以及政治制度的巨大差异，这一政策在亚太地区的实施面临着特殊的挑战。各成员体的法律和对原住民的定义（如果有的话），很少能和亚行的政策完全一致。政策执行过程中取得的经验也不尽相同，该政策的实施仍然面临以下主要挑战：

（1）承认原住民的文化特点和对他们世代生活的土地和享有的资源的权利；

（2）使受影响的原住民能和其他社会群体一样公平地分享发展成果；

（3）在规划和实施可能对原住民产生影响的项目时，与他们进行有效的和符合其文化传统的协商。

24. 2007年业务评估局关于原住民的《专项评估报告》认为，原住民的保障政策与亚行及其借款人/客户是相关的，但不是很有效。亚行援助的项目一般会避免或减缓不利影响，但这基本上是由于执行移民计划和环境管理计划的结果，而不是由于执行了原住民保障计划。按照《专项评估报告》的意见，在存在其他保障计划的情况下，缺乏增值功效的原住民保障计划使得现有政策措施缺乏效率，而且因为亚行和其借款人/客户将因此承担高昂的交易成本而缺乏可持续性。《专项评估报告》建议在保障政策修订期间，亚行应：（1）澄清原住民政策中存在误解或含糊不清的地方，包括原住民的定义；（2）如果项目对原住民的影响主要涉及移民和环境问题，就应把与原住民有关的议题整合进移民计划或环境治理规划；（3）在项目准备和实施期间明确与协商步骤有关的要求；（4）在贯彻原住民保障政策时，制定进行能力建设的连续性措施；（5）制订实施原住民保障政策的计划。对关于原住民保障、环境和非自愿移民保障的专项调查报告，亚行管理层作出了回应，董事会发展效率委员会也提出了建议，相关内容都发布在亚行网站上。

25. 跨领域问题。近年来，在亚行内部对环境和社会保障政策的评估也强调了必须改善政策绩效。与项目准备和实施有关的问题包括：（1）协商和信息公开的质量；（2）充分地评估发展中成员体的制度框架和能力；（3）项目周期中保障计划制订的顺序优化；（4）保障文件的质量参差不齐。另外，为保障政策分配足够的预算资金也至关重要。项目实施过程中出现的问题主要是：(1) 满足保障政策要求所需的预算（调整设计方案、补偿金支付等）；(2) 减缓措施的落实；(3) 确保根据工程详细设计和项目影响范围的变化及时更新保障计划；(4) 提高承包商层面的监督效率；(5) 确保亚行进行充分的监督和检查项目是否符合政策要求，尤其是对基层的监督。

四、主要的政策问题和考量

政策的表述和范畴

26. 改进政策的清晰度，连贯性和一致性。尽管三项保障政策具有共同的要素和原则，但仍存在一些含混不清、重复和不一致之处，例如：(1) 明确环境评价应包括哪些社会因素；(2) 非自愿移民政策中又包括了一些原住民政策的内容；(3) 三项政策都需要公开信息和协商，但相关要求和过程没有协调起来；(4) 保障政策对不同贷款业务的适用程度及以及这些业务的操作程序都不尽一致；(5) 目前的程序要求中穿插了一些关键的政策原则，有些情况下过分强调遵守程序其实对政策目标的实现来说并无帮助；(6) 目前的政策和操作程序也没有明确区分对亚行员工的指令和对借款人/客户的要求，导致双方责任和义务界限不清。让各项保障政策更加协调，政策原则、对借款人/客户的要求和内部操作程序更加明确，有助于亚行员工和借款人/客户理解应该怎么做才能实现保障政策的目标，以及他们各自在促进发展绩效中的不同作用和责任。

27. 区别保障目标和发展愿景。在三项保障政策中，“零伤害”因素在某种程度上都与主观的发展愿望混在一起。例如，亚行的环境政策包含五个要素：(1) 推行环境措施，以减少贫困；(2) 把环境问题融入经济发展的主流观点；(3) 维持全球和和地区性的生命保障体系；(4) 建立伙伴关系；(5) 将环境保障措施融入亚行的业务。但是，前四个要素涉及的都是亚行的环境战略，第五个要素才涉及项目层面上的环境保障和评估。把相互关联的环境保障政策愿景与环境保障的具体要求区分开来，才能在处理具体问题时把重点放在如何正确实施各项政策上。同是，环境政策愿景会通过组织层面的战略表现出来。类似的情况是，在更高的战略层面强调原住民政策的愿景，会比局限在保障协调性的范围内更有效。《保障政策声明》把重点放在保障方面，而不是内容更广泛的政策愿景，是恰当的。

28. 在其他政策和战略中强调环境保障政策因素。与环境相关的问题中，有几项保障要求分散在亚行的不同部门及其负责的政策和战略中。在这些其他政策和策略的实施过程中，对保障要求的处理方式零散而没有系统，在一定程度上要依赖亚行的环境政策操作程序。这种分散的处理方式影响了对项目效果的全局性认识。另外，现《环境政策》中的保障内容主要关注环境评价的原则和程序，并没有明确提出政策的原则和要求，解决与污染防治（包括温室气体排放）、生物多样性、自然资源管理和物质文化资源相关的项目影响与风险。环境评价基本上是以一种设定的方式在处理这些问题。所以亚行应将分散在其他部门政策与战略中的政环境保障内容整合在一起。要明确环境保障的政策原则和要求包括部门议题，覆盖以下内容：（1）环境评价；（2）污染防治；（3）生物多样性及自然资源的管理；（4）职业和社区的卫生与安全；（5）物质文化资源保护。

29. 综合考虑社会各方面的问题，如核心劳工标准和性别问题。一些利益相关方要求将核心劳工标准和性别问题的政策内容引入《保障政策声明》。核心劳工标准和广泛意义上的社会保障已经被纳入亚行的《社会保护战略（2001）》。《业务手册》中也有亚行业务如何处理社会问题的相关内容。亚行的《性别与发展（1998）》和与之配套的《业务手册》中关于性别与发展的内容，已经对性别问题给予了特别关注。然而，当某些性别问题与保障政策密切相关时，保障政策中也应包含相应内容。

30. 使保障政策的适用范围和启动条件更加明确。亚行在执行非自愿移民政策和原住民政策中取得的经验表明，有必要进一步澄清每个政策的适用范围和启动条件。正如专项评估报告所指出的，《非自愿移民政策》需要明确其启动条件是土地或依附于土地的资产被非自愿征用、对土地的使用方式受到限制，以及被限制进入依法设立的保护区。同时需要明确现有政策同时适用搬迁和经济上的影响，并明确定义相关概念。有些项目会导致某些自然资源的使用方式受限，如无法进入下游的渔场或者水资源供应减少。保障政策需要包括这些并非由征地引起的问题，需要明确将采取措施避免这些影响、将负面影响减少到最低限度或给予补偿。

31. 现有的《原住民政策》没有对原住民的清晰的操作定义。在政策执行过程中需要对原住民进行确认，而原住民群体对他们世代居住的领地和他们共有的权利有不同理解，需要根据具体情况具体分析，更增加了确定原住民身份的复杂性，因而有必要明确制定确认原住民身份的依据。此外，应以对原住民的尊严、人权、生计方式、文化、世代居住的领地、共同资产以及地域、自然和文化资源的影响为依据，确定启动原住民政策的条件。

32. 促进协商和参与。协商和参与对于实现保障政策的目标是至关重要的。亚行的现有保障政策有各种协商要求，保证在制订保障计划时事先与受影响人进行协商，并在项目执行过程中继续进行协商，以识别和处理可能出现的保障问题。亚行应明确要求借款人/客户在执行三项保障政策时与受影响的人群和社区进行有效协商。此外，亚行应明确“有效协商”的含义。对于政策执行过程来说，有效协商应包括：（1）在项目准备阶段就开始协商，并且在整个项目周期中坚持协商活动；（2）以适当的方式，及时向受影响的人群披露足够的有关信息；（3）在协商过程中不能有威胁或强迫；（4）不应存在性别歧视，考虑贫困人群和弱势群体的需求；（5）在做出决定时，应考虑所有受影响的人群和其他利益相关方的意愿，如项目设计、影响减缓措施、分享发展成果和机会以及执行方面的问题。

33. 2007年9月，联合国第61届大会通过了联合国关于原住民权利的宣言，宣言指出，在“原住民不受干涉地了解情况后并表示同意后，影响到原住民的项目才能继续”。这一没有约束力的声明得到了亚太地区许多国家的支持。既然承认原住民有主导自身发展道路的权利，并根据亚行董事会的决议，亚行的保障政策应包括：鉴于以下项目实施过程中原住民处于弱势，必须确认受影响的原住民同意后实施这些项目：（1）对原住民的文化资源和传统进行商业开发；（2）把原住民从他们传统或习惯居住的土地上迁走；（3）在原住民世代居住的土地上对其正在使用的自然资源进行商业开发，影响他们为谋生或因文化、礼仪及信仰等方面原因对土地的使用，从而损害了原住民文化特征和群体的完整性。对政策执行来说，受影响的原住民的同意指受影响的原住民社会作为一个整体，通过大家和/或他们公认的代表表示对项目活动的支持，个别人或个别群体的反对并不能否认这种广泛支持的存在。

政策运用和贯彻问题

34. 平衡项目准备和项目实施。现在的保障政策在执行过程中把相当一部分注意力放在项目准备阶段以满足程序和时间表要求，而在项目实施过程中对监督和结果重视不够。事先做出的时间安排和操作顺序并不总是最优的，机械地遵循这些程序性要求并不能保证保障政策的取得令人满意的结果。例如，在项目筹备和项目评估过程中，花费很多精力准备的移民计划草案主要依据的是项目的可行性报告，但绝大部分重要的移民计划制订和实施工作，实际上是项目实施过程中详细设计工作的一部分。同样，环境敏感项目需要投入大量人力准备环境影响评价报告，以满足信息发布程序的要求，但对正式的环境管理计划及其实施却关注不够，尽管整个项目实际上要在此基础上实施。亚行执行保障政策的经验和近来业务评估局和专项评估调查部门注意到，应该在项目实施过程中更加注重保障政策。相关的政策措施包括由保障政策专家加强监督、建立解决投诉机制、监测报告需经外部专家认可，以及建立独立的顾问团队。

35. 加强保障政策框架的应用。目前用于行业贷款和多批次贷款的保证政策框架（即环境评价政策框架，移民安置政策框架和原住民计划框架）是为在董事会批准贷款后的后续子项目或批次的准备在保障问题识别、评估、机构安排，以及应遵循的程序等方面提供指导。保障政策框架也制定子项目是否合格的标准，以保证识别和实施合格的后续子项目。然而目前的非自愿移民政策和原住民政策中没有明确说明如何运用保障政策框架的内容，而且三项保障政策都没有明确如何满足多批次贷款的要求；而且也没有针对项目中非敏感子项目如何使用政策框架的内容，而这些子项目的详细设计是在董事会批准后进行的。这些政策上的缺口已在政策修订时解决。此外，与此有关的一个关键问题是，如何保证借款人/客户在董事会批准项目后能切实有效地按照保障框架要求去准备和实施子项目。为了保证保障框架能得到有效执行，应更注重对于借款人/客户的制度能力的评估，并建立机制和采取措施加强能力建设并将其与项目设计整合起来。再者，应加强对子项目的监督与检查，以避免由于不遵守保障政策而造成的风险。

36. 金融中介业务中的环境和社会风险管理。亚行利用金融中介开展的项目正在逐渐增多，特别是与私营部门有关的业务。从保障政策角度看，金融中介项目对亚行业务提出了新挑战：亚行不能对子项目直接进行监督或施加影响，因为在对金融中介进行评估时还无法确定子项目，资金有被分散到众多的子项目中，并且金融中介可能有多个层次，使社会和环境风险管理更为复杂。目前的《环境政策》有一些关于金融中介业务的内容，但非自愿移民政策和原住民政策在这方面却是空白，因此需要弥补这些政策缺口。此外还需要澄清和详细说明：(1) 在金融中介层面和子项目层面的政策要求；(2) 亚行和金融中介客户的责任和义务。最好能基于可能发生的社会和环境影响和/或风险制定对金融中介的要求。这就需要亚行对金融中介的业务活动及其开展社会和环境影响管理的能力建设的尽职调查和审查。另外，金融中介可以考虑建立一个比三个分散政策体系更有效的综合性环境和社会影响管理体系。最后，虽然亚行目前不需要制定一个禁止投资领域的清单，但引入这一要求是有益的。

应对客户需求的变化与保障政策的可持续性

37. 加强和采用国家保障系统。亚行为提高对普通资金源借款人的支持力度开展的调查显示，许多借款人/客户认为在满足亚行保障政策的过程中花费成本太高，中等收入国家的代表认为相互认可的保障原则比单纯使用亚行的程序能更好地发挥作用。他们认为亚行的程序和做法有待改进，以更好地反映不同客户的需要和发展中成员体差距甚大的保障政策执行能力。亚行认识到发展中成员体有自己执行保障政策的体系，支持发展中成员体加强和使用其自身的体系有利于提高它们的独立性，强化发展效果，并降低交易成本。这也符合关于援助效率的巴黎宣言和阿克拉行动议程中提出的尊重国家自主权和与各国制度更加一致的趋势。参考世界银行采用国家保障系统的经验，亚行需要探索试用国家保障系统的方式，并在项目中加以实施。但要确保坚持亚行的原则，同时管理好与国家保障系统相关的风险。所以应该逐步采取这些措施并包括以下要点：(1) 采用国家保障系统的条件；(2) 评估国家保障系统的方法；(3) 协商和确认程序；(4) 亚行和借款人的责任与义务；(5) 实施程序和相关要求，如协调政策间的差别；(6) 所需的资源。

38. 与其他多边金融机构保障政策保持协调。近五年来，有些其他多边金融机构已经或者正在修改它们的保障政策。这些机构的政策调整和成功经验都会影响亚行的业务。亚行有必要使自己的保障政策原则和要求与其他多边金融机构相协调，以提高发展绩效，降低交易成本，并鼓励合作。多边金融机构在确定共同的环境评价原则框架方面已经取得了进展，但仍需要继续协调机构间的保障工作。亚行认为有必要协调自己与其他多边金融机构的保障政策，尤其是协调关键的政策原则，各多边金融机构的操作程序需要适合各种各样的客户和情况。所以保障政策修订需要保证对环境政策、非自愿移民政策和原住民政策的原则和要求的表述方式应与其他多边金融机构一致，尤其是与世界银行、国际金融公司和欧洲复兴开发银行一致。

39. 与私营部门客户的合作。亚行对私营部门的投资项目在过去五年发展很快。

私营部门客户群体有很强的异质性，不同客户的环境、社会意识和能力差别很大，他们投资的项目的范围和性质上也有很大的差别，例如，既有小型和中型的提高能效或发展可再生能源的企业，也有采掘、能源和基础设施领域的大型企业。这类项目的周期一般要比公共部门项目短得多，因此需要在较短时间内完成尽职调查。复杂的金融结构，如有特定目的的证券化工具，或多层次的金融中介，对亚行如何实施保障政策提出了挑战。尽管现有的保障程序对传统的基础设施项目依然适用，但不断变化的商业环境，持续进行的金融创新，以及亚行以更加复杂的方式在金融领域和资本市场发挥作用，都需要亚行开发新的政策措施。保障政策原则应公平地实行于公共和私营部门项目，但也要认识到这两类项目的准备程序可能有差异。

40. 加强亚行的能力建设，优化资源配置。提高保障政策效率需要亚行加强自身能力建设，尤其是在项目实施、国家保障系统评估和发展中成员体能力培养方面。这要求亚行加强自身能力建设，更好地了解发展中成员体的保障框架，监督保障政策的执行，并与借款人/客户一起处理保障政策执行过程中出现的实际问题。尤其是项目团队必须对保障政策的目的和原则有深入的认识，因为他们处在执行政策的第一线。在过去几年中，亚行就三项保障政策开展了员工培训项目，类似培训在总部和代表处都应继续进行。同时，业务部门的和区域可持续发展局应更好地分配人力资源，能够在满足项目准备和尽责调查需求的同时，确保有足够的精力关注项目的实施和监督。一个迫切的需要是要为代表处配备相关的保障专家，尤其是在那些有众多复杂和敏感项目的发展中成员体的代表处。在政策执行和监督过程中优化资源配置仍然是提高保证政策执行效率的核心。

41. 降低交易费用。虽然由于注重了保障政策，亚行支持的项目的效率得到了显著提高，但有些借款人/客户仍质疑遵守亚行保障政策导致的过高的费用，或由于同时实施亚行和项目所在国两套要求而增加的不必要的费用。对执行保障政策的成本收益研究认为，这些政策是有助于保证项目可持续性的建设性措施。尽管保障政策在执行中存在效率不高和导致不必要的费用等问题，但这主要是由于：（1）项目的要求超出了借款人的执行能力；（2）一些关键的政策要求比较模糊；（3）在批准保障计划时优柔寡断和拖延时间；（4）政策的应用僵化（注重对保障政策的“法律”解读，而不是专业判断）；（5）能力损耗（起因于机械地规定资金用途）。建议亚行通过以下措施，采用更具战略性的政策措施以提高政策影响，并降低成本：（1）明确多边金融机构和借款人各自的责任，特别是在高风险项目中；（2）解决政策含混不清的问题；（3）与其他多边金融机构协调政策措施以减少误解；（4）保证为提高内部技能水平和扩展项目监督配置足够的资源；（5）采取激励措施推动保障分析向上游环节延伸；（6）提高借款人的能力并更好地利用各成员体的保障系统。业务评估局就亚行保障政策的专项研究报告中也提出了类似的建议。保障政策修订工作认真考虑了这些意见，并在其五项推动措施中得以体现（见2段）。

五、《保障政策声明》

关于亚行的承诺和政策原则的重要声明

42. 亚行强调环境和社会的可持续性是亚太地区经济增长和减少贫困的基础。所以亚行的《2020 战略》强调帮助发展中成员体实现环境的可持续性和经济的共享式增长。此外，亚行承诺它支持的项目必须具备社会和环境的可持续性。在此前提下，《保障政策声明》的目标是通过保护环境和人口不受项目的潜在不利影响的伤害，提高项目成果的可持续性。

43. 亚行保障政策的目标是：

（1）尽可能避免项目对环境和受影响人群产生不利影响；

（2）如果负面影响不可避免，则尽量减轻和缓解项目对环境和受影响人群的不利影响，并/或给予补偿；

（3）帮助借款人/客户强化它们的保障制度，以及发展应对环境和社会风险的能力。

44. 亚行坚持贯彻保障政策及实现其政策目标。亚行遵照《保障政策声明》提出的原则和要求，承担在整个项目周期开展尽职调查以及评估、跟踪和监督项目进展的责任。通过严格遵守社会和环境保障政策，亚行提高自身行动和决策的可预见性、透明度和可信度，帮助借款人/客户管理社会和环境风险，并促进投资在长期中的可持续性。要使这一承诺真正产生效果，需要亚行与其借款人/客户共同努力，但也要有分工。

45. 亚行的《保障政策声明》明确了三项保障政策的政策目标、范围和启动条件：

（1）环境保障；

（2）非自愿移民保障；

（3）原住民的保障。

46. 要达到这些政策目标和贯彻政策原则，亚行采取了以下措施（见政策贯彻过程）。为了帮助借款人/客户和他们的项目能取得预期的结果，亚行对借款人/客户提出了一系列具体的保障要求，以应对环境和社会风险。亚行的员工，通过他们的尽职调查和监督，确保借款人/客户在项目准备和实施期间遵守这些要求。这些保障要求包括以下内容：

（1）保障要求 1：环境（附录 1）。

（2）保障要求 2：非自愿移民（附录 2）。

（3）保障要求 3：原住民（附录 3）。

（4）保障要求 4：对不同融资工具的特殊要求（附录 4）。

47. 亚行不资助不遵守其《保障政策声明》的项目，也不资助不遵守项目所在国的社会环境法律的项目，包括项目所在国按照国际法对项目提出的要求。此外，亚行不资助禁止投资领域清单所列的活动。(附录5)

48. 此《保障政策声明》适用于所有亚行资助和/或亚行管理的主权和非主权项目及其子项目，无论其资金来源如何，包括贷款、捐助，以及其他方式，如股权融资和/或抵押融资（以下统称项目）。

（1）环境保障

目标：保证项目的环境安全和可持续性，在决策过程中综合考虑环境问题。
政策范围和启动条件：如果项目有存在潜在的环境风险和影响，则需启动环境保障政策。
政策原则： 1. 使所有拟定项目尽早进入梳理程序，决定恰当的环境评价范围和类型，以便根据潜在的环境影响和风险开展相应的研究。 2. 对每个拟定项目进行环境评价，以识别项目在物质、生物、社会经济（包括通过环境媒介、卫生和安全、弱势群体和性别问题等渠道对受影响人群生计的影响），以及项目所在地物质文化资源方面直接的、间接的、累积的和引致的影响。评估潜在的跨地区和全球性的影响，包括气候变化。如果必要，启动战略性环境评价。 3. 针对项目的地点、设计、技术、结构及其对对环境和社会可能造成的影响，制定替代方法，并说明选择某一替代方法的合理性。也可考虑取消项目。 4. 采取环境规划和管理措施以避免项目的不利影响，如果无法避免，则采取措施尽量减轻、缓解或弥补。制订环境管理计划，内容包括减缓措施、环境监测和报告要求、相应的机构或组织安排、能力建设和培训措施、项目日程安排、成本估算和绩效指标。环境管理计划的关键是把潜在的不利影响减少最低程度，避免对第三方造成实质性的伤害，以及谁污染者谁付费的原则。 5. 与受影响人群进行有效协商，并帮助他们在充分了解情况后参与到项目中。保证妇女参与协商的权利。在项目的早期准备阶段就应有利益相关方的参与，包括受影响的人群和有关的非政府组织，并保证他们的观点和诉求能被有效传递至决策者，作为其决策依据。在项目实施全过程中应不断和利益相关方协商，以处理与环境评价有关的问题。建立申诉机制，以便了解和解决受影响人群对项目的环境影响的关注和投诉。 6. 在批准项目之前，在合适的地点，用对方可理解的语言方式，及时向受影响人群和其他利益相关方公布环境评价草案（包括环境管理计划）。向受影响人群和其他利益相关方公布最终的环境评价及其修订版本（如有修订）。 7. 实施环境管理计划并监测其实施效果。记录监测结果，内容包括修正措施的制定和实施，并公布检测报告。

续表

8. 不在重要栖息地设立项目，除非：（1）项目不会产生危害重要栖息地自我修复功能的可测不利影响；（2）项目不会减少任何已知的濒危物种或极危物种的种群数量；（3）少量的不利影响可以消除。如果一个项目位于依法设立的保护区内，要制订额外的方案推动和促进实现该地区的保护目标。不得导致生物的自然栖息地出现实质上的变化和退化，除非：（1）没有任何替代方案；（2）项目的总体效益大大超出环境成本；（3）所有的影响和退化都得到了适当处理。在使用、开发和管理可再生自然资源时，必须制定措施预防可能产生的不良影响。 9. 参照国际公认的标准（如世界银行集团的环境、卫生与安全指南）认可的成功经验，实施环境污染防治措施。采用清洁生产和高能效措施。避免污染，无法避免时，将污染物的浓度和总量降到最低水平，包括生产、运输、处理、储藏而导致的直接和间接的温室气体、废弃物以及有害物质的泄露。避免使用国际上禁止使用或应逐步停止使用的有害物质。依据综合病虫害管理方法，采购、使用和管理杀虫剂，并减少对合成化学杀虫剂的倚赖。 10. 为工人提供安全和健康的工作条件，预防事故、伤害和疾病。建立预防和应急措施，以避免或减缓（如果无法避免）在卫生和安全方面对项目所在社区的不利影响和风险。 11. 保护物质文化资源，避免其受损或毁坏。在开展环境评价时，雇用有相应资质及工作经验的专家进行现场调查。为应对项目实施过程中可能的“意外发现”，预先制定管理和保护措施。

（2）非自愿移民保障

目标：尽可能避免非自愿移民；研究和设计替代方案，最大限度地减少非自愿移民的影响；提高或至少将移民的生活水平恢复到项目实施前的水平；并且使被迁移的贫困人口和其他弱势群体的生活水平得到提高。
政策范围和启动条件：非自愿移民保障政策包括住所的迁移（搬迁、丧失居住地或栖身地）和经济上的被迫转型（失去土地、资产、获得资产的机会、收入来源，或谋生手段），由于土地被征用，被限制使用或进入依法设立的公园和保护区内的土地。不管这种损失或限制涉及全部或部分财产，也不论这种损失或限制是永久性的还是临时性的。
政策原则： 1. 尽可能早地启动对项目的影响进行梳理，识别非自愿移民的历史、现状，以及未来的影响和风险。通过调查和/或对项目影响人口的普查，确定移民计划的范围，包括性别分析，尤其是与移民影响和风险相关的分析。 2. 与受影响的人群、安置区和非政府组织进行有效的协商。让所有受影响人清楚他们的权利和可选择安置方案。保证他们能参与移民安置的规划、实施和监测评估。尤其要关注弱势群体的需要，特别是那些生活在贫困线以下的人口、失地者、老人、妇女、儿童、原住民，以及那些对土地没有法律权利的人们，并保证他们都能参与协商。建立申诉机制，了解受影响人群关注问题并研究解决方案。支持迁移人群的社会和文化制度，同时为安置区的本地人口提供帮助。如果项目非自愿移民的影响和风险极为复杂和敏感，在决定补偿和安置方案之前应该安排一个社会准备阶段。

续表

3. 通过以下措施提高或至少恢复所有移民的生活水平：（1）如果搬迁人口以土地为生，应可能采用基于土地的安置策略；如果失去土地并不影响搬迁人口的谋生方式，可以考虑按土地的价值予以现金或其他形式的补偿；（2）尽快为搬迁人口提供等值或价值更高的资产重置；（3）及时足额按重置价补偿无法恢复的资产；（4）如有可能，通过项目收益分享方式提供额外的收入和服务。
4. 为受影响人提供的必要支持，包括以下几方面：（1）如有搬迁，则需确保安置土地的使用权，安置区应有良好的居住条件、就业和生产机会，使搬迁人口能在经济和社会上融入安置地原有社区，并能使当地社区因项目而受益；（2）过渡期提供支持和发展援助，如土地开发、信贷支持、培训或提供就业机会；（3）根据需要提供生活基础设施和社区服务。
5. 改善受影响的贫困人口和弱势群体（包括妇女）的生活水平使其至少达到全国最低保障水平。在农村地区，为他们提供获得合法和成本合理的土地和资源的途径。在城镇地区，应为他们提供适当的收入来源，获得合法和价格合理的住房的渠道。
6. 如果土地是通过协商解决方式获得的，应依据透明、一致和公平原则的制定相关程序，以保证参与协商的受影响人的收入和生活能维持原有水平，或有所提高。
7. 保证那些没有土地权利或也无法被法律认可土地权利的受影响人能够获得安置帮助和对非土地资产的补偿。
8. 制订详细的移民计划，详细阐述受影响人口的权利、恢复其收入和生活的策略、相关制度安排、监测和报告安排、预算以及明确的实施时间表。
9. 在批准项目之前，在合适的地点，用受影响人可理解的语言和方式，及时向受影响人和其他利益相关方公布移民计划草案（含协商过程的表述）。向受影响人和其他利益相关方公布最终的移民计划及其更新版本。
10. 把非自愿移民工作视为开发项目或规划的一部分。计算项目的成本和收益时要包括移民计划所需的全部费用。如果项目涉及的非自愿移民影响相当大，可以把非自愿移民作为一个独立的子项目实施。
11. 在受影响人口搬迁和被迫实行经济转型前，就应给予补偿和明确各项权利。在整个项目实施过程中，应密切监督移民计划的执行情况。
12. 监测和评估安置结果，考察它对受影响人群生活水平的影响，结合基底调查和监测结果，考察移民计划是否取得了的预期效果。公布监测报告。

（3）原住民保障政策

目标：在设计和实施项目时，应对原住民对其自身的身份特征、尊严、人权、生活方式和文化特点的定义予以充分的尊重，以便原住民能够：（1）得到符合他们文化传统的社会和经济利益；（2）不遭受项目的负面影响；（3）能积极参与影响他们的项目。

续表

政策范围和启动条件：如果一个项目直接或间接影响到原住民的尊严、人权、生活方式，或原住民的文化、领地，或他们拥有、使用、占有的土地，或他们认为自己世代拥有的领地或财产，就应启动原住民保障政策。原住民一词泛指那些有明显特征、弱势的社会和文化群体，这些群体在不同程度上拥有以下特点：（1）对特定的土著文化群体的自我身份界定，并且其他社会群体也承认这一群体的特征；（2）作为一个集体生活在项目所在地区内有明确地理界限或世代居住的领地，并依靠这些居住地和领地上的自然资源；（3）与主流社会和主流文化在传统文化、经济、社会或政治制度方面有显著区别；（4）使用独特的语言，往往与国家或地区的官方语言不同。确认这些特点时，需要综合考虑国家的立法、传统和该国参与的国际协议。被迫离开位于项目地区内具有明确地理界限或世代居住的领地的群体，也适用于该政策。
政策原则： 1. 尽可能早地对项目影响进行梳理，以确定：（1）项目地区是否有原住民或对该地区有集体归属感的原住民；（2）项目是否有可能影响原住民。 2. 开展符合其文化特点和性别敏感的社会影响评价，或使用类似的方法来评估项目对原住民可能产生的正面和负面影响。在考虑项目产的效益分配和设计减缓措施时，应充分考虑受影响的原住民的偏好。准确识别项目效益是否适应包括性别和代际因素在内的原住民文化，并采取措施避免和/或减缓项目对原住民的不利影响。 3. 与受影响的原住民社区和有关原住民组织展开有效协商，以便他们参与：（1）设计、实施和监督各种措施，以避免不利影响，如果无法避免，则应设法尽量减少、缓解负面影响或并给予补偿；（2）设计适应原住民文化的项目使他们受益。为了鼓励原住民积极参与，项目将提供符合包括性别问题在内的文化传统的能力建设。建立一个符合包括性别问题在内的原住民文化传统和性别平等的投诉机制，了解和解决原住民关注的问题。 4. 确保下列活动取得受影响的原住民的同意：（1）对原住民的文化资源和知识进行商业开发；（2）将他们从传统居住地上迁走；（3）在原住民聚居地进行自然资源的商业开发，影响了原住民的生活，或影响他们界定自身特征的文化、仪式或精神方面使用的这些资源。对政策执行来说，受影响的原住民的同意指受影响的原住民群体作为一个整体，通过个人和/或他们公认的代表表示对项目活动的支持，个别人或个别群体的反对并不能否认这种广泛支持的存在。 5. 最大限度地避免禁止原住民使用相关资源和将他们从保护区和自然资源区迁走。如果无法避免，要保证受影响的原住民群体能够参与对这些地区和自然资源的管理安排的设计、实施、监督，以及评估，并使他们能公平地分享项目的效益。 6. 以社会影响评价为基础，在有相应资质和经验的专家的帮助下，吸取原住民的知识，由受影响的原住民社区参与制订原住民计划（IPP）。该计划的内容包括：在项目实施过程中保持与受影响的原住民及其社区的协商安排；明确相关措施，保证受影响的原住民能得到符合其文化传统的利益；确定防止、减少和缓解项目不利影响或给予补偿的政策措施，包括符合原住民文化传统的投诉程序、监测和评估安排、预算和明确的实施行动时间表。

续表

7. 在批准项目之前，在合适的地点，用对方可理解的语言和方式，及时向受影响人群和其他利益相关方原住民计划草案（包括记录协商过程的文件和社会影响评价结果）。向受影响人群和其他利益相关方公布最终的原住民计划及其修订版本（如有修订）。
8. 如果项目涉及以下情况，应当制订行动计划，在法律上确认其对土地和疆域或世居地的传统上的权利：(1) 项目活动要在原住民传统上拥有、使用或占有的土地上通过法律形式建立新的土地和疆域权利；(2) 征用这些拥有传统权利的土地。
9. 聘用有相应资质和经验的专家监督原住民计划的执行情况。如有可能，采用参与式监测方式，结合基底调查和对原住民计划的监测结果，评价原住民计划是否取得了的预期效果。公布监测报告。

政策贯彻过程

总体要求

49. 梳理和分类。亚行在掌握了足够的信息后，将在项目准备的最初阶段对项目进行梳理和分类。这是为了：（1）了解项目可能产生的影响和风险的重要性；（2）确定评估级别和保障措施所需的组织资源；（3）确定发布信息的要求。

50. 环境分类法。亚行使用一种分类体系反映项目对环境的影响程度。一个项目所属的类别是由它对环境最敏感的部分决定的，包括直接的、间接的、累积的和引致的影响。对每个计划的项目，都要根据其类型、地点、规模和对环境可能产生影响的大小，归入以下四类中的一类：

（1）A 类。如果待议的项目可能对环境产生重大的、不可逆转的、多种形式或没有先例的不利影响，将被归入 A 级。这些影响的范围可能会超出项目所在地或所使用的工具的范围。对这类项目需要开展环境影响评价。

（2）B 类。如果计划的项目对环境的潜在负面影响小于 A 级，将被归入 B 类。这类项目的环境影响局限于项目所在地，而且很少产生不可逆转的环境影响；与 A 类项目相比，在多数情况下都可以很快制定和采取减缓措施。对这类项目需要开展初始环境审查。

（3）C 类。如果计划的项目只会对环境产生轻微的负面影响，或根本不会产生负面影响，将被归入 C 类。尽管对这类项目不需要开展环境评价，但仍需评价其环境影响。

（4）金融中介类。如果待议项目涉及亚行向金融中介或通过金融中介进行投资，将被归入金融中介类（见 65 ~ 67 段）。

51. 非自愿移民。亚行将审查所有项目，以确定它们是否涉及非自愿移民。对于涉及非自愿移民的项目，将根据其影响的范围和程度制定相应的移民计划。项目产生影响的程度取决于：（1）搬迁和经济转型的范围；（2）受影响人群的脆弱程度。关于亚行的金融中介项目见65～67段。

52. 原住民。亚行要对所有项目进行审查，以确定它们是否可能对原住民产生影响。对那些会影响到原住民的项目，准备原住民计划。依据其影响程度，确定原住民计划的细节和所包含的内容。项目产生影响的程度取决于：（1）对原住民使用和取得土地和自然资源的传统权利、社会经济状况、文化和社区的完整、卫生、教育、生活方式和安全状况的影响程度；（2）受影响的原住民的脆弱程度。有关金融中介项目见65～67段。

53. 信息披露。按照亚行的公共信息交流政策，亚行承诺与借款人/客户一起，在合适的地点，以合适的方式和受影响人群能够理解的语言，及时向受影响人群及其他利益相关方发布（包括社会公众）有关社会和环境保障的信息（不管是正面还是负面的），便于他们为项目设计和实施提供有价值的建议。亚行在其官方网站上公布以下保障文件：

（1）对于环境A类项目，至少在提交董事会前120天公布环境影响评价报告草案；

（2）环境评价和审查框架草案、移民框架和/或移民计划草案，住民计划框架和/或计划草案在项目评估前公布；

（3）环境影响评价和/或初始环境审查、移民计划和原住民计划的最终版本或修订版本；

（4）在项目实施过程中借款人/客户提交的环境、非自愿移民和原住民计划执行情况监测报告。

54. 协商和参与。亚行承诺与借款人/客户合作，开展有效的协商程序。对政策执行来说，有效协商要求：（1）项目准备阶段前期就已启动，并贯穿整个项目周期；（2）以可理解和易获得的方式，及时并充分地向受影响的人群披露项目的相关信息；（3）协商必须在不受到威胁和强迫的条件下进行；（4）做到性别平等，及时应答，并特别考虑弱势群体的需求；（5）决策时考虑了所有受影响的人群和其他利益相关方的意见，如项目设计、缓解措施、共享发展成果和机会，以及执行中的问题。亚行要求借款人/客户采取与项目对社区的影响相匹配的方式，通过发布信息以及在此基础上的广泛参与，与受到影响的社区、各类团体和人群展开有效协商。对可能在环境、非自愿移民或原住民方面产生重大不利影响的项目，亚行项目团队将参与协商活动，以了解受影响人群的诉求，并保证在项目设计和各类保障计划中会包含解决这些诉求的措施。

55. 另外，亚行认识到在实施某些特定项目时，受影响的原住民可能处于非常弱势的地位。因此，这类项目中应通过有效协商确保得到受影响的原住民群体的同意：（1）对原住民的文化资源和传统进行商业开发；（2）把原住民从他们传统或习惯居住的土地上迁走；（3）在原住民习惯居住的土地上对其正在使用的自然资源进行商业开发，影响他们为谋生或因文化、礼仪及信仰等方面原因对土地的使用，从而损害了原住民文化特征和群体的完整性。对政策执行来说，受影响的原住民的同意指受影响的原住民社会作为一个整体，通过个人和/或他们公认的代表表示对项目活动的支持，个别人或群体的反对并不能否认这种广泛支持的存在。借款人/客户应确定受影响的原住民是否支持相关项目，如果项目得到了广泛支持，在原住民计划中应清楚地描述协商过程。亚行将审查借款人/客户记录协商过程的书面文件，还将开展独立的调查，确保受影响的原住民确实表达了对项目的广泛支持。如果项目没有取得这种广泛的支持，亚行将不会为项目提供融资。

56. 尽职调查和审查。对寻求资助的项目，作为尽职调查的一部分，亚行要进行保障措施审查，包括审查借款人/客户的书面保障文件。亚行在保障政策方面的尽职调查和审查，除了保障文件，还强调对环境和社会影响的评估和计划过程。尽职调查和审查包括实地考察和案头审查。通过这些工作，亚行可确认：（1）所有主要社会和环境影响和风险均已被确认；（2）保障计划和项目设计中已经包含了避免、尽量减少、缓解不利影响的有效措施，或相应的补偿措施；（3）借款人/客户理解亚行“保障要求”1～4中的政策原则，承诺并具备相应能力应对社会和环境的影响和/或风险；（4）保障计划中对第三方的作用做出了合理的定义；（5）已按照亚行的要求与受影响的人群进行了协商。如果审查和计划过程或保障文件不符合亚行的保障要求，亚行会要求借款人/客户另外做出审查和/或改进保障计划。当借款人/客户没有足够的能力实施申请资助项目的保障计划，项目中还应包括加强其能力建设的子项目。对那些亚行认为高度复杂和敏感的项目，亚行将要求借款人/客户在项目准备和实施期间聘请一个独立的顾问团队。

57. 监测和报告。借款人/客户和亚行有各自的监测责任。监测活动的强度，包括其范围和周期，要视项目的风险和影响程度而定。亚行要求借款人/客户按照项目法律文件实施保障措施和有关保障计划，并定期就计划的执行情况提供监测报告。亚行要求借款人/客户：

（1）建立并坚持监测保障计划执行情况的制度；

（2）确保保障措施的实施及进展有助于取得预期成果；

（3）编制和发布监测结果报告，并在定期的监测报告中确定必要的修正和预防措施；

（4）跟踪这些政策措施的实施情况，确保保障计划能达到预期的结果，

(5) 由具备相应资质和经验的外部专家或合格的非政府组织取证具有重大影响和风险项目的监测信息；

(6) 对高度复杂和敏感的项目，聘请独立的咨询团队监测项目实施；

(7) 按照亚行要求的方式定期提交监测报告。

58. 亚行将根据借款人/客户在项目法律文件中的承诺评估项目的效果。亚行检查和监督的强度将视项目的风险和影响而定。对社会和环境保障的监测和监督将整合进项目绩效管理体系。亚行对项目的监测将持续到发布项目完工报告。亚行对项目执行情况将采取以下监测措施：

(1) 对那些产生负面环境和社会影响的项目，定期进行现场考察；

(2) 对产生重大负面社会或环境影响的项目，由亚行的保障专家/官员或项目咨询专家到现场进行细致的监督考察；

(3) 审查借款人/客户定期提交的监测报告，以确保项目的负面影响和风险已按计划和亚行的要求得到减缓；

(4) 与借款人/客户一起尽可能弥补未能实现的法律文件中的保障承诺，并采取补救措施使之重新符合保障要求。

(5) 编制项目完工报告，结合基底条件和监测结果，评估保障计划是否达到预期的目标和取得预期成果。

59. 申诉机制。亚行要求借款人/客户建立申诉机制，在项目层面了解和帮助受影响人群对项目的社会和环境影响的担忧和不满。申诉机制需按项目的风险和影响程度设计。它应能及时处理受影响人群的诉求和不满，并采用易于理解和透明的程序，不存在性别歧视，适应受影响人群和社区的文化传统，而且不同的受影响人群都能方便地通过它来表达意见。

60. 问责机制。受项目影响的人群也可通过亚行的问责机制投诉。问责机制提供了独立的论坛和渠道，受到亚行资助项目影响的人们可以提出问题，寻求解决方案，也可以举报他们认为项目中违反亚行政策和程序的行为。问责机制包括两个独立但有联系的部分：(1) 协商阶段，由亚行的项目特别协调人牵头，直接向行长负责，以帮助受项目影响的人群解决问题；(2) 合规审查阶段，由三人小组向董事会负责。合规审查小组调查被举报的违反亚行董事会规定的政策和程序的行为，包括保障政策，这些行为已经或可能对受项目影响的人群造成直接的负面影响和导致物质上的损失，并就如何保证项目能按照相关政策和程序实施提出建议。

特殊要求

61. 除了按照第49~60段规定的要求实施的标准贷款业务，在特殊情况下还需要采取特别措施来应对项目的社会与环境影响和风险。附录4具体说明对规划贷款、行业贷款、多批次融资、紧急援助贷款、现有融资工具、金融中介和一般公司融资的附加要求。一旦出现新的贷款形式，附录4就要进行相应更新。

保障政策框架

62. 保障政策框架适用于行业贷款、多批次融资工具、紧急援助贷款或其他贷款方式，包括那些在获得董事会批准后才设计子项目或具体组成部分的项目。设置保障政策框架的目的在于保证子项目或项目组成部分能按照亚行的保障目标、原则和要求实施。保障政策框架（包括环境评价和审查框架、移民框架和原住民计划框架）应于项目通过评审前完成，以便为经董事会批准后设立的子项目和/或项目组成部分的梳理和分类、评估、规划、机构设置和操作过程提供指导。项目影响的评估和保障计划需在子项目或项目组成部分筹备期间，按照亚行和借款人/客户同意的保障政策框架制定。保障政策框架不适用于高度复杂和敏感的行业贷款的子项目，或多批次融资项目的行业贷款部分。

63. 在各个存在保障问题的领域都应建立保障政策框架，以便：

（1）充分反映项目筹备和实施，以及子项目和项目组成部分需遵循的政策原则和保障要求；

（2）阐明申请融资项目中的子项目和/或其组成部分可预见的影响；

（3）详细说明在子项目梳理和分类、评估和计划时的需满足的要求，包括安排发布信息，与受影响的弱势群体（包括妇女）进行有效协商，投诉纠错机制，如果可能，还要包括用于选择子项目及/或项目组成部分的保障标准；

（4）明确操作程序，包括预算、机构设置和能力建设的要求；

（5）明确监测和报告要求；

（6）详细说明借款人/客户、亚行和有关政府机构在准备、提交、评估和批准子项目保障文件，以及监督保障计划执行情况责任和权力。

64. 为了确定保障政策框架的应用是否合理，亚行将评估借款人/客户处理环境和社会影响和风险以及执行所在国家法律和满足亚行相关要求的能力。如果亚行的要求与所在国家法律存在差距，或借款人/客户的能力明显不足，保障政策框架应包括具体的补救措施，以保证符合政策原则和保障要求。

金融中介

65. 对于使用亚行资金投资或通过金融中介开展的项目，亚行要进行保障方面的尽职调查，评估引入金融中介和未来的业务组合的潜在环境和社会影响和风险，以及金融中介管理社会和环境风险的意愿和能力。所有金融中介都要保证其投资遵守所在国家的相关法律和条例，并且其获得亚行融资的子项目不得包含亚行禁止投资清单中的活动（见附录5）。如果金融中介投资的项目只有很小或完全没有对环境和社会产生负面影响时，它将被视为C类项目，不需再受其他特殊要求的约束。所有其他金融中介项目都要根据其未来业务的性质和风险，具有或建立环境和社会管理体系，作为金融中介项目管理制度的一部分。

66. 环境与社会管理体系将包含以下要素：（1）环境和社会政策；（2）梳理、分类和评估程序；（3）组织结构和人员安排，包括在环境和社会方面的技能和资质；（4）培训要求；（5）监测和报告。该体系必须以书面文件形式获得亚行和金融中介的批准。所有获得亚行融资的金融中介子项目，无论是通过信贷限额、其他贷款、股权融资、担保或其他融资方式，如可能对环境和社会产生重大影响，金融中介必须保证这些子项目能满足亚行的保障政策要求，包括保障要求 1 ~ 3 的规定。亚行也可以根据金融中介的业务组合和项目所在国的保障体系，对金融中介的活动作出额外规定。亚行会依据其环境和社会管理体系监测金融中介的绩效。

67. 亚行将评估金融中介是否有足够的处理环境和社会影响和风险的能力。如金融中介的能力有缺陷，亚行和金融中介必须制订有明确时间要求的计划，解决这些问题。亚行要和客户一起提高应对环境和社会风险的整体能力。

加强和使用国家保障系统

68. 亚行意识到发展中成员体已在不同程度上发展了自己实施保障政策的体系，支持发展中成员体加强和有效使用自己开发的系统，能提高它们的自主性、降低交易成本，在长期中扩大发展影响。亚行承诺支持发展中成员体加强和有效应用其国家保障系统，重点是支持借款人的能力建设。同时，亚行需要确保在亚行的项目中使用国家保障系统不会违反亚行的政策目标和原则。亚行加强和使用国家保障系统的总体战略具有以下特点，并强调分步实施：

（1）定义。国家保障系统是指一个国家的法律和制度框架，包括国家层面、地区层面和行业层面有关保障政策的制度、法律、条例、规则和程序。

（2）使用国家保障系统的前提 —— 等同性和可接受度评估。在亚行资助的项目中采用国家保障系统不是自动或强制性的。亚行在国家层面、地区层面、行业层面或机构层面识别亚行资助项目的社会与环境风险后，可能会考虑采用借款人的国家保障系统，如果：①该保障系统和亚行的保障政策框架（经过等同性评估）具有等同的效力，即该保障系统的目标、政策范围、启动条件和适用原则都与此《保障政策声明》（英文原文件第 16 ~ 18 页，中文译文第 14 ~ 16 页）的规定一致；②（经过可接受度评估）借款人的操作实践、以前的业绩记录和能力都符合要求，并承诺执行国家层面、行业层面或相关机构的相关法律、条例、规则和程序。

（3）加强国家保障系统和能力建设的必要性。如果借款人需要加强其国家保障系统以按照此《保障政策声明》（第 14 ~ 16 页）的规定实现政策目标，确定政策范围、启动条件和适用原则，并承诺为此制订包含具体措施的行动计划，亚行可在确定它的等同效力后，对这些措施加以考虑。同样，如果借款人加强其操作实践和能力，并承诺实施包含具体措施的行动计划达到这一目标，亚行可以在确定其满意度后对这些措施加以考虑。这些具体措施应在借款人实施相关项目前启动，并可能得到亚行的帮助。

(4) 国家保障系统的适用范围。因为效力评估和满意度评估的范围随保障政策的不同而不同，所以一个国家、部门或机构可能适用一个、两个或所有三个保障领域，这取决于对国家保障系统的评估结果。

(5) 不采用国家保障系统的项目。对那些由亚行资助的高度复杂和敏感的项目，不能采用国家保障系统。

(6) 信息发布和协商。国家层面、地区层面、部门或机构层面的等同性和可接

受度评估（包括相关补救措施）完成后，都应在亚行网站上发布评估结果草案，以便听取公众意见。亚行将在国内组织研讨会，征求利益相关方，包括政府和非政府组织的意见和反馈。等同性和可接受度评估的最终结果也将发布在亚行网站上。项目层面的满意度评估的信息发布和协商将依据项目准备阶段的正常保障文件发布和协商程序进行，具体见第53~55段。

(7) 亚行的作用和责任。亚行负责评估和确定国家保障系统是否具有等同效力，借款方是否有足够的操作实践和能力。亚行在准备等同性和可接受度评估时，与其他可能的发展伙伴保持紧密协调。对那些采用国家保障系统的项目，和其他亚行资助的项目一样，亚行仍负有评估和进行尽职调查的责任。尽职调查和审查工作要按照国家保障系统和各方同意的行动计划的要求（而不仅仅是亚行的要求）进行。在董事会批准了某一采用国家保障系统的项目后，亚行将按照与其他亚行资助项目相同的程序进行监督。

(8) 借款人的作用和义务。借款人有责任使国家保障系统达到并保持同等效力，同时依照亚行的评估结果，开展可接受的实施活动，建立跟踪记录和进行能力建设。对具体的项目，借款人要确定国家保障系统中包含必要的条款，以满足此《保障政策声明》中的政策目标和原则的要求。这些条款可能会因项目的不同而不同，这取决于像国家保障系统的结构和业务类型这样的因素。在任何情况下，为达到和保持等同性和可接受的实施能力，这些条款和任何附加措施均成为借款人对亚行契约性补偿的合同义务的一部分。

(9) 亚行的问责机制。采用国家保障系统不会影响亚行问责机制的作用。

(10) 分步实施。本政策生效后，三年内国家保障系统的使用只涉及少数发展中成员体，重点放在地区、部门或机构层面。三年后将对采用国家保障系统的效果进行评估。

69. 附录6详细陈述了加强和使用国家保障系统的具体内容。

联合融资项目

70. 亚行致力于与借款人/客户和联合融资者采用单一的社会和环境评价、规划程序，统一的保障文件、协商措施和信息发布要求，以符合亚行和联合融资者的保障政策原则和要求。

作用和责任

亚行的作用和责任

71. 亚行的作用和责任包括：梳理项目并说明亚行的保障要求；开展尽职调查；审查借款人/客户的社会和环境评价和计划，以保证能按照亚行的保障政策原则和保障要求1～4的规定，采取措施尽可能避免、（如无法避免）减少、缓解项目对社会和环境的负面影响并作出补偿；决定亚行融资的可行性，帮助借款人/客户建设其开展保障工作的能力；在整个项目周期检查和监督借款人/客户管理社会和环境风险的绩效。亚行在其网站上发布保障计划和框架，包括社会和环境评价及监测报告。

72. 如果借款人/客户不能按照法律协议满足保障要求，包括保障计划和框架中的要求，亚行将采取补救措施，并和借款人/客户共同努力，使项目重新符合相关要求。如果借款人/客户不能使项目重新符合相关要求，亚行可以根据法律协议采取法律补救措施，包括暂停、撤销或提前结束项目。在采取这些措施前，亚行会采用合同各方都能接受的其他补救措施，包括提议相关各方进行对话，以便符合相关的具有法律效力的协议。

借款人/客户的作用和义务

73. 借款人/客户的作用和义务包括：评估项目及其对环境和社会的影响；制定保障计划；并按照所有的相关政策原则和保障要求，通过发布信息以及在此基础上的广泛参与，与受到影响的社区展开有效协商。借款人/客户应按亚行的要求提供相关信息，包括评估报告、保障计划和框架以及监测报告，供亚行审查。借款人/客户必须遵守项目所在国的法律、条例和标准，包括该国按照国际法应尽的义务。另外，借款人/客户应通过经亚行同意的保障措施来贯彻政策原则和体现保障要求1～4的要求。为了保证合同各方正确执行各项政策措施，借款人/客户应将保障要求写入招标文件和工程合同。如果各国的保障政策和条例与亚行《保障政策声明》（包括《保障要求》1～4）有不一致的地方，亚行和借款人/客户将制定和实施特殊措施以保证项目完全符合亚行的保障政策原则和要求。

六、实施安排和资源需求

政策实施和监测

74. 《保障政策声明》在亚行内部的实施以3年中期行动计划为指导，在2010—2012年启动。行动计划应在下列要素的基础上制定：（1）支持借款人/客户的保障能力建设；（2）开发和维护支持实施《保障政策声明》的政策工具（如指南和手册）；（3）确保亚行的组织能力和资源足以实施《保障政策声明》；（4）改进和维护亚行内部评估和合规监测制度。2010—2012年的行动计划，包括行动建议、相关结果和所需资源，见附录2。

75. 亚行将对照《保障政策声明》确定的政策目标监测和全面评估保障政策的执行情况。亚行要坚持内部评估和合规监测制度，评估银行范围和项目层面的亚行保障政策的执行情况。

所需的资源

76. 亚行将为有效实施《保障政策声明》配置相应的资源。为了提高资源使用效率和优化资源配置，可从以下几个方面考察各种政策选择：（1）根据亚行和借款人/客户的责任划分，有效地在行政预算、技术援助和贷款业务之间配置资源；（2）高效和精简内部程序要求有助于取得亚行的保障目标并符合《保障政策声明》的原则；（3）采取有效措施，包括提高技能水平，优化配置总部和代表处的保障专家，并提高部门专业化程度和建立专家资源库。

77. 《保障政策声明》强调要帮助发展中成员体加强其保障系统以及实施保障政策的能力。应发展中成员体的要求，可以与双边和多边发展伙伴共同加强其能力建设。中期目标是通过建立信托基金动员外部资金，筹集八千万到一亿美元，以便：（1）支持发展中成员体加强其保障政策、法律体系、条例、规则和程序；（2）在国家层面、地区层面、行业层面和机构层面支持发展中成员体的政府机构、借款人/客户和民间团体的能力建设；（3）如有需要，与发展中成员体共同开展国家保障系统的等同性和可接受度评估和诊断。

78. 过去几年中，亚行在聘用保障专家方面有了系统的进展。2002年批准《环境政策》时亚行有19名环境专家，包括18位专业人员和一位本地官员，目前又聘请了14名环境专家（8名专业人员和6名本地官员）。自1995年批准非自愿移民政策以及1998年批准原住民政策以来，到2009年5月，亚行的社会保障专家的人数从只有1人增加到22名专业人员和9名本地官员。目前，亚行共设有48个保障政策评估专业岗位，包括26个环境问题专家岗位和22个社会发展专家岗位。亚行还增加了17个从事保障工作的本地岗位，包括8个环境官员职位和9个社会保障官员职位，其中12个职位设在7个代表处。

79. 亚行根据内部调查，并使用员工周工作系数来测算保障方面的尽职调查、评估和监督工作所需的人力资源。估计结果表明，从目前到中期（2010—2012年）这一阶段的保障评估工作每年需要增加1253~1749人·周的工作量，原因主要是近年来业务量的快速增加和亚行的第五次增资。这个估计结果的前提包括：关于内部保障评估程序的假设、在亚行内部调配人力资源、员工在保障工作上实际花费的时间，以及项目储备的结构。追加的资源将在3年的中期框架内到位，包括各种岗位（既有专业人员也有代表处官员）和咨询专家。如有必要，可以优先给常驻代表处增加员工力量。通过适当的培训，代表处官员的作用将扩大。他们将主要负责一下三个方面的工作：（1）提高《保障政策声明》中保留的现有政策要求的执行效率；（2）提高有关与社区沟通的新政策要求的执行效率；（3）对那些具有相当影响和风险的项目，在项目实施期间展开额外的保障评估。此外，为了解决保障政策实施过程中出现的法律问题，以及对国家保障系统的效力评估结果进行评估，法律总顾问办公室可能需要新的法律专家。

80. 在中期，采用国家保障系统会新增亚行的项目成本。如果根据需要进行的国家保障系统效力评估，每年都需要投入额外的专业人员投入。每项效力评估可能需要5~12个工作周，满意度评估也需要人力。对于这部分需要追加的人力投入，必要时可以通过聘用咨询人员解决。另外，世界银行在开发和应用国家保障系统诊断方法方面起到了相当大的作用，并对在该领域开展合作有很大的兴趣。与合作伙伴如世界银行合作，也可提高效率。

生效日期和过渡期

81. 《保障政策声明》和附录1~6将在董事会批准之日后6个月生效。政策生效日期后开始筹备的项目，应按照《保障政策声明》和附录1~6进行。对那些在政策生效日期已经召开过管理评估会议，或并已部分通过定期融资管理评估的多批次融资项目，适用亚行的《非自愿移民政策》（1995）、《原住民政策》（1998）和《环境政策》（2002）。

政策检查

82. 《保障政策声明》生效5年后将进行一次评估，以考察该政策是否有助于实现亚行的保障政策目标。另外，政策生效3年后将进行一次业务评估，重点是：（1）采用国家保障系统的进展和成效；（2）对金融中介项目保障要求的执行情况及其成效。两次评估都将由独立评估局主持，评估报告将提交董事会和亚行管理层。根据3年评估报告和董事会下属的发展绩效委员会的建议，亚行管理层将就国家保障系统的执行情况和对金融中介的保障要求起草一份报告，提请董事会批准。管理部也将就5年评估的结果向董事会提交报告。

七、建 议

83. 行长建议董事会批准本文件陈述的亚行《保障政策声明》，包括第五章、第六章和附录1~6，以取代《非自愿移民政策》（1995）、《原住民政策》（1998）、《环境政策》（2002），以及《公共信息交流政策》（2005）中的第73段第二句、第77~85段和92段的内容。

附 录

附录1 保障要求1：环境

导言

1. 保障要求1概述了借款人/客户在实施亚行支持的项目时所应满足的环境保障要求。它论述了环境保障政策的目标和范围，并强调了对环境评价流程的要求。这些要求包括评估环境影响，规划和实施减缓影响的措施，编制环境评价报告，发布信息和进行协商，建立投诉机制，并进行检测和报告。文件还包括与保持多样生物多样性、对自然资源可持续发展的管理、污染防治、职业和社区卫生与安全、保护物质文化资源等相关的特殊环境保障要求。特殊环境保障要求是基于环境评价过程制定的，并通过亚行和借款人/客户同意的环境管理计划实施。

目标

2. 环境保障政策的目标是保证环境安全和项目的可持续性，并支持在项目决策过程中综合考虑环境因素。

适用范围

3. 这些要求适用于所有亚行融资和/或亚行管理的主权和非主权项目，以及它们的组成部分，无论其资金来源是贷款、捐助还是其他方式，如股权投资和/或担保（以下统称项目）。

要求

环境评价

4. 环境评价指用来确定项目的环境影响和风险的环境分析和规划过程。在项目准备工作的早期，借款人/客户应通过与利益相关方进行协商（包括受影响人群和相关的非政府组织），识别项目在物质、生物、社会经济和物质文化资源方面直接、间接、累积和引致的环境影响，并确定影响的程度和范围。如果确认对环境有潜在的负面影响和风险，借款人/客户应尽可能在项目周期的初期进行环境评价。对那些可能产生对环境产生重大的、不可逆转的、多种形式或没有先例的不利环境影响的项目，借款人/客户应为项目重新选址，以避免影响，如无法避免，尽量降低项目的负面环境影响和风险。必须就项目项目的选址、设计、技术路线以及结构的合理性作出书面说明，包括成本收益分析、要在制定各种替代方案是考虑其环境成本与收益，甚至可以考虑取消项目。

5. 评估将在现有的信息基础上进行，包括项目的准确描述以及适当的环境与社会基底资料。环境评价应综合考虑物质、生物、社会经济［职业和社区卫生与安全、弱势群体和性别问题，以及通过环境对生活的影响（附录2第6段）］和物质文化资源方面的潜在影响和风险。应对照本文件提出的要求评估项目潜在的环境影响和风险，并符合项目所在国环境方面的法律和条例，包括项目所在国按照国际法应承担的义务。

6. 应在项目的影响范围内分析其影响和风险。所谓影响范围包括：（1）项目地点和借款人/客户（包括承包上）开发和控制的有关设施，如输电线路、管道、运河、隧道、道路、取土坑、垃圾处理场和建筑工棚；（2）不在项目融资范围内的相关设施（其资金可能来源于借款人/客户或第三方），其存续性不依赖于项目，其货物或服务对项目至关重要；（3）可能受到累积影响的地区和社区，包括项目后续规划和开发，在该地理范围内能产生类似影响的因素，任何现有的项目或条件，以及其他在评估时可以实际确定的与项目有关的开发；（4）在项目实施以后或在另一地区产生的不在规划之内但可预料的开发对地区和社区的潜在影响。项目的影响范围不包括没有设立项目或与项目无关的潜在影响。在项目周期的各相应阶段都要进行环境影响和风险评估，包括开工前、施工、运营、拆除及关停后的活动，如修复或恢复。

7. 评估还要确认跨地区的影响，如空气污染、对国际水域的使用或污染，以及全球性影响，如温室气体排放和对濒危物种及其栖息地的影响。

8. 环境评价将考察特定的个人和群体由于处于不利或弱势地位而不平等地或不成比例地受到项目潜在的负面环境影响，尤其是贫困人口、妇女和儿童，以及原住民。确定了这些弱势个体和群体后，环境评价将建议制定有针对性及有区别的措施，使负面环境影响的不至于更多地伤害到他们。

9. 根据项目影响和风险的程度，评估工作可以对A类项目进行全面的环境影响评价，对B类项目进行初始环境审查（IEE）或类似程序，以及案头评估。环境影响评价报告需包括以下要素：（1）工作摘要；（2）项目描述；（3）环境描述（包括综合的基底资料）；（4）可预见的环境影响和减缓措施；（5）替代方案分析；

(6) 环境管理计划；(7) 协商和信息公开；(8) 结论和建议。本附录的附录对此有详细叙述。初始环境审查范围较小，适用于那些环境影响有限的项目，其影响数量上有限，局限于特定区域，基本可逆转，通过减缓措施可以解决。

10. 如果项目涉及已有的活动或设施，需要外部专家进行环境审计，以判断项目是否可能或已经在某些地方引起环境的风险或影响。如果预计项目的影响不会有任何扩散，项目审计也可以等同于环境评价。标准的环境审计报告应包括以下要素：(1) 工作摘要；(2) 活动描述，包括过去和现在的工作；(3) 简要说明全国性的、地方性的和任何其他适用的环境法律、条例和标准；(4) 审计和现场调查程序；(5) 调查结果和关注范围；(6) 补救行动计划，就各个关注范围内的问题提出合适的补救措施，包括成本和进度。

11. 当项目涉及政策和计划的发展或变化，或者是项目可能在地区层面或行业层面产生重大环境影响时，要进行战略性环境评价。战略性环境评价包括：(1) 情景分析；(2) 长期和间接影响评估；(3) 协商程序；(4) 解释其他备选方案。

环境规划和管理

12. 借款人/客户应制定环境管理计划，以应对环境评价所确认的潜在影响和风险。环境管理计划包括减缓措施、环境监测和报告要求、应急响应程序、相关的机构和组织安排、能力培养和培训措施、实施进度、成本估算和绩效指标。如果无法避免环境影响和风险，应采取措施减轻这种影响，使项目的设计、施工和实施符合相关的法律和条例，以及本文件的要求。环境计划文件的详细和复杂程度，减缓措施的重要性，取决于项目的影响和风险。环境管理计划关键的考虑因素包括，减少潜在的不利影响到最低程度，避免对第三方造成实质性的伤害、谁污染者谁付费的原则，以及预防性的方法和灵活的管理。

13. 如果采取减缓措施后的项目的环境影响仍然显著，环境管理计划也将包括适当的补偿（弥补）措施，目的在于保证项目不会导致环境的显著恶化。这些措施可能涉及保护栖息地和生物多样性，保护大气条件和温室气体排放等问题。特殊情况下可以使用货币补偿，如果补偿会被用于产生同样性质的环境效益，并与项目产生的余留影响相当。

14. 环境管理计划会尽可能地用可测度的事件定义项目的预期成果，并包括绩效指标或能在确定期限内跟踪的目标。它将对项目设计变化做出反应，如项目的位置、路线、技术上的重大改变，无法预料的事件和监测结果。

15. 有时，第三方的介入会影响环境管理计划的实施。第三方也可能是政府机构、承包商，或与项目有关的设施的经营者。在第三方风险很大而借款人/客户能对第三方的活动和行为进行控制或施加影响的情况下，借款人/客户应和第三方合作以取得符合要求的结果。具体行动视具体情况而定。

16. 借款人/客户可利用具有相应资质和经验的专家进行环境评价和制订环境管理计划。对那些高度复杂和敏感的项目，在项目准备和实施期间，要聘用独立的咨询小组，其成员与项目不存在关联。

信息公开

17. 借款人/客户需将以下文件提交给亚行，以便在亚行的网站上公布：

（1）在提交亚行董事会讨论前至少120天，提供完整的环境影响评价（包括环境治理计划）草案；必要时，在项目评估前提交环境评价框架。

（2）环境影响评价和初始环境审查最终版本。

（3）如果在项目实施期间编制了类似文件，则应提交新的或修订的环境影响评价和初始环境审查文件。

（4）环境监测报告。

18. 借款人/客户要再合适的地点，以受影响人群和其他利益相关方可以理解的语言和方式，及时提供环境信息，包括第17段中所列的信息。对于不识字的受影响人，应使用其他适当的沟通方式。

协商和参与

19. 借款人/客户要与受影响人群和其他有关利益相关方进行有效协商，包括民间组织，并协助他们在掌握相关信息后积极参与。有效协商的过程具有以下特征：（1）项目准备阶段就已启动，并贯穿整个项目周期；（2）以适当的方式，及时而充分地向受影响的人群发布项目的相关信息；（3）协商必须在不受到威胁和强迫的条件下进行；（4）不存在性别歧视，充分考虑弱势群体的需求；（5）决策时考虑了所有受影响的人群和其他利益相关方的意见，如项目设计、缓冲措施、共享发展成果和机会，以及执行中的问题。协商形式要与项目对社区的影响匹配。协商结果要形成书面文件，并写入环境评价报告。

申诉机制

20. 借款人/客户应建立申诉机制，了解受影响人群对项目的社会和环境影响的担忧和不满，寻求解决方案。申诉机制需按项目的风险和影响程度设计。它应能及时处理受影响人群的诉求和不满，并采用易于理解和透明的程序，不存在性别歧视，适应受影响人群和社区的文化传统，而且不同的受影响人群都低成本地通过它来表达意见，也不用担心受到报复。该机制不能妨碍他们寻求国家的司法和行政补偿措施。设置机制的消息应及时通知受影响的人群。

监测和报告

21. 借款人/客户要监测环境治理计划的实施进度。监测活动的强度取决于项目的风险和影响程度。除了记录信息以跟踪计划执行情况，借款人/客户还应进行检查，以证实他们的工作符合环境治理计划的要求并朝着预期的方向进展。对那些有可能产生重大负面环境影响的项目，借款人/客户要聘请有相应资质和经验的外部专家或合格的非政府政组织来确认监测信息。借款人/客户将监测结果编制成书面文件，制定必要的补救措施，并反映在补救行动计划中。借款人/客户要执行这些计划并监测效果。

22. 借款人/客户应定期提交监测报告，介绍环境管理计划的进展、项目是否符合计划要求，以及出现问题时的相应补救措施。对那些可能产生重大负面环境影响的项目，在施工期间，借款人/客户至少每半年要提供一份监测报告；对高度复杂和敏感的项目，则要每季度提交一次监测报告。对有可能产生重大负面环境影响的项目，在实施期间，至少每年要提交一次报告。这些定期提交的报告要以公众能看到的方式发布。项目预算要包括监测和报告的成本。

不曾预料的环境影响

23. 在项目执行过程中，如出现明显的不曾预料的环境影响，借款人/客户需修订或制定新的环境评价和环境管理计划以评估潜在的影响，比较其他替代方案，并简要说明应对这些影响的措施。

保护生物多样性和自然资源可持续管理

24. 借款人/客户要评估项目对生物多样性以及自然资源影响和风险的程度，把将其作为第 4 ~ 10 段阐述的环境评价过程的一部分。评估的重点是对生物多样性的威胁，包括破坏栖息地和引入入侵的外来物种，以及以不可持续的方式使用自然资源。借款人/客户应采取措施避免、尽量减轻或缓解潜在的负面影响和风险，或在没有更好方法的情况下，依靠补偿性措施来补偿生物多样性，例如生物多样性抵消，以达到增加或不减少生物多样性的目的。

栖息地变化

25. 在变化了的栖息地，自然条件经常会因外来物种的出现发生明显变化，如在农业地区。借款人/客户要注意尽量避免此类转变进一步的发展和恶化，并且按照项目的性质和范围，将保护栖息地和生物多样性作为项目的一部分。

自然栖息地

26. 在自然栖息地，项目不得导致栖息地的重大改变或退化，除非具备以下条件：

（1）其他替代方案；

（2）综合分析表明该项目的总收益能大大超过项目成本，包括环境成本；

（3）已经对栖息地的变化或退化采取了适当减缓措施。

27. 设计减缓措施应以至少不使生物多样性绝对下降为目标。这可能需要采取一系列的行动，如项目完成后恢复栖息地，通过建设或有效保护具有类似生态功能的地区以保护生物多样性，同时尊重原住民或当地群体对相关资源的使用方式，并向受到影响的人提供补偿。

重要栖息地

28. 不得在重要栖息地开发任何项目，除非满足以下要求：

（1）对重要栖息地的生物多样性自我恢复能力和生态功能没有可测的负面影响或产生珍重影响的可能性；

（2）不得导致任何珍稀或极危物种数量的减少，或栖息地面积的丧失，以至于影响到具有本地代表性和存续的主体生态系统；

（3）任何较轻微的影响都可按照第27段的要求加以减缓。

29. 如果项目活动涉及重要栖息地，借款人/客户应聘请与相应资质和经验的专家进行评估。

保护地

30. 如项目活动位于保护地，除28段规定的要求外，借款人/客户还应满足以下要求：

（1）项目活动不得违反保护区管理计划。

（2）就项目活动与保护区主管方、经营者、当地社区和其他关键利益相关方展开协商。

（3）规划附加项目，推动和促进保护区的保护目的。

入侵的外来物种

31. 借款人/客户不能有意引入任何新的外来物种（即那些在项目所在国家或地区现在还没有被确认已经存在的物种），如果有相应的管理框架，就必须符合其规定；或者已经就这类行动进行了风险评估（作为环境影响评价的一部分）。在任何情况下，都不得将已知的有害物种引入新的环境中去。借款人/客户必须就意外或无意引入外来有害物种的可能性进行评估，并采取措施尽量减少其可能性。

管理和使用可再生自然资源

32. 对可再生自然资源进行可持续管理。可持续资源管理是指以这样一种方式或速度使用、开发和保护自然资源，使人们，包括原住民，在满足当代的社会、经济和文化需要时，还不损害可预见的未来人们的利益。这包括保护空气、水和土壤等生态系统。如有可能，借款人/客户应通过独立的认证来证明其对资源的可持续管理。

污染防治

33. 借款人/客户在项目设计、施工和运作过程中，应参照国际公认的标准（如世界银行集团的环境、卫生与安全指南）认可的成功经验，实施污染防治技术与方法。这些标准包括项目可通常采用和接受的污染水平和措施。如果项目所在国的规定与这些标准不同，借款人/客户应实行更为严格的一种。根据项目的具体情况，如果可以采用相对较低的标准，借款人/客户应根据本文件的规定，充分和详细地说明采取替代方案的理由。

预防污染，资源保护和有效利用能源

34. 借款人/客户应避免，或在无法避免时，尽量减轻或控制污染浓度和数量。另外，借款人/客户要依据清洁生产原则在项目实施过程中采用保护资源和提高能效的措施。如果项目有可能在环境已经恶化的地方排放大量污染物，应制定改善周围环境条件的战略，如考虑调整项目选址和污染物抵消措施。

废弃物

35. 借款人/客户应避免，或在无法避免时，尽量减少或控制项目产生的有害和无害的废弃物，以及有害物质排放。当废弃物不能回收或再利用时，应采用对环境无害的方式处理、销毁和处置。如果产生的废弃物是有害的，考虑到对跨界处置的限制，客户应开发合理的对环境无害的处理方式。如果废弃物的处理有第三方负责，借款人/客户必须选择信誉良好，并有相关机构颁发的处置资格的企业。

有害物质和材料

36. 借款人/客户应避免生产、买卖和使用国际上禁用或要求逐步淘汰的有害物质和材料，因为它们对生物器官的剧毒性、环境中的存续性以及可能的生物体内累积，或可能的臭氧层损害；并将考虑使用危害较小的替代品取代这些化学物质。

杀虫剂的使用和管理

37. 环境评价要确定，任何与项目有关的病虫害和/或宿主的管理都要依据综合病虫害管理规定进行，并在农业和公共卫生项目中减少合成化学杀虫剂的依赖。借款人/客户对害虫及其宿主的管理必需综合运用有关信息和控制害虫/宿主的技术手段，包括抚育措施，生物和遗传方面的技术，以及作为最后的手段，采用化学方法将虫害控制在可以接受的程度。如果必要，应通过制度能力建设，尽量减轻与虫害防治有关的卫生和环境的风险，控制和监测杀虫剂的销售和使用，并推动采用综合的病虫害管理方法。

38. 如果项目所在国缺乏对销售和使用有害化学物品的限制措施，接触这些化学品的人员未接受过适当的训练，缺乏合适的处理、储存和处置设备和手段，借款人/客户不得使用世界卫生组织的杀虫剂分类的有害Ia级（极度有害）、Ib级（高度有害）或II级（中度有害）中的化学品。借款人/客户需按照国际上的先进管理方法，如联合国粮农组织对杀虫剂销售和使用管理的国际标准，处理、储存、使用和处置杀虫剂。

温室气体排放

39. 借款人/客户应按照项目性质及其影响程度，采取措施减少与项目有关的人为温室气体排放。如果项目的开发和实施可能或已产生数量可观的温室气体，借款人/客户应准确计量在项目的物理边界内的活动直接排放的温室气体，以及由于生产项目所需的电力而间接排放的温室气体。借款人/客户应使用国际公认的方法，每年对温室气体释放进行量化监测和监控。另外，在项目实际和运行期间，借款人/客户应从技术、融资和成本收益角度比较各种可以减少温室气体排放的方案，并从中作出选择。

健康卫生和安全

职业健康和安全

40. 借款人/客户要根据工作场所的特殊部门和具体危害级别，包括物理的、化学的、生物的和放射性的危险，为工人提供安全和健康的工作环境。借款人/客户要采取措施防止由于工作引起、与工作有关或在工作过程中出现的意外事故、伤害和疾病：（1）采取合理的措施，确定工人受到伤害的原因；（2）采取预防和保护措施，包括调整、更换和消除有害工作条件或物质；（3）提供合适的设备以降低风险并强制使用；（4）对工人进行培训，并用适当的物质刺激鼓励他们遵守保健和安全规范，使用安全设施；（5）编制工伤事故、职业病和事故报告；（6）制定防止和应对突发事件的制度。

41. 借款人/客户要根据国际上公认的成功经验和标准，如世界银行集团的环境，卫生和安全指南，采取预防和保护措施。

社区卫生和安全

42. 借款人/客户在项目的设计、建造、实施和结束后，都要识别和评估它对受影响社区安全的潜在影响和风险，并根据风险和影响程度制定相应的预防措施和计划。与降低影响程度相比，这些措施应更重视防止或避免风险和影响。应特别注意受影响的社区受到意外事故和自然灾害影响的可能性，尤其是受影响社区的成员可能会接触到项目要素，或项目的失误会使社区成员受到伤害。借款人/客户应避免或减轻自然灾害影响的恶化，如因项目改变土地用途而造成的滑坡或水灾。

43. 借款人/客户应以符合当地文化传统的方式告知受影响社区有可能发生的灾害，并做好应对意外和紧急情况的准备。这些准备包括对培训、资源、责任、沟通、程序和其他有效应项目造成的灾害的必要方面制订书面的应对计划。应向受影响社区发布对紧急情况的应对方案和和相应的行动、资源和责任。

44. 如果项目的组成部分，如水坝、尾矿库或灰池设在高风险地点，这些设施出现事故会危害社区的安全，在项目的设计、施工和实施过程中，借款人/客户应尽早聘用有相应资质和经验的、与项目的设计、施工无关的专家开展评估。

物质文化资源

45. 借款人/客户有责任在项目选址和设计过程中避免对物质文化资源 13 造成重大损害。首先要确定项目会影响哪些资源。作为 4 ~ 10 段描述的环境评价程序的一部分，借款人/客户应聘请具有相应资质和经验的专家进行现场调查，评估项目是否可能这些资源产生影响。

46. 如果项目会影响物质文化资源，借款人/客户应和受影响的社区进行协商，并在决策时考虑他们的意见，因为在社区居民的生活中，这些物质文化资源长期以来具有重要的文化功能。协商也要包括负责保护物质文化资源的全国或地方性机构。除非发布相关消息会危害物质文化资源的安全和完整，协商的结果应作为环境评价报告的一部分公布。

47. 如果项目有可能对物质文化资源产生负面影响，借款人/客户要按照 12 ~ 16 段中的程序，采取恰当的措施避免或减轻这些影响。这些措施包括避免负面影响、全面保护和有选择的减缓措施，如果物质文化资源的局部或整体可能消失，则应采取抢救措施或保留书面记录。

48. 如果项目的环境评价认为项目所在地有可能发现物质文化资源，环境管理计划应包括相关程序。对偶然发现的文化资源，未经专家评估前并制定符合相关要求的措施前，不得干扰。

49. 除非具备以下条件，否则项目不得移动任何物质文化资源：

（1）没有替代方案；

（2）项目的总体收益要大大超过移动物质文化资源可能造成的损失；

（3）任何移动物质文化资源的行为都应符合国家或地方性法律、条例、保护区管理计划和根据国际法承担的国家责任，并采用可能获得的最好技术。

环境影响评价报告纲要

本纲要为保障要求 1 的一部分。A 类和 B 类项目都必须提交环境评价报告。报告的详细和复杂程度取决于项目的潜在环境影响和风险程度。标准的环境影响评价报告包含以下内容，初始环境审查范围可能较窄，取决于项目的性质。本纲要可以指导环境影响评价报告的编制工作，但顺序可以调整。

1. 摘要

本节简要陈述关键事实、重大发现和建议措施。

2. 政策、法律和管理框架

本节讨论进行环境评价要遵守的国家、地方性法律和制度框架，同时也要明确与项目有关的该国参加的国际环境协议。

3. 项目说明

本节陈述项目概况、主要组成部分及其地理、生态、社会特征和目前状况，包括项目所需的设施（例如通向相关场地的道路、发电站、供水系统、采石场、取土坑和弃渣场）。一般说来，应包括图纸和地图，显示项目的布局和组成、地点以及影响的地区。

4. 环境描述（基底数据）

本节陈述在考察区域内的物质、生物和社会经济条件，并研究现有和项目开发活动，包括和项目无直接关系的活动。本节内容要考察数据的准确性、可靠性和来源。

5. 预期环境影响和减缓措施

本节应尽量以量化的方式预测和评估项目在自然、生物、社会经济［包括职业健康和安全、社区卫生和安全、弱势群体和性别问题，以及通过环境对生活的影响（附录2第6段）］方面的正面与负面、直接与间接影响，以及项目影响到的地区的物质文化资源；确定减缓措施以及无法缓解的残余影响；寻找改善的机会；识别和估计现有数据的范围和质量、主要的数据缺陷、预测中的不确定性，并指出那些无需进一步加以关注的问题；如果必要，研究全球的、跨地区的的和累积的影响。

6. 替代方案分析

本节根据项目的潜在环境影响，研究选址、技术、设计和实施方面的替代方案（包括取消项目）；替代方案缓解这些影响的可行性、所需投资和运营维护费用是否适合当地的情况，及其组织、培训和监测方面的要求。本节也说明选择该项目现有设计方案的依据，说明目前方案的废弃物排放水平和污染防治措施的合理性。

7. 信息公开、公众协商和参与

本节的主要内容包括：

（1）说明在项目设计和准备阶段与利益相关方沟通的程序，包括向他们发布消息和与受影响的人群及其他利益相关方协商；

（2）概括受影响人群和其他利益相关方的意见和诉求，以及如何在项目设计中处理这些问题以及相应的减缓措施，要特别重视弱势群体的需要和诉求，包括妇女、贫困人口和原住民；

（3）陈述信息信息发布程序（包括需公开的信息类型和公开方法），以及与受影响人群协商和在项目实施期间鼓励他们参与的措施。

8. 申诉机制

本节陈述投诉和纠错框架（无论通过正式渠道还是非正式渠道），确定解决有关环境问题的投诉的时间要求和机制。

9. 环境管理计划

本节为处理在项目实施过程中避免、减少、缓解和补偿对环境不利的影响的措施（建议按此顺序进行）。这可能要包括多种管理计划和措施，包括下列主要内容（详细程度视项目风险和影响程度而定）：

（1）减缓

①识别和概括预期的重大负面环境影响和风险；

②陈述各项减缓措施的技术细节，包括所针对的影响类型和适用条件（比如是持续进行还是仅针对意外事件），如必要，还应包括对设计和装备，以及操作程序的陈述；

③提出环境管理计划与其他减缓计划（如非自愿移民计划、原住民计划或应急措施）的联系。

（2）监测

①陈述监测手段的技术细节，包括要测量的参数、选用的监测方法、取样方法、测量频率、探测界限和确定必须采取补救措施的临界值；

②陈述监测和报告程序，以保证尽可能早地发现需要使用特定减缓手段的条件，并就减缓措施的实施进度和结果编制书面文件。

（3）实施安排

①详细说明实施项目的进度安排，提供阶段划分及其与整个项目实施工作的协调。

②说明机构和组织安排，即负责采取减缓和监测措施的人员，可能包括以下一个或多个提高环境管理能力的议题；技术援助项目、培训项目、与环境管理和监测有关的设备采购与供应、组织变化。

③估算资金和运营维护的费用，并说明实施环境管理计划的资金来源。

④绩效指标：尽量以可衡量的要素说明项目的预期结果，如绩效指标、目标或在特定期限内可接受的不同级别。

10. 结论及建议

本节要提供评估结论及建议。

附录2　保障要求2：非自愿移民安置

导言

1. 亚行的经验显示，项目开发导致的非自愿移民问题如果不能得到减缓，可能产生严重的经济、社会和环境风险，包括：生产体系遭到破坏；人们因为失去生产资料或收入来源而面临贫困威胁；人们被迁移到一个不能发挥其生产技能的环境中，对资源的竞争更加激烈；社区组织和社会网络被削弱；亲戚关系都被分散；文化特性、传统权威和原有的互助的可能性下降或消失。因此，亚行会尽量避免非自愿移民；尽量开发替代的项目和设计方案，以减少非自愿移民；尽量提高，至少使被移民恢复到项目实施前的实际生活水平；并提高受影响贫困人群和其他弱势群体的生活水平。

2. 保障要求2概要地论述了借款人/客户在实施亚行资助的项目时执行非自愿移民保障政策应满足的要求。保障要求2论述了非自愿移民政策的目标和适用范围，并强调要进行社会影响评价和规划移民安置措施，编制社会影响评价报告和移民计划文件，探索协商征地模式，发布信息和组织协商，建立申诉机制，以及移民安置进度监测和报告。

目标

3. 尽量开发替代的项目和设计方案，以减少非自愿移民；尽量提高，至少使移民恢复到项目实施前的实际生活水平；并提高受影响贫困人口和其他弱势群体的生活水平。

适用范围

4. 这些要求适用于所有亚行融资和/或亚行管理的主权和非主权项目，及其子项目，无论其资金来源是贷款、捐助还是其他方式，如股权投资和/或担保（以下统称项目）。这些要求也适用于由借款人/客户主导，预计能得到亚行支持的非自愿移民行动。

5. 非自愿移民安置要求适用于由于非自愿征地，或限制使用或进入依法设立的公园和保护区而造成全部或部分、永久或暂时的实际搬迁（搬迁，丧失居住地或栖身地）和经济转型（丧失土地、资产、获得财产的途径、收入来源或谋生手段）。当被搬迁的个人或群体无权拒绝土地的征用而导致迁移，则可认为是非自愿移民。出现这种情况，往往是因为：（1）土地将通过基于征用权的没收被征用，（2）如果协议失败可能会导致没收程序，土地将通过（强制）协议搬迁被征用。

6. 如果除了征地（包括限制土地使用或进入依法设立的公园和保护区内的土地）外，项目活动还对环境、经济和社会产生了负面影响，如丧失资产或获得资产的机会，或对土地的使用受到限制，则应通过环境评价过程来避免，或至少尽量减少、缓解或加以补偿。如果在项目周期的任何阶段发现这些相当明显的负面影响，借款人/客户必须制订和实行一个管理计划，使受影响人群的生活至少恢复到项目开始前或更好的水平。

要求

给移民的补偿、帮助和收益

7. 在项目地区的移民可能有三种类型：(1) 完全或部分失去他们合法拥有的土地；(2) 完全或部分失去他们占用的没有合法所有权的土地，但通过法律程序承认或可以承认他们对这些土地的权利主张；(3) 完全或部分失去他们占用的土地，当该土地既没有合法所有权，其权利也无法通过法律程序认可。非自愿移民安置要求适用于所有这三种类型的移民。

8. 对具有第7段 (1) 和第7段 (2) 特征的人群，借款人/客户在搬迁前应对其失去的土地和建筑进行充分和恰当的土地和建筑物重置或按照重置费用进行全额现金补偿，对部分受损建筑给予足够的补偿，如果必要，帮助他们搬迁。对具有第7段 (3) 特征的人，借款人/客户应按重置费用全额补偿他们除土地之外的资产损失，如住房，以及对土地进行改良的全部投入。按照第7段 (3) 所规定的权利，只适用于在确定安置援助资格的截止日期之前占用的土地或建筑。

9. 对依赖土地生活的移民，应该优先考虑以土地为基础的安置策略，包括在将他们安置在公有土地、征用或购买的私有土地上。一旦安置所需的土地到位，应向移民提供的土地应综合考虑生产潜力、地域优势和其他方面等因素，使其至少相当于移民的原有土地。如果土地不是移民的首选，或缺乏价格合适的土地，除给予土地和资产损失现金补偿，非土地安置方案的设计应围绕提供就业机会或创业机会展开。必须提供亚行认可的书面文件，说明缺乏土地的原因。

10. 对被征用的房屋、土地和其他资产的估价，应以完全重置费用为依据。完全重置费用的计算基础包括以下因素：(1) 公平的市场价值；(2) 交易成本；(3) 应计利息；(4) 过渡和恢复费用；(5) 其他费用。如缺乏市场条件或市场不完善，借款人/客户应和移民和迁入地居民协商，以了解最近的土地交易信息、各类土地的价格、土地所有权、土地使用情况、耕作方式和农作物产量、项目周边和所在地区是否有可用土地，以及其他相关信息。借款人/客户还要收集关于住房的基底数据，如住房建设、房屋类型和建筑材料。由具有相应资质和经验的专家对被征用资产进行估价。在采用这种估价方式时，不应包括建筑物和资产的折旧。

11. 借款人/客户应向房屋搬迁的移民提供：(1) 搬迁帮助，保证移民获得重新安置的土地的使用权，在安置地点有更好的住房条件和相应的就业和生产机会，以及相应的生活基础设施和社区服务；(2) 过渡和开发扶持，如土地开发、贷款、培训或就业机会；（3）从项目中获得适当利益的机会。

12. 对那些被迫进行经济转型的人群，无论他们住房是否搬迁，借款人/客户都应及时以完全重置费用补偿他们失去的收入或生活来源。借款人/客户也应为他们提供贷款便利、培训和就业机会，以便他们能改善或至少恢复他们的获得收入的能力、生产水平和使他们的生活水平达到转型前的水平。借款人/客户还应使转型的人群有机会因项目的开发而获得相应的利益。对具有第7段（3）描述的特征的转型人群，借款人/客户要在经济上全额补偿转型导致的资产损失，如农作物、灌溉设施和提高土地效益而进行的附属投资（但不是土地本身）。如果征用土地涉及商业建筑，受影响的业主有权获得：（1）在别处开展商业活动的费用；（2）在过渡时期失去的纯收入；（3）搬移和重建工厂，重新安装机器或其他设备的成本。如果商业建筑的业主合法拥有被征用的开展商业活动的土地，以及法律认可或可以认可其对被征用土地的权利，业主有权得到与原有资产具有相同或更高价值的资产或以完全重置费用进行的现金补偿。

13. 非自愿移民安置应被视为开发项目或计划的一部分，并按相关要求实施。在这方面，最好的策略是除了为移民们提供补偿和安置帮助，还要让他们有机会分享项目的收益。这有助于避免移民陷入贫困，也有助于满足让更多人享受发展收益的伦理要求。所以应鼓励借款人/客户提供具体的能使影响人群成为项目受益者的机会，并研究如何使更多受影响的人获得这种机会.

14. 借款人/客户要保证在不具备以下条件时，不进行搬迁或经济移位：（1）所有移民都因项目拟开工部分蒙受的损失都得到了全额重置价补偿；（2）为移民提供了其他列入移民计划的权益；（3）制订综合性的恢复收入和生活的计划，并有相应的预算资金，以帮助移民们改善或至少恢复他们的收入和生活水平。尽管补偿费用在搬迁前支付，但全面实施移民计划可能需要更长的时间。如果项目活动要求限制使用或进入依法设立的公园和保护区内的土地，这类限制将按照借款人/客户和亚行同意的移民计划中的进度实施。

社会影响评价

15. 借款人/客户应依据适当的社会经济基底数据进行社会经济调查和人口统计，确认所有的因项目实施而搬迁的移民，并估计出项目对他们的社会经济影响。为此，一般应根据项目所在国的相关程序中确定一个截止日期。如果没有这种程序，借款人/客户将确定一个确认资格的截止日期，并将包含相关信息的文件散发到项目所在地区。社会影响评价报告应包括：（1）确认过去、现在和将来的潜在社会影响；（2）迁移人口及其资产的详细资料；（3）移民收入和生活水平评价；（4）按性别统计移民的经济和社会文化信息。对项目的潜在社会影响和风险进行评估的依据包括：本文件中列出的要求，项目所在地与非自愿移民事务相关的法律、条例，包括项目所在国按照国际法应承担的义务。

16. 作为社会影响评价的一部分，借款人/客户要确定那些因处于劣势或弱势地位而不平等或不成比例地受到项目影响的个人和群体。之后，借款人/客户要提出有针对性的建议和措施使他们不致受到与其他人相比过多的项目负面影响，并且使他们在分享发展的利益和机会时不会处于不利地位。

移民计划

17. 如果项目会导致非自愿移民，借款人/客户应制订移民计划。移民计划的目的是要保证移民的生活水平得到改善，至少恢复到项目实施前的水平（物质和/或经济条件）；而对移民中的贫困和弱势群体，要为他们提供合适的住房，保障他们对土地的使用权，提供稳定的收入和生活来源，从而使他们的生活水平不仅得到恢复，而且有所提高。移民计划将解决所有保障要求2中的有关要求，其详细和复杂程度视非自愿移民的影响的程度而定。移民计划纲见本附录的附件。

18. 移民计划的制订以社会影响评价为基础，并需与受影响人群进行有效协商。移民计划应包括以下措施：（1）告知移民有哪些选择方案和与补偿、搬迁和恢复生活水平相关的权利；（2）与移民协商安置方案；（3）制定多种安置方案供移民选择。在确认搬迁和移民计划及其实施的影响时，借款人/客户应特别关注与性别有关的问题，包括采取特别措施解决女性主导的家庭面临的问题，在协商过程中保证性别平等，信息发布和投诉机制，以保证男性和女性都能就自己的财产损失获得充分和合适的补偿，根据要求提供安置方面的援助；使他们恢复和改善自身的收入和生活水平。

19. 借款人/客户要在移民计划中分析和总结与征地、补偿以及安置受影响人群有关的国内法律和条例。借款人/客户要将这些法律和条例与亚行的非自愿移民政策的原则和要求作对比。如果在两者规定之间存在差距，借款人/客户要在移民计划中提出合适的补救措施，并和亚行商量。

20. 所有补偿、安置、生计恢复的费用都将列入项目成本。为保证及时获得所需资源，征地和安置的费用可以考虑用亚行的融资支付。如移民实施遵守亚行的《保障政策声明》和亚行批准的移民计划文件，其间发生的移民费用可以获得亚行融资支持。如果将亚行的资金用于支付移民费用，详细支出科目应清楚地反映在移民计划中。

21. 借款人/客户的移民计划应包括恢复移民恢复收入和改善移民生活的具体措施。移民受项目影响的收入和生活来源应被恢复到项目实施前的水平。借款人/客户应尽最大努力采取措施增加移民的收入，使他们能因项目而受益。对受项目影响的弱势个人和家庭，移民计划应提供额外帮助，使他们的生活水平能比项目实施前有所提高。移民计划应明确恢复收入和生活水平的措施、机构安排、监测和报告框架、预算和工作进度。

22. 在对所有受影响人普查完成前，移民计划中的信息可能只是暂时的。一旦详细设计完成，借款人/客户应在人口普查和明确资产损失的基础上最终完成移民计划。在此阶段，对移民计划的修改主要是修改移民人数、征地范围、安置预算和实施进度。移民计划中有关移民权利的数据可以在这一阶段修改以反映新的变化，但不得低于对原有移民计划的标准。借款人/客户要保证最终的移民计划：（1）妥善处理所有与项目有关的非自愿移民问题；（2）说明解决问题的具体减缓措施；（3）保证有足够的资源，使问题能得到满意的解决。

23. 对会产生重大非自愿移民影响的项目，要准备足够的预备资金，以应对项目实施过程中出现的问题。借款人/客户要保证随时可以动用这笔款项。另外，借款人/客户在最后的移民计划形成后，要和已确认的移民协商，并明确告知他们享有的权利和各种安置方案。在亚行授予任何合同之前，借款人/客户需要向亚行提交补充移民计划或修订后的移民计划。

24. 借款人/客户要聘请有相应资质和经验的专家进行社会影响评价和制订移民计划。对高度复杂和敏感的项目，在项目准备和实施阶段还应聘请独立于项目的咨询专家组。

协议征地

25. 保障要求2不适用于通过协议安置，除非协商失败将导致强制征地。协议安置有助于避免强制征地和使用政府权力强制搬迁。只要条件允许，借款人/客户应尽可能与受影响人群进行有效协商，用协议的方式开展征地和安置工作，包括那些对资产没有合法拥有权的人们。协议安置应向被征用的土地和其他资产支付公平的价格。借款人/客户要保证公开解决在和移民进行协商时信息不对称和交易各方谈判能力存在差异的风险。为此，借款人/客户应聘请独立的外部人员起草有关的协商和安置文件。借款人/客户应和亚行在以下方面达成共识：协商过程、适用的政策和法律、第三方确认、计算被征用的土地和其他资产价格的方法，以及资料存档的要求。

发布信息

26. 借款人/客户要向亚行提交下列文件以便在亚行的网站上发布：

（1）在项目提交评审前，提交借款人/客户签字确认的移民计划草案和/或移民框架；

（2）在完成对受影响人群普查后，提交借款人/客户签字确认的移民计划最终稿；

（3）在项目执行过程中，如有必要需提交新的移民计划，修订的移民计划，或采取补救措施的行动计划；

（4）移民监测报告。

27. 借款人/客户应在合适的地点，以受影响人群和其他利益相关方可以理解的方式和语言，及时提供有关的安置信息，包括文件中第26段中要求的信息。对于不识字的人群，需要使用其他合适的沟通方式。

协商和参与

28. 对于所有可能导致非自愿移民的项目和子项目，借款人/客户应和受影响人群、迁入地的社区和民间组织进行有效协商。有效协商的过程具有以下特征：（1）项目准备阶段就已启动，并贯穿整个项目周期；（2）以适当的方式，及时而充分地向受影响的人群发布项目的相关信息；（3）协商必须在不受到威胁和强迫的条件下进行；（4）不存在性别歧视，充分考虑弱势群体的需求；（5）决策时考虑所有受影响的人群和其他利益相关方的意见，如项目设计、减缓措施、共享发展成果和机会，以及执行中的问题。协商方式视受影响社区的情况而定。借款人/客户尤其要注意弱势群体的需要，特别是那些生活在贫困线以下的人们、失地者、老人、妇女主导的家庭、妇女和儿童、原住民和没有合法土地所有权的人们。

申诉机制

29. 借款人/客户应建立申诉机制，了解受影响人群对搬迁、经济转型和其他项目影响的担忧和不满，寻求解决方案，要特别注意对弱势群体的影响。申诉机制需根据项目的风险和负面影响设计。它应能及时处理受影响人群的诉求和不满，并采用易于理解和透明的程序，不存在性别歧视，适应受影响人群和社区的文化传统，而且不同的受影响人群都可以无成本地通过它来表达意见，也不用担心受到报复。该机制不能妨碍他们寻求国家的司法和行政补偿措施。机制的设置应及时通知受影响的人群。

监测和报告

30. 借款人/客户要监测和衡量移民计划的实施进度。监测活动的强度取决于项目的风险和影响的程度。除了记录支付补偿费用和其他安置活动的进度，借款人/客户还要提交监测报告，以保证移民计划的实施产生了预期的结果。对那些会带来显著性非自愿移民影响的项目，借款人/客户应聘请有相应资质和经验的外部专家或合格的非政府组织核实借款人/客户提交的监测信息。借款人/客户聘请的外部专家也会对项目实施保障政策的合规性提出建议，如果发现任何严重的非自愿移民安置方面问题，应制订相应的补救行动计划。在有关计划文件没有制定、公布和得到批准前，借款人/客户不能实施存在非自愿移民问题的相关子项目。

31. 借款人/客户应提交半年监测报告，描述关于安置活动进度、存在的合规问题以及补救措施的信息。监测活动要严格依照批准移民计划时所制定的非自愿移民监测指标进行。内部和外部的监测成本列入项目预算。

超出预期的影响

32. 如果在项目实施过程中出现未预期到的非自愿移民影响，借款人/客户要进行社会影响评价，并修订或制订新的移民计划，满足本文件中列出的所有相关要求。

对原住民的特殊考虑

33. 借款人/客户应尽最大可能使项目设计方案不会导致原住民的搬迁，从而保护他们的身份特征、文化和传统生活方式。如果无法避免，则应与亚行协商，制订一个合并的移民与原住民计划，同时处理非自愿移民问题和原住民问题。这一合并计划也应满足保障要求3中的所有相关要求。

移民计划纲要

本纲要是保障要求2的一部分。所有会产生非自愿移民问题的项目都需提交移民计划。计划的详细和复杂程度取决于非自愿移民的影响和风险程度。本纲要可指导移民计划的制订工作，但顺序可以调整。

1. 摘要

本节简要描述项目范围、关键调查结果、权益和建议采取的行动。

2. 项目说明

本节对项目做一概括的说明，研究将导致征地或非自愿移民，或同时导致两种后果的项目组成部分，并确认项目区范围；还将说明可以避免或尽量减少移民影响的替代方案。并附有定量的数据表，以及证明最终方案合理性的理由。

3. 征地和安置的范围

本节的主要内容包括：

（1）说明项目的潜在影响，包括受各子项目或项目活动影响的地区的地图；

（2）说明征地范围（并提供地图）和主要投资项目征地的必要性；

（3）汇总被征用资产和移民的关键影响；

（4）提供征用的公共财产资源的详细资料。

4. 社会经济信息和概况

本节概括社会影响评价、人口普查和其他方面研究的结果，并包含按性别、弱势群体和其他社会集团分类的数据，包括：

（1）定义、识别和列举受影响的人群和社区；

（2）综合考虑社会、文化和经济因素，说明土地和财产被征用对个人和社区的影响；

（3）说明项目对贫困人口、原住民、少数民族和其他弱势群体的影响；

（4）识别性别和移民影响，以及妇女在社会经济地位和需求，以及她们享有的优先权。

5. 发布信息、协商和参与

本节的主要内容包括：

（1）确认项目的利益相关方，尤其是主要的利益相关方；

（2）说明在项目周期不同阶段采用的协商和参与机制；

（3）说明在项目设计和筹备阶段向利益相关方发布项目和安置信息的方式；

（4）总结与受影响人群（包括迁入地区的社区）协商的结果，并在移民计划中说明如何处理通过协商了解的需求和听取的建议；

（5）确认向受影响人群公布移民计划草案，包括公布后续计划的安排；

（6）说明发布信息的计划和措施（包括将发布信息的种类和发布方法），以及在项目实施过程中与受影响人群协商的程序。

6. 申诉机制

本节介绍了解受影响人群的诉求和投诉，并寻求解决方案；还解释受影响的人群如何使用该机制，以及该机制如何处理性别敏感问题。

7. 法律框架

本节的主要内容包括：

（1）说明项目需遵守的国家和地方性法律、条例，并指出这些法规和亚行政策规定之间的差距，并研究如何填补这些差距；

（2）说明执行机构对各类移民应承担的法律和政策责任；

（3）说明为了被征用资产给予补偿而采用的估值原则和方法；并界定获得补偿和扶持资格的条件，以及补偿和相关援助措施何时以何种方式落实到位；

（4）说明征地过程，制定满足关键程序要求的时间表。

8. 权益、扶持和收益

本节的主要内容包括：

（1）确定移民享有的权利和确定移民身份的标准，说明所有安置帮助措施（包括移民享有的权利的矩阵表）；

（2）说明所有对弱势群体的帮助，包括妇女和其他特殊群体；

（3）概述受影响人群可以因项目实施取得适当利益的机会。

9. 住房的搬迁和安置

本节的主要内容包括：

（1）说明住房和其他建筑的搬迁方案，包括房屋重建、现金补偿，以及自选安置（考虑性别问题，以及向弱势群体提供支持的具体措施）；

（2）说明备选的搬迁地点，已经进行过的社区协商，选择的搬迁地点的合理性，包括位置、安置点环境评价和开发需求的详细信息；

（3）整理场地和搬迁的时间表；

（4）说明为移民办理相关土地使用权和办理房屋产权的法律程序；

（5）说明帮助移民搬迁和在新场所重建的措施；

（6）描述修建生活基础设施的计划；

（7）介绍移民与安置区当地居民的融合措施。

10. 恢复收入

本节的主要内容包括：

（1）确认生计收入风险，并根据人口统计结果和收入来源编制分类数据；

（2）说明恢复收入计划，包括恢复各种类型生计方式的方案［例如包括分享项目利益和收入，入股（如土地入股），讨论各类方式的可持续性以及保障体系］；

（3）说明如何通过社会保险和/或项目的特殊资金提供社会保障体系；

（4）说明为支持弱势群体而采取的特殊措施；

（5）说明对性别问题的考虑；

（6）说明培训项目。

11. 移民安置预算和财务计划

本节的主要内容包括：

（1）就所有移民活动逐项做出预算，同时也包括在实施期间所需的一些必要费用如：移民机构、人员培训、监测和评估，以及移民计划的编制/更新/修改等；

（2）说明资金流向（年度安置预算应显示主要项目的预算支出安排）；

（3）在计算赔偿金额、其他费用（考虑基本预备费和价差预备费），以及重置费用时，应对所有的计算依据进行说明；

（4）说明移民计划预算的资金来源。

12. 机构安排

本节的内容包括：

（1）说明为实施移民安置措施而制定的机构安排的责任和机制；

（2）机构能力建设项目，必要时还包括技术援助；

（3）说明非政府政组织（如有介入）和受影响人的组织在移民规划和管理中的作用；

（4）说明妇女组织如何参与移民安置规划和管理工作。

13. 项目实施进度

本节包括一个针对所有主要移民安置和恢复活动的详细、有明确时间要求的实施计划。该时间表必须包括安置活动的各个方面并与项目土建工程进度协调，以及整个征地过程和时间安排。

14. 监测和报告

本节说明监测和评估移民实施的机制和基准，并明确受影响人群参加监测活动的方式。本节还应说明报告的程序。

附录3　保障要求3：原住民

导言

1. 联合国大会2007年9月通过了联合国关于原住民权利的宣言。亚太地区的许多国家都投票赞成这不具有约束性的宣言。亚洲开发银行（亚行）承认原住民主导自身发展的权利。原住民不会自动地从发展中受益，因为发展往往是由他们所居住的国家的主流或占主导地位的人们规划和实施的。为使原住民参与规划影响他们的发展项目，尤其是那些为满足他们的特殊需要和愿望而设计的项目，需要付出特别的努力。随着发展项目进入他们传统上拥有、占有的和使用的土地，原住民的利益日益受到威胁。

2. 保障要求3概述了借款人/客户在实施亚行支持的项目时执行原住民保障政策应满足的要求。它说明了原住民政策的目标和适用范围，并强调：（1）社会影响评价和制订计划的过程；（2）编制社会影响评价和计划文件；（3）发布信息和进行协商，包括确定受影响的原住民群体同意项目建设内容；（4）建立投诉机制；（5）监测和报告。本套政策要求将保障原住民保持和延续他们的文化特点和实践，以及他们的居住地，并保证影响他们的项目采取必要措施保护这些权利。

目标

3. 设计和实施项目时，充分尊重原住民自身认定的身份特征、尊严、人权、生活方式和文化独特性，以便他们：（1）取得符合其文化传统的恰当的社会和经济利益；（2）不受项目负面影响的伤害；（3）能积极参与对他们产生影响的项目。

适用范围

4. 这些要求适用于所有亚行融资和/或亚行管理的主权和非主权项目，以及它们的组成部分，无论其资金来源是贷款、捐助还是其他方式，如股权投资和/或担保（以下统称项目）。这些要求也适用于由借款人/客户主导，预计能得到亚行支持的行动。

5. 在亚太地区，各原住民群体的文化、历史和现状差异很大。他们所处的环境差异很大并不断变化，不存在普遍意义上的原住民的定义。原住民在不同国家有不同含义，如土著少数种族、土著文化群体、土著、山地部落、少数民族，设籍部落或部落群。为了便于操作，具有第6段所列的特点即可认定为原住民。

6. 为了操作上的方便，原住民一词在一般意义上的使用，是指一个独特的、弱势的社会和文化群体，这类群体在不同程度上具有以下特征：

（1）对特定的土著文化群体的自我身份认同，也得到其他人或其他群体的认可；

（2）作为一个集体生活在项目所在地区内有明确地理界限或世代居住的领地，并依靠这些居住地和领地上的自然资源；

（3）与主流社会和主流文化在传统文化、经济、社会或政治制度方面有显著区别；

（4）独特的语言，通常与一个国家或地区的官方语言不同。

7. 在考察以上这些特征时，也应同时考虑所在国的法律、传统，以及参加的国际协定等因素。

8. 由于强制遣散而被迫离开位于项目地区内具有明确地理界限或世代居住的领地的群体，也适用于该政策。

9. 如果一个项目直接或间接影响到对原住民的尊严、人权、生活方式、文化；或影响到原住民所有、使用、占有、或主张的他们世代居住的领地或自然和文化资源，则启动原住民保障政策。

一般性要求

协商和参与

10. 借款人/客户要与受影响的原住民进行有效协商，以保证他们在充分了解相关信息后参与：（1）设计、实施和监测活动，以避免项目对他们的负面影响，如无法避免，应尽量减少、缓解负面影响，或就影响做出补偿；（2）使他们能通过符合其文化传统的方式分享项目产生的收益。有效协商的过程具有以下特征：（1）项目准备阶段就已启动，并贯穿整个项目周期；（2）以受影响人可以理解的方式，并在他们容易到达的场所，及时而充分地向受影响的人群发布项目的相关信息；（3）协商必须在不受到威胁和强迫的条件下进行；（4）不存在性别歧视，充分考虑弱势群体的需求；（5）决策时考虑了所有受影响的人群和其他利益相关方的意见，如项目设计、减缓措施、共享发展成果和机会，以及执行中的问题。协商形式要与项目对社区的影响程度匹配。协商的过程和结果要形成书面文件，并写入原住民计划（IPP）。

11. 为与受影响的原住民进行有效的协商，借款人/客户应根据具体情况制定策略，包括确定合适的原住民代表的方法，以及符合受影响的原住民群体的社会和文化价值观的协商方式。借款人/客户应特别关注原住民中的妇女和青年的意见。

12. 如果借款人/客户与受影响的原住民在项目及其组成部分或原住民计划上有严重分歧，借款人/客户应抱有诚意地通过协商消除这些分歧。

社会影响评价

13. 如果经亚行初步审查认为项目可能会对原住民产生影响，借款人/客户应聘请有相应资质和经验的专家开展一个全面的社会影响评价。如果通过社会影响评价确认了对原住民产生的这些影响，借款人/客户要在进行项目可行性研究的同时制订原住民计划。对项目的潜在的社会影响和风险进行评估的依据包括：本文件中提出的要求，与原住民事务相关的法律、条例，包括项目所在国根据国际法应承担的义务。

14. 在初步审查的基础上，要进行一次实地社会影响评价，既可以作为可行性研究的一部分，也可以独立进行。社会影响评价应考虑性别敏感因素，在与原住民协商时，确定受项目影响的原住民和项目对他们的潜在影响。社会影响评价要得出项目影响地区的原住民群体社会经济特征的基底调查资料；评估他们能享受基本的社会和经济服务的机会和渠道；评估项目对各个群体的社会、文化和经济状况产生的短期和长期、直接和间接、正面和负面的影响；评估和确认哪些原住民群体能启动原住民的政策原则；评估为处理受项目影响的原住民的诉求所需的资源和措施。

15. 社会影响评价的详细和复杂程度视项目对原住民影响的性质和程度而定，包括正面和负面影响。

原住民计划

16. 如果初步审查和社会影响评价表明项目可能对原住民有正面和/或负面的影响，借款人/客户要按照社会影响评价制订原住民计划，并与受影响的原住民群体进行有效协商。原住民计划要制定措施，使借款人/客户能够保证：（1）受影响的原住民得到符合其文化传统的社会和经济利益；（2）如果确认项目对原住民具有潜在负面影响，应尽最大可能避免这种影响。如果这种负面影响被证明无法避免，在与原住民群体进行有效协商的基础上，原住民计划要制定措施尽量减少、缓解负面影响并做出补偿。原住民计划的详细和复杂程度（见此附录的附本）取决于具体项目及其影响的性质。借款人/客户要在项目设计中反映原住民计划的要素。

17. 如果原住民是项目唯一的或最主要的直接受益人，并且确认项目只存在正面影响，原住民计划的要素可以被包括在总体项目设计中，不必另行制定单独的原住民计划。在这种情况下，项目文件中应有相应内容说明项目符合原住民保障政策，尤其应解释如何进行有效协商，以及如何在项目设计中考虑原住民的利益。

18. 借款人/客户应在工程详细设计和详细调查完成后修订原住民计划。修订的原住民计划要紧随合同包的授予和每个项目组成部分或子项目的实施进度，避免对原住民产生负面影响的减缓措施和促进符合原住民文化传统发展利益的措施将作相应调整，但不能低于或最小化原住民计划草案中规定的标准。如果向亚行提交原住民计划最终稿之前又确认了新受项目影响的原住民，也应和他们进行有效协商。

19. 借款人/客户应聘请有相应资质和经验的专家进行社会影响评价和制订原住民计划。对那些高度复杂和敏感的项目，在项目准备和实施期间应聘任独立于项目的专家组成咨询小组。任何对原住民产生高度复杂和敏感影响的项目，咨询小组中应有一位来自原住民的专家。

发布信息

20. 借款人/客户应向亚行提交以下文件，以便亚行在其网站上发布：

（1）在项目提请审议前，提交经借款人/客户签字确认的原住民计划框架草案，包括社会影响评价；

（2）原住民计划最终稿；

（3）新的或修订的原住民计划，或在项目实施阶段制订的补救行动计划；

（4）监测报告。

21. 借款人/客户要在适当的地点，以受影响的原住民和其他利益相关方能理解的形式和语言，及时提供有关信息，包括上述文件。如果是不识字的原住民，可使用其他合适的沟通方式。

申诉机制

22. 借款人/客户要建立申诉机制，了解受影响原住民群体的诉求和投诉，并寻求解决途径。投诉机制应依据项目影响的范围而设置。它应能及时处理受影响原住民的诉求和不满，并采用易于理解和透明的程序，不存在性别歧视，适应受影响原住民的文化传统，而且不同的受影响人群都低成本地通过它来表达意见，也不用担心受到报复。该机制不能妨碍他们寻求国家的司法和行政补偿措施。设置机制的消息应及时通知受影响的原住民社区。

监测和报告

23. 借款人/客户要监测和衡量原住民计划的实施进度。监测活动的范围取决于项目的风险和影响的程度。除记录信息和跟踪工作进展，借款人/客户要采用动态的机制，如视察和审计，以确认工作满足相关要求并达到预期结果。对那些会对原住民产生重大不利影响的项目，借款人/客户要聘请有相应资质和经验的外部专家或合格的非政府组织核实客户提交的监测消息。借款人/客户聘任的专家也会对项目合规性提出建议，如果发现任何重大的原住民问题，应制订新的补救行动计划或修改已批准的原住民计划。借款人/客户要实施补救措施并跟踪检查，以保证其效果。

24. 借款人/客户应定期提交原住民计划进度的监测报告，重点是项目实施是否合规，如发现问题，应采取补救措施。借款人/客户应提交半年监测报告。监测成本将列入项目预算。

未预期到的影响

25. 如在项目实施过程中出现未预见到的对原住民的影响，例如项目位置的变动，借款人/客户要进行社会影响评价，修改原住民计划或制订新的计划，满足本文件列出的所有相关要求。

特殊要求

传统的领地及相关的自然资源

26. 原住民和土地、森林、水源、野生动植物和其他自然资源有着密切联系，所以如果项目影响到这种联系，就应做特殊考虑。在这种情况下，在进行社会影响评价和制订原住民计划时，借款人/客户应特别注意以下问题：

（1）原住民对下述资产的传统权利（不管是个体的还是集体的）：原住民世代拥有、传统上使用或占有的土地，或对于他们的文化和生活方式的可持续至关重要的自然资源；

（2）保护这些土地和资源不受非法侵害；

（3）原住民赋予这些土地和资源的文化和精神价值；

（4）原住民的自然资源管理方式和这些方式的可持续性；

（5）恢复被迫离开土地的原住民传统的生活方式。

27. 如果开展项目活动的土地传统上有原住民拥有或使用，但现在法律要重新分配土地所有权，如土地赋权项目或征用土地，借款人/客户应在原住民计划中制订相应的行动计划，通过一个法律程序承认原住民对这些土地的传统权利。这一行动计划通常应在项目实施前落实，但有时其制定可能需要与项目同时进行。这种法律上的确认有以下方式：

（1）法律上完全承认原住民现存的对土地的传统权利；

（2）将传统使用权转换为社区和/个体的所有权。

28. 如果依照国家法律以上两种选择都不可行，原住民计划可以制订相应计划，以得到法律上的永久或长期内可延长的保管或使用权。

29. 此外，对有可能影响原住民的项目，借款人/客户要保证就直接影响原住民利益的事项与他们进行有效协商，帮助他们在充分了解情况后参与，如你定的减缓措施、分享项目收益（的机会）和实施安排。

受影响原住民社区的同意

30. 当项目包括以下活动时，原住民可能尤其处于弱势：（1）对原住民的文化资源和传统进行商业开发；（2）把原住民从他们传统或习惯居住的土地上迁走；（3）在原住民时代居住的土地上对其正在使用的自然资源进行商业开发，可能会影响他们的生计或决定原住民文化特征和群体完整性的文化、礼仪及信仰等方面。在这种情况下要决定该项目是否进行下去，借款人/客户应征得原住民群体的同意。

31. 对政策执行来说，受影响的原住民的同意指受影响的原住民社区的整体意见，通过个人和/或他们公认的代表表示对项目活动的支持，个别人或个别群体的反对并不能否认这种广泛支持的存在。

32. 如果确认项目得到了广泛的支持，借款人/客户要编制文件，详细说明与原住民及其组织的协商过程和结果，包括：（1）社会影响评价结果；（2）与受影响的原住民群体进行有效协商的过程；（3）其他措施减缓对原住民的负面影响并提供符合其文化传统的项目收益的措施，包括修改项目设计；（4）对在项目实施、监测和评估过程中与原住民群体进行有效协商并争取他们参与的建议；（5）任何与原住民群体、原住民组织达成的正式协议的内容。借款人/客户要将说明协商过程的文件提交亚行审查和调查，以证实项目活动的确得到了广泛支持。如果没有这种支持，亚行将不为项目提供融资。

33. 如果借款人/客户和受影响的原住民在项目设计、原住民计划，或对原住民文化资源的商业开发、原住民的搬迁、对自然资源的商业开发方面有重大分歧，借款人/客户应抱着诚意进行协商，以解决分歧。

34. 对原住民文化资源的商业开发。如果项目涉及对原住民的文化资源进行商业开发，借款人/客户要保证告知受影响人群以下信息：（1）法律和传统赋予他们对这些资源的权利；（2）商业开发的范围和性质，以及对开发感兴趣或参与的主体；（3）这种开发对原住民的生活方式、环境和对这些资源的使用的潜在影响。原住民计划中要反映协议的性质和内容，并作出相应安排，以保证原住民能以符合其文化传统的方式，从商业开发产生的收益中得到公平的份额。

35. 原住民的搬迁。借款人/客户应尽最大可能使项目设计方案不会导致原住民的搬迁，从而保护他们的身份特征、文化和生活方式。在个别情况下，如果搬迁不可避免，借款人/客户要制订一个综合的原住民和移民计划。该综合计划需符合原住民的文化偏好，并且安置策略应以土地为基础。如果导致原住民搬迁的因素已不存在，有可能的话，要使原住民能回到他们传统上使用和占有的土地。在必要时应包括恢复这类土地的条款。

36. 对自然资源进行商业开发。如果项目对位于原住民习惯使用的土地上的自然资源进行商业开发（如矿产、油气、森林、河流、野生动物或渔业资源），借款人/客户要保证通知受影响群体以下信息：（1）法律和传统赋予他们对这些资源的权利；（2）商业性开发的范围和性质，以及对开发感兴趣和参与开发的主体；（3）对原住民生活方式、环境和对这些资源的使用的潜在影响。借款人/客户在原住民计划中要作出相应安排，使原住民以符合他们文化传统的方式在商业开发产生的收益中得到公平的份额。它至少应获得相当于其他受影响的土地所有者的利益或者更高。

原住民和发展

37. 除了达到使原住民获益的目的，发展中成员体可以要求亚行为他们的发展计划和减贫战略中的一些行动提供融资支持，例如：

（1）加强地方立法，建立一个法律程序确认原住民在对土地的传统权利。

（2）促进原住民参与发展过程，并把他们的观点纳入发展项目设计和减贫战略；通过政策和司法改革、能力培养、有效协商、参与和赋权，为他们提供更充分地从发展项目中受益的机会。

（3）通过政府与原住民合作开发的项目，支持原住民优先发展。

（4）处理存在于许多原住民中的性别和代际问题，包括原住民妇女、青年和儿童的特殊需要。

（5）了解原住民的概况，编制有关他们的文化、人口结构、性别和代际关系、社会组织、制度、生产体系、宗教信仰和资源利用方式的文件。

（6）加强原住民群体和组织制定、实施、监测和评估开发项目的制度能力。

（7）加强负责向原住民提供开发服务的政府机构的能力。

（8）保存和尊重原住民的知识，包括保护他们的知识产权。

（9）加强政府、原住民组织、民间组织和私营部门之间的合作，推动原住民的发展项目。

原住民计划纲要

本纲要是保障要求3的一部分。所有影响到原住民的项目都必须提交原住民计划。其详细和综合程度取决于对原住民产生的影响。本纲要可指导原住民计划的制订工作，但顺序可以调整。

1. 原住民摘要

本节详细说明重要事实，重大发现和建议采取的行动。

2. 项目说明

本节对项目进行了概括说明，研究可能影响原住民的项目的组成部分和活动，并确认项目的地点。

3. 社会影响评价

本节的主要内容包括:

(1) 在项目范围内评估适用于原住民的法律和制度框架。

(2) 提供受影响原住民群体的人口、社会、文化和政治特点的基底信息;他们传统上拥有、使用或占有的土地,以及他们赖以生存的自然资源。

(3) 参考项目的基底数据,确认项目的主要利益相关方,并在项目筹备和实施过程中的各个阶段精心组织符合原住民文化传统和性别敏感的有效协商。

(4) 在与和原住民群体进行有效协商的基础上,评估项目对他们的负面和正面潜在影响。确定潜在负面影响的关键,是对受影响的原住民脆弱性和面临的风险进行性别敏感的分析;这些原住民生活的环境特殊,与土地和自然资源有非常紧密的联系,而且与所在地区和国家的其他社会群体相比,他们缺乏发展机会。

(5) 就原住民对项目的理解以及项目对他们的社会、经济和文化状况的影响,进行性别敏感的评估。

(6) 在与受影响原住民群体有效协商的基础上,确认和建议必要的措施避免负面影响,如果负面影响无法避免,应采取措施减少、缓解负面影响并/或给予补偿,以保证原住民能按照符合自己文化传统的方式从项目中受益。

4. 发布信息,协商和参与

本节的主要内容包括:

(1) 说明向原住民群体发布信息,与原住民协商和鼓励原住民参与项目的过程,这项工作应在项目准备阶段进行;

(2) 概述原住民对社会影响评价结果的意见,识别在协商时提出的问题,以及如何在项目设计中解决这些问题;

(3) 如果项目活动需要得到社区的广泛同意,应将与受影响的原住民协商的过程和结果,以及通过协商就项目活动和保障措施达成的协议,编制成书面文件;

(4) 陈述在项目实施过程中采用的协商和参与机制,以保证原住民在项目实施阶段的参与;

(5) 确定向原住民群体公布原住民计划草案和最终稿。

5. 受益措施

本节具体说明如何保证原住民以符合其文化传统和性别敏感的方式获得社会和经济利益。

6. 减缓措施

本节具体说明避免对原住民产生负面影响的措施;如影响不可避免,说明减轻、缓解负面影响和向所有受影响的原住民提供补偿的措施。

7. 能力建设

本节说明如何采取措施，在社会、司法和技术方面加强以下能力的建设：（1）项目区政府各部门处理原住民问题的能力；（2）项目区的原住民组织更有效地代表受影响原住民的能力。

8. 申诉机制

本节说明处理受影响原住民群体申诉的程序；同时，解释原住民如何运用这些程序，以及如何符合原住民的文化传统并考虑了性别敏感因素。

9. 监测、报告和评估

本节说明适合监测和评估原住民计划实施的机制和基准，也明确规定了受影响的原住民参与监测和评估报告的准备和提交过程的安排。

10. 机构安排

本节说明为实施原住民计划的各项措施而制定的机构安排的责任和机制。同时也说明联合有关地方组织和非政府组织实施原住民计划的过程。

11. 预算和融资

本节给出所有原住民计划活动的具体预算。

附录4　保障要求4：对不同金融工具的特殊要求

导言

1. 多样化的贷款方式和金融产品，是亚行促进其发展中成员体综合增长和可持续发展的主要手段。除了标准的项目贷款外，亚行还提供多种投资方式，包括规划贷款、行业贷款、多批次融资、紧急援助贷款、金融中介融资和公司融资。保障要求4概述不同金融工具对借款人/客户的具体要求。

规划贷款

2. 借款人/客户要评估申请规划贷款的项目在环境、非自愿移民或原住民方面产生的直接和间接影响，制定适当的减缓措施，并把这些措施纳入规划设计。要提供关于每项政策行动可能造成的影响及对应的减缓措施的矩阵表，加制定衡量各种影响程度排序的定性指标，并简单说明理由。必要时也可进行战略环境评价(SEA)。

行业贷款

3. 在涉及行业投资时，在亚洲开发银行（简称亚行）批准项目前，借款人/客户要就项目在环境、非自愿移民或原住民方面的潜在影响，与亚行共同制定环境评价和审查框架、移民框架或原住民计划框架来指导对子项目的梳理、审查、分类，以及社会和环境评价，制订和实施子项目的保障计划，促进项目遵守保障要求1～3

中的要求。

4. 环境评价和检查框架、移民政策框架和原住民计划框架应：（1）说明项目、子项目和/或组成部分；（2）说明需要融资的子项目和组成部分预期的一般环境、社会影响；（3）说明涉及子项目的梳理、分类、评估和计划的要求，包括与受影响人群和其他利益相关方的有效协商和信息发布的要求，以及用于挑选子项目和/或组成部分的保障分类标准；（4）评估借款人/客户执行国家法律和满足亚行要求的能力，确认能力建设的需要；（5）说明项目执行程序，包括预算、机构安排和能力建设的要求；（6）说明监测和报告要求；（7）说明借款人/客户和亚行在项目准备、实施和评估子项目保障文件方面的责任。

5. 除了第 4 段列出的要点，移民框架要概述社会影响评价和普查方法。在需要时，原住民计划框架要说明按照保障要求 3E（2）中的要求取得对项目活动广泛支持的程序和文件方面的要求。本附录的附 1 ~ 3 中概述对环境评价和检查框架、移民框架和原住民计划框架内容的建议。注意，建议内容只作为报告的指导。完成这些工作所需的努力程度、分析工作量、复杂性以及详细程度，取决于项目的性质及其潜在的影响和风险的程度。

6. 在批准行业投资项目前，要挑选一个或多个子项目进行评估。对这些子项目，借款人/客户要准备相关文件，包括环境和社会影响评价报告、环境管理计划，移民计划和原住民计划。

7. 保障要求 1 ~ 3 中的要求适用于所有项目执行过程中确认的子项目和组成部分。

8. 如果行业投资涉及行业政策、计划的发展或变化，或该项目有可能在环境、非自愿移民或原住民方面产生重大影响，则采用第 2 段的要求。

多批次融资

9. 对那些可能产生环境、非自愿移民影响或对原住民有影响的多批次融资，借款人/客户应在多批次融资获得批准前与亚行在环境评价和检查框架、移民框架和原住民计划框架取得一致意见。这些框架将明确保障政策的基本原则和要求，以管理梳理和分类、社会和环境评价、准备和实施项目组成部分、项目及多批次融资被批准后的子项目的保障计划。这些框架应按照第 4 和第 5 段的要求制定。

10. 亚行在保障要求 1 ~ 3 中提出的要求适用于在准备和实施阶段确认的多批次融资所有项目组成部分、项目和子项目。

紧急援助贷款

11. 就紧急援助贷款而言，在董事会批准之前完成标准的环境评价、环境管理计划、移民计划和原住民计划并不现实。在这种情况下，应按照第 4 和第 5 段的要求制定环境评价和检查框架、移民框架和原住民计划框架。在项目实施过程中中确认的组成部分和子项目应满足保障要求 1~3 的要求。对那些位于冲突地区的项目，在董事会批准前不可能完成标准的环境评价、环境管理计划、移民计划和原住民计划，也可考虑采用保障框架方式。

现有设施

12. 对那些涉及已存在或正在建设的设施和商业活动的项目，借款人/客户应进行环境和/或社会合规性审计，包括现场评估，以确认过去和现在对于环境、非自愿移民和原住民问题的诉求。审计的目的在于确定该行动是否符合亚行对借款人/客户提出的保障原则和要求，并且选择适当的措施处理突出的合规问题。如果发现有违反相关要求的情况，借款人/客户应准备补救行动计划并经亚行同意。计划要明确必要的补救措施、实施这些措施的预算和解决问题的进度。审计报告（包括补救行动计划）要按照保障要求 1~3 关于信息发布的要求向公众公布。对涉及已存在或正在建设的设施和商业活动的 A，借款人/客户要在项目提请亚行董事会批准前至少 120 天提交审计报告，以便在亚行的网站上公布。如果某一项目需要升级或扩充现有的设施，从而产生环境、非自愿移民和/或原住民影响，那么除了审计外，还应按照保障要求 1~3 所的要求进行环境评价、社会影响评价，以及制订各类保障计划。

金融中介融资

13. 如果金融中介的投资项目对社会或环境产生的影响极小或没有影响，这些项目可归入 C 类项目，无需符合其他特殊要求。所有其他金融中介的项目都应具有或建立恰当的环境和社会管理制度（以下简称管理制度），并作为其总体管理制度的一部分，以满足国家法律和/或亚行对此类项目的要求。管理制度应包括以下要素：（1）环境和社会政策；（2）筛选、分类和评估程序；（3）组织机构和人员配备，包括在环境和社会工作方面训练有素的人员；（4）培训要求；（5）监测和报告。管理制度要形成书面文件并得到亚行和金融中介的认可。

14. 根据管理制度建立的筛选程序要保证所有子项目都按照禁止投资项目清单进行筛选（附录5）。子项目涉及禁止投资活动清单中的业务，就不能得到亚行支持的金融中介的支持，亚行也会拒绝此类活动的融资申请。金融中介应根据自身的规模和业务活动情况，在管理层中指定一人，或者一名或多名员工，负责管理制度的日常运行以对环境和社会事物负责。

15. 那些通过金融中介利用亚行资金的子项目，无论是通过信用额度、其他贷款、股权融资、担保或其他筹资手段，只要存在显著性的环境或社会影响的，金融中介都要保证这些子项目能满足亚行保障要求 1~3 中的各项要求，包括发布信息和协商。在这种情况下，金融中介要在尽职调查阶段的早期通知亚行子项目的情况。

亚行将帮助金融中介评估这些子项目。亚行还将检查金融中介的尽职调查获得的信息，以决定是否需要更多的信息，帮助金融中介制定恰当的减缓措施，并指明子项目进行下去的特殊条件。对于这种子项目，借款人/客户要向亚行提交环境影响评价、移民计划和/或原住民计划，以便亚行在批准子项目前审查。亚行也可能根据其业务情况以及项目所在国的保障体系，在更宽泛层面上对金融中介的活动提出一些额外要求。亚行将根据金融中介制定的环境和社会管理体系监测其表现。

16. 除非金融中介的子项目只有极少或没有对环境和社会的负面影响，金融中介需定期编制和提交报告，至少每年一次，说明管理制度的实施情况。如果报告或亚行的检查认为管理制度不起作用，金融中介应制定和提交补救活动计划，与亚行商定后实施。

普通公司融资

17. 那些在多个地点开展业务的客户可以寻求普通公司融资、周转资金或由寻求亚行的股权投资。借款人/客户要委托有相应资质和经验的外部专家，根据亚行《保障政策声明》的目标、原则和要求，对公司现行的管理制度以及公司过去和现在的业绩进行审计。审计活动应：

（1）评估客户管理和处理业务和日常运作中的社会和环境风险与影响的能力，尤其是在保障要求 1 ~ 3 中的事项；

（2）评估客户遵守项目所在地涉及环境和社会事务的法律、条例的情况，包括所在国根据国际法所承担的义务；

（3）确认公司的主要利益相关方和利益相关方当前所从事的活动。

18. 公司审计的具体范围可根据具体情况与亚行商定。

19. 补救行动计划将在合理的时间内，处理公司审计中发现的问题，并采取有明确时间限制的措施，以便与亚行《保障政策声明》的目标、原则和要求保持一致。行动计划将成为客户的公司管理制度的一部分。

20. 如果投资包括复原、更新或扩充现有设施，在建的活动应满足第 12 段列出的要求。

环境评价和审查框架纲要

1. 导言

本节简要说明项目及其子项目和/或组成部分，并说明某些子项目和/或组成部分的环境评价和计划不能在项目通过审批前完成。

2. 对法律框架和机构能力的评估

本节评估有关的国家法律、地方法律、条例、环境评价和管理标准是否适用于项目，包括有关的国际环境问题协议。本节要明确子项目和/或组成部分的准备和实施工作的目标和原则。本节也评估借款人/客户遵守国家法律和亚洲开发银行要求的能力，并确定其能力建设的需要。

3. 预期的环境影响

本节说明将得到亚行支持的项目活动的有关信息和预期的环境影响。

4. 对子项目和/或组成部分的环境评价

本节将提出对子项目和项目组成部分进行环境评价的计划，并针对子项目和项目组成部分制订以下计划：梳理和分类；制订环境评价和环境管理计划（见附录1的附件）的进度安排。本节也概括说明用于挑选子项目的具体环境分类标准，如不得在环境敏感地区开展项目，或亚行不予支持的项目。

5. 公众咨询、信息公开、投诉和纠正机制

本节要制定保证在项目准备和实施阶段与受影响人群进行有效协商的框架。说明信息发布的安排，包括发布框架中要求的子项目环境影响评价。本节也说明应对投诉的安排。

6. 机构安排和责任

本节详细说明借款人/客户、亚行和政府部门在准备和提交文件，检查和清理子项目和/或组成部分的环境评价报告等事项上的责任和权力。本节估计所需的人员，并就在必要时进行能力建设提供建议。本节还估计环境评价和检查框架的成本和预算要求。

7. 监测和报告

本节说明监测和报告的安排，包括适合子项目的监测和报告机制，以及提交给亚行的报告。

移民框架纲要

1. 导言

本节简要说明项目、其子项目和/或其组成部分，以及上述项目可能导致到的非自愿移民问题，并解释为什么有些子项目的移民计划不能在项目评估前完成。

2. 目标、政策框架和权利

本节的主要内容包括：

（1）列出与亚行政策要求一致的指导移民计划准备和实施工作的原则和目标；并考察适用的国家法律、条例和《保障政策声明》，协调政策差别。

（2）说明筛选子项目和/或项目组成部分的标准，包括避免和减少非自愿移民的措施。

（3）估计受影响人群的人数，及搬迁和实行经济转型的移民的影响分类。

（4）说明确认三种类型的移民身份的资格标准。

3. 社会经济信息

本节的主要内容包括：

（1）说明进行社会经济调查、人口统计、估计财产损失和评估土地损失的方法；

（2）解释对受影响财产估价的方法；

（3）说明计算征用资产重置费用的方法。

4. 协商、参与和发布信息

本节的主要内容包括：

（1）简要说明在项目移民计划的准备、实施和监测时，采用何种机制与受影响人群进行有效协商，并鼓励他们充分了解情况后参与项目；

（2）简要说明机构责任；

（3）说明信息发布的安排，如需要发布的信息和发送方法。

5. 补偿、恢复收入水平和搬迁

本节的主要内容包括：

（1）说明恢复移民收入水平的措施，包括补偿和帮助弱势家庭提高生活水平的特殊措施；

（2）如有计划，解释提供土地重置的措施；

（3）说明对迁入地群众的支持。

6. 申诉机制

本节说明在建立本地申诉机制的措施；并简要说明其结构、管辖范围、协商安排、如何保存档案，以及发布信息的方法。

7. 机构安排和实施

本节的主要内容包括：

（1）对准备、实施、和监测移民计划的机构能力和资源能力进行综合评估，并说明提高机构能力的必要的措施，包括其成本；

（2）说明移民实施的组织程序；

（3）说明实施过程，包括把移民的准备、批准和实施，以及与合同授予和项目的土建工程开工的协调。

8. 预算和资金来源

本节提供概括性预算，包括资金流向；并确定资金来源和分配、批准和拨付资金的责任，包括预备费的安排。

9. 监测和报告

本节确定建立内部和外部监测和报告以及移民安置工作的评估的步骤，并为内部和外部监测确定监测指标。

原住民计划框架纲要

1. 导言

本节简要说明申请亚行融资的项目、子项目和/或组成部分，并说明为什么有些子项目的原住民计划不能在项目评估前完成。

2. 目标和政策框架

本节的主要内容包括：

（1）明确指导原住民计划准备和实施工作的原则和目标，并表明它们和亚洲开发银行的要求一致；

（2）考察适用的国家法律、条例和《保障政策声明》，并说明协调政策差别的措施；

（3）说明梳理和筛选项目组成部分、项目和子项目的标准。

3. 确认受影响的原住民

本节的主要内容包括：

（1）说明项目如何应用亚行《保障政策声明》的确认原住民群体的标准；

（2）提供最可能受到项目和子项目影响的原住民的信息；

（3）说明项目和子项目对原住民潜在的正面和负面影响

4. 子项目和/或项目组成部分的社会影响评价和原住民计划

本节制订对子项目和/或项目组成部分实行社会影响评价的计划（见附录3的附件3节），以及对以下事项的要求和日程安排：（1）梳理和分类；（2）制订原住民计划。

5. 协商和参与

本节简要说明在准备和实施子项目的各阶段与受影响的原住民进行有效协商的机制和策略。对那些需要得到广泛同意的项目活动，此节还要概述如何将协商过程和机制编制成文件，以确定该项目活动得到了所需的广泛同意。

6. 信息发布

本节概述信息发布的安排，如需要向受影响的原住民和公众发布的信息，以及发布信息的方法和形式。

7. 申诉机制

本节研究为受影响的原住民提供符合其文化传统和性别敏感的申诉机制。

8. 制度和实施安排

本节说明制度安排，包括进行梳理和分类、社会影响评价，以及制订原住民计划和监测等必要的能力建设。

9. 监测和报告

本节确认监测和报告的适当机制和基准。

10. 预算和资金来源

本节提供概括性预算，确认资金来源，以及分配、批准和拨付资金的责任，包括预备费的安排。

附录5　亚行禁止的投资活动清单

以下项目不符合亚洲开发银行的融资要求：

1. 生产或活动涉及以有害或剥削方式强迫劳动或雇用童工。

2. 生产或交易的产品，从事的活动违反项目所在国法律、条例，国际协定、或属于国际上禁用或淘汰的范围：（1）药品、杀虫剂和除草剂；（2）损耗臭氧的物质；（3）多氯联苯和其他有害化学物质；（4）关于濒危野生动植物群的国际贸易协定中规定的野生生物或野生生物产品；（5）废弃物或废物产品的跨界交易。

3. 武器和军火的生产和交易，包括准军事物资；

4. 酒精饮料的生产和贸易，不包括啤酒和果汁酒；

5. 烟草生产和交易；

6. 赌博、赌场和类似企业；

7. 放射性物质的生产和贸易，包括核反应堆和相关的组成部分；

8. 未经黏合的石棉纤维的生产和贸易；

9. 商业伐木活动，或购买伐木设备并在原始雨林或非人工森林使用；

10. 远洋和近海渔业生产，如大规模地在远洋进行漂网捕鱼和用细孔网捕鱼，使脆弱和受保护物种的种群数量下降，并危及海洋生物多样化及栖息地。

附录6　加强和使用国家保障系统　应对环境和社会保障问题

导言

1. 亚行的保障政策的中心是提高项目的社会和环境方面的可持续性与减少贫困，这也是亚行的主要发展目标。亚行认识到其发展中成员体有自己的法律框架、制度安排和行政程序来实施保障政策，而强化政府、项目业主、执行机构和其他利益相关方的能力以及关注其保障实施情况，对有效实施这些政策和框架非常重要。亚行也认识到了这些国家保障系统的进一步强化可以促进亚太地区社会和环境的可持续发展。

术语和依据

2. 定义。国家保障系统是指一国与环境和社会保障有关的法律和制度框架，包括国家层面、地区层面和执行机构层面的法律、条例、规则和程序。

3. 依据。亚行和其他开发机构的操作经验、各类评估和研究都表明，开发机构保障政策有效性在很大程度上取决于其保障政策原则和要求在多大程度上能植根由于发展中成员体决策过程的文化和社会经济环境；同时也表明，开发机构支持发展中成员体加强现有法律、政策和机构建设的努力，可以有效提高开发援助的效果，并更直接与其展开合作。

4. 在过去的10年中，许多发展中成员体修订或采用了新的有关环境评价、非自愿移民和原住民问题的政策、法律和程序。有些发展中成员体的法律框架和程序已经与亚行的保障政策的原则和要求基本一致。其他发展中成员体的法律框架和制度能力还比较薄弱，需要大力改进和进行能力建设。与发展中成员体在加强和使用国家保障系统方面建立伙伴关系，可以加强发展中成员体实施保障政策的自主性，扩大发展效果。辅以恰当的能力建设措施，使用国家保障系统可以提高项目实施的质量和减少延期，从而减少项目风险。

5. 业务评估局对亚行三项保障政策所做的专项评估指出，亚行现有的保障政策和执行程序缺乏弹性，不能根据发展中成员体的法律和制度框架、执行能力和业绩作出相应调整。业务评估局建议在保障政策更新时应探索建立一个新的战略措施，提高国家保障系统的能力，并使环境和社会保障政策的实施更加紧密地依赖国家保障系统。

6. 世界银行和泛美开发银行已经就如何更好地利用国家保障系统作出了努力。开发新的评估国家保障系统的战略措施和方法，能协调亚行与发展伙伴的关系，优化和加速投资服务的程序，降低交易成本，因为这样可以避免借款人/客户进行平行操作或在同一项目中做重复工作。

7. 亚行评估和使用国家保障系统的经验。项目准备过程中，亚行一直在评估发展中成员体的法律要求和机构能力，但并不很严格。例如，对一般的项目准备和评估过程，亚行负责尽职调查，确认发展中成员体和亚行保障要求之间的政策差距，并评估执行机构制订社会和环境计划、起草贷款协议的能力，和进行有特定目标的能力建设。然而，这些评估一般局限于项目层面，往往缺少对国家保障系统的全面和严格分析。

8. 虽然在项目层面上的这些措施可以为发展中成员体和亚行提供有用的经验，但其实施方式是非正式的，也缺乏协调。为应对亚太地区的不断发展，发展中成员体不断建立和强化自己的环境和社会保障制度，亚行需要采取规范和透明的方法评估国家保障系统，并采用新的战略措施，更系统地加强和利用国家保障系统。

在亚行支持的业务中加强和采用国家保障系统的总方针

9. 亚行承诺支持发展中国成员体加强和利用国家保障系统，重点是支持借款方的能力建设。同时，亚行需要确保在项目中采用国家保障系统不违背亚行政策的目标和原则。如果具备以下条件，亚行可以考虑在国家层面、地区层面、行业层面或机构层面，与亚行支持的项目中采用借款方的国家保障系统：（1）借款方的国家保障系统与亚行的保障政策有同等效力；（2）借款方有足够能力并承诺遵守有关法律、条例、规则和程序。

10. 国家保障系统的等同性和可接受度。等同性和可接受度是决定是否采用国家保障系统的前提。如果借款方的国家保障系统与亚行此《保障政策声明》具有相同目标、政策范围、启动条件和原则，亚行认为其国家保障系统与亚行的保障政策有同等效力。亚行在决定是否采用借款方的制度前还要评估借款方的操作实践、跟踪记录和能力的满意度。主要采取以下评估方式：

（1）国家/地区/部门/机构层面的评估。亚行负责评估和决定借款人的国家保障系统是否具有同等效力，并在国家层面、地区层面、行业层面和机构层面评估借款人是否具有足够的执行能力。如果评估表明两者之间的差距可以有效弥补，亚行和借款方可以在行动计划中制定协调政策差距的措施。其他开发伙伴对分析工作和评估的完善，可以用于国家保障系统的评估。应鼓励与其他开发伙伴进行联合评估。在这一阶段，亚行不会考虑在任何获得亚行融资的具体项目中采用国家保障系统，而是采用亚行《保障政策声明》（SPS）中的保障要求。

（2）项目层面的评估。一旦亚行认定该借款人的国家保障系统与亚行的保障政策有等同的效力，并且借款人的能力在国家层面、地区层面、行业层面和机构层面都是可以接受的，可以考虑在该国家、地区、行业和该机构发起的项目中采用国家保障系统。对每一项目，亚行都要在真正引进国家保障系统前进行可接受度评估（包括能力、跟踪记录和执行机构）。评估工作应在项目准备阶段作为项目设计的一部分。亚行还将帮助借款方制定能力建设计划并按照要求整合进项目设计中。满意度评估的结果要编制成文件反映在亚行提交给行长的报告和建议中。

11. 协调政策差距，强化国家保障系统。当借款方必须强化其国家保障系统，以符合亚行在此《保障政策声明》中规定的目标、政策范围、启动条件和适用原则，并承诺满足这些要求。亚行在确定其效力后，可以采取措施加强国家保障系统。同样，如果借款人需要加强其运作实践和能力以便有效实施保障工作并作出承诺，亚行可以在确认其满意度后，可以考虑采取措施加强借款方的执行能力和实践。这些措施要在借款方实施有关项目活动前完成，并可能需要亚行的支持。借款人必须在规定时间内，在亚行和其他合作伙伴的协助下制订包含这些措施的行动计划。该行动计划的重点是如何通过完善法律法规，使国家保障系统和亚行保障政策的目标、范围、启动条件和原则一致。能力建设的行动计划要解决与借款人和关键机构相关的问题。

12. 各种级别的国家保障系统。亚行可以根据以下条件，采用不同级别的国家保障系统，如国家级、地区级、部门级或机构级：（1）亚行通过与借款人的讨论和对话，了解具体国家保障系统和国家、地区、部门和机构的现状，及希望亚行在发展中成员体开展的业务；（2）对国家保障系统等同性和可接受度的评估结果；（3）借款方承诺的填补政策空白的行动计划。

13. 国家保障系统的应用范围。由于各保障系统的效力与满意度不同，国家、部门或机构也许只适合国家保障系统中的一项、两项或三项（指环境，非自愿移民和原住民），取决于对国家保障系统评估的结果。

14. 发布信息和协商。加强和采用国家保障系统的建议及依据，应尽可能地被纳入国家伙伴战略或国家伙伴战略进度报告。有关国家合作伙伴战略的文件应按照亚行《公共信息交流政策（2005）》的要求发布。国家层面、地区层面、部门或机构层面的等同性和可接受度评估文件草案要发表在亚行的网站上以听取公众意见。亚行将组织国内的研讨会征求利益相关方的意见和反馈，包括政府部门和非政府组织。等同性和可接受度评估报告的最终稿要在亚行的网站上发布。如需修改评估结果，以反映国家保障系统的变化，完成后也要在亚行的网上发布。在项目准备阶段，项目层面的可接受度评估涉及的问题将成为正常的保障信息发布和协商程序的一部分。

15. 不采用国家保障系统的项目。高度复杂和敏感的项目将不采用国家保障系统。此类项目将依据亚行的正常项目要求实施。

16. 分阶段实施。在本政策生效后的3年内，只会在若干国家采用国家保障系统，并集中在地区、部门或机构层面。本政策生效3年后，将对国家保障系统在过渡期的执行情况进行评估。

17. 国家保障系统的变化。在国家保障系统运行期间，如果国家层面、地区层面、部门或机构层面的相关法律、条例、规则或程序发生了变化，亚行要判断这些变化的后果并与借款人协商。如果亚行认为这些变化反映了国家保障系统的进一步改进，并应借款方的要求，亚行可以同意：（1）必要时修改或增补法律协议，以反映这些变化；（2）更新等同性和可接受度评估结果。管理文件解释对协议内容的修改及其依据，提交董事会批准（通常要以无反对意见的方式）。如果国家保障系统出现的变化与借款方和亚行签订的协议不一致，亚行将采取约定的补救措施。

亚行的责任和问责机制

18. 等同性和可接受度评估。亚行负责评估和确定国家保障系统的效力和借款方操作实践和能力的满意度。亚行将开展以下的行动：

（1）评估国家保障系统与亚行的保障政策目标、范围、启动条件和原则是否等同，以及借款方的操作实践、以往记录和能力是否合意，包括确认在与借款方的合作过程中加强国家保障系统的措施和行动。

（2）帮助借款方在评估结果的基础上制订行动计划，并将行动计划的条款整合到确定使用国家保障系统的法律协议中。如果借款方停止执行该计划，亚行根据法律协议有权暂停采用国家保障系统，恢复使用亚行的制度。

（3）与发展中成员体代表一起与利益相关方进行协商，讨论并通过效力评估结果，并就列入行动计划的措施取得共识。

（4）通过项目贷款和技术援助提供必要的技术和资金支持，并监督实施。

19. 项目层面的文件审查和监督。采用国家保障系统不减轻亚行在董事会批准项目前评估保障制度的责任。唯一的区别是评估的依据是国家保障系统的要求和双方同意的行动计划。在董事会批准项目采用国家保障系统后，亚行将按照和其他投资项目一样的程序对项目实施进行监督。

20. 问责机制。采用国家保障系统不会改变亚行问责机制的职能和作用，包括亚行的项目特别协调人办公室和合规检查小组。如果有违反亚行政策的投诉，合规检查小组可以对亚行保障政策的目标、范围、启动条件和原则与国家保障系统（及其他任何双方同意的，具有等同效力的措施）是否具有同等效力作出评估，以在实质上实现保障政策声明和亚行对项目的监督目标。采用国家保障系统不会改变亚行独立评估局的作用。

借款方的责任

21. 国家保障系统的评估和制订行动计划。借款方要支持和参与等同性和可接受度评估。借款方应：

（1）与亚行的评估小组共享有关文件、资料和信息，需要时组织研讨会；

（2）帮助组织与利益相关方进行协商，讨论和确认评估结果；

（3）制订行动计划，提出应对变化的措施。

22. 实施。借款人负责保证达到和维持国家保障系统的同等效力，并依照亚行的评估开展实施活动、建立跟踪记录和建设相应的能力，包括实施行动计划。对每个采用国家保障系统的项目，借款人要保证该系统的内容能满足《保障政策声明》中的原则。这些内容可能因项目不同而有所不同，取决于国家保障系统的结构和项目类型。在任何情况下，为达到和保持等同性和可接受的实施能力，这些条款和任何附加措施均成为借款人对亚行契约性补偿的合同义务的一部分。

资源需求

23. 虽然加强和采用国家保障系统需要的前期国家、地区和行业层面的评估和项目准备工作需要更多的资源投入，但在中期和长期能节约成本，因为从长期来看，等同性和可接受度评估很可能逐渐增多。在亚行的项目采用国家保障系统会导致以下成本：（1）进行等同性和可接受度评估，包括评估之后的协商工作；（2）组织中期和长期的能力建设活动，以加强国家保障系统；（3）培训亚行的员工；（4）监测和监督使用国家保障系统的绩效。

24. 执行国家保障系统会在中期增加成本。每年可能会需要额外的专业人员的工作周，以便根据要求进行国家保障系统的效力评估，每个效力评估可能需要5～12个工作周，满意度评估也需要额外的工作量。可以通过在需要时聘请咨询专家部分解决资源问题。此外，世界银行在开发和应用国家保障系统诊断方法方面起到了相当大的作用，并对在这方面开展合作有很大的兴趣。与合作伙伴如世界银行合作，也可提高有效性以及确保追加资源的使用效率。

附　件

附件1　其他多边金融机构的经验

1. 在过去的5年里，许多多边金融机构都修订了了它们的环境和社会保障政策。在亚洲开发银行的保障政策修订时参考了它们政策修订的依据、方针和结果。这里介绍世界银行集团开展私营业务的部分 —— 国际金融公司、泛美开发银行、欧洲复兴开发银行和赤道原则金融机构的经验。

世界银行

2. 世界银行有10项环境和社会保障政策，以及一个采用国家系统的单独政策框架。与之互补的还有《信息公开政策》（2002），该政策提出了发布保障计划文件的要求。

3. 1998年世界银行对其原住民政策作了修订，使它更加清晰、简化、有效和灵活。修订后的《原住民业务政策》（2005）具有以下特点：（1）澄清了一些与社会影响评价、项目梳理和政策范围有关的模糊概念；（2）简化了对项目准备的要求；（3）对于那些需要制订和实施年度投资计划并包含若干子项目的项目，引入比例原则和计划框架（取代事先制订的计划）；（4）要求申请世界银行资助的项目必须实现与受影响原住民进行自由的、不隐瞒任何信息的协商，以取得他们的广泛支持；如果要对他们的文化资源进行商业开发，则必须事先签订协议。

4. 2006年世界银行修订了其物质文化资源政策。该政策适用于位于或临近（具有考古、古生物、历史和宗教意义的）文化遗产所在地，或为促进对物质文化资源的管理和保护而设计的项目。该政策要求与受影响群体、政府部门和非政府进行协商。

5. 对上述政策进行修订后，世界银行也对其在业务活动中采用国家保障系统的情况进行了评估。在意识到发展绩效和采用各国家的保障程序之间的关系后，世界银行探索了进一步使用借款人国家系统以应对环境和社会保障问题。为此，世行的执行董事会于2005年批准了一个为期两年的试点项目和一个管理该项目的政策框架。该政策说明了评估国家保障系统的方针，规定了借款人和世界银行的责任，提出了对文件和信息发布的要求。该政策包括统一的政策声明和概述八个保障领域的表格，这八个领域都是从现有的世界银行保障政策中提炼出来的（OP 4.00，表A1），每各领域有对政策目标的说明和为实现该目标而制定的政策原则。

6. 2008年1月，世界银行发表了一份报告，对上述两年期试点项目作出了评估。根据该报告，要系统和持久地提高借款人的能力，世界银行不能局限与目前在试点项目中采取的以项目为基础的政策措施。报告建议将目前的项目逐渐升级至国家层面，一边吸收更多的借款人和发展伙伴，影响更多的保障领域，与项目层面的可行性相比，这种提高借款人能力的做法更具持续性。报告的其他主要结论如下：（1）采用国家制度有助于实现世界银行的政策目标，尤其是在环境评价和物质文化资源方面；（2）在自然栖息地、森林、虫害管理和水坝安全领域采用国家保障系统的经验，以及填补政策空白的措施，显示了乐观的发展前景；（3）然而在非自愿移民方面，世界银行的要求和国家保障系统之间存在的实质性差别也许太大，以至于在某些具体项目中实施的补救措施不足以协调这些差距；（4）虽然没有就原住民保障进行试点，一些国家已经修订了有关的法律和政策框架，它们对非自愿移民还没有采取同样做法；（5）世界银行在逐步扩大国家保障系统在环境和社会保障方面的应用已经有了足够的教训，但还不足以支持在世界银行的所有贷款项目中采用这一制度。

7. 在评估了国际金融公司和多边投资担保机构实施保障政策的经验教训后，在长期中，对某些类型的业务世界银行正在考虑采用一种以委托人为基础的独立评估模式。

8. 世界银行对环境评价的业务政策（OP 4.01）于2007年3月进行了修订，以反映其应对危机和对紧急情况的快速反应方面的政策（OP/BP 8.00）。

国际金融公司

9. 国际金融公司的保障政策以世界银行1998年的保障政策为基础，进行了适当调整，以适合该公司以私营部门业务为主的特点。2003年，根据合规问题巡视员的建议和公司的内部检测和评估结果，国际金融公司对其保障政策进行了修订。修订工作是为了满足以下需求：（1）制定明确、简单和易于操作的政策要求；（2）填补政策空白；（3）在遵守世界银行保障政策的同时，强调重视私营部门的需求；（4）在国际金融公司的保障政策中引入可持续发展的理念。

10. 国际金融公司2006年批准新的可持续政策框架明确划分了公司和客户的责任。国际金融公司的保障政策要求具体体现在以下几个方面：（1）社会和环境的可持续性；（2）信息公开；（3）环境和社会评估程序。对客户的要求列入绩效标准。另外，政策指导（与绩效标准同时发布）是为公司客户和员工提供指导的术语表和环境，卫生和安全的指南。

11. 新的政策框架完全整合了社会和环境评价，制订了在社区事先开展自由和事先充分了解情况后的协商，从而获得广泛支持的措施；引入新的劳动力标准和工作条件政策，以及社区卫生和安全的新绩效标准；并要求客户建立和保持社会和环境管理制度。之前的单项政策，如虫害管理、水坝安全、森林和国际水域，都包括在八项新的绩效标准中。

泛美开发银行

12. 泛美开发银行的保障政策框架分散在它的几个行业政策中，包括环境和保障政策（2006）、灾害风险管理（2007）、原住民（2006）和非自愿移民（1998）。信息发布要求被列入信息发布政策（2006）。

13. 泛美开发银行的环境和保障政策取代了《环境政策》（1979），该政策实施和贯彻了该行的环境战略（2003）。因此，该政策包含环境主流化和环境保障两方面的方针。环境保障的方针包括保护濒危自然栖息地和文化遗址、避免产生有害物质和污染防治等。此外，对有重大保障风险的业务环境评价过程还要包括有关卫生和安全的内容。对于联合融资项目，泛美开发银行的政策致力于推动借款人和其他贷款人合作采用统一的环境评价方法和文件。对国内保障系统，泛美开发银行采用了与世界银行类似的政策措施。只有在泛美开发银行确认确认借款人的国家保障系统与其保障政策具有同等效力或更优，才可以采用项目借款人的国家保障系统。2009 年，泛美开发银行的管理层要向董事会报告采用各国家的保障程序的经验。

14. 泛美开发银行的灾害风险管理政策（2007）取代了其自然灾害和不可预期灾害政策（1999），新政策要求制定综合措施，包括：（1）防止和减缓灾害的措施；（2）灾后应对措施。新政策要求项目团队通过社会和环境梳理和分类，衡量项目受自然灾害影响的程度或项目使风险扩大的可能性；评估易受自然灾害影响或扩大自然灾害影响的项目受自然灾害影响的可能性；进行防止和减缓措施的替代方案分析；在项目设计和实施中采用恰当的结构性和非结构性减缓措施。

15. 泛美开发银行对原住民的政策和对原住民的发展战略（2006）的政策目标同时包括原住民的发展和保障、他们的权利不受项目负面影响，以及避免被排除在泛美开发银行资助的项目之外。这一新的政策对之前仅重视避免和减缓银行的项目对原住民造成的不利影响的不足进行了补充。为了进一步保障原住民的权利不受有重大潜在影响和风险项目的侵害，泛美开发银行要求项目发起人通过与受影响的原住民的善意协商，签订协议并制定减缓项目负面影响的措施，并提供相关证据。原住民政策也处理未接触的原住民的问题，考虑到他们的极端特殊情况，特别的弱势地位，以及无法参与事先和善意的协商。这要求泛美开发银行只资助那些能尊重未接触原住民的项目，使他们能保持自愿的独立状态以及按照他们的文化意愿自由的生活。

16. 泛美开发银行的非自愿移民政策只适用于那些导致实际搬迁的项目。该政策的目标是尽量避免或减少搬迁的可能性，避免扰乱那些住在受项目影响地区的人们的生活；在必需搬迁的情况下，要确保他们能受到公正的对待，如果可能，是他们能分享项目的收益。

在需要原住民移民的项目，泛美开发银行只支持那些能够确定地使搬迁原住民的生活条件改善的项目，原住民的传统权利应得到充分的确认和得到公正的补偿，补偿方案包括给予土地的安置措施，并且受影响的原住民在充分了解情况后同意移民安置和补偿措施。

欧洲复兴开发银行

17. 2008 年 5 月，欧洲复兴开发银行通过了新的环境和社会政策和 10 项绩效要求，取代了其 2003 年的《环境政策》，该政策适用于所有 2008 年 11 月 12 日之后提交评估的项目。新的环境和社会政策延续了 2003 年政策的战略方向，并采取结构更合理和更综合的方式解决可持续发展中的社会问题，包括：（1）劳动力标准和工作条件；（2）非自愿移民；（3）社区卫生和安全；（4）原住民；（5）文化遗产。

18. 欧洲复兴开发银行的政策是以国际金融公司政策为蓝本制定的，反映了该行开展业务的主要地区的特点，以及它作为欧洲环境原则签约方的承诺。欧洲复兴开发银行还有另外两个绩效标准，分别针对：（1）金融中介业务；（2）信息发布和利益相关方参与。

19. 与其他多边金融机构一样，欧洲复兴开发银行也有公共信息政策，该政策 2008 年 5 月 12 日与环境和社会政策一起修订并被批准。新的信息公布政策规定如何发布信息和与利益相关方协商，以促使人们更好地了解该行的战略、政策和业务。同时，该政策也明确地区分了哪些信息可以向公众发布，哪些属于保密范围不得发布。信息发布政策包括对发布环境和社会影响评价信息的要求。

赤道原则金融机构

20. 赤道原则金融机构是那些实行赤道原则的金融机构，赤道原则即一个在项目融资中应对环境和社会风险的金融行业框架。2003 年，10 家世界领先的商业银行采用了赤道原则，希望能在全球范围的金融行业发展一套统一的环境和社会政策。每家金融机构都声明已经或将要开展和赤道原则一致的政策或业务。它们承诺不向那些不愿或不能遵守社会和环境要求的借款方发放贷款。

21. 赤道原则于 2006 年 7 月进行了修订：（1）反映国际金融公司社会和环境可持续性绩效标准的变化，并与其保持一致，赤道原则最初就是在此基础上制定的；（3）整合在项目实施过程中取得的经验，以及各利益相关方的意见。新的赤道原则适用于所有资本达到或超过 1000 万美元的融资项目。2008 年 8 月，认识到在环境和社会方面承担企业责任有助于开展业务，60 多家金融机构采用了新的赤道原则，这些金融机构来自 24 个不同国家，在 100 多个国家开展业务。

附件2 中期行动计划（2010—2012）

结果	绩效指标	活动	责任方	资源要求
总目标 所有申请亚行融资的项目能符合亚行的保障目标、原则和要求				
活动范围（1） **支持借款人/客户的能力建设，提高保障政策实施效率**				
加强借款人/客户实施保障政策要求的机构能力	在《保障政策声明》生效前对借款人/客户在不同层次持续进行新政策培训	·向所有发展中成员体借款方介绍亚行情况（在生效日前组织一次研讨会，以后每年组织1~2次）	各地区业务局/区域和可持续发展局	·动员内部人力资源 ·根据需要提供技术援助或赠款（8000万至1亿美元） ·人员咨询 ·与其他国际开发机构的合作
		·为公有和私营部门借款人/客户组织在国内的培训	各地区业务局/私营部门业务局/区域和可持续发展局	
	在项目准备阶段，及时提供项目层面的技术建议和指导	·向每个借款人/客户发放新政策文本并说明新条款	各地区业务局和私营部门业务局	
		·评估借款人/客户的能力，并在项目设计中包含恰当的能力建设内容	各地区业务局和私营部门业务局	
	在项目实施阶段，及时提供项目层面的技术建议和指导	·支持社会和环境评价、环境管理计划、移民计划和原住民计划的制订工作	各地区业务局和私营部门业务局	
	国家保障系统的等同性和可接受度评估的数量和质量	·为应对在项目实施过程中出现的意外情况提供必要支持	各地区业务局和私营部门业务局	
	亚行和借款人/客户同意的填补政策空白的行动计划及借款人/客户已恰当完成的数量	·进行3~5次国家保障系统的等同性和可接受度评估，及在地区/部门/项目层面填补政策空白的行动计划	法律总顾问办公室/区域和可持续发展局/各地区业务局	

续表

结果	绩效指标	活动	责任方	资源要求
活动范围（2） **开发和保持实施保障政策的工具**				
亚行员工、借款人/客户和其他利益相关方清楚了解亚行的保障要求，并且掌握必要的技术	在《保障政策声明》生效前准备好提供技术指导的指南和手册，并体现国际上行之有效的实践经验	·修订环境评价指南	区域和可持续发展局	·动员内部人力资源 ·人员咨询
		·修订非自愿移民手册	区域和可持续发展局	
		·编制原住民手册，包括确定取得原住民社区同意的指导方针	区域和可持续发展局	·翻译、印刷和分发的一次性费用
	及时翻译政策文件（《保障政策声明》和保障要求1～4），工作指南和手册，并分发给借款人/客户及其他利益相关方	·将《保障政策声明》，保障要求1～4，工作指南和手册按需要翻译成通用的语言和其他地方语种，并分发给利益相关方	区域和可持续发展局/各地区业务局/私营部门业务局	
活动范围（3） **保证亚行实施保障政策的组织能力和的资源**				
员工在关于社会和环境保障要求方面的知识更新	及时和持续接受培训的员工人数	·在亚行范围内有对总部和常驻代表的保障问题专家和项目组长进行培训（在生效日前举行2次研讨会，以后每年2～3次）	区域和可持续发展局	·动员内部人力资源 ·技术援助 ·额外的内部行政支出预算
政策执行的机构能力得到加强	增加岗位，优化人力资源配置	·在3年的中期计划期间，在业务局招聘专家，在代表处招聘官员	人力资源部/各地区业务局	
	维护部门间的知识共享网络	·组织研讨会，交流知识和经验	区域和可持续发展局/各地区业务局/私营部门业务局	

续表

结果	绩效指标	活动	责任方	资源要求
活动范围（4） **改进和维护亚行的内部评估和合规监测制度**				
亚行的内部评估和合规监测制度有效运行	在《保障政策声明》生效前制定明确的操作程序	·准备一份综合的业务手册，说明亚行在项周期各个阶段的内部保障评估、监测和报告程序	区域和可持续发展局	·内部资源
	项目梳理和分类	·及时有效地对每个项目进行梳理和分类	区域和可持续发展局/各地区业务局/私营部门业务局	
	信息发布	·对所有A类环境项目，要在提请董事会审议前120天将环境影响评价在亚行的网站上公布；在项目评估前把环境评价检查框架在网站上公布；对A类和B类的所有非自愿移民项目，在项目评估前要把移民计划和框架在网站上公布；对所有A类和B类原住民项目，要在项目评估前把原住民计划和框架在网站上公布	各地区业务局和私营部门业务局	
	协商	参与会产生环境、非自愿移民和原住民影响的所有项目的协商活动；把协商结果编制成文件，整合到项目设计中	各地区业务局/私营部门业务局	

续表

结果	绩效指标	活动	责任方	资源要求
亚行的内部评估和合规监测制度有效运行	及时提交保障文件并在项目准备阶段认真评估	·对照保障政策原则和社会保障要求1～4，评估所有有关保障文件，向借款人/客户提供建议，以便在最后完成保障文件时保证符合亚行的有关保障要求	各地区业务局/私营部门业务局/区域和可持续发展局 各地区业务局/私营部门业务局	
	进行及时的监督和监测，提供恰当的指导，并在项目实施期间提交相关文件	·由保障专家对所有A类环境、非自愿移民和原住民项目进行实地监督和监测；如果需要，与借款人/客户共同制订和实施必要的补救计划；并提交详细和监测报告	区域和可持续发展局 区域和可持续发展局	
	把亚行范围内的合规情况和绩效以文件形式报告管理层	·向管理层提交亚行的年度绩效报告		